The Encyclopedia of Ancient History

The Encyclopedia of Ancient History

Edited by

Roger S. Bagnall, Kai Brodersen,
Craige B. Champion, Andrew Erskine,
and Sabine R. Huebner

Volume XIII
Index

A John Wiley & Sons, Ltd., Publication

This edition first published 2013
© 2013 Blackwell Publishing Ltd.

Blackwell Publishing was acquired by John Wiley & Sons in February 2007. Blackwell's publishing program has been merged with Wiley's global Scientific, Technical, and Medical business to form Wiley-Blackwell.

Registered Office
John Wiley & Sons, Ltd, The Atrium, Southern Gate, Chichester, West Sussex, PO19 8SQ, UK

Editorial Offices
350 Main Street, Malden, MA 02148-5020, USA
9600 Garsington Road, Oxford, OX4 2DQ, UK
The Atrium, Southern Gate, Chichester, West Sussex, PO19 8SQ, UK

For details of our global editorial offices, for customer services, and for information about how to apply for permission to reuse the copyright material in this book please see our website at www.wiley.com/wiley-blackwell.

The right of Roger S. Bagnall, Kai Brodersen, Craige B. Champion, Andrew Erskine, and Sabine R. Huebner to be identified as the authors of the editorial material in this work has been asserted in accordance with the UK Copyright, Designs and Patents Act 1988.

All rights reserved. No part of this publication may be reproduced, stored in a retrieval system, or transmitted, in any form or by any means, electronic, mechanical, photocopying, recording or otherwise, except as permitted by the UK Copyright, Designs and Patents Act 1988, without the prior permission of the publisher.

Wiley also publishes its books in a variety of electronic formats. Some content that appears in print may not be available in electronic books.

Designations used by companies to distinguish their products are often claimed as trademarks. All brand names and product names used in this book are trade names, service marks, trademarks or registered trademarks of their respective owners. The publisher is not associated with any product or vendor mentioned in this book. This publication is designed to provide accurate and authoritative information in regard to the subject matter covered. It is sold on the understanding that the publisher is not engaged in rendering professional services. If professional advice or other expert assistance is required, the services of a competent professional should be sought.

Library of Congress Cataloging-in-Publication Data

The encyclopedia of ancient history / edited by Roger S. Bagnall ... [et al.].
  p. cm.
  Includes bibliographical references and index.
  ISBN 978-1-4051-7935-5 (hardback : alk. paper)–ISBN 978-1-4443-3838-6 (electronic : online)
  1. History, Ancient—Encyclopedias. I. Bagnall, Roger S.
  D54.E54 2012
  930.03—dc23
                                             2011029137

A catalogue record for this book is available from the British Library.

This book is published in the following electronic formats: Wiley Online Library 9781444338386

Set in 10/12pt Minion by SPi Publisher Services Ltd, Pondicherry, India
Printed and bound in Singapore by Markono Print Media Pte Ltd

1 2013

EDITORS

General Editors

Roger S. Bagnall, *New York University, United States*
Kai Brodersen, *Universität Erfurt, Germany*
Craige B. Champion, *Syracuse University, United States*
Andrew Erskine, *University of Edinburgh, United Kingdom*
Sabine R. Huebner, *Freie Universität Berlin, Germany, and Collège de France, Paris, France*

Area Editors

ANCIENT NEAR EAST: **Eva von Dassow,** *University of Minnesota, United States,* and **Daniel C. Snell,** *University of Oklahoma in Norman, United States*
BRONZE AND IRON AGE: **Irene S. Lemos,** *University of Oxford, United Kingdom*
BYZANTIUM: **Elizabeth M. Jeffreys,** *University of Oxford, United Kingdom*
CHRISTIANITY: **Bart D. Ehrman,** *University of North Carolina at Chapel Hill, United States*
CLASSICAL GREECE: **Michele Faraguna,** *University of Trieste, Italy*
ECONOMY: **David B. Hollander,** *Iowa State University, United States*
GRECO-ROMAN EGYPT: **Paul Schubert,** *University of Geneva, Switzerland*
HELLENISTIC WORLD: **Angelos Chaniotis,** *Princeton University, United States*
HISTORIOGRAPHY: **Craige B. Champion,** *Syracuse University, United States*
JEWISH HISTORY: **Gideon Bohak,** *Tel Aviv University, Israel*
LATE ANTIQUITY: **Arietta Papaconstantinou,** *University of Reading, United Kingdom*
LAW: **Elizabeth A. Meyer,** *University of Virginia, United States*
PHARAONIC EGYPT: **Salima Ikram,** *American University in Cairo, Egypt*
PLACES – EAST: **Gary Reger,** *Trinity College United States*
PLACES – WEST: **Lea Stirling,** *University of Manitoba, Canada*
RELIGION: **James B. Rives,** *University of North Carolina at Chapel Hill, United States*
ROMAN EMPIRE: **Stephen Mitchell,** *University of Exeter, United Kingdom*
ROMAN INTELLECTUAL AND CULTURAL HISTORY: **Stephen J. Harrison,** *University of Oxford, United Kingdom*
ROMAN MILITARY HISTORY: **Brian Campbell,** *Queen's University Belfast, United Kingdom*
ROMAN REPUBLIC: **Christopher J. Smith,** *University of St. Andrews, United Kingdom, and British School at Rome, Italy*
SCIENCE: **Daryn Lehoux,** *Queen's University, Canada*
SOCIAL HISTORY: **Sabine R. Huebner,** *Freie Universität Berlin, Germany, and Collège de France, Paris, France*

Managing Editor

Elizabeth Bulls, *New York University, United States*

BRIEF TABLE OF CONTENTS

Volume I

List of Entries	ix
General Editors	lxvii
Area Editors	lxviii
Advisory Board	lxxiii
Contributors	lxxvi
Introduction	cxxxv
List of Abbreviations of Classical Works	cxxxix
Maps	cxlv

Ancient History Ab–An   1

Volume II

Ancient History An–Be   449

Volume III

Ancient History Be–Co   1073

Volume IV

Ancient History Co–Ec   1679

Volume V

Ancient History Ec–Ge   2271

Volume VI

Ancient History Ge–In   2865

Volume VII

Ancient History Io–Li   3485

Volume VIII

Ancient History Li–Ne   4115

Volume IX
Ancient History Ne–Pl   4735

Volume X
Ancient History Pl–Ro   5345

Volume XI
Ancient History Ro–Te   5961

Volume XII
Ancient History Te–Zy   6613

Volume XIII
Index   7189

INDEX

Index compiled for Wiley-Blackwell by WordCo Indexing Services

A-Group   229–230
Abantes   **1**, 2542–2543
Abbasids   3069, 4609, 6208, 6209, 6911
Abdera   **1–2**, 2012, 5593
abduction   **2–3**
Abgar Legend   **3–5**, 4955
Abgig   **5**
Abinnaeus Archive   **5–6**, 2231
Aborigines   **6–7**, 1378, 2129
Abraxas   **7**
Abu Gurob   **7–9**, 16, 4886
Abu Mina   **9–10**
Abu Rawash (Abu Roash)   **10–13**, 3342, 6037
Abu Simbel   **13–14**, 1437, 2334, 4724, 5975
Abu Sir   **15–17**, 2803, 3060, 4072, 4886, 5754, 6037, 6038, 6173
Abydos, Egypt   **18–22**
   Ahmose I   235–236
   Akhmim   263
   Anubis   508
   cemeteries   1406
   cenotaphs   1407, 1408
   cities   1513
   Den   2032
   Djer   2177
   Djet   2177
   Early Dynastic period   2249–2250
   Egypt, Upper   2331
   foundation deposits   2750
   funerary cult   2790
   furniture   2801
   geography   18
   Heket   3099
   Hierakonpolis   3204, 3205
   hieroglyphs   3210
   Hor-Aha   3300–3301
   Khasekhemwy   3744
   king lists   3755

   Middle Kingdom   19–20
   Naqada   4695
   Narmer   4698–4699
   New Kingdom   19–21
   post-New Kingdom   21
   Predynastic Period   5514
   Predynastic–First Intermediate Period   18–19
   Qaa   5690
   ruler cult   5975
   Saqqara   6037
   Scorpion   6080
   sculpture   6093
   Second Intermediate Period   6105, 6107
   Semerkhet   6132
   Senwosret I–IV   6154
   Sety (Seti) I–II   6180
   ships and shipping   6213, 6217
   Sokar   6313
   Wepwawet   7098
abzu (apsû)   **22**, 2246, 2247, 6741–6742
Academy   **23–26**
   Aratos of Sikyon   610
   Aristotle   708
   Chrysippos of Soloi   1488
   demons   2020
   education   2316
   gardens   2851
   Herakleides of Pontos   3143
   Hipparchos   3224
   Kerameikos, Athens   3732, 3733
   Neoplatonists   4743, 4745
   Proclus   5560
   Quintilian   5714
   Sasanians   6055
   Simplicius   6260
   Socrates   6308
   Speusippos   6352
   Stoicism   6400
   Zeno of Kition   7167
Acca Larentia   **26–27**, 5961, 5962

The Encyclopedia of Ancient History, First Edition. Edited by Roger S. Bagnall, Kai Brodersen, Craige B. Champion, Andrew Erskine, and Sabine R. Huebner.
© 2013 Blackwell Publishing Ltd. Published 2013 by Blackwell Publishing Ltd.

acclamations **27**, 1511
Acco (Acre). *see* Ptolemais
accounting (Egyptian) **27–28**, 97, 1635, 3190, 3191, 3320–3321
accounting (Greece and Rome) **28–29**, 1983, 2453, 2672–2673, 2756, 6247
accounting (Mesopotamian) **29–30**, 72, 6099
acculturation **30–31**
accusatio **31–32**, 1842–1843, 1975, 2168, 3466
Achaian League 48, 2783, 3679–3680, 5084, 6132
Achaemenid Dynasty **32–36**
   Alexander III, the Great 293–294
   Arabs 601–604
   Aramaic and Syriac 606
   army 731, 732
   Babylon 1005
   Bactria 1012–1013
   Belshazzar 1079
   Bessos 1103–1104
   Bithynia 1137
   Cappadocia 1313–1316
   chiliarchos 1463, 1464
   Cilicia 1505
   coinage 1627
   Croesus 1845
   Cunaxa 1870–1871
   Cyrus II 33–34
   Darius I 34–35
   Darius III 36
   death 1940
   Deioces 1962–1963
   diadem 2062–2063
   Ecbatana 2261
   economy, Near East 2289
   Elephantine Papyri 2360
   endogamy 2405
   Friends of the king 2765
   Gaugamela 2856–2857
   Histiaios of Miletos 3244
   imperialism 3430
   Iranian languages 3494
   kingship 3758
   Klazomenai 3779, 3780
   Kommagene 3805
   Lykaonia 4188
   Marakanda 4279
   Murashu family and archive 4624
   Paphlagonia 5038
   Pasargadai 5075
   Persian, Persians 5192
   proskynesis 5588
   Sardis 6044
   satraps 6058
   Seleucids 6119
   Sogdia 6311
   Susa 6466
   Syria 6488
   tribute 6857
   Xerxes 35–36
Achaia **36–37**
   Achaians 41
   Aigeira 241–242
   Argos 680
   Dyme 2240
   Epaminondas 2424
   Euboea 2544
   Herodes Atticus 3179
   Ialysos in Rhodes 3376
Achaia Phthiotis **37–38**, 3050
Achaian League **38–40**
   Achaia 37
   Achaia Phthiotis 38
   Achaian War 40
   administration 79
   Agis IV of Sparta 187
   Aigeira 242
   Alexander 304
   Antigonos II Gonatas 462
   Antigonos III Doson 463
   Aratos of Sikyon 609
   Arcadia 622
   Arcadian League 624
   Argolis 679
   Argos 680
   Athens 914
   cavalry 1388
   Corinth 1787
   Demetrios II 1998
   Demetrios' War 2003–2004
   democracy 2009, 2010
   Dyme 2240
   Elis 2376
   Hermione 3165
   Kaulonia 3714
   Kritolaos 3823
   Macedonia 4204
   Mummius, Lucius 4619
   Nabis of Sparta 4674
   Philopoimen 5276
   polis 5380
   Polybius 5391, 5392
   Ptolemy III Euergetes 5635
   Sellasia, battle of 6132
   Sikyon 6250

Sparta   6344
Thuria   6738
Achaian War   **40**, 2467, 2543
Achaians   36–38, **41**, 2522
Achaios   **41–42**, 477, 930, 931, 3904, 3905, 7174
Acharnai   **42–43**, 4439–4440
Achilles   **43–44**
   Achaia Phthiotis   37
   disease and health   2163
   dorea   2210
   education   2316
   Hellenes   3112
   Orestes   4929
   rhetoric   5825
   sea deities   6097
   Statius, Publius Papinius   6376
   Thetis   6713–6714
Achilles Tatius   **44–45**, 3372
Acilius, Gaius   **45–46**, 3257
Acilius Glabrio, Manius   **46–47**, 2094, 4035
Acrocorinth   39, **47–48**, 461, 463, 609, 1998
Acropolis   **48–52**
   Areopagos   671
   Athena   903
   Athens   910–911, 915–916
   Elateia in Phokis   2353
   Eteoboutadai   2505
   Euphron of Sikyon   2571
   festivals   2659
   Four Hundred   2756
   Harpalos   3066
   hellenotamiai   3126
   Isagoras   3507
   palaces   4990
   Pantelleria   5032
   Parthenon   5066–5068
   temple treasuries   6587
   walls, city   7042
acta   **52**, 53, 663, 2458, 2460
Acta Martyrum   **52–56**
Actia   **56**, 58
actio   **56–57**, 618, 1384, 2718, 3454
Actium   **57–58**
   agonistic festivals   197
   Ambrakia   352
   Augustus   963
   Cleopatra VII of Egypt   1571
   Epirus   2468
   Herod the Great   3175
   legions, history and location of   3999, 4003
   Nikopolis   4791
   Rome, city of: 3. Augustan   5901, 5902, 5907

   Rome, resistance to   5954
   ships and shipping   6221
actor (accusator, petitor)   **58–59**, 1470
actors and actresses   **59**, 4512–4513, 6286
Acts of Paul and Thecla   5100, 5101, 5503, 6661–6663
Acts of the Apostles   **60–61**
   Agnostos Theos   191
   apocalypticism in Early Christianity   536
   apostle   565
   deacon   1935
   Encratism   2404
   Eucharist   2546
   God-fearers   2944
   Ioppa/Jaffo   3490
   Judas Iscariot   3640
   Paul and Pauline Epistles   5104
   persecution of Christians   5171, 5172
   Peter the Apostle   5206
   prayer   5503
Adad (Haddu)   **61–62**, 1912, 3042, 3346, 6199
Adad-guppi   **62**, 6133
Adad-nirari III   **62–63**, 6133, 7160, 7161
adaeratio   **63**, 2677–2678
Adaima   **63–65**, 3334
Adamklissi, Romania. *see* Tropaeum Traiani
Adapa   **65**, 2421
adeia   **65–66**
Adeimantos   **66–67**
adfinitas   **67–68**, 1602
Adiabene   **68–69**, 4955
Adiabene, ruling dynasty of   **69–71**, 1216
adlocutio   **71**, 2207
Adme. *see* Edessa
administration (ancient Near East)   **71–73**
   cuneiform   1871
   economy, Near East   2289
   eunuchs   2561
   hydraulic civilization   3350–3351
   mathematics   4346
   numbers   4826–4827
   palaces   4995
   sanga   6033–6034
   satraps   6058, 6059
   scribes   6082
   seals   6100
   shakkanakkum   6197
   Shuruppak   6229
   Sidon   6241
   storage   6413
   sukkalmah   6442, 6443
   Ugarit   6904–6905

administration (ancient Near East) (cont'd)
  Ur III Dynasty   6920–6921
  Urkesh   6925
administration (Byzantine)   **73–75**
  Byzantium   1233, 1235
  cities   1517–1518
  coinage   1607
  Constantinople   1736, 1737
  corruption   1803–1805
  jurisprudence   3659–3660
  notary   4813
  Palestine   5004–5006
  provincial administration   5599–5600
  seals   6101
  Senate   6139
  themata   6664–6665
administration (Greece)   **75–77**
  Arcadian League   624
  corruption   1803–1805
  democracy   2007
  ethnicity   2520–2521
  euthyna, euthynai   2584
  finance   2672–2673
  harmosts   3064–3065
  Linear B   4093–4094
  liturgy   4119–4120
  Lycurgus   4183
  Minoan society and culture   4527
  Mycenae   4649
  Mycenaean society and culture   4655–4657
  Pontos   5419–5420
  Sparta   6342, 6343
  stelae   6386–6387
administration (Hellenistic)   **77–79**
  corruption   1803–1805
  democracy   2009
  economy   2284
  letters   4025–4026
  Macedonia   4203
  notary   4813
  satraps   6059
  Seleucids   6123, 6124
  stelae   6386–6387
  sympoliteia   6477
  Zenon Archive   7170, 7171
administration (Late Antique)   **79–82**,
    1803–1805, 4813
administration (Late Antique Egypt)   **82–85**,
    953–954
administration (Pharaonic Egypt)   **85–88**
  Beni Hasan   1087–1088
  cities   1513

Early Dynastic period   2249–2251
economy   2293
Edfu   2308
Egypt, Lower   2328
Fayyum   2650
gender   2876
Hermopolis Magna   3169
Hermopolis Magna, Tuna el-Gebel   3170, 3171
Hierakonpolis   3203, 3204
hydraulic civilization   3350–3351
land and landholding   3881–3885
Memphis   4431–4432
Mentuemhat   4445–4446
Middle Kingdom   4490, 4492
nome   4807
numbers   4826–4827
Saite Period   6013
scribes   6085
Senwosret I–IV   6154
Sobekhotep   6295
storage   6413
Wilbour Papyrus   7104–7105
administration (Ptolemaic Egypt)   **88–90**
  administration   95–96
  dioiketes   2120
  dorea   2210–2211
  ergasterion, ergastulum   2489
  Hermopolis Magna   3169
  Idios Logos   3389–3390
  Kallikrates of Samos   3680–3681
  kinship terms, used metaphorically   3772
  nome   4807
  strategos   6419–6421
administration (Roman)   **90–95**
  Abinnaeus Archive   5–6
  aediles   113–114
  arcarius   626
  archives   664
  army   753
  Augusti liberti   954–955
  Augustus   966–969
  Babatha   1004–1005
  benefactors   1084–1085
  cities   1520, 1521
  collegia   1650–1651
  Colonia Iulia Equestris/Noviodunum   1657
  commentariis, a   1690–1691
  Commodus   1694
  conductores   1701
  consuls   1752
  Corinium Dobunnorum   1783
  corruption   1803–1805

councils, city 1814–1817
court 1821–1822
cura, curator 1872–1873
curia 1873–1874
cursus honorum 1878–1879
Cyrene edicts 1900–1902
decretum 1954–1955
defensor civitatis 1960–1961
Dekapolis 1973
Diocletian 2107, 2108
Dioikesis 2118–2119
dispensator 2166–2167
Domitian 2199–2200
economy 2298
equites 2474
Familia Caesaris 2624
finance 2675–2677
Flamininus, Lucius Quinctius 2693
Forum, Forum Romanum 2743, 2745
Gallia Narbonensis 2827
Lex Manciana 4044–4045
liturgy 4120–4121
Lucceius, Lucius 4154
municipia 4623–4624
notary 4813
Notitiae Dignitatum 4814–4816
Novellae 4819–4820
Praetorian Prefect 5498–5499
provincial administration 5600–5603
Roman Empire, regional cultures 5866
seals 6104
Senate 6142
Septimius Severus Pertinax Augustus, Lucius 6159
Severus Alexander 6182
sortition 6327–6329
administration (Roman Egypt) **95–98**
  Aegyptus 118–119
  Apiones 524–525
  beneficiarii 1085–1086
  calendar 1259
  Cyrene edicts 1900–1902
  death, registrations of 1941–1942
  Familia Caesaris 2624
  Hermopolis Magna 3169
  Heroninos Archive 3190–3191
  Idios Logos, Gnomon of the 3390–3391
  liturgy 4117–4118
  Memphis 4431–4432
  Mut 4644, 4646
  sitologos 6273
  strategos 6420, 6421

adolescence **98–99**, 110, 173, 178–180, 1459, 4528–4529
Adonis **99**, 522, 5177
adoption **100–102**
 adrogatio 107–108
 agnates 188
 Augustus 961, 962
 Caecilii Metelli 1240
 Caesar 1247
 Caligula 1269
 exposure of children 2605
 fostering and foster-children 2748
 gentilicium 2888
 God's Wife of Amun 2946
 kinship 3767, 3771
 oikos 4874
 paterfamilias 5082
 Septimius Severus Pertinax Augustus, Lucius 6157
 Severus Alexander 6181
adoptionism **102**, 4568, 6861
Adramyttion **102–103**
Adrasteia **103**
Adrastos of Aphrodisias **104**
Adria **104–105**, 2125
Adrianople, battle of **105–106**, 745, 2965, 4081, 4082, 5950
Adriatic Sea **106–107**
 Adria 104–105
 Dionysios II 2126
 foundations 2754
 Illyria and Illyrians 3407–3408
 Illyrian wars 3409
 Illyricum and the Balkans, Roman conquest of 3410–3413
 imperialism 3428
 Issa 3527
 Salona 6021
 Umbrians 6912
adrogatio 101, **107–108**
adû **108–109**, 2351
adultery **109–110**
 Augustus 965
 conubium 1764
 cosmetics 1811
 exposure of children 2604
 family 2626, 2630, 2631
 houses, housing, household formation 3328
 ius vitae necisque 3559
 marriage legislation of Augustus 4322–4323
 prostitution 5591
 sex and sexuality 6186, 6191, 6193

adultery (cont'd)
   stuprum   6428, 6429
   twins   6894–6895
adulthood   98–99, **110–111**
adventus   111
adversus Iudaeos   **111–113**, 1050–1051, 3599
aediles   **113–114**
aedituus   **114–115**
Aedui   **115**, 3852, 5953
Aegean Sea (Bronze Age)   106, **115–116**, 4651, 4653–4655, 5310, 5472, 5473
Aegean Sea (Classical and later)   **116–117**
   fish and fishing   2686
   foundations   2751
   Illyricum and the Balkans, Roman conquest of   3410
   Korseia   3812–3813
   League of Islanders   3983–3984
   navies   4703–4704
   Ptolemaic possessions outside Egypt   5626–5628
   Seriphos   6168
   thalassocracy   6640
   Thrasyboulos   6730
   Timotheos   6763
   transport   6825
Aegyptus   **117–120**
   Abu Rawash   13
   Alexandria, Egypt   308
   Augustamnica   953
   death, registrations of   1941–1942
   demography, historical   2013, 2015–2016
   Dioikesis   2118–2119
   dioiketes   2120
   divorce   2174
   dominium   2195
   Domitius Domitianus   2201–2202
   economy   2272–2273
   Heroninos Archive   3190
   Medamud   4374
   Memphis   4432
   papyri   5043, 5045
   papyrology   5054
   pilgrimage   5327
   provincial capitals   5604
Aelia Capitolina   **120–121**, 1042, 3022, 5744, 6489
Aelianus, Claudius   **121–122**, 7182–7183
Aelius Aristides   **122–123**
   cities   1516
   citizenship   1527
   dream interpretation   2223
   Herodes Atticus   3178
   hymns   3364–3365
   incubation   3441
   infrastructure   3462
   rhetoric   5828
Aemilian (Marcus Aemilius Aemilianus Augustus)   **123–124**, 4001, 6846, 6847, 7030
Aemilius Lepidus, Marcus   **124–126**, 127, 962, 2783, 4233, 5896–5898
Aemilius Lepidus Paullus, Lucius   **126–127**
Aemilius Paullus, Lucius   **127–129**, 2737, 3411, 3419, 4064, 5843
Aeneas   **129–130**
   Aborigines   6
   Aphrodite   522
   Ara Pacis Augustae   594
   Damastes   1920
   Dionysius of Halicarnassus   2129
   Donatus, Tiberius Claudius   2208
   Egesta   2325
   Ennius   2414
   ethnicity   2524
   Fabius Pictor, Quintus   2616
   Forum Augustum   2735
   Lusus Troiae   4172
   Naevius, *Bellum Punicum*   4679
   Romulus and Remus   5960
   Vergil   6964–6965
Aeneas Tacticus   **130–131**, 2724, 6069
Aeneid (Vergil)
   Aeneas   130
   afterlife   154
   Donatus, Tiberius Claudius   2207–2208
   Evander   2587
   fate   2646
   Golden Age   2951
   katabasis   3705
   Lucan   4154
   Lusus Troiae   4172
   philosophy   5288
   Silius Italicus   6252
   Tarchon   6529–6530
   Venus   6961–6962
   Vergil   6964, 6965
Aequi   **131–132**, 1507
aequitas   **132–133**
aerarium   **133–134**, 663, 2183, 2676, 2758, 3477
aerarium militare   **134**, 2676, 6979
aes alienum   **135**
Aeschines   **135–137**
   Athens   913
   Demosthenes   2027
   Eteoboutadai   2506

Euboulos, Athenian politician   2544, 2545
graphe paranomon   2981
Hyperides   3368
nomothetai   4810
orators   4923
Orthagorids   4947
sophists   6319
wars, sacred   7061
Aeschylus   **137–138**
   Agamemnon   166
   Anaxagoras   407
   Areopagos   671
   Artemis   795
   Athos mountain   921
   childhood   1461
   dreams   2225
   Eleusis, Attica   2369
   Euripides   2573
   Ezekiel the tragedian   2608
   Furies   2797
   Hieron I of Syracuse   3212
   historiography   3254
   Ion of Chios   3485–3486
   Iphigeneia   3491
   kingship   3760
   madness and mental health   4213
   Sophocles   6322
   theater   6644
   tragedy   6806
Aesculapius   **138–139**, 938, 3090, 5895
Aesop   **139–140**, 4139
aesthetics   **140–144**, 3317
aestimatio litis   **144–145**
Aeternitas   **145–146**
Aetios of Amida   **146–147**, 506, 1843, 5234, 6324, 6462
Aetius (Roman general)   276, 277, 5960, 6938
Aetna (poem)   **147–148**, 4474, 7025
Africa (Byzantine)   **148–149**
   Berbers and Moors   1091
   Carthage   1348
   Constantine I   1723
   Donatists   2203–2206
   ports   5446
   Sufetula   6438
   Thysdrus   6740–6741
   Varus, Publius Quinctilius   6949
Africa Proconsularis   **149–152**
   Bagrada   1019
   Berbers and Moors   1089–1090
   Caligula   1270
   Clodius Albinus, Decimus   1585

Fossa Regia   2746
frontiers   2777
Gordian I   2952
Gordian II   2953
Hippo Regius   3230
Madauros   4211
Rutilius Gallicus, Gaius   5984
Tacfarinas   6511
Thagaste   6638
Thysdrus   6741
Uthina   6931
Utica   6932–6933
African War (*Bellum Africum*)   **152–153**, 3240
afterlife (Greece and Rome)   **153–156**
   burial   1212–1216, 1221–1223
   Dis Pater   2155–2156
   Eleusis, Mysteries of   2371
   ethics   2507
   funerary cult   2791–2792
   Hades   3017
   Hermes   3160
   Orpheus and Orphism   4945–4947
   Samothrace, Mysteries of   6032
   Sarapis   6040
   suicide   6442
afterlife (Judaism and Christianity)   **156–161**
   Atonement, Doctrine of   926, 927
   burial   1217
   death   1941
   eschatology   2498–2499
   neutral death and moral death   156–157
   in New Testament   158–160
   Patristic age   160
   Rabbinic views   158
   soul   6338
afterlife (Pharaonic Egypt)   **161–165**
   burial   1217–1221
   curses   1875–1876
   in daily life   161
   demons   2024
   Egyptomania   2341
   human sacrifice   3335
   Khons   3747
   literature and poetry   4113
   Osiris   4950–4952
   preparing for   161–162
   resurrection   161
   sex and sexuality   6190
   visions of   162–165
Agamemnon   **166**
   Achaians   41
   Amyklai and Amyklaion   394

Agamemnon (cont'd)
    Aulis   969
    dorea   2210
    dreams   2224
    historiography   3253
    Iphigeneia   3491
    Orestes   4929
    tragic history   6810
agape   **166–167**, 2046, 2082, 2545, 4150
Agatharchides of Knidos   **167–168**, 598
Agathias   168, 452, 744, 2982, 3265, 3266, 6243
Agathokles (Ptolemaic minister)   **168–169**, 3213, 4015, 5638, 6332, 6756
Agathokles (son of Lysimachos)   **169–170**, 1996, 4193
Agathokles of Syracuse   **170–172**
    Alexander II of Epirus   289
    Demochares of Athens   2006
    Duris of Samos   2236
    Egesta   2325
    Sicelica   6234
    Sicily   6236, 6238
    Syracuse   6486
    Timaeus of Tauromenium   6755
Agathos Daimon   **172–173**
age   **173–178**
age-class (ephebes, *neoi*)   **178–180**, 192
agentes in rebus   81, **180–181**, 2107, 2231, 6832
ager publicus   149, **181–182**, 1662, 1669, 2969, 3886–3887, 5967
Agesilaos   **182–183**
    Akarnanian League   258
    Archidamos   634
    Aulis   970
    Derkylidas   2040
    Epaminondas   2424
    Hellenica Oxyrhynchia   3118
    Kleomenes II of Sparta   3787
    logistics   4136
    Lysander   4191
    Spartan kings   6346
    Timotheos   6763
    Xenophon   7148
Agia Irini on Keos   **183–184**
Agia Triada in Crete   **184–185**
Agios Kosmas in Attica   **185–186**
Agis II and III of Sparta   **186**
Agis II of Sparta   186, 634, 1974, 4191
Agis III of Sparta   186, 292, 484, 3787, 6346
Agis IV of Sparta   **187**, 609, 6344, 6497
Aglauros. *see* Pandrosos
agnates   **188–189**, 1602, 2597, 3477, 4214

agnatio   67, **189–191**, 1602, 3767
Agnostos Theos   **191**
agoge   178, 187, **191–192**, 1524, 2316, 3292, 6342, 6344
agon   **192–194**, 1925
Agonalia. *see* Rex sacrorum
agonistic festivals (Roman Empire)   **194–198**
agora   **198–201**, 916–917
agoranomoi   **201**, 2070, 2283, 3943, 4309, 4313
Agrapha Iesou   **201–203**
agraphoi nomoi   **203**
agrarian laws   **203–205**, 1499, 1500, 1669, 4911–4912, 6307
agrarian writers and agronomists   **205–206**, 218, 1679–1680, 2658, 2781, 2782, 3316, 7183
agri decumates   **206–207**, 2834, 2860, 5836
agri deserti. see deserti agri
Agricola   1119, 4922, 5876, 5877, 6512
Agricola, Gnaeus Iulius   **207–208**, 1189, 2199, 2778–2780
agriculture (ancient Near East)   **208–210**
    autarky   978
    beer   1071, 1072
    bees   1073
    Boiotia   1149
    economy, Near East   2286, 2289, 2290
    fertilizer   2658–2659
    flax   2698
    hemerology and menology   3130
    houses, housing, household formation   3323
    irrigation   3500–3501
    labor   3853
    locusts   4134
    lodgers   4135
    Ninurta   4798
    Nuzi   4844
    Qasr Ibrim   5695–5696
    Tylissos in Crete   6898
    Ugarit   6904
agriculture (Byzantine)   **210–212**, 2271–2273, 2895–2896, 6282, 6283
agriculture (Greek)   **212–214**
    agrarian laws   204
    Athens   917
    autourgia   983
    bees   1073
    Cappadocia   1313
    carrying capacity   1345
    Carthage   1347
    Chersonese, Thrace   1451
    Demeter   1992–1993
    donkey, mule   2208

double cropping   2215
dry-farming   2229–2230
economy   2276–2277
famine and food shortages   2633
fertilizer   2658–2659
fodder   2703
fruit   2781
gardens   2852
grain supply and trade   2976–2977
Helots   3127, 3128
Hermes   3160
Hymettos mountain   3362
irrigation   3504
land and landholding   3877
landscapes   3889–3890
legumes   4009
locusts   4134
Miletos   4498
Oikonomikos   4870–4871
olives and olive oil   4890
plants   5345
Saliagos   6017
science   6066
slavery   6281
tenancy   6602–6603
transport   6823–6824
agriculture (Pharaonic Egypt)   **214–217**
 bees   1073
 crop schedule   1845–1846
 economy   2293, 2294
 Egypt, Lower   2326
 famine and food shortages   2635
 Farafra Oasis   2638
 Fayyum   2649–2650
 fodder   2703
 horticulture   3317
 inundation   3477–3479
 land and landholding   3881–3883
 nilometer   4794
 Osiris   4951
 Wilbour Papyrus   7105
agriculture (Roman Empire)   **217–222**
 Africa Proconsularis   151
 Asia, Roman province of   827
 Aspendos   838
 Cosa   1805–1806
 deserti agri   2049–2050
 dolium   2191–2192
 dry-farming   2229–2230
 economy   2296, 2302
 famine and food shortages   2634–2635
 fertilizer   2658–2659

fig   2670–2671
flax   2698
Floralia   2700
fodder   2703
Fordicidia   2707
forests   2713, 2714
fruit   2781, 2782
Gaul   2859
grain supply and trade   2977
heredium   3156
Heroninos Archive   3190–3191
horrea   3308–3309
horticulture   3316–3318
irrigation   3501–3505
land and landholding   3874, 3880, 3886
legumes   4009
locusts   4134
markets   4311–4313
Mauretania   4357
Nikopolis ad Istrum   4793
olives and olive oil   4891–4893
Orbe-Boscéaz, villa of   4926–4927
Oxyrhynchos   4972, 4973
plants   5345
Probus   5552
Sagalassos   6008
saltus   6024–6025
Saturnus and Saturnalia   6061
stock rearing   6398, 6399
tenancy   6602–6603
unemployment   6915
agriculture (Roman Republic)   **222–224**
 Apulia   585
 bees   1073
 cattle   1381
 Ceres   1418
 dry-farming   2229–2230
 land and landholding   3886
 latifundia   3917
 Settefinestre   6179
Agrigentum. *see* Akragas
Agrionia   **224**
Agrippa I   **224–225**
 Berenike   1091
 Caligula   1269, 1270
 Felix   2653
 Herod Antipas   3174
 Judaea   3635
 Rome, city of: 3. Augustan   5905, 5906, 5909
 Rome, city of: 6. Hadrianic and Antonine   5929

Agrippa I (*cont'd*)
  Rome, resistance to   5954
  Tiberius   6746
Agrippa II   **225–226**, 1091–1092, 1973, 2703, 3670, 6744
Agrippina the Elder   **226–227**, 494, 1269, 4238, 4750, 5914, 5919
Agrippina the Younger   **227–228**, 1552–1554, 1655, 4750, 4751, 6145, 6514
Agron (Illyrian)   **228–229**, 6275, 6629
agronomists. *see* agrarian writers and agronomists
Agyrrhios   **230–231**, 6697
Ahab of Israel   **231**, 818, 3524, 6026, 6198
Ahhiyawa   41, **232**, 4657
Ahhotep   **232–234**, 235, 237, 6163, 6627
Ahiqar   **234–235**, 2361
Ahmose I   **235–236**
  Abydos, Egypt   20
  Ahhotep   233
  Ahmose Nefertiry   237
  Amenhotep I–III   358
  Armant   720
  army   748
  Avaris/Tell el-Dab'a   985
  co-regency   1781
  Deir el-Ballas   1967
  Heliopolis   3108
  Hyksos   3361
  Saite Period   6013
  Second Intermediate Period   6107
  Seqenenre Taa   6163
  Tetisheri   6627
  Thebes   6652
Ahmose II (Amasis)   **236–238**, 3915, 6028, 7038–7039
Ahmose Nefertiry   235, **237–238**, 358, 1781, 4918, 6163
Ahriman   **238**, 997, 7187
Ahura Mazda   35–36, **238–239**, 997, 7184, 7187
Ai Khanum   **239–240**, 312, 2286, 4992
aidos   **240–241**
Aigai   **241**, 628, 675, 1215, 4201, 6966
Aigeira   **241–242**
Aigina   **243–245**
  Aphaia in Aigina   518–519
  Attalos I   931
  Delian League   1977
  Dorians   2213
  Hekate   3097
  Herodotus   3187
  Salamis, island and battle of   6016

Aigospotamoi, battle of   **245**, 2343, 2723, 2880, 3290, 6701
Ain Shems. *see* Heliopolis
Aiolians   **245–246**, 2522, 3126, 3841
Aiolis   **246–248**, 2897, 3487
aisymnetes   **248–249**
aitia   **249**, 1384
Aitolia   **249–251**
  Akarnanian League   258
  Apamea, Peace of   513
  Aratos of Sikyon   609
  Ennius   2414
  imperialism   3428
  Lokris   4143
  Oiniadai   4878
  Philip V of Macedon   5253–5254
  Thermon   6703
Aitolian League   **251–256**
  Achaia Phthiotis   38
  Achaian League   38–39
  administration   79
  Agron   229
  Aitolia   250
  Ambrakia   353
  Antigonos II Gonatas   461
  Antiochos III Megas   478
  Areus of Sparta   674
  Attalos I   931
  coinage   1620
  Demetrios II   1998
  Demetrios' War   2003–2004
  Dikaiarchos, Aitolian   2094
  Dolopes, Dolopia   2193
  Elis   2376
  Eresos   2484
  ethnos   2535
  Flamininus, Titus Quinctius   2695
  Keos   3730
  Kephallenia   3731
  Lamia   3868
  Lokris   4143
  Macedonian wars   4206
  Mantineia   4266
  Naupaktos   4701
  Perseus   5181
  Philip V of Macedon   5252–5253
  polis   5380
  Pronnoi   5570
  Skopas, Aitolian   6278
  Stratos   6426
  Thermon   6703
Aizanoi   **256–257**

Ajax   **257**, 4213, 6809–6810
Akakios, patriarch and schism   **257–258**, 398, 1057, 1927, 3131, 7166
Akarnania   57–58, 250, 463, 4878, 5030, 6425
Akarnanian League   56, **258–260**, 4033, 4878
Akephalos   **259**
Akhenaten (Amenhotep IV)   **260–262**
   Amarna   344
   Amenhotep I–III   360
   Amurru   393
   Aten   897–898
   Ay   1002
   Aziru of Amurru   1003
   burial   1218
   co-regency   1781
   Elam   2349
   ethnicity   2513
   hairesis   3041
   Hapy   3060
   Horemheb   3303
   Karnak   3694
   king lists   3755
   Libya and Libyans   4072
   literacy   4102
   Nefertiti   4724, 4725
   New Kingdom   4763
   Rib-Hadda of Byblos   5844
   sculpture   6092
   Suppiluliuma I   6459
   temples   6598
   Thebes   6653, 6659
   Tiy   6771
   treaties   6841
   Tushratta   6888
   Tutankhamun   6888, 6889
   Uluburun shipwreck   6911
Akhmim   **262–264**, 5207, 5208
Akiba, Rabbi   **264–265**, 1041, 5721, 6228
akitu   **265–266**
Akkad (Agade)   **266–267**
   Amorites   371–372
   apocalypses   530
   Assyria   851
   Dagan   1912
   Enlil   2413
   Eshnunna   2500
   Guti   3004
   Habur   3016
   Hammurabi of Babylon and his dynasty   3052
   historiography   3251
   Hurrian, Hurrians   3346
   ilkum   3400

   Inanna   3436–3437
   kingship   3758
   Lagash   3863
   letters, letter writing   4032
   Lullubi   4167
   music   4634
   Nineveh   4795–4796
   plow   5361
   qadishtum   5692
   ruler cult   5971
   Sargon of Akkad and his dynasty   6045, 6046
   shakkanakkum   6197
   Subartu   6431
   Sumerian King List   6448
   Sumerian language   6449
   Umma   6913
   Ur III Dynasty   6920–6921
   Urkesh   6924–6925
   warfare   7046
Akkadian language   **267–268**
   Akkad   267
   Amarna letters   347–348
   Amorites   371–372
   Aramaic and Syriac   605–606
   assinnum   844
   Bisitun   1135–1136
   Ebla   2258
   education   2313
   Emar   2382
   ethnicity   2512
   flood stories   2699
   Graeco-Babyloniaca   2973
   ilkum   3400
   Inanna   3436
   Isin   3515
   Kanesh   3690
   king lists   3752
   lexical texts   4050
   lilitu   4087
   literature and poetry   4108
   Persepolis tablets   5180
   Sargon of Akkad and his dynasty   6046
   Semitic languages   6134, 6135
   Sumerian language   6449
   Ugarit   6904
   Ugaritic language   6906
   Umman-manda   6914
   wisdom literature   7110–7111
   ziqqurrat   7176
akoe   **268–269**, 3273, 3275
Akragas (Agrigentum)   **269–270**
   chalkous   1436

Akragas (Agrigentum) (cont'd)
  Dorian tribes   2212
  Empedocles   2391
  foundations   2753
  Gela   2867
  Hieron I of Syracuse   3212
  Himera   3218
  Phalaris   5224
  Sicelica   6234
  Theron   6705
akribeia   270–271, 982, 2392, 3255
Akrokorinth. *see* Acrocorinth
Akrotiri   116, **271**, 6699–6701
Al Mina   **272–273**, 1670, 2485
ala   **273–274**
Alabanda   **274**
Alalah   **274–276**
  andurārum   423
  Ebla   2258
  habiru   3015
  Halab   3042
  Hana, Hanaean   3055
  Hattusili I and his dynasty   3082
  Hurrian, Hurrians   3346
  Syria   6487
Alamanni   **276–277**
  agri decumates   207
  Augusta Raurica   945
  Aurelian   972
  Franks   2758, 2759
  Gallienus   2833–2834
  Germania   2899
  Julian   3651
  Probus   5550
  Raetia   5729
  Valentinian I   6937
Alans   **277**, 2868, 3243, 3295, 3342, 5027, 5028
Alaric   **277–278**, 1230, 1536, 2965, 3295, 5746, 5949, 6152
Alashiya   **278–279**
Alba Iulia. *see* Apulum/Alba Iulia
Albania   **279**, 3408
album   31, **279–280**, 2183, 2310, 2311
Alburnus Maior   **280–281**
alchemy   **281–284**, 1571, 1572, 4956, 6068, 7185
Aleria, Alalia   **284–285**
Alesia   **285–286**, 6245
Aletheia   **286**
Aleuadai   **287**, 3570
Alexander (nephew of Gonatas)   **303–304**, 1998

Alexander I Epirus (Molossian)   **287–288**, 1572, 4201, 4234, 4747, 6528
Alexander I of Macedon   **288–289**, 674, 2388
Alexander II of Epirus   254, **289**, 4202
Alexander II of Macedon   287, **290**, 304, 675
Alexander III, the Great   **290–297**
  Achaemenid Dynasty   32
  afterlife   296
  Alexander IV   297
  Alexander historians   300–301
  Alexandria, Egypt   308
  Alexandria, Egypt, city laws of   311
  Alexandria Arachosia   307
  Alexandria Ariana   307
  Alexandria Eschate   312
  Alexandria Paropamisadai   314
  Anaxarchos of Abdera   407
  animals   435, 436
  Antigonos I Monophthalmos   459
  Antipater   484
  Apame   512
  apotheosis and heroization   573
  Araxes   614
  Argeads   675
  Ariarathid Dynasty   682
  Aristoboulos of Kassandreia   693
  Aristotle   701, 713
  Armenia   722
  army   739
  Asandros   809
  Asia Minor   822, 823
  Aspendos   838
  Athens   914
  autonomy   982
  Bactria   1013
  bematists   1079–1080
  Bessos   1103, 1104
  birthday   1131
  Cappadocia   1314
  Caracalla   1325
  career   291–293
  Caria   1333
  Cassander   1352
  causation, historical   1385
  cavalry   1388
  Chaeronea, battle of   1425
  Chares   1441
  Chersonese, Thrace   1452
  chiliarchos   1463
  Chios   1467
  Cleopatra   1572
  coinage   1616–1617, 1629

Curtius Rufus, Quintus   1879–1880
Cynicism   1888
Cyrene and Cyrenaica   1897
Dacians and other Transdanuviani   1909, 1910
Demades   1988
diadem   2063
diagramma   2068
Didyma   2085
Dion   2122
diplomacy   2146–2147
Duris of Samos   2235
dynastic cults   2241
ecology   2264
economy   2280
economy, Near East   2285, 2287
Egypt, Lower   2329
Egyptomania   2340
elephants   2368
ephemerides   2427
Epirus   2467
ethnography and ancient history   2532
Eumenes of Kardia   2558
Eurydike, wife of Philip Arrhidaios   2575
exploration   2602
foreigners   2709
Forum Augustum   2736
foundations   2750, 2754
Friends of the king   2765–2766
Gaugamela   2856–2857
Getae   2912
Granikos   2978–2979
Greekness   2991
Halab   3042
Hannibal   3058
Harpalos   3065
Hekatomnids   3098
Hellenic Alliance   3113
Hellenica   3115–3116
Hellenistic period, concept of   3120
Hellenization   3123–3124
Hellespont   3127
Hephaistion   3132
Herakleopolis Magna   3147
hunting   3343
Hydaspes   3349
Hydraotes   3349
Hyperides   3368
Hyphasis   3369
Ilion   3398–3399
imperialism   3426
India   3447
India, trade with   3450

Indus   3453
Issos   3527–3528
Kallisthenes of Olynthos   3682–3683
Kaunos   3715
kissing   3774
Klazomenai   3780
Kleitarchos of Alexandria   3784
Kleitos   3785
Kleomenes II of Sparta   3787
Kleomenes of Naukratis   3789
Knidos   3793
Kommagene   3805
Krateros   3820
Lamian War   3869
law   3939
Leonnatos   4014
Leosthenes   4017
Lesbos   4023–4024
Lindos   4091
logistics   4136
Lycia   4180
Lycurgus   4183, 4184
Lydia   4186
Lysimachos   4193
Lysippos   4194–4195
Macedonia   4203
Manetho   4254
Marakanda   4279
Margiana   4300
Mazaios   4368–4369
Memnon of Rhodes   4427, 4428
Memphis   4431
Miletos   4499
Myndos   4661
Nearchos   4720, 4721
oikoumene   4876–4877
Olympia   4896
Olympias   4897
Onesikritos of Astypalaia   4902
orality, oral culture, and historiography   4922
Oxus   4970
Pamphylia   5013
Panegyric   5021
Parmenion   5063
Patala   5080
Perdikkas   5148–5149
Persia and Greece   5186
pezhetairoi   5219
Philip III Arrhidaios   5256–5257
Philotas   5291–5292
policies   294
Polyperchon   5398

Alexander III, the Great (cont'd)
  Porus, Indian dynast 5451
  Ptolemy I Soter 5630
  religion 5775
  retrospective diagnosis 5811
  rhetoric 5827
  Rhodes 5839
  Rome, city of: 3. Augustan 5907
  Roxane 5966
  ruler cult 5973
  Sacred Band 5996
  Sagalassos 6007
  Samaria 6026
  Sardis 6044
  Scythia 6096
  Seleukos I Nikator 6127
  Side 6239
  Sidon 6242
  Siwa Oasis 6275
  Smyrna 6291
  Sogdia 6311
  Soterichos of Oasis 6334
  sources on 295
  Spasinou Charax 6348
  Successors, wars of 6432
  Syria 6488
  Tanais 6524, 6525
  Taxila 6555–6556
  temples 6593
  Teos 6606
  Thebes in Boiotia 6650
  Theophrastus 6692
  Thessaly 6712
  tribute 6857
  tyranny 6902
  Tyre 6903
Alexander IV (son of Alexander III) **297–298**
  Alexander III, the Great 293
  Antigonids 456
  Antipater 485
  Argeads 675
  Eurydike, wife of Philip Arrhidaios 2575, 2576
  Macedonia 4203
  Olympias 4897
  Roxane 5967
  Successors, wars of 6432, 6433
Alexander Balas **299–300**
  Ariarathid Dynasty 683
  Attalos II 932
  Demetrios I 1998
  Demetrios II 1999
  Diodotos Tryphon 2115
  Jonathan Maccabaeus 3620
  Ptolemy VI Philometor 5641
Alexander historians 295, **300–302**, 759, 3256, 3784–3785, 4921–4922, 6757
Alexander Jannaeus **302–303**
  Alexandra Salome 306
  Aristobulus II 694
  Hasmoneans 3072
  John Hyrcanus II 3613
  Ptolemy IX Soter II 5645
  Salome Alexandra 6019, 6020
  Shimeon ben Shetah, Rabbi 6209, 6210
Alexander of Alexandria **298–299**, 717, 718, 900, 4141, 4775
Alexander of Pherai **304**
  Achaia Phthiotis 37
  Alexander II of Macedon 290
  Athenian Confederacy, Second 909
  Epaminondas 2424
  Pelopidas 5128
  Tenos 6604
Alexander of Tralles **305**, 384, 4213, 5234
Alexandra Salome **305–306**, 694, 3072, 3613
Alexandria, Egypt **308–310**
  Aegyptus 117–119
  anatomy 404–405
  Antony 504
  Apion 523
  Apollodoros of Alexandria 548
  Appian of Alexandria 576–579
  Aristophanes of Byzantium 700
  Arius and Arianism 716, 718
  astrology 867
  Athanasius 899–900
  Aurelian 974
  Claudius 1552
  coinage 1607–1609
  court 1818–1819
  Cyril of Alexandria 1903
  Domitius Domitianus 2201–2202
  Egypt, Lower 2329
  Erasistratus 2480
  ethnicity 2523
  gardens 2852
  Germanicus' visit to Egypt 2905–2906
  Hellenistic period, concept of 3121
  Herophilos 3191–3192
  Horapollon 3301
  Hypatia 3366
  Jews 3597–3598
  John Philoponos 3619
  Kleomenes of Naukratis 3789

Lycophron 4181–4182
Marea 4296–4300
martyrdom and martyrs 4335
medicine 4378
Museum 4632–4633
Origen 4932–4936
Origenist Controversy 4937
palaces 4991–4992
papyri 5046
patriarchs 5088
Persia and Rome 5191
Peter Mongos 5211–5212
Pharos 5239
physics 5317
Ptolemy II Philadelphos 5633
Ptolemy VIII Euergetes II 5643–5645
Sais, Sa el-Hagar 6012
Sarapis 6040
Serapeum, destruction of 6165
Stephanus of Athens 6389
surgery 6463
Syrian wars 6495
Theophilos 6691
Timagenes of Alexandria 6757
Timocharis 6760–6761
trade 6795
Wisdom of Solomon 7113
Alexandria, Egypt, Catechetical School of 310–311, 4933–4934
Alexandria, Egypt, city laws of 311–312
Alexandria ad Issum 306–307
Alexandria Arachosia 307
Alexandria Ariana 307
Alexandria Eschate 312, 6096, 6311
Alexandria in Margiana 312–313, 474
Alexandria Oxiana 239, 313
Alexandria Paropamisadai 314
Alexandrian War (*Bellum Alexandrinum*) 314–315, 1570, 3240, 5649
Algeria 4219, 4407, 6638–6639, 6759–6760
alimenta schemes 315–316
Alinda 316, 3098
Alkaios of Mytilene 248, 316–317, 3197, 3300, 6246
Alkibiades 317–318
  adeia 66
  Agis II and III of Sparta 186
  Aigospotamoi, battle of 245
  Alkmaionidai 320
  Andros 418
  Antiphon of Rhamnous 486
  Anytos 510

Dekeleia 1974
Delion 1980
ethics 2506
Four Hundred 2756
herms 3173
hybris 3348
Hyperbolos 3367
Kritias 3822
Phrynichos 5309
Sicilian expedition 6234, 6235
sophists 6319
Theramenes 6701
Alkimos (Jewish high priest) 318–319, 3621, 3642
Alkmaion of Kroton 319–320
  Akarnanian League 259
  Alkmaionidai 320
  Demokedes of Kroton 2018
  diagnosis 2065
  Pythagoreanism 5686
  regimen 5757–5758
  signs and sign inference 6248
Alkmaionidai 320–321, 411, 3840
allegory 321–323, 1424, 3158, 4328, 4932–4938, 5194
allegory (Jewish) 323–325
Allobroges 1499, 2824–2825, 2827, 2872, 5844, 5953, 6994–6995
alluviation 325–326
Almagest (Ptolemy)
  astrology 864
  astronomy 883–885
  Canobic Inscription 1299
  constellations and named stars 1746, 1747
  mathematics 4350
  Pappus of Alexandria 5042–5043
  phaenomena 5220
  Ptolemy 5651, 5652, 5654
  Theon of Alexandria 6685–6686
almanacs (Babylonian) 326, 878, 3130
alphabet (Greek) 326–329
  Coptic 1771, 1772
  Demotic 2029
  epigraphy 2451
  Greek language and dialects 2986
  Kadmos 3673
  Koine dialect 3796
  literacy 4098, 4106
  numbers 4827, 4828
  orality, oral culture, and historiography 4919–4922
  Oscan 4949
  Phoenicia, Phoenicians 5298

alphabet (Greek) (*cont'd*)
  scripts   6088
alphabets (Italy)   **329–331**, 3395,
  3535, 4957
alphabets and scripts (ancient Near East)
  331–334
  cuneiform   1871
  decipherment   1949–1950
  Demotic   2028–2030
  education   2313–2314
  hieroglyphs   3209
  Meroitic   4455–4456
  Semitic languages   6134
alphabets and scripts (Judaism)   **334–338**
alphabets and scripts (Late Antiquity)
  338–339, 1110, 1112, 6087, 6088
Alps   **340–341**, 1341, 1874–1875, 1928,
  3410–3412, 3432, 3533, 3536, 4862
altar   **341–344**
Amarna   **344–347**
  Adapa   65
  Akhenaten   261
  Amarna letters   347–348
  art   774
  Aten   898
  Avaris/Tell el-Dab'a   990
  cities   1514, 1515
  cults: private   1867–1868
  Deir el-Bersha   1968
  Egyptology   2334
  epigraphy   2462
  faïence   2622
  forts   2725
  gardens   2853
  Heliopolis   3108
  Hermopolis Magna, Tuna el-Gebel   3170
  houses, housing, household formation
    3329
  hygiene   3354, 3355
  letters, letter writing   4027
  libraries   4063
  literacy   4102
  New Kingdom   4761–4763
  old age   4884
  palaces   4997
  pharaonic glass   5225–5226, 5228
  police   5377
  Rib-Hadda of Byblos   5844
  ships and shipping   6212, 6219
  stelae   6384
  Thebes   6653
  Tiy   6772
  Tutankhamun   6888–6889
  villages   7003
Amarna letters   **347–348**
  Akhenaten   261
  Alashiya   278–279
  archives   661
  Aziru of Amurru   1003
  Burna-Buriash   1223
  diplomacy   2149–2150
  foreigners   2711
  furniture   2802
  habiru   3015
  harim   3062
  Hurrian, Hurrians   3346
  Ioppa/Jaffo   3489–3490
  Jerusalem   3576
  letters, letter writing   4032
  Sidon   6241
  social structure and mobility   6297
  synchronisms   6481
  trade   6793
  Tushratta   6888
  Uluburun shipwreck   6911
Amarynthos   **348–349**
Amasis   2365, 4028, 4090, 4091
Amathus   **349–350**
Amazons   **350–351**, 3149, 4902
ambarvalia   **351**, 2662
ambassadors. *see* diplomacy
amber   **351–352**, 6910
Ambrakia   **352–354**, 377–378, 2467
Ambrakos   **354**
Ambrose   **354–355**
  allegory   322
  Eucharist   2547
  Origen   4934
  Origenist Controversy   4939
  Symmachus, Quintus Aurelius   6473
  Theodosius I   6679
Amenemhat I–VII   **355–358**
Amenemhat I
  Amenemhat I–VII   355–356
  Avaris/Tell el-Dab'a   987
  Beni Hasan   1088
  El-Lisht   2379
  Kush   3832
  pyramid   5680
  Senwosret I–IV   6153
  Thebes   6652
  Wadi Hammamat   7034
Amenemhat II   356, 1088, 1913, 1914, 6153,
  6776, 6800

Amenemhat III
  Amenemhat I–VII 356–357
  co-regency 1781
  Dahshur 1913, 1914
  Fayyum 2650
  Hawara 3085
  portraiture 5443
  sculpture 6094
  Senwosret I–IV 6153
  Sobeknefru 6296
Amenemhat IV 356, 357, 1781, 6296
Amenhotep (son of Hapu) **361–362**
  Athribis 921
  Deir el-Bahari 1966
  education 2318
  literacy 4103
  old age 4883
  sculpture 6095
Amenhotep (Amenophis) I–III **358–361**
Amenhotep (Amenophis) I
  Ahmose I 235
  Ahmose Nefertiry 237
  Amenhotep I–III 358
  co-regency 1781
  Deir el-Bahari 1965
  Deir el-Medina 1970
  Libya and Libyans 4072
  oracles 4917, 4918
  Thebes 6659
  Thutmose I–IV 6739
Amenhotep (Amenophis) II
  Amenhotep I–III 359
  Avaris/Tell el-Dab'a 993
  co-regency 1781
  Elephantine 2365
  Giza 2922
  Kalabsha 3675
  Kenamun/Qenamun 3728
  Peru-nefer 5198–5199
  Thutmose I–IV 6740
  treaties 6841
Amenhotep (Amenophis) III
  Akhenaten 260
  Amenhotep I–III 360
  art 773
  Aten 897
  Athribis 921
  Ay 1002
  co-regency 1781
  El-Kab 2377
  Elephantine 2365
  food, drink, and feasting 2705

furniture 2802
Great Queen 2981
Hapy 3060
Hermopolis Magna, Tuna el-Gebel 3170
Karnak 3693
Kawa 3718
literacy 4103
Malkata 4241
Memnon, Colossi of 4425
Montu 4591
Nekhbet 4735
New Kingdom 4763
palaces 4996
queens 5706
Saqqara 6038, 6039
sculpture 6094
synchronisms 6481
Thebes 6653, 6659
Tiy 6771
treaties 6841
Tushratta 6888
Tutankhamun 6889
Yahweh 7156
Amenhotep IV. *see* Akhenaten
amicitia **362–364**. *see also* friendship
Amida **364**, 365, 1496, 3041
Ammianus Marcellinus **365–369**
  Adrianople, battle of 105
  Amida 364
  amplificatio 382
  Aquileia 592
  Arabs 604
  Armenians 726
  assault 841
  Constantius II 1743–1745
  digressions 2094
  Dura-Europos 2233
  eunuchs 2564
  exempla 2593
  foundations 2751
  Gallic War 2831
  Historia Augusta 3249
  historiography 3260, 3268
  Julian 3650
  orality, oral culture, and historiography 4922
  recitations, historical works 5749
  Rome, city of: 9. Fourth century 5947, 5948
  Valens 6935
  Valentinian I 6937
Ammisaduqa, Venus Tablet of **368–369**, 2421, 6071
amnesty 66, **369–370**, 413, 510, 2584
Amnisos **370**

Amorgos   370–371, 422, 485, 4524–4525
Amorites   371–372
    Babylon   1005
    Ekallatum   2345
    ethnicity   2512
    fortifications   2721
    Hammurabi of Babylon and his dynasty   3052
    identity   3388
    Ishbi-Erra and the Isin Dynasty   3512
    king lists   3753
    Mari   4301
    Sargon of Akkad and his dynasty   6046
    shakkanakkum   6197
    Shamshi-Adad and sons   6200
    Sin-kashid of Uruk and his dynasty   6265
    Syria   6487
    Ur III Dynasty   6920, 6921
Amphiareion sanctuary   372–374, 3090, 3441–3442, 6368, 6455
amphictyony   374, 1254, 4904, 4916, 5688
amphictyony (Delphic)   375–376
    Achaia Phthiotis   37
    administration   79
    Aitolian League   253
    Delphi   1986
    Dolopes, Dolopia   2193
    Karystos   3699
    Lokris   4143
    Macedonia   4205
    Phokis   5303
    Thessaly   6712
    wars, sacred   7061
Amphidamas   376–377, 1213, 1433, 3194
Amphidromia   377, 3194
Amphilochia   250, 377–378
Amphipolis   378–379
    Aemilius Paullus, Lucius   128
    Eion   2343
    Macedonia   4201
    Philip II of Macedon   5250
    Roxane   5967
    Strymon   6427
    Thucydides   6733
Amphissa   250, 379–380, 7061
amphitheater   380–381
Amphitrite   4749, 6014, 6097, 6604
amphora stamps   381–382, 6103, 6179, 6799, 6803
amplificatio (auxesis)   382–383, 6808
Amr   383–384
amulets (Christian)   3, 384–385
amulets (Egypt)   385–387, 1458, 3382, 4918, 5779

amulets (Greece and Rome)   7, 259, 388–389, 1207, 1877, 2601, 5779
amulets (Jewish)   389–391, 2022, 2600, 6570–6571
Amun, Amun-Re   391–392
    Abu Simbel   13, 14
    Ahhotep   233
    Akhenaten   260
    Alexander III, the Great   292
    Amarna   344
    Aten   897
    Atum   937
    cults: divine   1861–1865
    Deir el-Bahari   1965
    deserts   2054
    Egyptomania   2340
    El-Hiba   2373, 2374
    festivals   2667
    God's Wife of Amun   2945–2946
    Harris Papyrus   3067
    Harsiese   3068
    Hatshepsut   3077, 3078
    Herihor   3157
    Kamutef   3688
    Karnak   3693–3694
    Kawa   3718, 3719
    Kenamun/Qenamun   3728
    Khons   3747
    Kushite Period   3837, 3838
    literacy   4102
    Mut   4644
    Napata   4691–4693
    Nefertiti   4725
    New Kingdom   4762, 4765
    Nubia   4822
    oracles   4917
    Osorkon   4952, 4953
    Peru-nefer   5198–5199
    Re and Re Horakhty   5741
    religion   5790
    ruler cult   5976
    Senenmut   6148, 6149
    Seth   6175
    Siwa Oasis   6274
    sphinx   6354
    Thebes   6648, 6651–6653
    Thoth   6726
    Tutankhamun   6889
    Tutu   6892–6893
Amurru   232, 392–393, 3015, 3080, 5844, 6431
Amyklai and Amyklaion   393–394, 6557
Amyntas III   290, 675, 701, 4202, 5250–5252
Anahita   394–395, 5787

Anakes **395**, 2140, 3103
anakrisis **396**, 2097
analemma **396–397**
ananke **397**
Anastasios I **398**
  Amida 364
  Ariadne 681
  Byzantium 1231
  churches 1496
  coinage 1607, 1608
  dynasty, idea of 2244
  economy 2271
  Isaurian emperors 3510
  John Lydus 3615
  Justin I 3662
  Justinian I 3668
  Long Wall 4146
  Romanos the Melode 5881
Anastasios of Sinai **398–399**
Anastasius Bibliothecarius **399–400**
Anat **400–401**, 2710
Anatolia **401–402**
  Anitta 439
  Asia Minor 820, 821, 823
  Aspendos 838
  assemblies 842
  Assyrian kings 858
  bit hilani 1136–1137
  Bithynia 1137–1140
  Cappadocia 1313, 1315
  Cilicia 1504
  Daskyleion 1930
  economy 2271
  Ephesos 2428
  funerary inscriptions 2794, 2795
  Gordion 2956
  Hatti 3079
  Hattusili I and his dynasty 3083
  Hattusili III 3084
  Hittite, Hittites 3276
  Ialysos in Rhodes 3376
  Ionia 3486
  Ionian tribes 3489
  Kanesh 3690–3691
  Kashka 3700
  Lesbos 4023
  Luwian language 4174–4175
  Men 4433
  mints and minting 4531
  Mita of Mushki 4543–4544
  Naram-Sin 4696
  ordeals 4928–4929

  palace economy 4986
  Paphlagonia 5038–5039
  Purušhanda 5674
  Sabazios 5987
  Shubat-Enlil 6229
  Syria 6486
  Syrian wars 6495
  Termessos 6608–6609
  Theophilos 6691
  trade 6792–6793
  Trapezos 6834–6835
  Uluburun shipwreck 6910
  Urartu 6922–6923
  warfare 7048
anatomical votives **402–403**, 1941, 2764
anatomy **403–406**
  cardiovascular system 1331–1332
  Celsus, Aulus Cornelius 1394, 1395
  Diocles of Karystos 2103
  Erasistratus 2480
  Galen 2812
  gynecology 3012
  Herophilos 3191–3192
  hysteria 3373
  medical writers 4377
  medicine 4389
  Praxagoras of Kos 5502
  Soranus 6324
Anavyssos **406**
Anaxagoras **406–407**, 2572–2573, 5314, 5622,
  6318, 6319, 6574, 7179
Anaxarchos of Abdera 2, **407–408**
Anaxilaos of Larissa **408**
Anaxilaos of Rhegion **408–409**, 3212, 3218–3219,
  3237, 6705
Anaximander of Miletos **409–410**
  anthropology 454
  causation, historical 1384
  geography 2889
  Hecataeus of Miletos 3093
  Heraclitus 3137
  history 3272
  maps 4276
  physics 5313
  zoology 7179
ancestor worship **410–411**
  afterlife 157, 161
  apotheosis and heroization 574
  first fruits 2683
  funerary cult 2787, 2791
  imagines 3413
  Naxos 4717

anchisteia 67, 188–190, **411–412**, 1602, 2884
Ancus Marcius **412–413**, 6533
Andocides **413–414**
 amnesty 369
 Anytos 510
 common peace 1697
 hetaireia 3197
 nomos and nomothesia 4809
 orators 4923
 spondai 6360
Andrew, Acts of **414–415**, 812
Andriskos 40, **415–416**, 4206
andron **416**, 2800, 3859
Androna/Andarin **416–417**
Andros (history and political organization) **417–419**, 3679, 7159
Andros (topography and archaeology) **419–422**, 4414
Androtion **422–423**, 705, 935, 3117, 6475
andurārum **423–424**, 4539
angaria **424**, 5460, 6831
angels (Christian) **424–426**, 2058–2059
angels (Jewish) **426–428**
Angitia **428**
Anglo-Saxons **428–429**
animal mummies **429–431**
 Abu Rawash 12–13
 Abydos, Egypt 21
 animals 433
 Bastet 1062
 crocodile 1844
 Esna 2501
 Hermopolis Magna, Tuna el-Gebel 3170
 Khaemwaset 3739
 Kom Ombo 3804, 3805
 religion 5790
 sacrifice 6002
 Saqqara 6039
 Speos Artemidos 6351
animals (domesticated) **431–433**
 agriculture 215, 219–220
 castration 1360
 dogs 2187–2188
 donkey, mule 2208
 economy 2302
 farrago 2639
 fertilizer 2658–2659
 fodder 2703
 goats 2943
 Hermes 3160
 horses 3311–3314
 meat, consumption of 4371
 pigs 5323–5325
 poultry 5491
 purchase 5667
 sound 6339
 standards of living, wealth 6370
 stock rearing 6397, 6398
 transhumance 6821
 veterinary medicine 6981–6984
animals (Egyptian sacred animals) **433–436**
 animal mummies 429–430
 Bastet 1062
 crocodile 1844
 Diospolis Parva 2143
 Hathor 3074
 Hermopolis Magna, Tuna el-Gebel 3170, 3171
 Horus 3319
 sacrifice 6001–6002
 Saqqara 6039
 Sarapis 6039, 6040
 Sobek 6294
animals (Greece and Rome) **436–438**, 1360, 2188, 2703, 3343, 6622–6623
animals, non-domesticated (Egypt) **438–439**
Anitta **439**, 5674
Ankhesenpepy II **439–441**
Ankyra **441–442**, 482, 2568–2569, 2807–2808, 4771, 5851, 5853
Anna Perenna **442–443**
Annales Maximi **443–444**, 1280, 2617, 3258, 4611, 4922, 5417
annalists (Roman) **444–446**
 Archaism 627
 Claudius Quadrigarius, Quintus 1548
 Cornelius Nepos 1798
 Cremutius Cordus, Aulus 1833–1834
 Diodorus of Sicily 2112–2114
 Flaminius, Gaius 2696
 historiography 3258, 3262
 Licinius Macer, Gaius 4077–4078
 Livy 4125–4126
 Manlius Capitolinus, Marcus 4261–4262
 Sallust 6019
 Timaeus of Tauromenium 6755–6756
annona **446–447**
 Abinnaeus Archive 6
 adaeratio 63
 agriculture 219
 ducenarii 2231
 economy 2274, 2297–2298, 2303
 famine and food shortages 2634–2635
 finance 2677–2678
 Ianiculum 3378

Septimius Severus Pertinax Augustus,
   Lucius   6159
  ships and shipping   6223
  trade   6805
  transport   6830
Anonymus Londiniensis   **447–448**, 3234
Anshan (Anšan)   33–34, **449**, 886, 2352, 6046
Antalkidas   413, **449–450**, 913, 3115
antesignani   **450–451**
antestatio   **451**
Anthemios of Tralles   **451–452**, 1739, 2585, 3029
Anthesteria   **452–453**, 2133–2134, 2660,
   2788, 4929
anthropology   **453–455**, 2716, 2718, 3296
antidosis   **455–456**, 3519, 4120
Antigonids   **456–459**
   Achaian League   39
   Antigonos II Gonatas   461
   army   740
   Asandros   810
   Cassander   1352, 1353
   Chremonidean War   1476
   Demetrios' War   2003–2004
   Demochares of Athens   2005
   economy   2284
   economy, Near East   2286–2287
   Friends of the king   2766
   Herakleia by Latmos   3140
   Ipsos   3493
   Kolophon   3801
   Ptolemy I Soter   5630
Antigonos I Monophthalmos   **459–461**
   Aiolis   248
   Alexander IV   298
   Antigonids   456
   Antipater   485
   Ariarathid Dynasty   682
   army   740
   Asandros   810
   Aulis   970
   Berenike I   1095
   chiliarchos   1464
   Cleopatra   1572
   Delos   1981
   Demetrios I Poliorketes   1995
   Eumenes of Kardia   2559
   foundations   2751
   Hellenic Alliance   3113
   Hieronymos of Kardia   3214
   Ipsos   3493
   law   3939
   League of Islanders   3983

Nearchos   4721
Nicaea   4769
Polyperchon   5398
Ptolemy I Soter   5630–5631
Seleukos I Nikator   6127, 6128
Successors, wars of   6432, 6433
Teos   6606
Triparadeisos, treaty of   6864
Zeno of Kition   7167
Antigonos II Gonatas   **461–463**
   Aitolian League   254
   Alexander II of Epirus   289
   Antigonids   457
   Antigonos III Doson   463
   Antiochos I Soter   474
   Aratos of Sikyon   609
   Aratos of Soloi   611
   Areus of Sparta   674
   Athens   914
   Atthidographers   935
   Chremonidean War   1476
   Cynicism   1888
   Demetrios I Poliorketes   1995
   Demetrios II   1998
   Eretria   2486
   Euboea   2543
   Herakleia Pontica   3141
   Hieronymos of Kardia   3214
   Macedonia   4204
   Ptolemy II Philadelphos   5633
   Pyrrhos   5684
   Successors, wars of   6434
   Zeno of Kition   7167
Antigonos III Doson   **463–464**
   Achaian League   39
   Acrocorinth   48
   Antigonids   457
   Antigonos II Gonatas   462
   Aratos of Sikyon   609
   army   742
   Athens   914
   Demetrios II   1998
   Demetrios of Pharos   2002
   Demetrios' War   2004
   Hellenic Alliance   3113
   Macedonia   4204
   Mantinea   4266
   Philip V of Macedon   5252
   Ptolemy III Euergetes   5635
   Sellasia, battle of   6132
   Sparta   6344
   wills   7106

Antigonos of Nicaea **464–465**, 3133
antigraphe(eus) **465**, 2544
Antikythera Mechanism **465–467**
　Archimedes of Syracuse 637
　astrology 866
　astronomy 882
　calendar 1262
　engineering 2409
　Geminus 2871
　parapegma 5061
　shipwrecks, exploration of 6226
　technology 6568
Antinoopolis **467–469**, 1517, 2141
Antinoos 467, **469–470**, 3021, 5777
Antioch in Persis 307, **470**, 2751–2752, 6122
Antioch in Syria **470–472**
　Antonius, Marcus 503
　Aurelian 973
　books 1162
　Chosroes I 1473
　churches 1496
　coinage 1607, 1637
　colonies 1659
　Demetrios II 1999
　Diodotos Tryphon 2115
　Evagrius Scholasticus 2586
　famine and food shortages 2633
　foundations 2752
　Galatia 2807
　Hellenistic period, concept of 3121
　Ignatius of Antioch 3392–3395
　John Chrysostom 3607
　Leontios 4016
　Libanius 4050
　Lucian of Antioch 4156–4157
　Lucius Verus 4159
　markets 4308
　Men 4433
　metropoleis 4485, 4486
　migration 4496
　Oriens, diocese of 4932
　Osrhoene 4954
　Ossius of Cordoba 4955
　palaces 4991, 4992
　patriarchs 5088
　Paul and Pauline Epistles 5105
　Paul of Samosata 5107–5109
　Peter the Fuller 5207
　Qal'at Sem'an 5692, 5693
　Rome, resistance to 5956
　Syria 6489, 6490
　Syrian wars 6494
　trade 6795
Antiochos I of Kommagene **472–473**, 1628, 2566, 3805, 3806, 5974, 6030
Antiochos I Soter **473–475**
　Alexandria Eschate 312
　Alexandria in Margiana 313
　Antiochos II Theos 475
　Apame 512
　Aratos of Soloi 611
　Asoka 836
　benefactors 1083
　foundations 2751, 2752
　Margiana 4300
　Seleucid era 6119
　Seleucids 6121, 6122
　Seleukos I Nikator 6127
　Smyrna 6291
　Stratonikeia 6424, 6425
　Successors, wars of 6434
　Syrian wars 6494
Antiochos II Theos **475–476**
　Antiochos I Soter 475
　Antiochos Hierax 482
　Ariarathid Dynasty 682
　Berenike II 1096
　Demetrios II 1998
　Eumenes I 2557
　Laodike 3904
　Laodikeia by the Lykos 3905
　Ptolemy II Philadelphos 5632
　Seleucids 6121
　Seleukos II Kallinikos 6129
　Syrian wars 6494
Antiochos III Megas **476–479**
　Achaian League 39
　Achaios 41–42
　Acilius Glabrio, Manius 46
　Adramyttion 103
　Aemilius Paullus, Lucius 128
　Aitolian League 254
　Alabanda 274
　Antioch in Syria 471
　Antiochos IV Epiphanes 479
　Antisthenes of Rhodes 493
　Apamea, Peace of 513
　Ariarathid Dynasty 682
　Armenia 723
　army 740
　Arsaces 761
　Arsamosata 762
　Attalos I 930–931

Attalos II 932
Aulis 970
benefactors 1083
Cleopatra I 1563
Dikaiarchos, Aitolian 2094
dowry 2216
economy, Near East 2285, 2287
Elis 2376
Eumenes II 2557
Eupolemos 2571
Euromos 2574
Euthydemos of Bactria 2583
Flamininus, Lucius Quinctius 2693
Flamininus, Titus Quinctius 2694
Hannibal 3058
Heliodorus 3106
Iasos 3380
Ilion 3399
indemnities 3443–3444
Jerusalem 3577
Kynoskephalai, battle of 3843
Laodikeia ad Libanum 3905
Laodikeia by the Lykos 3906
letters 4026
Macedonian wars 4206
Magnesia ad Sipylum 4235
Marakanda 4279
Orophernes of Cappadocia 4940
Pamphylia 5013
Prusias I of Bithynia 5610
Ptolemaic possessions outside Egypt 5626
Ptolemy IV Philopator 5636–5637
Ptolemy V Epiphanes 5638, 5639
Raphia, battle of 5735
Rhodes 5841
Rome, city of: 2. Republican 5897
Sagalassos 6007
Sardis 6044
Scipio Africanus 6079
Seleucids 6122
Seleukos II Kallinikos 6129
Seleukos III Keraunos 6130
Seleukos IV Philopator 6130
Sosibios 6332
Syria 6488
Syrian wars 6495
Teos 6606
Zeno of Rhodes 7168
Zeuxis 7174, 7175
Antiochos IV Epiphanes **479–480**
  Aemilius Paullus, Lucius 128
  Alexander Balas 299

Alexandria ad Issum 307
Antiochos V Eupator 480
Cleopatra II of Egypt 1564
Daniel 1926
Demetrios I 1997
economy, Near East 2287
Hasmoneans 3071
Heliodorus 3106
Hellenization 3124
Herakleides Lembos 3142
Jason 3569
Jerusalem 3577
Jews 3592
Judas Maccabaeus 3641, 3642
Julia Balbilla 2686
Maccabees, Books of 4198
Martyrdom of Isaiah 4330
Oniads 4903
Onias, Temple of 4903–4904
Popillius Laenas, Gaius 5428, 5429
Ptolemaic possessions outside Egypt 5626–5628
Ptolemy VI Philometor 5640
Seleucids 6122
Seleukos IV Philopator 6131
Spasinou Charax 6348
Syrian wars 6495
Temple in Jerusalem 6583
temples 6593–6594
Antiochos V Eupator 480, **480**, 1997, 3642
Antiochos VII Sidetes **480–481**, 1999, 2115, 2305, 3612, 6122, 6259
Antiochos Hierax **482–483**, 722–723, 930, 3904, 6121, 6129
Antiochos of Athens **481–482**
Antiochos of Syracuse 483, 3305, 6234
Antipater **483–486**
  Agis II and III of Sparta 186
  Alexander III, the Great 291
  Alexander IV 297
  Antigonos I Monophthalmos 459
  Antigonos II Gonatas 461
  Aristobulus II 694
  Aristotle, *Constitution of the Athenians* 705
  Asandros 810
  Berenike I 1094
  Cassander 1352
  Demades 1988
  Demetrios I Poliorketes 1995
  Demetrios of Phaleron 2001
  Demochares of Athens 2005
  Eurydike, wife of Philip Arrhidaios 2575

Antipater (cont'd)
   Herod the Great   3175
   Hyperides   3368
   John Hyrcanus II   3613
   Krateros   3820, 3821
   Lamian War   3869
   Leonnatos   4014
   Leosthenes   4017
   Lysimachos   4193
   Olympias   4897
   Philip III Arrhidaios   5257
   Ptolemy I Soter   5630
   Roxane   5966
   Seleukos I Nikator   6127
   Successors, wars of   6432
   Triparadeisos, treaty of   6864
   wonders of the world   7134
Antiphon of Rhamnous   **486–488**, 2709, 6319
antiquarianism   **488–489**, 2332, 2668, 3253, 3267, 3268, 6166–6167, 6390
Antiquities Service, Egypt, history of   **489–490**, 2333
antisemitism, anti-Judaism   111–113, **490–493**, 540, 1509, 1510, 2436, 2504, 4422
Antisthenes (philosopher)   1887–1888, 2508, 2851, 5311, 5312
Antisthenes of Rhodes   493
Antonia Minor   **493–494**, 1549
Antonine Wall   **494–496**, 2775, 2779, 3026, 6159
Antoninus Pius   495, 691, 3391, 4289–4294, 4739, 5925, 5928–5930
Antoninus Pius (Aelius Hadrianus Antoninus Augustus Pius)   **496–501**
   assessores   842–843
   Diocletian   2111
   Florus, Lucius Annaeus   2701–2702
   frontiers   2779
   Hadrian   3023
   Hadrian's Wall   3026
   Herakleopolis Magna   3147
   Hermopolis Magna   3168
   Herodes Atticus   3178, 3179
   Justin Martyr   3664
   legions, history and location of   3998
   Lollius Urbicus, Quintus   4144
   Lucius Verus   4158
   saeculum   6006
   Tod   6776
   Tusculum   6887
Antonius, Marcus (Mark Antony)   **501–504**
   Actia   56
   Actium   57–58

   Aemilius Lepidus, Marcus   125
   Aemilius Lepidus Paullus, Lucius   127
   Antonia Minor   493
   Archelaos of Cappadocia   629
   Asinius Pollio, Gaius   829
   Atia   922
   Augustus   961–963
   Cicero, Marcus Tullius   1501
   Cilicia   1505
   civil war   1529
   Claudius   1549
   Cleopatra VII of Egypt   1570, 1571
   Crete   1836
   damnatio memoriae   1921
   Deiotaros of Galatia   1964
   Dyme   2240
   Epirus   2468
   evocati   2588
   Herod the Great   3175
   Julius Caesar   3655
   legions, history and location of   3999, 4000, 4002
   Lex coloniae Genetivae Iuliae seu Ursonensis   4038
   Library of Alexandria   4068
   Magister equitum   4233
   Octavia   4860
   Philippi   5261
   Phraates IV of Parthia   5305
   Ptolemaic possessions outside Egypt   5627
   Ptolemy XV Caesar   5650
   Rome, city of: 3. Augustan   5900, 5905
   Samos   6029
   ships and shipping   6221
   Strabo of Amaseia   6416
   Tabula Heracleensis   6506
   Tegea   6573
   Tenos   6604
   testudo   6626
   Thuria   6738
   Timagenes of Alexandria   6757
   tribute   6857
Antonius Saturninus, Lucius   **504**, 2199, 3997, 4000, 4002, 4004, 5916
Antony   **504–506**
   ascesis   814
   Desert Fathers and desert literature   2045
   hagiography   3030
   hermits   3165
   holy men   3281
   Isauria   3509
   monasticism   4570, 4571
   ops   4908
   Serapion of Thmuis   6165

Antyllos **506**
Anu 65, **506–507**, 2247, 2413, 2495, 3436, 3865, 6928
Anubis **507–509**
  Deir el-Bahari 1965
  funerary cult 2789, 2790
  Kenamun/Qenamun 3728
  Lykopolis/Asyut 4189
  Osiris 4950
  religion 5790
  Wepwawet 7097
Anunnaki and Igigi **509**
Anytos **509–510**, 1924
Anzu (Imdugud) **510–511**, 6913
aoros **511**
apadana 33–35, **511–512**, 1626
apagoge **512**, 2373, 5375, 6663
Apame (wife of Seleukos I) **512–513**, 514, 6120, 6127
Apamea, Peace of **513–514**
  Antiochos III Megas 478
  Antiochos V Eupator 480
  Antiochos VII Sidetes 481
  Ariarathid Dynasty 682
  Demetrios I 1997
  Ennius 2416
  Eumenes II 2557
  Laodikeia by the Lykos 3906
  Lycia 4180
  Lykaonia 4188
  Rhodes 5841
  Seleucids 6122
  Seleukos IV Philopator 6130
Apamea, Syria 299, **514–515**, 4789
apartment buildings **515–516**, 647, 2682, 3152, 3326, 6371
Apatouria **516**, 903, 3134
apellai **516–517**, 5834
Apelles (Marcionite theologian) 142, **517–518**, 831, 2736, 3814, 5903
Aper (Praetorian Prefect) 1350, 2105, 4831, 4832
Aphaia in Aigina **518–519**, 2098
Aphrahat **519–520**, 2083, 4758, 6053, 6492
Aphrodisias (Ninoe) **520–522**, 2312, 2455
Aphrodite **522–523**
  Acrocorinth 48
  Adonis 99
  Aeneas 129
  Ares 672
  Arrhephoria 756
  Eros 2490, 2491
  eroticism 2493–2494

Hathor 3074
Helen 3103
Hera 3135, 3136
hierodouloi 3208
Isis 3516
Kassope 3703–3704
Kato Symi in Crete 3711
Kenchreai 3729
Kom Abu Billo 3802
Kythnos 3848
love 4151
orgia 4930
Paphos 5039
Sappho 6036
Smyrna 6292
Apion **523–524**, 4973, 7107
Apiones **524–526**, 3881, 5051
Apis **526–527**
  animals 433, 434
  Egyptomania 2340
  Khaemwaset 3739
  Memphis 4432
  Osiris 4951
  Saqqara 6039
  Sarapis 6039
Apocalypse of Abraham **527–528**
Apocalypse of Moses. see *Life of Adam and Eve*
Apocalypse of Zephaniah **528–529**
apocalypses **529–530**, 2023, 2082, 3625
apocalypses (Christian) 160, **530–532**, 810, 1464, 3100
apocalypses (Jewish) **532–534**
  Baruch, Books of 1053
  chiliasm 1464
  Daniel 1926
  Doctrina Iacobi 2181
  Enoch, Books of 2416–2418
  eschatology 2496–2497
  Hekhalot/Merkabah literature 3100
  pseudepigrapha in early Christianity 5619
apocalypticism in Early Christianity **534–538**, 1559, 2057, 2059, 4306, 5106–5107
apocrypha (Christian) 3–4, 201–202, **538–541**, 812, 4682, 5594–5595, 6723–6724
apocrypha and pseudepigrapha (Jewish) **541–543**
  Aramaic Levi Document 608
  Baruch, Books of 1052–1053
  Belial/Beliar 1077
  Ben Sira, Wisdom of 1080–1081
  Dead Sea Scrolls 1938
  Enoch, Books of 2416–2418
  Epistle of Jeremiah 2468

apocrypha and pseudepigrapha (Jewish) (*cont'd*)
  exorcism 2599
  Gentiles, Jewish and Christian attitudes
    towards 2887
  Hermetic writings 3162
  Joseph and Aseneth 3624–3625
  Judith, Book of 3647–3648
  Testament of Job 6618
  Tobit, Book of 6774–6775
Apocryphon of Ezekiel **543**
apodektai 76, **543–544**, 2544
apographe **544**, 1703
apoikia (overseas settlement) **544–546**
Apollo **546–548**
  Achilles 43
  Actia 56
  Actium 58
  Adria 105
  Aesculapius 138
  Aletheia 286
  Amphissa 380
  Antioch in Syria 471
  apellai 516
  apotropaic gods 574
  archers and archery 630
  Artemis 794
  Asklepios 833
  astral deities 860
  Augustus 965
  Bassai sanctuary 1059–1060
  Belenus 1076
  Callimachus 1277
  Delion 1979
  Delos 1980, 1981, 1983
  Delphi 1986–1987
  Dendrophoroi 2035
  Diana 2073
  Didyma 2084–2085
  Dionysos 2133
  disease and health 2163
  epiphany 2465
  eponymoi 2472
  Eretria 2485
  festivals 2659–2660
  fire 2681
  Forum Augustum 2736
  Halieis 3044
  Halikarnassos 3046
  healing deities, healing cults 3089
  Herakleia Salbake 3141
  Ikaros 3396
  Karneia 3694–3695

  Kato Phana on Chios 3710
  Klaros 3778
  Kourion 3818
  Kythnos 3848
  Muses 4631
  Naxos 4718
  Olbia 4881
  Onomarchos 4904
  oracles 4915
  Oribasios of Pergamon 4931
  Pagasai 4980, 4981
  Palatine 5001
  Pythia 5688
  quindecimviri sacris faciundis 5712
  Rhegion 5822
  Rheneia 5823
  Sagalassos 6008
  Seleucids 6122
  Sikinos 6249
  theoxenia 6699
  Thermon 6703
Apollo Maleates sanctuary **548**
Apollodoros (son of Pasion) **550–551**
Apollodoros of Alexandria **548**
Apollodoros of Damascus **549–550**, 639, 3023, 5921, 5928, 6818–6819
Apollonia Salbake **551**
Apollonios (Ptolemaic minister) **554–555**, 2210–2211, 7170–7171
Apollonios Molon **552–553**
Apollonios of Kition 452, **551–552**, 3144
Apollonios of Perge **553–554**
  Anthemios of Tralles 452
  Aristaios 688
  conic sections 1708
  Conon of Samos 1712
  Diocles 2104
  epicycle-on-deferent 2441
  Euclid 2548
  Eutocius 2584
  Hypatia 3366
  Hypsikles 3371
  mathematics 4351
  Pappus of Alexandria 5042
Apollonis (wife of Attalos I) **555–556**, 931, 2557
Apollonius Rhodius **556–557**, 1276, 3485, 3811, 6944, 7170
Apollonius of Tyana **557–558**, 3030, 3280, 3282
apologists **558–561**
apophasis **561–562**, 2995, 3066
Apophthegmata Patrum **562–563**, 2045, 2049, 3616

apostasy (Jewish)   563–565, 2591
apostle   564–566
Apostles' Creed   566–568
Apostolic Fathers   568–572, 2081, 3158
apostolic succession   569, 572–573, 1133, 1559, 3095, 5423–5424
apotheosis and heroization   573–575, 3148–3150, 5978
apotimema   574, 2217, 3306
apotropaic gods   575–576, 1102–1103, 2797, 6545
Appian of Alexandria   576–580
    Augustus   961
    Fossa Regia   2746
    Heliodorus   3106
    historiography   3260
    Illyrian wars   3409
    imperialism   3427
    Kouropedion, battle of   3820
    orality, oral culture, and historiography   4922
    Punic wars   5663
    Seleucids   6120
    Sertorius, Quintus   6172
    Teuta   6629
    Zama, battle of   7164
apprenticeship   580–581, 2319
approximation   582
Appuleius Saturninus, Lucius   582–583, 6851
Apries. *see* Wahibre
Apuleius   583–584
    Atargatis   895
    demons   2020
    Eros   2491
    eunuchs   2563
    Isis   3517
    Kenchreai   3729
    law   3955
    Lemuria   4012
    Madauros   4211
    Navigium Isidis   4717
    Oea   4865, 4866
    oratory and Roman law   4925
    religious deviance and persecution   5801
    rhetoric   5829
    Sarapis   6040
Apulia   584–585, 2126, 3057, 3538, 4462
Apulum/Alba Iulia (Romania)   585–587
Aquae Mattiacae (Wiesbaden)   588
Aquae Sextiae   588–589, 2825
Aquae Sulis (Bath)   589–590, 6443
Aquila and Theodotion, Greek translations   590–591, 1111, 3200, 6162
Aquileia   352, 591–592, 972, 1076, 5859, 6456

Aquincum (Budapest)   592–593
Ara Pacis Augustae   593–595
    altar   343
    Augustus   967
    Earth deities   2253
    fascism and Ancient Rome   2642
    Horologium Augusti   3307
    Rome, city of: 3. Augustan   5907–5909
    Rome, city of: 6. Hadrianic and Antonine   5926
Ara Pietatis   595–596
Arab Conquest
    Arcadia, Egypt   623
    caliphs, rightly guided   1273
    Chios   1468
    Cyrene and Cyrenaica   1900
    Cyrus   1905
    Jerusalem   3578–3579
    Jews   3599
    Kommagene   3806
    Nessana   4756–4757
    Samosata   6029
    Side   6240
    Sophronios   6323
    Yarmuk, battle of   7158
Arabia   1281–1282, 1328–1329, 4392–4393, 4675
Arabia (Roman province)   596–598, 4520, 4521, 4672, 4932, 6489, 6814
Arabia Felix   598–599
Arabian Gulf   599–600
Arabic and old Arabic   600–601
    hadith   3017–3018
    Mu'allaqat   4609–4610
    Nabataeans   4672–4673
    Petra papyri   5216
    Qur'an   5717–5720
    Semitic languages   6135–6137
    Syriac literature   6491
    Ugaritic language   6906
Arabs   601–605
    Constans II   1719
    Constantine V   1730
    frontiers   2772
    Herakleios   3145
    Isaurian emperors   3510
    Nabataeans   4672
    navies   4703–4704
    nomads   4806
    Sasanians   6056
    Umayyads   6911
Aram, Aramaeans   605–606, 3016, 3042, 4674, 6487, 6751, 7160

Aramaic and Syriac **606–608**
  Ahiqar 234
  alphabets and scripts 333
  Aram, Aramaeans 605
  Aramaic Levi Document 608
  Assyria 852
  Bible 1109–1110
  caravan trade 1329
  Elephantine Papyri 2360–2361
  Graeco-Babyloniaca 2973
  Iao 3379
  incantation bowls 3437
  languages 3899
  literature and poetry 4109
  Nabataeans 4672
  Osrhoene 4955
  papyrology 5048
  Persepolis tablets 5179–5180
  Semitic languages 6134–6137
  Shem, Treatise of 6203
  Syriac literature 6491
  Targum 6530–6531
  Theophilos of Edessa 6690
  Ugaritic language 6906
  wisdom literature 7108
Aramaic Levi Document **608–609**
Aratos of Sikyon **609–611**
  Achaian League 38
  Acrocorinth 47–48
  Agis IV of Sparta 187
  Alexander 304
  constellations and named stars 1746, 1747
  Demetrios II 1998
  Demetrios' War 2003–2004
  Dyme 2240
  weather prediction 7078
Aratos of Soloi 474, **611–612**, 3645
Aratta **612–613**, 2414
Arausio (Orange) **613–614**, 2825
Araxes **614–615**, 721, 4971
arbitration (international) **615–617**
  Battiads 1067
  boundary disputes 1179
  Cleopatra II of Egypt 1564
  diplomacy 2146, 2148
  frontiers 2772
  Hermione 3165
  Hierapytna 3207
  Hippokrates 3237
  symmachia 6473
  Syrian wars 6495
  treaties 6837–6838

arbitration (legal) **617–620**
Arcadia **620–622**
  Argolis 678
  Argos 679
  army 739
  Epaminondas 2424
  Eurotas 2575
  forts 2724
  Hermes 3160
  Kallistratos 3683
  Megalopolis 4409–4411
  Oxyrhynchos 4973
  Pan 5015
  Peneios 5139
  representation 5803
  Tegea 6572–6573
  Theopompos of Sparta 6695
  Zakynthos 7162–7163
  Zeus 7174
Arcadia, Egypt **622–624**, 954, 4973
Arcadian League **624–625**, 2424, 2571, 3128
Arcadius **625–626**
  Arcadia, Egypt 622
  Claudian 1536
  Eudoxia 2550
  eunuchs 2563
  Honorius 3295–3296
  Messana 4461
  rebellions 5746
  Theodosius II 6680
arcarius **626**
Archaism **626–627**, 3258, 6019
Archanes **627–628**
Archelaos (king of Macedonia) **628–629**
  Andocides 413
  anthropology 454
  Argeads 674
  Cappadocia 1316
  chalkous 1436
  Dion 2122
  Euphrates frontier 2566
  Euripides 2573
  Ion of Chios 3486
  Macedonia 4201
  Mithradatic wars 4549
  Nicolaus of Damascus 4780
  Pella 5127
  seismology 6116
  Socrates 6308
  Telechos of Sparta 6573
Archelaos (son of Herod) **630**, 3627
Archelaos of Cappadocia **629–630**, 687

archers and archery **630–631**
arches, honorific and triumphal **631–633**
Archias of Corinth **633**
Archidamian War 4412, 5132, 6236
Archidamos 42, 182, 186, **634**, 1974, 6528
Archilochos 139, **634–635**, 2753, 3195, 6477, 6785
Archimedes of Syracuse **635–638**
   approximation 582
   Aristarchus of Samos 689
   Conon of Samos 1712
   Diocles 2104
   engineering 2409
   Eutocius 2584, 2585
   Heron 3188
   Hieron II of Syracuse 3213
   invention 3480–3481
   mathematics 4349–4351
   mechanics 4373
   Museum 4633
   numbers 4828
   optics and catoptrics 4910
   proportion 5584
   Punic wars 5664
   screw 6081
Archinos **638**
archisynagogos **638–639**
architects **639**
architecture (ancient Near East) **639–641**
   bit hilani 1136–1137
   bricks and brick making 1185–1186
   fortifications 2719–2721
   houses, housing, household formation 3323
   Qasr ibn Wardan 5694
   Rome, resistance to 5955
   storage 6413
   temples 6588–6590
   villages 7003
   ziqqurrat 7176–7177
architecture (Byzantine) **641–643**
   Abu Mina 9–10
   baptisteries 1040–1041
   basilica 1056–1057
   church architecture 1494
   forts 2721–2722
   furniture 2798
   Hagia Sophia 3028–3029
   Herodium 3183
   houses, housing, household formation 3324–3325
   martyrion 4335–4336
   palaces 4988–4989
   San Vitale 6032–6033

   science 6064
   stoneworking 6405
architecture (civic, Roman Empire) **643–648**
   arches, honorific and triumphal 631
   baths and bathing 1065
   bricks and brick making 1186–1187
   carrara marble 1342
   cities 1523
   colonies 1663
   Colosseum 1676–1677
   forts 2730–2731
   Forum Augustum 2734–2737
   Hadrian 3022–3023
   Herculaneum 3152
   Herodium 3182–3183
   Hippo Regius 3230
   hippodromes 3236
   horrea 3309
   Pamphylia 5014
   Pantheon 5033
   Philippopolis 5264–5265
   Pont du Gard 5413–5414
   porticoes 5439–5440
   Rome, city of: 3. Augustan 5909
   Sagalassos 6007, 6008
   Side 6240
   Siscia 6270
   Spalatum : Diocletian's Palace 6341
   stoneworking 6406, 6407
   storage 6414
   temples 6600–6602
   Thugga 6736
   Tibur 6750
   Tropaeum Traiani 6878–6879
   Uthina 6931
architecture (Egyptian) **648–650**
   art 771
   Beni Hasan 1087
   building materials and techniques 1204–1205
   burial 1217–1219
   deserts 2054
   Egyptomania 2339
   First Intermediate Period 2685
   forts 2724–2727
   foundation deposits 2749, 2750
   Hierakonpolis 3203–3205
   hieratic 3207
   Medracen 4407
   obelisk 4851
   Saqqara 6038
   Semerkhet 6133

architecture (Egyptian) (cont'd)
  Seshat   6173
  Sneferu   6293
architecture (Greek)   **650–656**
  Aiolis   248
  Archanes   627
  architecture   659
  art   779, 781
  Athens   915–917
  Bassai sanctuary   1059–1061
  Demaratus of Corinth   1990–1991
  Etruria, Etruscans   2539–2540
  forts   2723
  Halikarnassos   3045–3047
  Hermogenes   3166, 3167
  houses, housing, household formation   3325
  Medracen   4407
  Megaron   4413–4414
  Mycenaean society and culture   4656
  oikos   4875–4876
  palaces   4990, 4993–4995
  Parthenon   5067–5068
  peristyle   5167
  porticoes   5439
  Poseidi in Chalcidice   5452
  Poseidon Sounion sanctuary   5455–5457
  Sardinia   6041
  storage   6414
  temples   6591–6595
  Tower of the Winds, Athens   6789–6790
  Zygouries   7188
architecture (Roman Republic)   **656–660**
  architecture   644
  Early Republic   656–658
  forum   2732–2733
  Forum, Forum Romanum   2742
  Forum Boarium   2738–2739
  horrea   3309
  houses, housing, household formation   3325–3326
  Late Republic   658–660
  Mid-Republic   658
  Orbe-Boscéaz, villa of   4926–4927
  Rome, city of: 2. Republican   5897
  Settefinestre   6179
  Sufetula   6438
  temples   6600–6602
archives   **660–665**
archon (archontes)   **665–667**
  Alexander III, the Great   291
  Athens   911
  divorce   2172

  dokimastes   2189
  Ephialtes   2433
  Euboulos, Athenian politician   2544
  hippeis   3226
  Kreon   3822
  Kylon   3840
  sortition   6326
  strategoi   6418
  Themistokles   6667
Archytas of Tarentum   **667–668**, 2551, 3064, 5686
Arelate (Arles)   **668–669**, 1045–1046, 5844
arena   380, **669–671**, 2925
Areopagos   **671–672**
  Aeschines   136
  Aeschylus   137
  Antiphon of Rhamnous   487
  apophasis   561
  archon   666
  Ares   672
  Athens   914
  boule   1177
  Damon   1922
  democracy   2006–2008
  dikasterion   2095
  dikastes   2096
  ephetai   2432
  Ephialtes   2432–2433
  Eukrates, law of   2556
  euthyna, euthynai   2584
  Harpalos   3066
  law courts   3935
  nomophylakes   4808
  Orestes   4929
Ares   **672**, 1078, 3046, 3136, 3673
Aretaios of Cappadocia   **673**, 4213
Areus of Sparta   **673–674**
Argeads   **674–676**, 1352, 2575–2576, 3098, 4897
Argei   **676**
Arginousai, battle of   320, **676–677**, 4191, 6309, 6419
Argive Heraion   **677**, 4649, 6612
Argolis   **677–679**, 2034–2035, 2213, 3043–3044, 5294–5295, 5592
Argos   **679–681**
  Aeschylus   137
  agora   199
  Antigonos III Doson   463
  Aratos of Sikyon   609
  Argolis   677–679
  army   739
  Boiotia   1149–1152
  burial   1212

democracy   2011, 2012
Dorian tribes   2212
Dorians   2213
ephors   2435
Hera   3135, 3136
Heraion sanctuary   3137, 3138
Hermione   3164
Hysiai   3372
Kleisthenes of Sikyon   3784
Kleomenes I of Sparta   3787
Mycenae   4650
Nabis of Sparta   4673–4674
Nemea   4739, 4740
Pheidon of Argos   5242–5243
representation   5803
Sparta   6342
Thirty Years' Peace   6718
Tralles   6820
Ariadne (empress)   398, **681–682**, 2244, 3510, 7166
Arianism. *see* Arius and Arianism
Ariarathid Dynasty   629, **682–684**, 4940
Ariminium (Rimini)   **684–686**, 5858, 5859, 5957
Ariobarzanid Dynasty   682, **686–687**
Aristagoras of Miletos   **687–688**
  Amphipolis   378
  causation, historical   1385
  Chilon   1465
  Histiaios of Miletos   3244
  Ionian migration   3487
  Ionian Revolt   3488
  Leros   4023
Aristaios (mathematician)   **688**, 2548
Aristarchus of Samos   582, **688–689**, 882, 885, 1533, 3143
Aristeas, Letter of   323, **689–690**, 1111, 2077, 2089, 3645, 6161
Aristides   **690–691**, 1976, 2118, 3546, 3731, 6667
Aristides ("the Just")   **691–692**, 912
Aristides Quintilianus   **692–693**, 5584
Aristoboulos of Kassandreia   295, 301, **693**, 3256
Aristobulus I   **693–694**
  allegory   323
  Aristeas, Letter of   689
  Diocletian   2105
  Hasmoneans   3072
  Hellenization   3124
  Sabbath   5990
  Salome Alexandra   6019
  Samaria   6027
Aristobulus II   306, **694–695**, 1879–1880, 3072, 3613, 6019

aristocracy (Byzantine)   **695–696**, 1820–1821, 6139
aristocracy (Greek)   **696–697**
  benefactors   1083–1084
  Charondas of Katane   1445
  Eupatridai   2565
  guest-friendship   3002
  hetaireia   3197
  Hippobotai   3231
  hunting   3343
  Isagoras   3507
  kalokagathia   3684
  Kleisthenes of Athens   3783
  oligarchy   4889
  social structure and mobility   6299, 6300
  stasis   6375
  Sybaris   6468
Aristonikos   **698–699**
  Ariarathid Dynasty   683
  Asia, Roman province of   826
  Attalos III   934
  Bargylia   1049
  Eumenes II   2558
  Licinius Crassus Dives Mucianus, Publius   4076
  Stratonikeia   6425
Aristophanes   **699–700**
  Aeschylus   137
  Aesop   139
  aesthetics   143
  Agyrrhios   230–231
  Aitolia   250
  Athens   917
  calendar   1262
  Caria   1333
  cavalry   1388
  charcoal   1440
  cheese   1446
  comedy   1682, 1683
  demagogues   1989
  demes   1992
  diagrams   2068
  Eros   2490
  Eteoboutadai   2505
  Euripides   2572
  Herakles   3150
  humor and satire   3337
  Hyperbolos   3367
  incubation   3441
  Kleon   3790
  Kopais Lake   3810
  Lamachos   3865
  law   3953

Aristophanes (cont'd)
  Lyceum   4178
  physics   5315
  publication   5661
  Sabazios   5987
  Socrates   6308, 6309
  sophists   6319
  Suda   6434
  theater   6643, 6645
  wars, sacred   7061
  women's quarter   7133
Aristophanes of Byzantium   178, **700–701**, 1533, 3845, 4068, 7169, 7183
Aristotelianism   1148, 1825, 3416, 3619, 4381, 4780–4781, 6400
Aristotle   **701–703**
  Academy   23
  Adrastos of Aphrodisias   104
  aesthetics   141
  alchemy   281, 283–284
  Alkmaion of Kroton   319
  Ambrakia   352
  amnesty   369
  anatomy   403
  Anaxagoras   407
  animals   436
  anthropology   454, 455
  Antikythera Mechanism   467
  Araxes   614
  Archytas of Tarentum   667
  Argeads   675
  aristocracy   696
  Aristophanes of Byzantium   700
  Aristoxenos of Tarentum   715
  artisans   802
  atomism   924
  Autolycus of Pitane   981
  autourgia   983
  birth control   1128
  cardiovascular system   1331, 1332
  carrying capacity   1345
  Caspian/Hyrcanian Sea and region   1351
  castration   1360
  cavalry   1387
  Charondas of Katane   1444
  cheirotonia   1447
  childhood   1461, 1462
  chrematistike   1475
  chresis   1477
  colors and color perception   1675
  cosmology   1811–1812
  deformity   1962

  deisidaimonia   1971
  dentistry   2036
  Diocles of Karystos   2103
  dreams   2224
  earthquakes   2253
  emporos   2399–2400
  encyclopedias   2404
  ephors   2435
  epigram   2445
  Epitadeus, *rhetra* of   2470
  ethics   2507–2508
  Eudoxos of Knidos   2552
  Eusebius of Caesarea   2579
  family   2625
  fodder   2703
  Friends of the king   2766
  friendship   2768
  gardens   2851
  geography   2890
  ges anadasmos   2907
  hektemoroi   3101
  Heraclitus   3136
  Herakleides of Pontos   3143
  Hermias   3163
  Heron   3188
  Herophilos   3191
  Hippasos of Metapontum   3224
  Hippiatrica   3229
  Hippocrates of Kos   3232
  historia   3245
  historiography   3253
  humor and satire   3339
  hybris   3348
  hydraulic civilization   3350
  illustration   3405
  imitation   3416
  immigrants   3417
  incommensurability   3440
  infanticide   3456
  inventio   3480
  Ionian tribes   3488, 3489
  John Philoponos   3618, 3619
  Kallippos, astronomer   3681–3682
  Kallisthenes of Olynthos   3682
  kingship   3761
  Klearchos   3781, 3782
  Kleisthenes of Sikyon   3784
  kleroterion   3792
  Kreon   3821–3822
  Kritolaos of Phaselis   3824
  krypteia   3825
  Ktesias of Knidos   3826

Kyme   3841
kyrbeis   3845
Laurion   3928
law   3931, 3953, 3959
libraries   4064
love   4152
Lyceum   4178
madness and mental health   4213
mechanics   4372, 4373
meteorology   4474
milk   4505–4506
mimesis   4511
mineralogy   4514–4515
misogyny   4541
Museum   4632–4633
myth   4669
Neoplatonists   4743, 4745–4747
nomads   4805
nomophylakes   4808
Oceanus   4860
Oikonomika   4869–4870
oikonomos   4872
oikos   4873–4875
optics and catoptrics   4908
oratory and Roman law   4925
orgia   4930–4931
Orpheus and Orphism   4945–4946
ostracism   4965
Palestine   5004
peltasts   5134
Peripatetics   5164–5166
peripeteia   5166
Pheidon of Argos   5243
philosophy   5277–5281
physics   5312–5317
physiognomy   5318–5319
polis   5378
politeia   5381, 5382
politeiai   5384
political pay   5386–5387
Porphyry   5436
proof   5571
proof, legal   5572
proverbs   5597–5598
psychology   5622–5623
Ptolemy   5652
race and racism   5727, 5728
rhetoric   5824–5827
rhetorical history   5832
rhetra   5834
Rufus of Ephesos   5969
science   6067

signs and sign inference   6248
Simplicius   6260
sleep   6289
Socrates   6308
soul   6336
Speusippos   6352
Stageira   6368
Stoicism   6402
Straton of Lampsakos   6423
suicide   6442
Tanais   6524
technological change   6561
teleology   6574, 6575
Themistius   6666
Theophrastus   6692–6693
tragic history   6808–6809
twins   6894
tyranny   6901, 6902
veterinary medicine   6984
volcanoes   7025
women   7119
Aristotle (biology)   205, 294, **703–704**, 2264, 2384, 3191, 7178–7182
Aristotle (cosmology)   **706–707**, 884
Aristotle (mathematics)   **707–708**, 2068–2069
Aristotle (political thought)   **711–713**, 1989, 2442, 2709, 3127, 3128, 6282, 6314
Aristotle (psychology)   **713–714**
Aristotle, *Constitution of the Athenians*   **704–706**
  bastard   1062
  Draco   2219
  eisangelia   2344
  Herakleides Lembos   3142
  Hipparchos   3223
  hippeis   3226
  law   3953
  law, books of   3932
  sortition   6326
  thetes   6713
  zeugitai   7172
Aristotle, *Meteorology*   **708–709**, 1683, 6115
Aristotle, *Physics*   **709–711**
  cog wheel   1601
  form   2714
  Hippocrates of Chios   3231
  John Philoponos   3619
  philosophy   5279, 5280
  Simplicius   6260
  Straton of Lampsakos   6423, 6424
Aristoxenos of Tarentum   667, **715–716**, 3063
Arius and Arianism   **716–720**
  Alexander of Alexandria   298

Arius and Arianism (*cont'd*)
  Athanasius 899–900
  Byzantium 1231
  Christology 1480
  Constantine I 1725
  Desert Fathers and desert literature 2045
  Epiphanius of Salamis 2463
  Eusebius of Caesarea 2579
  Eusebius of Nicomedia 2581
  Eustathius of Antioch 2582
  Justin I 3662
  logos 4141
  Lucian of Antioch 4156
  Nicaea, Council of 4771, 4772
  Nicene Creed 4776, 4777
  Ossius of Cordoba 4955
  Philostorgius 5289
  Trinity, doctrine of the 6862
Armant (Hermonthis) **720–722**, 2688, 4591, 4592, 6093
Armenia **721–725**
  Adiabene 69
  Ammianus Marcellinus 366
  Anahita 394
  Antiochos IV Epiphanes 479
  aristocracy 696
  Armenians 725–728
  Arsamosata 762
  Calpurnius Piso, Gnaeus 1279
  Cappadocia 1316, 1318
  Carus 1350
  Corbulo, Gnaeus Domitius 1777
  Diocletian 2106
  economy 2272
  frontiers 2772, 2776
  Gregory the Illuminator 2992
  Hannibal 3058
  Iberia 3381
  indemnities 3444
  Justin II 3663
  languages 3894
  languages of the Caucasus 3895–3896
  Lucius Verus 4158–4159
  mines and mining 4519
  Persia and Byzantium 5183
  Persia and Rome 5189
  Phraates IV of Parthia 5305–5306
  Phraates V of Parthia 5306
  religion 5787
  Sasanians 6052, 6053
  Seleucids 6124
  Tigranes II–IV of Armenia 6752–6754
  Tigranocerta 6754
  Trajan 6814
  Trebonianus Gallus 6847
  Urartu 6922, 6923
  Yarmuk, battle of 7158
Armenians **725–728**, 2707, 3724, 6122
Armilustrium, Tubilustrium **728–729**
Arminius **729–730**, 5742, 5743, 6630
army (ancient Near East) **730–733**, 3015, 3278, 6920–6922, 7160–7161
army (Byzantium) **734–736**, 994, 2708, 2771, 4832, 4940, 6418
army (Greece) **737–739**
  cavalry 1387
  Chaeronea, battle of 1425
  ethnicity 2520
  Helots 3127
  hoplites 3297–3298
  Kleitos 3785
  law 3957
  logistics 4135–4136
  logos epitaphios 4142–4143
  Sacred Band 5996
  Sparta 6343
  strategoi 6418
  unemployment 6916
  warfare 7049–7050
  zeugitai 7172
army (Hellenistic) **739–743**
  archers and archery 631
  cavalry 1388
  cleruchs 1574–1575
  coinage 1616, 1618, 1619
  economy 2284
  Friends of the king 2765
  Seleucids 6123
army (Late Antiquity) 80, 105–106, **743–746**, 2106, 2108, 3706–3707, 3871, 4087–4089
army (Pharaonic Egypt) 85, **746–750**, 2711, 2728, 5691, 7051, 7074–7075
army (Roman Empire) **750–754**
  Abinnaeus Archive 5–6
  adlocutio 71
  administration 80, 93
  aerarium militare 134
  African War 153
  army 743–745
  army cult 736–737
  auxilia 984–985
  Batavians 1063–1064
  beneficiarii 1085–1086
  booty 1166–1167

bricks and brick making   1186–1187
camps   1284–1286
canabae   1294
cavalry   1389
centuria   1414
centurio   1416, 1417
cohort   1604, 1605
colonies   1662, 1666
comitatenses   1684–1685
comites   1685–1686
comitia and *concilia*   1686–1687
commilito   1692
conspiracies against emperors   1716
Constantine I   1724
consuls   1754, 1755
contagion   1759
contarii   1760
contubernium   1763
conubium   1764, 1765
Corbulo, Gnaeus Domitius   1776–1777
discens   2157
donativum   2206–2207
ducenarii   2230–2231
economy   2302
evocati   2588–2589
excubiae   2592
exploratores   2603
forests   2714
forts   2730
frontiers   2776–2778
Gallic War   2830
Hadrian's Wall   3026
imaginiferi   3414
Isca   3510
kataphraktoi   3706–3707
katoikoi   3712
law   3957–3958
legati legionis   3991–3992
legion   3992–3993
limitanei   4087–4089
logistics   4136–4138
Lusius Quietus   4171–4172
meat, consumption of   4371
medicine   4391–4392
migration   4497
navies   4711
Notitiae Dignitatum   4815–4816
Novaesium   4817
numerus   4832
Numidia   4833, 4834
Otho   4966–4968
police   5375, 5376

Pompeius Magnus Pius, Sextus   5406–5407
praefectus   5492
Praetorian cohorts   5495–5497
Praetorian Prefect   5497–5499
primuspilus   5541–5542
principales   5542–5543
Probus   5552–5553
Qasr Ibrim   5695
sacramentum   5995
Septimius Severus Pertinax Augustus,
   Lucius   6159
Severus Alexander   6183, 6184
signifer   6247
socii   6306, 6307
stipendium   6394, 6395
trade   6804
transport   6831–6832
velites   6957
veterans   6979–6981
vexillatio   6987
warfare   7053–7056
weaponry   7076–7077
army cult (Roman)   **736–737**
Aromata Emporion   **754**
Arretium   **754–755**, 961, 2737
arrha, arrhabon   **755–756**
Arrhephoria   **756**, 903, 5020
Arrian (Arrianus, Lucius Flavius)   **756–760**
   Alexander historians   301
   Aristoboulos of Kassandreia   693
   Epictetus   2436
   equites singulares Augusti   2478
   erga   2488
   Hanno   3060
   historia   3246
   historiography   3263
   legati legionis   3991
   Nearchos   4720
   Sangarios   6034
Arruntius Camillus Scribonianus, Lucius   **760–761**
Arsaces   **761**, 4799, 5072, 6121
Arsacid dynasty
   Adiabene   68–69
   Adiabene, ruling dynasty of   70
   Arabs   603
   Ktesiphon   3828, 3829
   Mesene   4458–4459
   Parthia   5068–5070
   Parthians   5071
   Persia and Rome   5187–5188
Arsamosata   **761–762**
Arsinoe, Fayyum   **767–769**, 3190

Arsinoe I **762–763**, 764, 4168, 5632
Arsinoe II Philadelphos **763–765**
  Agathokles 170
  Arsinoe, Fayyum 767
  Arsinoe I 762
  Berenike I 1094
  Callimachus 1276
  coinage 1631–1632
  dynastic cults 2241–2242
  Fayyum 2650
  kingship 3763
  Ktesibios of Alexandria 3827
  Lysimachos 4193
  Ptolemy II Philadelphos 5631, 5632
Arsinoe III 169, **765–767**, 5636, 5637
art (Egypt) **769–775**
  burial 1218–1219
  color symbolism 1673–1674
  eroticism 2493
  First Intermediate Period 2685
  fish and fishing 2689
  food, drink, and feasting 2704
  gender 2877
  Hierakonpolis 3204
  hieroglyphs 3209
  portraiture 5442–5444
  Predynastic Period 5514–5515
  rock art 5861
  sculpture 6091, 6092, 6094
  Senwosret I–IV 6153
  ships and shipping 6217
  sports and games 6366
  Unas 6914
art (Greece) **776–782**
  adolescence 99
  aesthetics 141–143
  art 786–787
  eroticism 2493–2494
  Etruria, Etruscans 2538
  fossils 2747
  fresco 2765
  nudity 4825
  paint and painting 4982–4983
  Pella 5127
  personification 5194–5195
  portraiture 5441–5442
  proportion 5584
  sculpture 6090
  Sikyon 6250
  statues 6376–6380
art (Late Antiquity and Byzantium) **782–785**, 1105, 1234, 2765, 4597, 5440–5441

art (Roman) **786–792**
  adolescence 99
  aesthetics 141–143
  fresco 2765
  landscapes 3892–3893
  mosaics 4598, 4601–4602
  paint and painting 4982–4983
  Pliny the Elder 5358
  Riegl, Aloïs 5845
  sculpture 6090
  sex and sexuality 6194
  statues 6376–6380
Artapanos **792–793**, 2572, 2608, 3645
Artaxerxes I
  Achaemenid Dynasty 35
  Alexander III, the Great 292
  Cunaxa 1870–1871
  Esther, Scroll of 2504
  Ezra/Esdras, books of 2609
  Hagar 3027
  Hippocrates of Kos 3234
  Kourion 3818
  Ktesias of Knidos 3826
  Libya and Libyans 4074
  Memnon of Rhodes 4427
  Nehemiah 4730
  Satraps' Revolt 6059
  Sidon 6242
  Themistokles 6668
  Xanthos 7144
Artemidoros of Ephesos **793–794**, 1915, 2891–2892, 6434
Artemis **794–796**
  Aigeira 242
  Aphaia in Aigina 518
  archers and archery 630
  Artemis Brauron sanctuary 796–797
  Artemis Limnatis sanctuary 797
  Bendis 1081
  Corcyra 1778
  Damophon 1924
  Delos 1980, 1981
  Diana 2072
  Didyma 2085
  Diktynna 2098
  Ephesos 2429
  epiphany 2465
  festivals 2660
  foundations 2751–2752
  Hekate 3097
  hunting 3343
  Ikaros 3396

Iphigeneia   3491
Isis   3516
Katakekaumene   3706
Klaros   3779
Magnesia on the Maeander   4235
moon deities   4593
mother goddesses   4604
Myrina   4664
Nehalennia   4729
Orthia   4948
Phokis   5302
Rhegion   5822
Sardis   6045
wonders of the world   7134
Artemis Brauron sanctuary   **796–797**, 3482
Artemis Limnatis sanctuary   **797**, 6557
Artemisia   **797–798**, 3098, 4187
artillery   **798–799**, 3188–3189, 4373, 6246, 7077
artisans (ancient Near East)   **799–802**
artisans (Greece and Rome)   **802–804**
  Alesia   286
  carpenter   1340
  collegia   1650–1651
  erga   2487
  ergasterion, ergastulum   2488–2489
  glass   2928–2933
  leather, leatherwork   3986
  mosaics   4596–4597
  pottery   5484–5485
  technitai   6559
artisans (Pharaonic Egypt)   **804–806**, 2293, 2295
artisans, trades, and guilds (Late Antiquity)   **806–808**
Arval Brothers   **808–809**
  Augustalia   953
  Carmen Arvale   1336
  commentarii and *hypomnemata*   1690
  Floralia   2700
  Mater Larum   4344
  priests and priestesses   5538
  sacrifice   6003
  Salus   6025
  sodales   6311
  vow   7032
Aryans   **809**, 996, 3346, 3444, 3446
Asandros (satrap of Caria)   **809–810**, 3140
Ascension of Isaiah   **810–811**
ascesis (asceticism)   **811–815**
  Antony   504
  Apophthegmata Patrum   562
  Caesarius of Arles   1250, 1251
  Chaeremon   1424, 1425

Desert Fathers and desert literature   2046–2049
Encratism   2403
Essenes   2502, 2503
Evagrius of Pontus   2586
family   2628, 2629
holy men   3280–3281, 3283
John Cassian   3606
Melito of Sardis   4422
monasticism   4570–4573
Origen   4932–4935
Pachomius   4975
Pamphilus of Caesarea   5011
Peter the Iberian   5211
promiscuity   5569
social structure and mobility   6298
Sulpicius Severus   6447
Symeon of Emesa   6470
Symeon the Stylite the Elder   6471
Symeon the Stylite the Younger   6472
Therapeutae   6702–6703
asebeia   **815–816**, 6309
Ashdod (Azotus)   **816–817**
Asherah   **817–818**, 2345–2346, 3526
Ashur   **818–819**
  Anu   507
  Aššur-uballiṭ I   850
  Assyria   851
  Assyrian kings   853, 857
  caravan trade   1327
  Ekallatum   2345
  Enlil   2413
  Gyges of Lydia   3005
  limmum   4089
  Nabu   4677
  Naram-Sin   4696
  Sennacherib   6150
  Shamshi-Adad and sons   6200
  Tiglath-pileser I   6751
  trade   6792–6793
  ziqqurrat   7176
Ashurbanipal (Assurbanipal)   **819–820**
  Amathus   349
  Assyria   852
  Assyrian kings   857
  astronomy   878
  camel   1281
  Carrhae   1343
  Cilicia   1505
  dentistry   2035
  Elamite kings, Neo-Elamite period   2351
  Enuma Anu Enlil   2421
  Esarhaddon   2496

Ashurbanipal (Assurbanipal) (cont'd)
  Heliopolis   3109
  horses   3313
  human sacrifice   3331
  king lists   3754
  Library of Ashurbanipal   4069–4070
  Nekau I–II   4734
  Nineveh   4796–4797
  Tanutamun   6527
  Thebes   6654
  Zakutu   7162
Ashurbanipal (Assurbanipal) II
  Ashur   818
  Assyria   852
  Assyrian kings   855
  banquets   1034–1035
  Shalmaneser III   6197
  Syria   6487
Asia, Roman province of   **826–828**
  Asiarch   828
  Aspendos   838
  Caria   1333
  Cicero, Quintus Tullius   1504
  Gracchus, Tiberius and Gaius Sempronius   2970
  Halys   3051
  Herodes Atticus   3178
  imperialism   3429–3430
  Lykaonia   4188
  neokoros   4743
  Pan   5015
  Paros   5065
  Priene   5528
  Sagalassos   6008
  Samos   6029
  Sardis   6044
  Smyrna   6292
  Sulla   6444
Asia Minor   **820–822**
  Achaios   41–42
  Armenia   721
  Artemis   795
  Aspendos   838
  Caria   1332–1333
  Celtic wars   1398, 1399
  Ceramic Gulf   1417
  Cerinthus   1419
  Galatia   2806–2808
  Gergithes   2897
  gold   2950
  Hermias   3163, 3164
  indemnities   3444
  Ionian migration   3487
  Irenaeus   3495
  Isauria   3508–3509
  Kios/Prusias ad Mare   3772
  Knidos   3793, 3794
  Kyme   3841
  Lesbos   4023
  Lycia   4179–4181
  Lydia   4186–4187
  Miletos   4497–4499
  montanism   4586
  Mykale mountain   4658–4659
  Mysia   4664
  Pamphylia   5012–5013
  Pergamon   5154–5156
  Phokaia   5300–5301
  Pisidia   5337–5338
  politeuma   5385
  Polycarp of Smyrna   5396–5397
  Pompey   5409
  Pontos   5419–5422
  postal services   5460
  Triopion Cape   6864
  Zeuxis   7174–7175
Asia Minor (Byzantine)   **822–823**, 1659, 2722, 3429, 3897–3899, 4703–4704, 5473
Asia Minor (Hellenistic)   **823–826**
  Asandros   810
  cavalry   1389
  chiliasm   1465
  economy, Near East   2285
  foundations   2751
  Halikarnassos   3045–3046
  Hekatomnids   3098
  kingship   3761
  Laodike   3904–3905
  Lysander   4191
  Ptolemaic possessions outside Egypt   5625–5628
Asiarch   826, **828**, 4742
Asine   **828–829**
Asinius Pollio, Gaius   **829–830**, 1509, 1833, 2831, 5902
Asklepiades of Bithynia   **830–831**, 2161, 3143, 4382, 6665
Asklepieion sanctuary   655, **831–832**, 833, 3441, 3814, 6612
Asklepios   **832–834**
  Acropolis   50
  Aelius Aristides   122
  Aesculapius   138
  Apollo Maleates sanctuary   548
  Asklepieion sanctuary   831

Attalos III   933
Buthrotum/Bouthrotos   1226
disease and health   2163, 2164
divination   2170
dream interpretation   2223
Epione   2463
healing deities, healing cults   3089, 3090
hero cult   3173
Herodas   3177
Hippocrates of Kos   3233
Hygieia   3352
Kos   3814
Orchomenos in Boiotia   4928
orgeones   4930
Pergamon   5154, 5156
Phyromachos   5311–5312
Sarapis   6040
Sophocles   6322
springs   6367
Askra   **834–835**, 3193–3194
Asoka   289, **835–837**
Aspasia   **837–838**
Aspendos   613, **838–839**, 6240, 7068
assault (Greek and Roman)   **839–841**, 1838–1840
assemblies (ancient Near East)   **841–842**
assessores   **842–843**
assidui   **843–844**
assinnum   **844–845**
Assiros, Macedonia   **845–846**
associations (Greek and Roman)   **846–849**
   agonistic festivals   196–197
   artisans, trades, and guilds   806–807
   burial clubs   1211–1212
   collegia   1649–1651
   eranos   2479
   freedmen and freedwomen   2761
   koinon   3798
Assumption of Moses   **849–850**
Aššur-uballiṭ I   **850**, 851, 854
Assurbanipal. *see* Ashurbanipal
Assyria   **850–853**
   akitu   266
   Arabs   601–604
   Aram, Aramaeans   605
   archives   661
   army   731–732
   Ashdod   816
   Ashur   818
   Ashurbanipal   819, 820
   Bisitun   1135
   bullion   1209
   calendar   1257, 1258

camel   1281–1282
Cappadocia   1313
caravan trade   1327–1328
Carchemish   1331
Carrhae   1343
castration   1360
Cyaxares   1880–1881
Cyprus   1894–1895
Dur-Sharrukin   2237
Eshnunna   2500
eunuchs   2561
foundations   2750
frontiers   2770
Gyges of Lydia   3005
Halab   3042
Hana, Hanaean   3055
Hatti   3080
Heliopolis   3109
Hezekiah   3201–3202
hieroglyphs   3211
Hittite, Hittites   3277
hostage   3322
Hurrian, Hurrians   3345–3346
identity   3388
ilkum   3400
irrigation   3500
Isaiah   3508
Israel and Judah   3523, 3525
Josiah   3631
Kalhu   3677
Kanesh   3691
kārum   3698–3699
king lists   3752–3755
Kush   3834
Kushite Period   3838
Late Period   3915
libraries   4059
limmum   4089–4090
Marduk-apla-iddin II   4295
Memphis   4430
Mita of Mushki   4543–4544
Nabonassar   4674
Nabopolassar and the Chaldaean dynasty   4676
Nabu   4677
Nebuchadnezzar II   4722
Nineveh   4795–4797
Nuzi   4843, 4844
palaces   4987
Phoenicia, Phoenicians   5298
Psamtik I–III   5614–5615
Purušhanda   5674
Qadesh, battle of   5691

Assyria (cont'd)
  Qarqar   5693–5694
  Samaria   6026
  sanga   6033–6034
  Sargon II of Assyria   6047
  Sargon of Akkad and his dynasty   6046
  Sennacherib   6149
  Shalmaneser III   6197, 6198
  Shamshi-Adad and sons   6200
  ships and shipping   6212
  Sidon   6241
  Subartu   6431
  Suhu   6439
  Syria   6487
  Taharqo   6518
  Tarsos   6537
  treaties   6836–6837
  Ugarit   6904
  Urartu   6922–6923
  warfare   7046, 7047
  Washukanni   7062
  Yadnana   7156
  Zakkur of Hamath   7160–7161
Assyrian kings (Middle Assyrian period)   731, **853–855**, 3055, 3251, 4167. *see also specific kings, e.g.*: Aššur-uballiṭ I
Assyrian kings (Neo-Assyrian period)   **855–857**. *see also specific kings, e.g.*: Adad-nirari III
  adû   108
  Ahab of Israel   231
  Elamite kings, Neo-Elamite period   2351
  Habur   3016
  Nabopolassar and the Chaldaean dynasty   4676
  Semiramis   6133
  Zakutu   7162
Assyrian kings (Old Assyrian period)   **857–859**, 4089–4090, 4696, 6200, 6201
asthma   **859–860**
astral deities (Greece and Rome)   **861**
Astra(m)psychus   **861**, 6111
astrolabes (Babylonian)   **861–862**
astrology (ancient Near East)   **862–864**, 1436, 2421, 3307, 5043–5044, 6070, 6072, 6929
astrology (Byzantine)   **864–865**, 4273
astrology (Greece and Rome)   **866–873**
  Antigonos of Nicaea   464
  Antiochos of Athens   481–482
  astrology   864
  and astronomy   866
  Chaldaeans   1436
  decans   1945
  divination   2171
  Dorotheus of Sidon   2214–2215
  Firmicus Maternus, Iulius   2682
  Hephaistion of Thebes   3133
  history   866–867
  horoscope   3307–3308
  Manetho   4253
  Manilius, Marcus   4259–4260
  Nechepso and Petosiris   4722, 4723
  Paulus of Alexandria   5111
  science   6067, 6074
  seers and *sortilegi*   6111
  Shem, Treatise of   6204
  Theophilos of Edessa   6690
  theory   867–872
  Thrasyllus   6731
  Vettius Valens   6985
astrology (Jewish)   **873–875**, 6114, 6203, 6204
astrometeorology   **875–876**, 2550–2552, 3682, 5061
astronomical ceilings (Egypt)   **876–877**, 881, 2501, 6317
astronomy (ancient Near East)   **877–879**
  astrolabes   861–862
  astrology   863, 866
  calendar   1257
  diaries   2074–2075
  Enuma Anu Enlil   2421
  ephemerides   2426–2427
  goal-year texts   2942–2943
  Hipparchos   3222
  Mul.Apin   4615
  science   6071, 6072
  sciences   6075
  Shem, Treatise of   6203
  synchronisms   6480
astronomy (Egyptian)   **879–881**, 1711–1712, 1945, 5043–5044, 6065, 6169, 6317
astronomy (pre-Ptolemaic)   **881–882**
  approximation   582
  Aratos of Soloi   611
  Autolycus of Pitane   980–981
  calendar   1260–1261
  constellations and named stars   1746, 1747
  epicycle-on-deferent   2441
  Eratosthenes   2481–2482
  Euctemon   2549–2550
  Eudoxos of Knidos   2551–2552
  Geminus   2870–2871
  Herakleides of Pontos   3143
  Hipparchos   3222
  Hypsikles   3372
  Kallippos, astronomer   3681–3682

Kleomedes   3785–3786
Kleostratos of Tenedos   3791
Menelaus   4437–4438
Meton of Athens   4483
phaenomena   5219–5220
precession   5512
procedure texts and lunar predictions   5556–5557
science   6067
Timocharis   6760–6761
astronomy (Ptolemaic)   **882–885**
   astral deities   860
   Canobic Inscription   1299
   constellations and named stars   1746–1747
   equant   2472–2473
   Hipparchos   3223
   Leptines, papyrus of   4021–4022
   mathematics   4350
   Pappus of Alexandria   5042
   precession   5512
   Ptolemy   5651–5654
   sciences   6075
   Theon of Alexandria   6685
   Theon of Smyrna   6687
Astyages   33, **885–886**, 4375, 7148, 7149
astynomoi, law of the (Pergamon)   **887–888**, 7066
Astypalaia   370, **888**, 2213, 6362
Aswan and hinterlands   **888–892**
   Djoser   2178
   Dodekaschoinos   2184
   Egypt, Upper   2330
   Elephantine   2361, 2364, 2366
   Hapy   3060
   Second Intermediate Period   6105
   Senenmut   6149
   Syene   6469–6470
asylia   **892–893**, 3215, 3770, 6460
Asyut   **893–894**, 2635, 4188–4189, 7098
Atargatis   **894–895**, 5629, 5798, 5956
ateleia   **895–896**, 2412, 3831
Atellane farce   **896–897**, 6646
Aten (Aton)   **897–898**
   Akhenaten   260, 261
   Amarna   344–345
   Hatshepsut   3078
   Nefertiti   4724
   New Kingdom   4763
   prayer   5508
   Re and Re Horakhty   5741
   Thebes   6653
   Tutankhamun   6888–6889

Athanasius   **898–901**
   Alexander of Alexandria   299
   Alexandria, Egypt   309
   Antony   505
   Arius and Arianism   719
   ascesis   814
   canon of Scripture   1304
   Christology   1480
   Constantine I   1725
   Desert Fathers and desert literature   2045, 2048
   Eusebius of Caesarea   2579, 2580
   hagiography   3030
   Hephaistion of Thebes   3133
   hermits   3165
   historiography   3263–3264
   logos   4141
   Marcellus of Ancyra   4282
   Meletian Schism   4421
   Nag Hammadi Library   4681
   Nicaea, Council of   4771, 4772
   Ossius of Cordoba   4956
   Sabellius, Sabellianism   5991
   Serapion of Thmuis   6165
   Thecla   6662
   Trinity, doctrine of the   6862
atheism (Greece and Rome)   559, 560, 816, **901–902**, 907, 2440, 2555, 6457
Athena   **902–904**
   Acropolis   49, 50
   Amphissa   380
   Andocides   413
   Aphaia in Aigina   518
   Ares   672
   Arrhephoria   756
   Athens   910, 916
   Delphi   1987
   epiphany   2465
   Erechtheus   2483
   Eteoboutadai   2505
   Haliartos   3043
   Halikarnassos   3046
   healing deities, healing cults   3089
   Hephaistos   3134
   Herakleia by Latmos   3140
   Hygieia   3352
   Ialysos in Rhodes   3376
   inventories   3482
   Kamarina   3686–3687
   Kekrops   3722
   Koukounaries   3816
   Methana   4476
   Minerva   4516

7230 INDEX

Athena (cont'd)
  Odysseus 4865
  olives and olive oil 4890
  Orophernes of Cappadocia 4940
  Oschophoria 4949
  Palladion, Palladium 5009
  Panathenaia 5019
  Parthenon 5066–5068
  processions 5557
  Procharisteria 5560
  Salaminioi 6015
  Skira 6277
  technitai 6559
  temple treasuries 6586
  textiles 6635
  tribute lists 6858
Athenaeus Mechanicus **904–905**
Athenaeus of Attaleia **904**, 3144, 6434
Athenaeus of Naukratis 493, **905–906**, 1079, 2103, 3196
Athenagoras 558–561, **906–908**, 3392
Athenian colonies. *see* cleruchy
Athenian Confederacy, Second **908–909**
  Athens 913
  autonomy 982
  Chabrias 1423
  Chalcidice, Chalcidian League 1431
  Chares 1441
  cleruchy 1576
  Cyclades islands 1885
  Delian League 1979
  Eresos 2484
  harmosts 3065
  Ikos 3397
  imperialism 3425
  Kallistratos 3683
  King's Peace 3758
  Leros 4023
  Mytilene 4670
  Pronnoi 5570
  Rhodes 5840
  Sikinos 6249
  Siphnos 6266
  Skiathos 6276
  Social War 6303
  Sparta 6344
  Tenos 6604
  thalassocracy 6640
  tribute 6857
Athens **909–918**
  Acropolis 48–50
  administration 76–77

Agora 916–917
agora 199–200
Agyrrhios 230–231
Aigina 242–243
Aitolian League 252–253
Alexander 304
Alkibiades 317–318
Alkmaion of Kroton 319
Ambrakia 353
Androtion 422
Antigonos II Gonatas 461
Antigonos III Doson 463
Antipater 484, 485
Antiphon of Rhamnous 486
Apollodoros 550
apophasis 561
apprenticeship 580
Aratos of Sikyon 609
arbitration 617–620
Archaic period 911–912
Archidamos 634
Archinos 638
archives 662
archon 666
Areus of Sparta 674
Argolis 678
Ariobarzanid Dynasty 687
Aristophanes 699
Aristotle 701
Aristotle, *Constitution of the Athenians* 705
Aristoxenos of Tarentum 715
army 737
asebeia 816
Asklepios 833, 834
Aspasia 837
Athena 902, 903
Atthidographers 934–936
autarky 978
autochthony 980
bastard 1061–1062
black people 1143
Boiotia 1149, 1151–1152
books 1158, 1159
Bouphonia 1179
Brasidas 1180
bronze coinage 1193
burial 1212–1215
calendar 1262, 1263
cemeteries 1401, 1402
Chabrias 1424
Chalcedon 1427
Chalcidice, Chalcidian League 1431, 1432

Chalcis 1434
Chares 1441
cheirotonia 1447
Chersonese, Thrace 1451, 1452
Chios 1467
choregia 1470, 1471
Chremonidean War 1476
chresmologos 1478
Chrysippos of Soloi 1487
citizenship 1525
civic architecture and monuments 915–917
Classical period 912–914
cleruchy 1575–1576
coinage 1621
comedy 1681
concubinage 1700
cultural life 917–918
daughter 1932
Dekeleia 1974
Delos 1981
democracy 915, 2006–2008
demography, historical 2014
Diodorus of Sicily 2114
Dionysia 2124
Diyllos of Athens 2176
documents and archives 2182
economy 917, 2283
education 2316
Eion 2343
Eleusis, Attica 2369–2370
Erechtheus 2483
erga 2487
Eumenes II 2558
Eupatridai 2565
Evagoras of Salamis 2585
fertilizer 2659
festivals 2659–2660
fire 2681
Five Thousand 2691
forts 2723
foundations 2750
Four Hundred 2756
Furies 2797
gardens 2850–2851
gender 2874–2875
genealogy 2878, 2879
gift-exchange 2915
Graces 2973
grain supply and trade 2976–2977
Gylippos 3005, 3006
gymnasium 3008
Hadrian 3021

Halieis 3043
harmosts 3064–3065
Harpalos 3065–3066
Harpocration 3066
healing deities, healing cults 3089
Hecataeus of Miletos 3092
Hekate 3097
hektemoroi 3101
heliaia 3105–3106
Hellanicus of Mytilene 3111
Hellenica 3114, 3115
Hellenica Oxyrhynchia 3118
Hellenistic period 914
Hellenistic period, concept of 3121
hellenotamiai 3126
Hellespont 3127
Hephaistos 3134
Hermias 3163
Hermokrates of Syracuse 3167
herms 3172
Herodes Atticus 3177, 3178
Herodotus 3185, 3186
hetaira 3195
hetaireia 3197
Hipparchos 3223, 3224
hippeis 3225
Hippias 3228
Hippocrates of Kos 3233
historiography 3254, 3255
history 910–915
homonoia 3290
Hopletes 3297
hoplites 3298
horography 3305
humor and satire 3337
hunting 3343
hybris 3348
Hymettos mountain 3362
hymns 3364
Hyperbolos 3367
Hyperides 3368
hypomeion/hypomeiones 3370
Ilissos 3400
illegitimacy 3401
Imbros 3415
immigrants 3417
imperialism 3425–3426
indemnities 3443
interest rates 3471
Ion of Chios 3485
Ionian Revolt 3487
Ionian tribes 3488–3489

Athens (cont'd)
  Iphikrates 3492
  irrigation 3504
  Isaeus 3506–3507
  Isagoras 3507–3508
  Isocrates 3519
  isopoliteia 3522
  Kallias, Peace of 3678
  Kallias of Sphettos 3678–3679
  Kallimachos 3681
  Kallistratos 3683
  kalokagathia 3684
  Kamarina 3686
  kapelos 3691
  Karpathos 3696
  Kekrops 3722
  Keos 3730
  Kerameikos, Athens 3732, 3733
  Kersobleptes 3738–3739
  Kimon 3750
  King's Peace 3757, 3758
  kingship 3760
  kinship 3769
  Klazomenai 3779, 3780
  Kleisthenes of Athens 3782, 3783
  Kleomenes I of Sparta 3786, 3787
  Kleon 3789, 3790
  kleroterion 3792
  Knidos 3793
  kolakretai 3799
  Kolonai 3800
  Konon 3808, 3809
  Koroneia 3811
  Kos 3813
  Kreon 3822
  Kritias 3822
  Kritolaos of Phaselis 3824
  Kylon 3840
  labor 3856
  Lamian War 3869
  land and landholding 3878
  Laurion 3928
  law 3946
  legislation 4007–4008
  Lemnos 4011
  literacy 4099
  liturgy 4119
  logos epitaphios 4142–4143
  Long Walls 4147–4149
  luxury 4176
  Lyceum 4178–4179
  Lycurgus 4182–4184

Marathon, battle of 4280–4281
Marmor Parium 4314
Mausolos 4359
Megara 4412
Meletos 4421–4422
Methana 4475, 4476
Methone, Macedonia 4479
Meton of Athens 4483
metronomoi 4484
Miltiades 4510
mints and minting 4533
monopoly 4579
mothers and motherhood 4606
music 4639
Myrina 4664
Mytilene 4670
Naupaktos 4701
navies 4705–4707
Neapolis , Italy 4718
Nektanebo 4736
Neoplatonists 4745
neutrality, political 4760
Nikias 4786–4787
Nikias, Peace of 4787–4788
nomophylakes 4807–4808
nomos and nomothesia 4808, 4809
nomothetai 4810
Oiniadai 4878
Oinophyta, battle of 4879
Old Oligarch 4888
Olynthos 4898–4899
orators 4923
orgeones 4930
Origen 4934
orphanages 4943
orphans 4944–4945
Oschophoria 4949–4950
ostracism 4965–4966
Panathenaia 5019
Parthenon 5066–5068
Pasion 5076–5077
patrios politeia 5095–5096
Pausanias II 5114
Peisistratos 5123–5124
Peloponnesian War 5131–5133
pentekontaetia 5141
Perdikkas II 5147–5148
perfumes and unguents 5150
Perikles 5161–5162
peristyle 5167
Persia and Greece 5185
personification 5195

phasis   5242
Pherekydes of Athens   5243
phialai exeleutherikai   5244
Philip II of Macedon   5251
Philochoros of Athens   5271–5272
Philokrates   5273–5274
Phokion   5301–5302
Phormion   5304
Phormisios   5304–5305
phratry   5307
Phrynichos   5309
Phyromachos   5311
piracy   5330
Piraeus   5331–5333
plague   5343–5344
Plataia   5345–5346
Plato   5348–5350
Pnyx   5369
poletai   5374
police   5375
polis   5379, 5380
politeia   5381, 5382
political pay   5386
population   910
pornography   5431
porticoes   5439
Potidaia   5464
pottery   5475, 5477–5478
prehistory   910–911
prices   5526
priests and priestesses   5536
probouloi   5549
procedure, legal   5553–5555
processions   5557–5558
Proerosia   5564–5565
prostates   5589
Prytaneion   5612–5613
publication   5661
representation   5803
Rheneia   5823
rhetoric   5824–5827
Roman period   914–915
ruler cult   5973
Salaminia   6014
Salamis, island and battle of   6016
Same   6028
Samos   6029
Samothrace   6030
Saronic Gulf   6049
seers   6109
Selinous   6131
ships and shipping   6217

Sicilian expedition   6235
Sicily   6236
Sigeon   6246
Siris   6269
Skione   6277
Skyros   6279
slavery   6281
social structure and mobility   6300
Social War   6303
Socrates   6308
Solon   6314
sophists   6319–6321
sortition   6326
Sparta   6344
Spartokids   6347
Sphakteria island   6353
Sphodrias   6355
standards of living, wealth   6373
stelae   6386
Stesimbrotos of Thasos   6393
strategoi   6418, 6419
Stratokles   6422
symmoria   6475
synoecism   6482, 6483
temple treasuries   6586, 6587
thalassocracy   6639–6640
Thasos   6641
Theagenes of Megara   6642
theater   6644
Themistokles   6667–6668
Theophrastus   6692
thetes   6713
Thirty Tyrants   6717–6718
Thirty Years' Peace   6718
Thucydides   6733
time, measurement of   6758
Timotheos   6762–6763
topography   910
tragedy   6806
trittys   6867–6868
Troizen   6873–6874
walls, city   7042
warfare   7050
wars, sacred   7061
water supply   7067
weaponry   7074
wedding   7080
weights and measures   7084–7087
women   7118–7121
xenoi   7146
Xenophon   7148, 7152
Zakynthos   7163

Athens (cont'd)
   Zeno of Kition 7167
   zeugitai 7171–7172
   Zeus 7174
athletes **918–921**. *see also* sports and games
Athos mountain **921**
Athribis (Tell Atrib) **921–922**, 5710
Atia **922–923**, 960
atimia 839, **923**, 1703, 1704, 2189, 2597
atomism **923–926**
   aesthetics 143
   Democritus 2012
   disease, conceptions of 2161
   Epicurus and Epicureanism 2439
   ethics 2508
   Herakleides of Pontos 3143
   Lucretius 4161, 4162
   physics 5315
   sleep 6289
Aton. *see* Aten
Atonement, Doctrine of **926–928**
Atrahasis 506, 509, **928**, 2246, 2699, 6212
atrium 657, **928–929**, 2202, 2872, 3325, 6975
Attaleia **929–930**
Attalid dynasty
   Apollonis 555
   army 741
   Attalos I 930–931
   Celtic wars 1399
   coinage 1620–1621
   Lydia 4186
   palaces 4991
   Pamphylia 5013
   Pergamon 5154–5156
   Perinthos 5163
   Sagalassos 6007
   tribute 6857
Attalos I **930–932**
   Achaios 41–42
   Aizanoi 256
   Alexander Balas 299
   Antiochos Hierax 482
   Apamea, Peace of 513
   army 742
   Asia Minor 824
   Attalos II 932
   benefactors 1083
   Biton of Pergamon 1140
   Celtic wars 1399
   Eumenes I 2557
   Eumenes II 2557

   Seleukos II Kallinikos 6129
   Seleukos III Keraunos 6130
Attalos II **932–933**
   Attaleia 929
   Attalos I 931
   Eumenes II 2557, 2558
   Pamphylia 5013
   Sabazios 5987
   Teos 6606
   Termessos 6609
Attalos III **933–934**
   Aristonikos 698
   Asia, Roman province of 826
   Attalos II 932
   Eumenes II 2558
   Gracchus, Tiberius and Gaius Sempronius 2969
   Sabazios 5987
   Sardis 6044
   wills 7106
Atthidographers **934–936**
   Athens 910
   Diyllos of Athens 2176
   Erechtheus 2483
   Harpocration 3066
   Hellanicus of Mytilene 3111
   Hipparchos 3223
   historiography 3254
   horography 3304
   Philochoros of Athens 5271–5272
Attic Greek 2314, 2985–2987, 3066, 3796
Attic Manumissions. *see phialai exeleutherikai*
Attic Nights (Aulus Gellius). *see* Aulus Gellius, *Attic Nights*
Attica
   Acharnai 42–43
   burial 1212–1215
   citizenship 1525
   demes 1991–1992
   epigraphy 2451
   ges anadasmos 2907
   herms 3171, 3172
   Ionian tribes 3488
   Kekrops 3722
   Koroni 3812
   Korseia 3813
   Laurion 3928
   Lysander 4191
   Megara 4411
   Menidi in Attica 4439–4440
   mines and mining 4518
   mints and minting 4533
   navies 4705

neighborhood, neighbors   4732
Orestes   4929
Pan   5015
Perati in Attica   5146–5147
Poseidon Sounion sanctuary   5455
Thorikos   6724–6725
Atticism   **936**
   Aelianus, Claudius   121
   Archaism   627
   Dionysius of Halicarnassus   2129
   historiography   3258
   languages   3898
   rhetoric   5827
   sophists   6320
Attila the Hun   592, 2959, 3342, 5028, 5959
Atum   **937**, 3063, 3745, 5741, 5791, 6190, 6571
auctions   **937–938**, 1032, 2676
auditing. *see euthyna, euthynai*
Aufidius Bassus   **938**
Augsberg, Germany. *see* Augusta Vindelicum
Augst, Switzerland. *see* Augusta Raurica
augures, augury, and auspices   **938–940**
Augusta Emerita (Merida)   **941–943**, 2734, 3242, 3243, 5853
Augusta Praetoria (Aosta)   341, **944**, 2389
Augusta Raurica (Augst)   **944–945**, 3129, 5837
Augusta Treverorum (Trier)   **945–951**, 2858
Augusta Vindelicum (Augsburg)   **951–952**
Augustales   **952**, 2761, 6311
Augustalia   **952–953**
Augustamnica   119, **953–954**
Augusti liberti   **954–955**
Augustine of Hippo   **955–959**
   adversus Iudaeos   113
   allegory   322
   Antony   505
   Atonement, Doctrine of   927
   Aulus Gellius, *Attic Nights*   971
   baptism   1039
   bishop   1132–1134
   Caesarius of Arles   1250
   Carthage   1348
   catechesis   1370
   childhood   1461, 1462
   creeds   1830
   Desert Fathers and desert literature   2045
   Donatists   2204, 2205
   Eucharist   2547
   friendship   2769
   hagiography   3030
   Hilary of Arles   3217
   Hippo Regius   3230

   historiography   3268
   Latin language   3924
   law   3955, 3959
   logos   4142
   Mani, Manichaeism   4257
   monasticism   4572
   Neoplatonists   4746
   New Testament   4768, 4769
   Novatian   4819
   Orosius   4942
   Paulinus of Nola   5110
   pelagianism   5124–5126
   Perpetua   5169, 5170
   presbyter   5521
   Roman Empire, regional cultures   5868
   sacraments in early Christianity   5994
   Scipio, Dream of   6080
   soul   6335
   Thagaste   6638, 6639
   theologia tripertita   6685
   Trinity, doctrine of the   6863
   Varro, Marcus Terentius   6949
Augustodunum (Autun)   115, **959–960**, 1113, 4905
Augustus (Imperator Caesar Augustus)   **960–969**
   Actia   56
   Actium   57–58
   administration   91–93, 97
   adoption   101
   adoption of Gaius and Lucius   967
   adrogatio   108
   adventus   111
   Aegyptus   117–119
   Aemilius Lepidus, Marcus   125–126
   aerarium   133
   aerarium militare   134
   Africa Proconsularis   151
   ager publicus   182
   Agrippina the Elder   227
   Aitolia   251
   Amphipolis   379
   annona   446
   Antonius, Marcus   502, 503
   apartment buildings   515
   apotheosis and heroization   574
   Ara Pacis Augustae   593–595
   Archelaos   628
   Archelaos of Cappadocia   629
   Arelate   668–669
   arena   671
   army   751–752
   art   787, 789

Augustus (Imperator Caesar Augustus) (*cont'd*)
   Asinius Pollio, Gaius   829
   Atia   922
   Augusta Emerita   942
   Augusta Praetoria   944
   Augusta Raurica   944
   Augustalia   952
   auxilia   984
   Baetica   1017–1018
   bid for power   961–962
   birth registrations   1129
   Caesar   1247
   Caesar Augusta   1246
   Carthage   1347
   Cicero, Marcus Tullius   1501
   citizenship   1526
   civil war   1529
   Claudian   1544
   Claudius   1549, 1550
   Cleopatra VII of Egypt   1570, 1571
   cohortes urbanae   1606
   coinage   1639
   colonies   1658, 1659
   comets   1683
   commilito   1692
   conubium   1764
   Corduba   1779
   Cornelius Gallus, Gaius   1797
   cura, curator   1872–1873
   curia   1874
   Cyrene and Cyrenaica   1898
   Cyrene edicts   1900–1902
   Dacia   1906
   Dalmatia   1916
   Danube   1928
   diplomacy   2151
   Dokimeion   2190
   Domitian   2198
   donativum   2207
   Donatus, Tiberius Claudius   2208
   ducenarii   2230
   Dyme   2240
   dynastic cults   2242–2243
   early life   960–961
   economy   2297
   Egyptomania   2340
   Elbe   2354
   elections   2357
   Emesa   2386
   epigraphic habit   2448
   Epirus   2468
   equites   2474, 2475
   evocati   2588
   Familia Caesaris   2624
   famine and food shortages   2634–2635
   fasces   2640
   fascism and Ancient Rome   2641, 2642
   final years   967–969
   finance   2675–2676
   firefighting   2682
   flamines   2692
   Florus, Lucius Annaeus   2701
   Forum, Forum Romanum   2743
   Forum Augustum   2734–2737
   Fragmentum de iure fisci   2758
   freedmen and freedwomen   2760
   friendship   2769
   frontiers   2776
   Galatia   2806, 2807
   genius   2883
   gladiators   2925
   Herod the Great   3175
   Hispania   3242
   Honores   3294–3295
   Horace   3300
   Horologium Augusti   3306–3307
   hymns   3366
   Ilion   3399
   imperator   3419
   kinship terms, used metaphorically   3772
   Lagina sanctuary   3863
   Latins, Latium   3925–3926
   law   3965
   law schools   3968
   legati legionis   3991
   legions, history and location of   3996–4004
   lex Iulia and *lex Papia*   4042
   lex Voconia   4049
   libraries   4065
   Livia   4122–4123
   Livy   4124
   logistics   4137
   Lugdunum   4164, 4165
   Lusitania   4169
   Macedonia   4205
   Magister equitum   4233
   maiestas   4237
   marriage legislation of Augustus   4322–4323
   Meroe   4455
   mos maiorum   4595, 4596
   mutiny   4647
   Nicolaus of Damascus   4780
   Nikopolis   4792
   palaces   4998

pantomime   5036
peace   5118
Philippi   5261
Phraates IV of Parthia   5306
Pola   5371
political settlement   964–966
Pompeii   5404
pontifex, pontifices   5416
postal services   5460
praefectus   5492
Praetorian cohorts   5496–5497
precedent   5511
Prefect of Egypt   5517
prodigies   5564
prostitution   5591
Ptolemy XV Caesar   5650
redistribution   5755
Regeneration of Roman society   965–966
religion   5776
responsa   5809
Roman empire, stabilization of   966
  in Rome   967
Rome, city of: 2. Republican   5899
Rome, city of: 3. Augustan   5900–5905, 5907, 5909
Rome, city of: 4. Julio-Claudian   5912
Rome, city of: 8. Tetrarchic   5941
Rome, city of: 9. Fourth century   5948
Rubicon   5969
ruler cult   5977–5978
saeculum   6006
Sagalassos   6007
Samaria   6027
Senate   6141, 6142
septemviri epulones   6156
sex and sexuality   6193
ships and shipping   6221
spolia opima   6359
stipendium   6394
struggle for supremacy   962–963
Suetonius   6435
synoecism   6484
Syracuse   6486
tabellarii   6498
Tacitus   6513
Tarraco   6536
Tauromenium   6543
taxation   6552
Tenos   6604
theater   6646
Thuria   6738
Tiberius   6745–6747

Tralles   6820
transport   6831–6832
treaties   6845
tres militiae   6847
tribuni plebis   6851
tribus   6856
triumph   6869, 6871
Umbrians   6912–6913
unemployment   6916
universal history   6918
Uthina   6931
Utica   6932
Varus, Publius Quinctilius   6949
veterans   6979, 6980
Victoria   6993
Vipsanius Agrippa, Marcus   7011
Vitruvius   7021
voluntarii   7030
warfare   7053–7054
water supply   7068
Zosimus   7186
Aulis   **969–970**, 1979, 3491
Aulus Gellius, *Attic Nights*   **970–971**, 2427, 2659–2660, 3954–3955
Aurelian (Lucius Domitius Aurelianus Augustus)   **971–977**
  Claudius II   1546
  Claudius Quintillus   1549
  coinage   1637
  Dacia   1907
  deserti agri   2050
  Diocletian   2105
  economy   2274
  finance   2677
  Gaul   2860
  redistribution   5756
  Rome, city of: 7. Severan and third century   5939
  Serdica   6166
  sun gods   6454
  Tacitus   6515
  Zenobia   7169
Ausonius   **977–978**, 1076, 1211, 4697, 6474
auspices. *see augures*, augury, and auspices
autarky (self-sufficiency)   **978–979**, 2293, 2641, 2976, 5378
autochthony   7, **979–980**, 2483, 2522
autokrator. see basileus/autokrator
Autolycus of Pitane   248, **980–981**, 4022
autonomy   **981–982**, 2508, 2535, 2763, 5132, 5380, 6483
autopatheia   **982–983**, 2393, 2402

autopsy **983**
  akribeia 270
  Ammianus Marcellinus 366
  empeiria 2392
  Ephoros 2434
  Herakleides of Tarentum 3144
  Herophilos 3191–3192
  historia 3246
  historiography 3254
  history 3274
autourgia **983–984**
Autun, France. *see* Augustodunum
auxilia **984–985**
Avaris/Tell el-Dab'a **985–994**
  Ahmose I 235
  Egypt, Lower 2329
  ethnicity 2518
  gardens 2852–2853
  Heliopolis 3108
  horses 3312
  houses, housing, household formation 3329
  Hyksos 3356, 3359–3361
  palaces 4996
  Peru-nefer 5198–5199
  Second Intermediate Period 6106
  Seth 6175
Avars **994–995**
  army 735
  Demetrios 2003
  Hellenism 3119
  Herakleios 3145
  Histria, Romania 3276
  Justin II 3663
  Pannonia 5028
  Simokattes, Theophylaktos 6256
  Singidunum 6264
  Sirmium 6270
  Siscia 6271
Aventicum (Avenches) **995–996**, 3129
Aventine Hill 1154, 3150, 4516, 5895, 5898, 5957
Avesta **996–997**, 3494, 6050, 7184, 7187
Avidius Cassius, Gaius 309, **997–998**, 1176, 4289–4294
awīlum, muškēnum, and wardum **998–999**, 6186, 6380, 6381
axones **999–1000**, 3845, 6315
Axum **1000–1002**, 2510, 3452
Ay **1002–1003**, 3303, 6889
Aziru of Amurru 392–393, **1003**, 5844, 5845

Ba'al (Adad)
  Adad 61
  Anat 400
  Asherah 817, 818
  Avaris/Tell el-Dab'a 985
  Bulla Regia 1208
  Carthage 1346
  Dagan 1912–1913
  El 2346
  Emar 2382
Babatha **1004–1005**, 5045
Babylon **1005–1006**
  Adad-guppi 62
  amplificatioAmmisaduqa, Venus Tablet of 368
  Anaxarchos of Abdera 407
  andurārum 423
  Antigonids 456
  Antiochos I Soter 474
  Antiochos II Theos 476
  Antiochos Hierax 482, 483
  Antipater 485
  Anunnaki and Igigi 509
  Arabs 601–604
  archives 661
  army 731
  Assyria 851–852
  Assyrian kings 858
  Babylonian Exile of the Jews 1009–1010
  Belshazzar 1079
  Berossos of Babylon 1100
  Bisitun 1135
  Borsippa 1168
  Burna-Buriash 1223–1224
  Croesus 1845
  Cunaxa 1871
  diaries 2074–2075
  Eanna and other major Babylonian temples 2247–2248
  economy, Near East 2289
  Elamite kings, Middle Elamite period 2350
  Enuma Elish 2422
  Esarhaddon 2496
  Euphrates and Tigris 2570
  family 2629
  foundations 2750–2752
  goal-year texts 2942–2943
  Halab 3042
  Hammurabi of Babylon and his dynasty 3052–3054
  Hana, Hanaean 3055
  Hanigalbat 3055
  Hattusili I and his dynasty 3082

hemerology and menology   3130
historiography   3251
identity   3388
Israel and Judah   3524
Jeremiah   3573
John of Nikiu   3617
king lists   3753
Kish   3773
land and landholding   3872
Larsa, and Larsa Dynasty   3913
Late Period   3915
Marduk   4294–4295
Mari   4301
Mazaios   4369
medicine   4386–4387
Murashu family and archive   4624–4625
Nabonidus   4675
Nabopolassar and the Chaldaean dynasty   4676
Nabu   4677
Naram-Sin   4696
Nebuchadnezzar I   4721
Nebuchadnezzar II   4722
Nekau I–II   4734
palaces   4987
procedure texts and lunar predictions   5556
Ptolemaic possessions outside Egypt   5626
Rim-Sin I of Larsa   5845
Saite Period   6013
Samaria   6026
sanga   6034
Sargon II of Assyria   6047
Sasanians   6051
Seleucids   6119
Seleukeia   6125
Seleukos I Nikator   6127
Seleukos II Kallinikos   6129
Semiramis   6133
Sennacherib   6149, 6150
Shalmaneser III   6198
Shamash   6199
Shimon ben Laqish, Rabbi   6211
ships and shipping   6212
Sin   6261
Sin-kashid of Uruk and his dynasty   6265
Sippar   6266
Suhu   6439
Syrian wars   6494
time, measurement of   6758
town planning   6791
trade   6792–6793
Tukulti-Ninurta I   6883–6884
wedding   7079

wonders of the world   7134
Zimri-Lim of Mari   7176
ziqqurrat   7176
Babylon-Fustat   **1006–1009**
Babylonia and Babylonians
  Alexander III, the Great   295
  andurārum   423
  Antiochos I Soter   474
  Antiochos III Megas   477
  Antiochos VII Sidetes   481
  Ashurbanipal   819, 820
  calendar   1258, 1264
  census   1410
  constellations and named stars   1746
  Israel and Judah   3523, 3526
  Kassite, Kassites   3702–3703
  Kassite dynasty   3701–3702
  king lists   3754
  kudurru   3830–3831
  music   4634
  Nineveh   4796, 4797
  numbers   4829
Babylonian Exile of the Jews   **1009–1010**, 2468, 3508, 4730, 5988, 7177
Babylonian language   267, 607, 1135–1136, 6134
Babylonian Talmud   3829, 5585, 6020, 6200, 6521, 6522
bacchanal(ia)   **1010–1011**, 2135
Bacchiadai   **1011–1012**, 1785, 3844
Bacchylides   919, **1012**, 3364, 5020, 6259
Bactria   **1012–1015**
  Ai Khanum   239–240
  Alexander III, the Great   292, 295
  Alexandria Oxiana   313
  Antiochos III Megas   477
  Bessos   1103–1104
  economy, Near East   2286
  Euthydemos of Bactria   2583
  Hellenistic period, concept of   3121
  India   3447
  Iranian languages   3494
  Kleitos   3785
  Margiana   4300
  Oxus   4970
  Ptolemaic possessions outside Egypt   5626
  Roxane   5966
  Seleucids   6121
  Seleukos I Nikator   6127
Badarian   **1015–1017**, 2051, 2291, 3202, 5480, 5513
Baetica   **1017–1019**
  Corduba   1779
  Guadalquivir   3000

Baetica (cont'd)
  Hispalis   3240
  Hispania   3242
  Isidore of Seville   3513
  Italica   3532
  Vandals   6947
Bagrada   **1019**, 1208, 2746–2747
Bahariya Oasis   **1020–1022**, 2238, 3170, 4847, 4848, 5863
Baitokaike   **1022–1023**
Bakenrenef (Bokkhoris)   **1023**, 6195
bala (palû)   **1023–1024**
Balaam   **1024**, 4464
Balbinus and Pupienus   **1025–1026**
Balbus (surveyor)   **1026–1027**, 2998
Balih   **1027**, 6229
Balkans   994, 4203, 4685, 5088
balsam   **1027–1028**
banditry and brigandage   840, **1029–1031**, 1838–1840, 5856, 6158, 7165–7166
banks   **1031–1033**
  credit   1826–1828
  debt   1942–1943
  diagraphein, diagraphe   2069–2070
  economy   2278, 2281
  fenerator   2654–2655
  finance   2671
  Forum, Forum Romanum   2742
  Heroninos Archive   3191
  Jucundus, tablets of   3633
  loan   4129, 4130
  monopoly   4580
  Murecine Tablets   4629
  Pasion   5076–5077
  Puteoli   5675
banquets (ancient Near East)   **1033–1035**, 2705
banquets (Byzantine)   **1035–1036**, 1768
baptism   **1037–1040**
  Apostles' Creed   566, 567
  baptisteries   1040–1041
  catechesis   1368–1370
  catechumenate   1370
  Constantine I   1726
  creeds   1830–1831
  Cyprian   1889–1892
  Didache   2081
  Donatists   2203–2205
  exorcism   2599
  fasting   2644
  godparents, godchildren   2945
  Jordan River   3622
  Justin Martyr   3665

  kinship   3771
  pelagianism   5125
  presbyter   5520, 5521
  purification   5668
  Regula Fidei   5764
  sacraments in early Christianity   5994
  Serapion of Thmuis   6165
  Sethianism   6178
  Tertullian   6613
baptisteries   642, 1038, **1040–1041**, 1226, 1493, 3029
Bar Kokhba, Shime'on   **1041–1043**, 3019, 3022, 3183, 3636, 3664, 5045, 5046
Bar Kokhba Revolt
  Aelia Capitolina   120
  Akiba, Rabbi   264, 265
  apocalypses   532
  coinage   1625
  eschatology   2499
  legions, history and location of   4001, 4002
  Lollius Urbicus, Quintus   4144
  Marcion and Marcionites   4287
  rebellions   5745
  revolts   5816, 5818
  Syria   6489
  Temple in Jerusalem   6583
  Tiberias   6744
barbarians (*barbaroi*)   **1043–1045**
  Alans   277
  anthropology   454
  army   744, 745
  Chersonese, Crimea   1449–1450
  citizenship   1527
  clothing   1589
  decline   1951, 1952
  Dexippos of Athens   2060–2061
  Epirus   2467
  ethnicity   2514, 2523
  ethnogenesis   2528–2530
  foreigners   2708
  Franks   2758–2759
  frontiers   2771, 2772, 2779
  Goths   2964–2966
  Gyges of Lydia   3005
  Hellenes   3113
  Herodian   3181
  hierosylia   3215
  Hispania   3243–3244
  historiography   3255
  horography   3304
  human sacrifice   3333, 3334
  Huns   3342

Mavia   4360
migration   4496–4497
Nine Bows   4795
nomads   4805
Probus   5550
Scythia   6096
Scythians   6096
sterility   6393
Theoderic, Edict of   6670
Umman-manda   6914
Barbarikon   **1045**, 3453
Barbegal   **1045–1046**
Barcino (Barcelona)   **1046–1047**
Bardesanes   **1047–1048**, 2305, 6492
Bardylis   **1048**
Bargylia   **1048–1049**
barley   **1049–1050**
  agriculture   208–210, 212, 214–215
  bread   1182
  diet   2086
  farrago   2639
  Fazzan   2652
  first fruits   2683
  food, drink, and feasting   2704
  grain supply and trade   2975, 2976
  Hekanakhte   3096
  Maadi   4197
  wheat   7099
  Zakros in Crete   7161
Barnabas, Epistle of   569–571, **1050–1051**, 2081, 5105, 6898
barter   **1051–1052**, 5524
Baruch, Books of (1, 2, 3 Baruch)   533, **1052–1054**, 2468
Basil of Caesarea   **1054–1055**
  baptism   1039
  Byzantine rite   1230
  Byzantium   1232
  canons   1305
  Cappadocia   1318, 1319
  Desert Fathers and desert literature   2047
  education   2314
  fasting   2644
  Gregory of Nazianzus   2993
  Gregory of Nyssa   2994–2995
  Gregory Thaumaturgus   2996
  Hellenism   3120
  monasticism   4571–4572
  Origenist Controversy   4938
  Trinity, doctrine of the   6862
  welfare institutions   7095
  zoology   7183

basileus (Greece)   75, 76, **1055–1056**, 2241, 3760, 6497
basileus/autokrator (Byzantine)   **1055**
basilica   **1056–1057**
  Aemilius Lepidus Paullus, Lucius   127
  architecture   642, 644, 658
  art   791
  catacombs   1364
  Chios   1468
  church architecture   1493, 1494
  cities   1523
  forum   2732
  Forum, Forum Romanum   2743
  Glevum   2934
  Hagia Sophia   3029
  Lateranus   3916
  Lesbos   4024
  principia   5543
  Rome, city of: 2. Republican   5899
  Rome, city of: 3. Augustan   5902, 5903
  Rome, city of: 4. Julio-Claudian   5911
  Rome, city of: 5. Flavian and Trajanic   5919
  Rome, city of: 6. Hadrianic and Antonine   5925
  Rome, city of: 8. Tetrarchic   5942, 5944
  Rusafa   5982
  temples   6592
  Ulpia Traiana Sarmizegetusa   6908
  Vasio   6950
  Venta Silurum   6960
  Verulamium   6969, 6970
Basiliscus   257, 681, **1057**, 1495, 7166
basketry, matting, and cordage   **1057–1059**, 2757
Bassai sanctuary   **1059–1061**
bastard *(nothos)*   **1061–1062**, 2626, 3401
Bastet   430, **1062–1063**, 3515, 6039, 6190
Batavians   **1063–1064**, 2523, 3548–3549, 3997, 4002, 4820, 4821, 5744, 5836, 6979
baths and bathing   **1064–1066**
  Aquae Mattiacae   587–588
  Aquae Sextiae   588
  Aquae Sulis   589–590
  Aquileia   592
  architecture   646–647
  Aswan and hinterlands   890
  Augusta Raurica   944
  Caracalla   1325
  charcoal   1440
  Herculaneum   3152
  hygiene   3353, 3354
  incubation   3441
  infrastructure   3460
  Isca   3510

baths and bathing (*cont'd*)
  libraries   4066
  Londinium   4145
  Morgantina   4594
  mosaics   4596, 4599
  Ostia   4961, 4962
  Patara   5081
  perfumes and unguents   5153
  public health   5658
  Rome, city of: 3. Augustan   5906
  Rome, city of: 5. Flavian and Trajanic   5923–5924
  Rome, city of: 7. Severan and third century   5938, 5939
  Rome, city of: 8. Tetrarchic   5940
  Sulis   6443
  Venta Silurum   6960
  Vienna   6994
  water supply   7066
  Xanten, Germany   7142
Battiads   **1066–1067**, 2753
battle narratives   **1068–1069**, 1118, 2488, 2515, 3253, 3257, 3258, 3299
beauty   **1069–1071**, 1806–1807, 1809–1811, 3031–3035, 6186
Bedriacum, battle of   1241, 1242, 2198, 6513
beer (ancient Near East)   **1071–1072**, 2086, 2704, 3202, 3293
beer (Greek and Roman world)   **1072**
bees   211, **1073–1074**, 7070
beggars   **1074–1075**, 4484, 6110
Behbeit el-Hagar   **1075–1076**
Belenus   **1076–1077**
Belgrade, Serbia. *see* Singidunum
Belial/Beliar   **1077**, 2059
Belisarius   **1077–1078**
  army   745
  Byzantium   1231
  Donatists   2206
  Hippo Regius   3230
  Procopius   5561–5563
  Ravenna   5739
  ships and shipping   6215
Bellona   **1078**, 1540, 4196, 5895
Belshazzar   **1079**
bematists   **1079–1080**
Ben Sira, Wisdom of (Ecclesiasticus)   **1080–1081**, 6258
Bendis   **1081**
Benedict of Nursia   815, **1081–1083**, 4573–4574, 6430
benefactors   **1083–1085**

beneficiarii   **1085–1086**, 2302
Beneventum   **1086–1087**, 5857
Beni Hasan   356, 438, **1087–1088**, 6094
Berbati   **1088–1089**
Berbers and Moors   **1089–1091**, 3903, 4211, 4219
Berenike (daughter of Agrippa I)   **1091–1092**, 2703
Berenike, Egypt   467, **1092–1093**, 2255, 2256, 3450, 4663
Berenike I (wife of Ptolemy I)   **1094–1095**, 2242, 5637
Berenike II (wife of Ptolemy III)   **1095–1098**
  Arsinoe III   765
  Callimachus   1276
  constellations and named stars   1747
  Hermopolis Magna   3168
  Hermopolis Magna, Tuna el-Gebel   3170
  Ptolemy IV Philopator   5637
  Seleukos II Kallinikos   6129
Beroia   241, **1098–1099**, 3006–3007, 3009, 3042, 4954
Berossos of Babylon   866, **1100**, 1435, 2572, 2699, 3814, 4674
Beruta. *see* Berytus
Berytus   **1100–1102**, 1659, 1660, 3543, 5955, 6184, 6241
Bes   **1102–1103**, 2237, 2238, 3719, 5790, 6190
Bessos   292, 1013, **1103–1104**
Beth Shean (Skythopolis)   **1104–1105**
Beth She'arim   **1105–1106**, 1217, 1404, 2455
Bethlehem   **1106–1107**, 3104
Bible (Christian)
  apocalypticism in Early Christianity   535–537
  apocrypha   538–541
  apostle   565
  Cassiodorus   1354
  catenae   1371
  Chronicon paschale   1482
  Coptic   1772
  Corinthians, Third   1788–1789
  creeds   1829–1833
  Deutero-Pauline Epistles   2056–2057
  Matthew, Gospel of   4354–4356
  Pamphilus of Caesarea   5011–5012
  Papias   5041
  Pastoral Epistles   5077–5078
  pseudepigrapha in early Christianity   5616–5620
  purification   5668–5669
Bible (Hebrew)   **1107–1109**
  afterlife   156–157
  Ahab of Israel   231

Anat   400
angels   425, 426
apocalypses   533
apocrypha and pseudepigrapha   541–542
Aquila and Theodotion, Greek translations of the Bible of   590–591
Ashdod   816
Asherah   818
Balaam   1024
Bible   1109
caesaropapism   1251
Cairo Genizah, Late Antique Jewish texts from   1253
calendar   1263
Canaan   1293
canon of Scripture   1301–1303
catacombs   1365
Celsus   1396
cemeteries   1403
census   1411
Chemosh   1448
circumcision   1509
Daniel   1926–1927
David   1933
Dead Sea Scrolls   1938
demons   2022
devil   2058–2059
Diaspora   2077
dietary restrictions   2089
divination   2171
Ebionites   2257
Ecclesiastes   2261–2262
Egyptology   2332
Enoch, Books of   2416
eschatology   2498
excommunication   2591
Ezekiel   2607
family   2629
Gentiles, Jewish and Christian attitudes towards   2887
idolatry, Jewish and Christian views of   3391–3392
infanticide   3457
intermarriage   3473
Ioppa/Jaffo   3490
Isaiah   3508
Israel and Judah   3523, 3526
Iulius Africanus, Sextus   3546
Judeo-Greek literature   3644
judges   3646
Kalhu   3677
Lamentations   3867

literature and poetry   4109
locusts   4134
logos   4140
Luke, Gospel of   4166
Lydda/Lod/Diospolis   4185
martyrdom and martyrs   4334–4335
messianism   4464–4465
mezuzah   4487
Moses   4602–4603
Nehemiah   4730
Nineveh   4797
ordeals   4928–4929
Origen   4932–4936
Philistines   5265
Physiologus   5319–5320
pigs   5325
prayer   5505–5506
priests and Levites   5530–5532
prophecy and oracles   5578, 5579
prophets   5580
Proverbs   5596–5597
Ptolemais   5629
Qur'an   5719
Samaria   6026
Septuagint   6161
Targum   6530–6531
Trinity, doctrine of the   6860–6863
typology   6898–6999
wisdom literature   7107
women   7124–7125
wood and woodworking   7135
Yahweh   7156–7158
Bible (Syriac translations)   607, **1109–1110**, 4758, 6491, 6492
Bible (translation and diffusion)   **1110–1113**
  Bible   1109–1110
  Hexapla   3200
  Sardinia   6043
  Sasanians   6052
  Septuagint   6162
  Syriac literature   6491
  Tobit, Book of   6775
Bibracte (Mont Beuvray)   115, 285, 959, **1113**, 3129, 4905
bilharzia   **1114**, 4842
bilingualism   **1115–1117**
  Berenike, Egypt   1093
  Berytus   1101
  Caucasus mountain   1383
  decipherment   1949–1950
  ethnicity   2520
  Etruria, Etruscans   2537

bilingualism (cont'd)
  Koine dialect   3797
  ostraca   4965
  scribes   6081
  Septuagint   6161
  Ugarit   6904
biography   **1117–1120**
biology   **1120–1124**
  Aristotle   704
  embryology   2384–2385
  fossils   2747
  hysteria   3373
  illness   3402–3404
  science   6066
  sterility   6392
  zoology   7178–7181
birds (Greece and Rome)   939, **1124–1125**, 2170, 2757, 4716, 6339
birds (Pharaonic Egypt)   **1125–1127**, 2757
birth, registrations of   **1128–1130**, 3401–3402, 6382
birth control   **1127–1128**
  exposure of children   2604–2605
  family   2629
  fertility   2657–2658
  fumigations   2785
  heterosexuality   3198
  infanticide   3456–3457
  sex and sexuality   6194
birthday   **1131–1132**, 2661
bishop   **1132–1134**
Bisitun   32, 33, **1135–1136**
bit hilani   **1136–1137**
Bithynia   **1137–1140**
  Achaios   42
  Antinoos   469
  Antiochos I Soter   474
  Aristonikos   698
  Arius and Arianism   717
  Arrian   757
  Asia Minor   823, 825
  Black Sea   1144
  Chalcedon   1427
  Daskyleion   1930
  Dio Chrysostom   2102
  Diogenes Laertius   2116
  economy   2271
  Eusebius of Nicomedia   2581
  Flamininus, Titus Quinctius   2695
  Hadrian   3021
  Hannibal   3058
  Herakleia Pontica   3141
  Hipparchos   3222
  Kios/Prusias ad Mare   3773
  Mithradates I–VI of Pontos   4547–4548
  Mithradatic wars   4549, 4550
  Nicaea   4770
  Nikomedes I–IV of Bithynia   4788–4790
  Prusa   5609–5610
  Prusias I of Bithynia   5610–5611
  Prusias II of Bithynia   5611–5612
  Seleucids   6124
Biton of Pergamon   **1140–1141**, 3188–3189
bitumen (ancient Egypt)   **1140–1141**
black people   **1142–1143**, 2513, 2514, 2532, 2708, 2709, 7147
Black Sea   **1144–1145**
  apoikia   545
  Armenia   723
  Asia Minor   820, 821
  Chalcedon   1427
  Chersonese, Crimea   1448–1450
  colonization   1670
  Euphrates frontier   2566
  flood stories   2700
  foundations   2753
  Hellenistic period, concept of   3122
  Hellespont   3126
  Herakleia Pontica   3140
  Histria, Romania   3275
  Iberia   3381
  Illyria and Illyrians   3408
  Illyricum and the Balkans, Roman conquest of   3411
  navies   4704, 4707
  nomads   4805–4806
  Odessos   4864
  ports   5444–5445
  Propontis   5582–5583
  Scythia   6095
  shipwrecks, exploration of   6227
  trade   6797
Blemmyes   **1145–1146**, 3676
blindness   **1146–1147**, 1759–1760
body, human   **1147–1148**
  astrology   869
  beauty   1069–1071
  burial   1219–1221
  deafness   1939–1940
  diagnosis   2064–2066
  disease and health   2165–2166
  hair, hairstyling   3031–3038
  hygiene   3352–3353

psychology   5622–5623
Pythagoreanism   5685
sex and sexuality   6186, 6187
standards of living, wealth   6369
Boethius   715, **1148–1149**, 3225, 4782, 5739, 6670
Boiotia   **1149–1152**
   Aiolians   246
   Amphiareion sanctuary   372
   Antigonids   457
   Antigonos III Doson   463
   army   739
   Askra   834
   Aulis   969
   Boiotian League   1152–1154
   cavalry   1387
   Chaeronea, battle of   1425
   Delian League   1977
   Delion   1979–1980
   Demochares of Athens   2005
   Demosthenes   2028
   Epaminondas   2424
   ethnos   2535
   Gla in Boiotia   2923
   Graces   2972–2973
   Haliartos   3043
   healing deities, healing cults   3090
   Hellenica   3115
   Hellenica Oxyrhynchia   3118
   Hera   3136
   Korseia   3813
   Leuktra, battle of   4034–4035
   Muses of Helikon sanctuary   4631–4632
   Oinophyta, battle of   4879
   Plataia   5345–5346
   polis   5379
   representation   5803
   Tanagra   6522–6523
   Thebes in Boiotia   6648–6651
   Thespiai   6708
   Trophonios   6880
Boiotian League   **1152–1154**
   Achaia Phthiotis   38
   Amphiareion sanctuary   373
   Boiotia   1151
   cavalry   1389
   civil war   1528
   Haliartos   3043
   imperialism   3426
   King's Peace   3758
   Koroneia   3811
   Pelopidas   5128
   representation   5803

   Sparta   6344
   Tanagra   6522
   Thespiai   6708
Bokkhoris. *see* Bakenrenef
Bona Dea   **1154–1155**, 2648
bona fides   **1155**
Bononia (Boulogne)   **1156**
Bonorum possessio   **1156–1157**
Book of the Dead   165, 386, 387, 1218–1220, 1875–1876, 2788, 3109, 5789
Book of the Divisions of the Times into their Jubilees and Weeks. *see* Jubilees, Book of
Book of Zerubbabel   **1157–1158**, 2499
books   **1158–1163**
books and book culture (Byzantine)   **1163–1164**, 3029–3030, 4060–4061, 6083, 6084, 6088
booty (Byzantine)   **1165–1166**
booty (Greece and Rome)   **1166–1167**
   coinage   1617
   finance   2673
   first fruits   2683
   imperialism   3433
   ivory   3561
   manubiae   4266–4267
   slavery   6281
   spolia opima   6359
Borsippa   **1168**, 7176
Boscoreale   **1168–1170**, 4891
Boscotrecase   **1170–1171**
Bosphoran kingdom   1427, 4034, 4806, 4990, 5034–5035, 5237
botany   **1171–1174**, 2137–2138, 2264, 3404–3405, 7179
Boudica   **1174–1175**, 1292, 2778, 3383, 4145, 5744
Boukoloi   119, 998, **1175–1176**, 5816
boule   912, **1176–1177**
boulomenos, ho   **1177–1178**
boundary disputes   **1178–1179**
Bouphonia   **1179**
Brasidas   **1180–1181**
   Amphipolis   378
   Eion   2343
   emancipation   2381
   harmosts   3064
   Nikias, Peace of   4787
   Olynthos   4899
   Skione   6277
   Stageira   6368
brass   **1181**, 1770, 4466–4469
bread   **1181–1184**
   agriculture   211
   barley   1049–1050

bread (*cont'd*)
   consumption   1757
   cooking   1768
   diet   2086
   emmer   2390
   Eucharist   2545–2547
   mill   4507–4508
   standards of living, wealth   6373
Brennodurum (Berne)   **1184–1185**
Brennos   **1185**, 1398
bricks and brick making (ancient near East)   639, **1185–1186**, 2719
bricks and brick making (Roman)   **1186–1187**, 1203, 1275, 4580
brigandage. *see* banditry and brigandage
Brigantia   **1187**
Britain
   Celtic languages   1397, 1398
   Egyptology   2333
   epigraphic habit   2448
   Gallic War   2829, 2830
   Ozymandias   4974
   Pytheas of Massalia   5687
   religion   5771
Britannia (Roman Empire)   **1187–1190**
   Agricola, Gnaeus Iulius   208
   Aquae Sulis   589–590
   Bononia   1156
   Boudica   1174–1175
   Brigantia   1187
   Caligula   1270
   camps   1286
   Camulodunum   1292–1293
   Caracalla   1324
   Carinus   1335
   cities   1523
   Claudius   1554
   Clodius Albinus, Decimus   1585, 1586
   Cogidubnus   1601, 1602
   colonies   1663
   Commius   1692–1693
   Commodus   1694
   Constantius I Chlorus   1742
   Corinium Dobunnorum   1783–1784
   Eboracum   2258–2259
   economy   2299–2300
   Flavius Valerius Severus Augustus   2697
   forts   2730
   forum   2734
   frontiers   2776, 2778
   Frontinus, Sextus Iulius   2780
   Glevum   2934
   Iceni   3383
   imperialism   3432
   Isca   3510–3511
   Iulius Severus, Sextus   3549
   languages   3902
   Latin language   3921–3922
   Lollius Urbicus, Quintus   4144
   Londinium   4144–4146
   mosaics   4599–4600
   navies   4712, 4713
   Nodens   4804
   Ostorius Scapula, Publius   4963–4964
   Platorius Nepos, Aulus   5351–5352
   Probus   5551, 5552
   Rome, city of: 8. Tetrarchic   5941
   Septimius Severus Pertinax Augustus, Lucius   6158, 6159
   Sulis   6443
   Tacitus   6512
bronze   **1190–1192**
   amulets   384
   Andocides   413
   Antikythera Mechanism   465
   art   778
   bullion   1210
   chalkous   1436
   copper   1770
   Hallstatt culture   3047–3048
   Hephaistos   3134
   Hispania   3241
   hoplites   3297–3298
   Lefkandi   3989
   mancipatio   4248
   metallurgy   4466–4469
   metalwork   4471, 4472
   mints and minting   4532–4534
   money   4575
   Praeneste   5493
   sculpture   6090
   standards of living, wealth   6372
   statues   6378
   stoneworking   6408, 6411
   tin   6763
   Torone   6785
   Uluburun shipwreck   6910
   Villanovan culture   7004
   Vitsa Zagoriou   7023
   Vulci   7033
   weights and measures   7081, 7085
   writing materials   7140
   Zakros in Crete   7161

Bronze Age
   Agia Irini on Keos   183–184
   Agios Kosmas in Attica   185–186
   Assiros, Macedonia   845
   Athens   910
   Avaris/Tell el-Dab'a   985
   Chalandriani on Syros   1426
   Corinth   1785
   Dodona   2185
   Ebla   2258
   economy   2281
   Enkomi in Cyprus   2411–2412
   Epirus   2467
   Gamala   2838
   Gaza   2861
   gems   2872
   grain supply and trade   2976
   horses   3312, 3313
   Iolkos in Thessaly   3485
   Kastanas in Macedonia   3704
   Korakou in the Argolid   3810
   Korkyra Melaina   3811
   Lachish   3860
   Lamia   3868
   lapis lazuli   3907
   lawagetas   3978–3979
   lead   3980
   Linear A   4092
   Linear B   4093–4094
   Lycia   4179
   Melos   4423–4424
   Menelaion in Lakonia   4437
   Minoan archaeology   4526
   Minoan society and culture   4527–4528
   music   4638
   naveta   4702
   Phylakopi on Melos   5310
   pilgrimage   5326
   Poliochni   5378
   pottery   5472–5473
   pottery trade   5490
   Prinias in Crete   5543, 5545
   Prosymna   5592
   Rome, city of: 1. Prehistoric   5884, 5885, 5887, 5889
   Tarsos   6537
   Thapsos   6640–6641
   Thebes in Boiotia   6649–6650
   Thera   6699–6701
   tin   6763
   trade   6793, 6798, 6802
   Troad   6873
   Troy   6880–6881
   Tsoungiza   6882
   Vesuvius   6977
bronze coinage   **1192–1193**
   chalkous   1436
   coinage   1608, 1609, 1613, 1620, 1624, 1625, 1629, 1633–1635, 1638, 1639, 1643, 1646
   economy   2278
   Halieis   3044
   Ikaros   3397
   overstrike   4968
brother-sister marriage   **1194–1195**
   adoption   101
   Cleopatra II of Egypt   1564
   endogamy   2405–2406
   family   2632
   kinship   3767
   Ptolemy II Philadelphos   5632
   sex and sexuality   6192
Brundisium   502, 961, **1195–1196**, 1570, 5857, 6629
Brutus, Lucius Iunius   **1196–1197**
   Cicero, Marcus Tullius   1501
   coinage   1645
   debt   1943
   historiography   3257
   Horace   3300
   legion   3993
   Tarquinius Superbus   6534
Brutus, Marcus Iunius   **1197–1199**
   Augustus   962
   coinage   1645
   Cremutius Cordus, Aulus   1833
   Deiotaros of Galatia   1964
   Julius Caesar   3655
   maiestas   4238
   Rome, city of: 2. Republican   5896, 5897
   tresviri monetales   6848
Bu Njem   **1199–1200**
Bubastis/Tell Basta   1062, 1063, **1200**, 3360, 4953, 5975, 6093, 6207
bucellarii   744, **1201**
Budapest. *see* Aquincum
building materials and techniques (Byzantine)   642, 643, **1201–1202**, 3324, 3325, 6404, 6405, 7000–7001
building materials and techniques (Greek and Roman)   **1202–1204**
   architecture   644, 646, 647, 650, 652–654, 656, 659
   carrara marble   1342

building materials and techniques (Greek and
    Roman) (*cont'd*)
  Dokimeion   2190
  firefighting   2681–2682
  forests   2713
  forts   2722, 2723
  houses, housing, household formation   3325
  lifting devices   4085–4087
  mosaics   4600–4602
  standards of living, wealth   6370
  stoneworking   6406, 6407
  wood and woodworking   7134–7135
building materials and techniques (Pharaonic
    Egypt)   648, **1204–1205**, 2726–2727, 3329,
    6407, 6408, 6410, 6411
Bulgaria and Bulgars   **1205–1207**
  Avars   994
  Byzantium   1231
  Constantine IV   1729
  Constantine V   1730
  Constantine VI   1730
  Long Wall   4146
  Marcellinus Comes   4281
  Philippopolis   5262–5263
bulla   **1207**
Bulla Regia   **1208–1209**
bullion   **1209–1210**, 1611, 1614, 1643, 1646, 2303,
    2359, 2674, 4577
Burdigala (Bordeaux)   **1210–1211**, 2759
burial (Greece)   **1212–1216**
  Archaic and Classical Greece   1213–1214
  Asine   829
  burial clubs   1211–1212
  cemeteries   1401, 1402
  childhood   1462
  Dark Ages   1212–1213
  funerary cult   2786, 2787
  Halos in Thessaly   3050
  Hellenism   1215
  Late Bronze Age   1212
  Mycenaean society and culture   4654–4655
  public funerals   1214–1215
  sumptuary laws   1214
  sumptuary legislation   6453
burial (Jewish)   1105–1106, **1216–1217**, 1363,
    1365–1366, 1403, 2630, 6338
burial (Pharaonic Egypt)   **1217–1221**
  Adaima   63–64
  Apis   526
  art   770–771
  burial apartments   1219
  cannibalism   1297–1298
  cemeteries   1405–1406
  cenotaphs   1407
  childhood   1458
  curses   1875–1876
  Egypt, Lower   2329
  Egypt, Upper   2331
  ethnicity   2518
  execration texts   2593
  First Intermediate Period   2685
  Hierakonpolis   3203–3204
  human sacrifice   3334–3335
  ivory   3561
  ka   2249
  Kafr Hassan Dawood   3673–3675
  Kawa   3720
  Kerameikos, Athens   3732, 3733
  Khufu   3749
  Maiherpri   4238
  Naga el-Deir   4684–4685
  Nut   4839
  offering places   1217–1218
  Osiris   4951
  pottery   5480–5482
  preservation of body and funerary
      equipment   1219–1221
  priests and priestesses   5533
  Saqqara   6037
  stelae   6384
burial (Roman)   **1221–1223**
  burial clubs   1211–1212
  catacombs   1362–1365
  cemeteries   1401, 1402
  childhood   1462
  Egyptomania   2341
  fresco   2765
  funus publicum   2795–2796
  Libitina   4058–4059
  Quesna   5710
burial clubs   **1211–1212**, 1403
Burna-Buriash   **1223–1224**
Bury, John Bagnell   **1224–1225**, 1952
Buthrotum/Bouthrotos (Butrint, Albania)
    1225–1226
Buto/Tell el-Farain   **1226–1228**, 2327, 3107,
    5481, 5515
Butrint, Albania. *see* Buthrotum/Bouthrotos
Byblos   **1228**
  colonization   1672
  diplomacy   2149
  flax   2698
  Hathor   3074
  Middle Kingdom   4492

Osorkon   4953
Rib-Hadda of Byblos   5845
byssos   **1228–1229**, 6633
Byzantine era   **1229**
  calendar   1259
  caliphs, rightly guided   1273
  Cassius Dio   1356
  cooking   1768
  Crete   1836–1837
  epigraphy   2450
  games   2840–2841
  gardens   2848–2849
  Ghassanids   2912–2913
  glass   2928–2929
  government, theories of   2967–2968
  Kommagene   3806
  Lakhmids   3864
  law schools   3969–3970
  Lazika   3980
  legislation   4006
  Masada   4340
  Maurice   4358
  medicine   4378
  metallurgy   4469–4470
  metalwork   4471–4472
  Michael I–III   4488
  mines and mining   4517, 4518, 4520, 4521
  mosaics   4596–4597
  music   4636–4637
  Nikopolis ad Istrum   4793
  Numidia   4835
  patriarchs   5091–5093
  patron, patronage   5097
  Paul of Aigina   5101–5102
  Pelusium   5136
  persecution   5175–5176
  Persia and Byzantium   5183–5184
  Petra   5214–5215
  Petra papyri   5215–5217
  Phocylides, Pseudo-   5296
  Phokas   5300–5301
  portraiture   5440–5441
  ports   5444–5445
  pottery   5473–5474
  provincial administration   5599–5600
  taxation   6546–6547
  Theodore   6673
  Theodosius I   6679
  Theodosius II   6680
  Thugga   6736
  trade   6795–6797
  villages   7000–7001
  warfare   7048–7049
Byzantine rite   **1229–1230**, 4116
Byzantium   **1230–1235**
  Antiochos II Theos   476
  Arcadius   625
  army   734–736
  Asia Minor   822
  Athenian Confederacy, Second   908
  Byzantine era   1229
  Byzantium   1235
  catenae   1371
  Chalcedon   1426, 1427
  Constantine IV   1729
  Constantine V   1729–1730
  Constantine VII Porphyrogenitus   1731
  coronation   1800
  cosmology   1811–1812
  Fools, Holy   2707
  George of Pisidia   2896
  Hagia Sophia   3028–3029
  Harun al-Rashid   3069
  Hellenism   3119
  Herakleios   3145
  Hippo Regius   3230
  Justin II   3663
  Justinian I   3667–3668
  Kimon   3750
  languages   3894
  literacy   4096
  Madauros   4211
  Magnesia on the Maeander   4235
  Martina   4329–4330
  missions   4542
  Philippikos, emperor   5262
  Philo of Byzantium   5266–5267
  philosophy   5276–5277
  plate   5346–5347
  Samaria   6027
  Sardinia   6043
  Sasanians   6055
  science   6063
  seals   6101
  Sirmium   6270
  Social War   6303
  Stein, Ernst   6383
  Stoudios monastery; Studite *typikon*   6414, 6415
  themata   6664–6665
  trade   6795–6797
  transport   6822–6823
  water supply   7063
  world chronicle   7137
Byzantium (political structure)   **1235**

C-Group   230, **1422–1423**, 3205
Caecilii Metelli   1222, **1236–1241**, 3648, 5898
Caecina Alienus, Aulus   **1241–1242**, 2618, 7018, 7019
Caecina Severus, Aulus   **1242**
Caelestis   **1242–1243**, 2348
Caelius Aurelianus   **1243–1244**
    Asklepiades of Bithynia   830
    Cassius Felix   1357
    Herakleides of Tarentum   3144
    madness and mental health   4213
    pharmacology   5234
    Soranus   6325
    Themison of Laodikeia   6665–6666
Caelius Mons   975, **1244–1245**
Caelius Rufus, Marcus   **1245–1246**, 1585, 6978
Caerwent, South Wales. *see* Venta Silurum
Caesar (title)   **1247–1248**, 1586, 2064, 6157
Caesar Augusta (Zaragoza)   **1246–1247**, 2260, 3242, 3243, 5853
Caesarea (Cherchel)   **1248–1249**, 2653, 2703, 4308
Caesarea Maritima   **1249–1250**
    Demetrios of Alexandria   2000
    Eusebius of Caesarea   2577
    Herod the Great   3176
    Hexapla   3200
    horrea   3309
    Ituraea and Ituraeans   3543
    Origen   4932–4936
    Palestine   5005
    Pamphilus of Caesarea   5011
    Pontius Pilate   5418
    ports   5446
Caesarius of Arles   669, **1250–1251**
caesaropapism   1232, **1251–1252**
Caiaphas   **1252–1253**, 5418
Cairo Genizah, Late Antique Jewish texts from   **1253–1254**
    astrology   874
    Damascus Covenant, the   1919
    Harba de-Moshe   3061
    Hekhalot/Merkabah literature   3100
    Sefer ha-Razim   6113
    Shem, Treatise of   6204
    Shemoneh Esreh   6205
    Talmud   6522
Calauria and the Calaurian amphictyony   243, 374, **1254**, 3164
Caledonia   **1254–1255**

calendar (ancient Near East)   **1255–1258**
    calendar   1258, 1261–1264
    Censorinus   1410
    diaries   2074–2075
    hemerology and menology   3130
    science   6071
    Seleucid era   6119
    Ur III Dynasty   6921
calendar (Byzantine)   1229, **1258–1259**, 1261–1263, 2253
calendar (Greco-Roman Egypt)   **1259–1261**, 1261–1263, 3423, 3424, 6333
calendar (Greek)   **1261–1263**
    calendar   1261
    Censorinus   1410
    eponymoi   2471–2472
    Eudoxos of Knidos   2552
    festivals   2659, 2660
    Kallippos, astronomer   3682
    technological change   6561
    time, measurement of   6758
calendar (Jewish)   1259, **1263–1265**, 1939, 2663–2664, 3586, 5988, 6316
calendar (Pharaonic Egypt)
    agriculture   214
    calendar of lucky and unlucky days   1265–1266
    chronology   1486
    crop schedule   1845–1846
    festivals   2666
    sacrifice   6001
    Sopdet   6317
calendar (Roman)   **1266–1268**
    Aegyptus   117
    Augustalia   953
    calendar   1258, 1261–1263
    Eratosthenes   2482
    fasti of magistrates   2642
    Feriale Duranum   2656
    festivals   2660
    flamines   2692
    Horologium Augusti   3306
    Julius Caesar   3656
    Juno   3656
    Navigium Isidis   4717
    Sabbath   5988
    Saturnus and Saturnalia   6061
    science   6074
    Sosigenes   6332
calendar of lucky and unlucky days   **1265–1266**, 2690

Caligula **1269–1270**
  Africa Proconsularis 150, 151
  Agricola, Gnaeus Iulius 207
  Agrippa I 224
  Agrippina the Elder 226, 227
  Agrippina the Younger 228
  antisemitism, anti-Judaism 492
  Antonia Minor 494
  Claudius 1549
  Cremutius Cordus, Aulus 1834
  crucifixion 1850
  damnatio memoriae 1921
  donativum 2207
  equites singulares Augusti 2477
  Forum, Forum Romanum 2745
  Jews 3593, 3595, 3597
  legions, history and location of 4003, 4004
  Livia 4124
  palaces 4997–4999
  Praetorian cohorts 5496
  prostitution 5591
  Raetia 5728
  Rome, city of: 4. Julio-Claudian 5912
  ruler cult 5978
  Seneca the Younger 6146
  sex and sexuality 6193
  shipwrecks, exploration of 6226
  Suetonius 6435, 6437
  Tacitus 6513
  taxation 6552
caliph **1271–1272**, 2042–2044
caliphs, rightly guided **1272–1274**, 6208
Calleva (Silchester) **1274–1275**
Callias, Peace of. *see* Kallias, Peace of
Callimachus **1276–1278**
  Aratos of Soloi 611
  Aristophanes of Byzantium 700
  Artemis 796
  classical scholarship, history of 1533
  constellations and named stars 1747
  dynastic cults 2242
  Hecataeus of Miletos 3093
  Library of Alexandria 4068
  Ovid 4969
  sound 6339
  Suda 6434
Calpurnius Piso, Gnaeus (*SC de Pisone patre*) 443, **1278–1279**, 4729, 6746, 6748
Calpurnius Piso Frugi, Lucius **1279–1280**, 2193
calumnia 31, **1280**
camel **1281–1282**, 1328–1329, 3077, 4506
Camenae **1282**, 2323

Camillus, Marcus Furius 131, **1282–1283**, 2737, 3993, 5893, 5894, 6511
Campania **1283–1284**
  arena 670
  Augustus 961, 968
  bricks and brick making 1186
  Capua 1321–1322
  Hannibal 3057
  Italy, southern 3539
  Manlius Imperiosus Torquatus, Titus 4263
  mercenaries 4448
  Oscan 4948
  pagus 4981
  ports 5446
  Rome, city of: 1. Prehistoric 5884
  Rome, city of: 2. Republican 5893
  Romulus Augustulus 5960
  Social War 6304
  Tacitus 6515
  Velleius Paterculus 6959
camps (military) **1284–1289**
  Aelia Capitolina 120
  Apulum/Alba Iulia 585, 587
  Aquae Mattiacae 587–588
  Colonia Iulia Equestris/Noviodunum 1657
  contubernium 1763
  frontiers 2778
  Gorsium/Herculia 2958
  Hymettos mountain 3362
  pilum 5328
  praetorium 5499
  sieges and siegecraft 6245
  Singidunum 6264
Campus Martius, republican **1289–1291**
  contio 1762
  Equus October 2478
  Feronia 2657
  funus publicum 2796
  Horologium Augusti 3306
  Isis 3516
  Rome, city of: 2. Republican 5895, 5896, 5899
  Rome, city of: 3. Augustan 5900, 5902–5909
  Rome, city of: 4. Julio-Claudian 5914
  Rome, city of: 5. Flavian and Trajanic 5920
  Rome, city of: 6. Hadrianic and Antonine 5926–5927, 5929, 5930
  Rome, city of: 7. Severan and third century 5937–5939
  rostra 5964–5965
  saeculum 6006
Camulodunum (Colchester) 1174, 1189, **1292–1293**, 2778, 3383, 4905, 4963

Canaan **1293–1294**
  Asherah 818
  Avaris/Tell el-Dab'a 987, 988
  Aziru of Amurru 1003
  burial 1216
  frontiers 2770
  habiru 3014, 3015
  Hurrian, Hurrians 3345–3346
  Israel and Judah 3524
  Jericho 3573
  Megiddo 4415
  Philistines 5265–5266
  Phoenicia, Phoenicians 5297
  Predynastic Period 5516
  Rib-Hadda of Byblos 5844
  shipwrecks, exploration of 6227
  trade 6793
  Uluburun shipwreck 6910
canabae 120, **1294–1295**, 3510, 4562
canalization **1295–1296**
  agriculture 209
  Fayyum 2650–2651
  Hermopolis Magna, Tuna el-Gebel 3170
  irrigation 3504, 3506
  Kopais Lake 3809
  Po 5370
  Portus 5450–5451
  ships and shipping 6222
  Wadi Tumilat 7035–7036
Cannae, battle of **1296–1297**
  Aemilius Paullus, Lucius 127
  Hannibal 3057
  Hieron II of Syracuse 3213
  imperialism 3428
  ransom 5733
  Silius Italicus 6252
  Zama, battle of 7164
cannibalism 907, **1297–1299**, 3330, 3333
Canobic Inscription **1299**
canon law **1299–1301**, 4006, 5087–5089
canon of Scripture 571, **1301–1305**, 3497, 4422, 4625
canons 1107–1108, **1305**, 5382–5383
Canusium Album **1305–1306**
Cape Gelidonya shipwreck **1306**, 6212, 6227
capitalism **1307–1309**, 1782, 2270, 2716, 5539–5540, 6359
Capitol **1309–1312**
  architecture 656, 659
  Capitoline Triad 1312
  Claudius Quadrigarius, Quintus 1548
  coinage 1639

Dionysius of Halicarnassus 2128
Iovis epulum 3491
Juventas 3671
nuncupatio 4836
ops 4908
Rome, city of: 1. Prehistoric 5884–5887, 5889
Rome, city of: 2. Republican 5891, 5894, 5896, 5897
Rome, city of: 3. Augustan 5900, 5903–5905
Rome, Seven Hills 5957
Tarquinius Superbus 6534
Capitoline Triad **1312**
  Aelia Capitolina 120
  Capitol 1309, 1311
  colonies 1663
  Iovis epulum 3491
  Juno 3656
  Jupiter 3658, 3659
  temples 6601
Cappadocia **1313–1317**
  Alexander III, the Great 291
  Antiochos Hierax 483
  Archelaos of Cappadocia 629
  Ariarathid Dynasty 682
  Ariobarzanid Dynasty 686
  aristocracy 696
  Aristonikos 698
  Armenia 723
  Arrian 757
  Daskyleion 1930
  drought 2227
  Eumenes II 2558
  Euphrates frontier 2566, 2568
  foundations 2751
  Halys 3051
  Herakleia Pontica 3141
  John of Cappadocia 3605
  Lykaonia 4188
  Mithradates I–VI of Pontos 4547–4548
  Mithradatic wars 4549, 4550
  Nikomedes I–IV of Bithynia 4789–4790
  Orophernes of Cappadocia 4940
  Seleukos I Nikator 6128
  villages 7000
Cappadocia (Late Antiquity) **1317–1320**, 4111, 6862
captive **1320–1321**
Capua **1321–1322**, 3058, 4948–4949, 4968, 5857, 5858
caput **1323**
Caracalla (Marcus Aurelius Antoninus Augustus) **1323–1327**

Adiabene   68
art   791
Aurelian   976
citizenship   1527
Clodius Albinus, Decimus   1586
coinage   1638
conspiracies against emperors   1717
Diadumenianus gustus)   2063
dynastic cults   2243
Elagabalus   2347
Emesa   2387
epigraphic habit   2448
extranei   2606
frontiers   2779
Fulvius Plautianus, Gaius   2784
Geta   2910–2911
Herodian   3181
Hippo Regius   3230
Hispania   3243
Historia Augusta   3250
Judah ha-Nasi   3638
Julia Domna   3650
legions, history and location of   3998
Macrinus   4208
Rome, city of: 7. Severan and third
  century   5937, 5938
Septimius Severus Pertinax Augustus,
  Lucius   6156–6158
Serenus Sammonicus, Quintus
  6166–6167
Severus Alexander   6181
Smyrna   6292
Syria   6490
taxation   6552
veterans   6980
caravan trade   **1327–1330**
  Aegyptus   118
  camel   1281–1282
  deserts   2053
  Ethiopia   2510–2511
  Hatra   3075
  Herakleopolis Magna   3147
  Palmyra   5010–5011
  Sahara   6011, 6012
  silk   6253
Carchemish   **1330–1331**
  Chemosh   1448
  Ebla   2258
  Emar   2383
  fortifications   2719, 2721
  Hatti   3080
  kārum   3697

Kubaba   3830
Syria   6487
cardiovascular system   **1331–1332**, 2480
Caria   **1332–1334**
  Alabanda   274
  Alinda   316
  Antiochos II Theos   475
  Apamea, Peace of   513
  Aphrodisias   520
  Apollonia Salbake   551
  Aristonikos   698
  Asandros   810
  Asia Minor   824, 825
  Bargylia   1048–1049
  Ceramic Gulf   1417
  Derkylidas   2040
  Euromos   2574
  foundations   2752
  Hekate   3097
  Hekatomnids   3098
  Herakleia by Latmos   3139, 3140
  Herakleia Salbake   3141
  Ikos   3397
  Ionian Revolt   3487
  Kalymna   3685
  Kaunos   3715
  Keramos   3734
  koinon   3799
  Labraunda sanctuary   3858
  Mausolos   4359
  Nisyros   4801
  Panamara sanctuary   5018
  Ptolemaic possessions outside Egypt   5626
  Rhodes   5838, 5841, 5842
  Robert, Louis   5860
  Rufus of Ephesos   5969
  Stratonikeia   6424
  Theangela/Syangela   6643
Carinus (Marcus Aurelius Carinus
  Augustus)   **1334–1335**, 1350, 2105, 4831
Caristia   **1335–1336**
Carmen Arvale   **1336**, 3365
Carmen Saliare   **1336–1337**, 3365, 6018
Carmentis and Carmentalia   1282, **1337**, 1454
carmina   **1337–1338**, 5110
Carnuntum   **1338–1339**, 4079, 5941, 6156
carpenter   **1339–1340**
Carpocrates, Carpocratians   **1340–1341**
carrara marble   **1341–1342**, 2735, 6406
Carrhae   725, **1343–1344**, 1826, 2305, 5073,
  5903, 6490
carrying capacity   **1344–1345**

Carthage **1346–1349**
  Africa 149
  Africa Proconsularis 149–150
  Agathokles of Syracuse 170–171
  Apamea, Peace of 513
  Aristotle 712
  Caelestis 1243
  Cástulo 1361
  Cato, Marcus Porcius 1377
  Cereres 1418
  Cillium 1506
  Cincius Alimentus, Lucius 1508
  coinage 1607, 1613
  colonies 1663
  colonization 1672, 1673
  Cyprian 1889–1892
  Dionysios I 2124–2125
  Dionysios II 2126
  Donatists 2203
  economy 2303
  elephants 2368
  epigraphy 2460
  Evocatio 2589
  Fabius Pictor, Quintus 2616
  Fannius, Gaius 2636
  firefighting 2682
  Fossa Regia 2746
  Gelon 2870
  Hamilcar Barca 3051–3052
  Hannibal 3056–3058
  Hanno 3058, 3059
  Hasdrubal 3070
  Hecataeus of Miletos 3093
  Hermokrates of Syracuse 3167
  Hieron II of Syracuse 3213
  Himera 3218, 3219
  Hispania 3242
  imperialism 3428, 3432
  indemnities 3443
  Leontinoi 4014, 4015
  Macedonian wars 4206
  Maghreb 4219
  Mamertines 4245
  Masinissa 4342
  Mediterranean 4400–4402, 4404
  mercenaries 4449
  Metaurus, battle of 4473–4474
  mutiny 4646
  navies 4710
  New Testament 4768
  Numidia 4833
  olives and olive oil 4893
  Pantelleria 5032
  Phoenicia, Phoenicians 5298
  Polybius 5392–5394
  Punic wars 5663–5665
  roads 5853
  Roman Empire, regional cultures 5868
  Roman Republic, constitution 5871
  Rome, city of: 2. Republican 5893, 5896
  Sabratha 5993
  Saguntum 6010
  Sallust 6019
  Sardinia 6042
  Scipio Aemilianus 6076
  Scipio Africanus 6078, 6079
  seals 6101
  Selinous 6131
  ships and shipping 6220
  Sicily 6236, 6238
  Syracuse 6485, 6486
  Talayotic culture 6519, 6520
  technology 6568
  Tertullian 6613
  Theron 6705
  Thugga 6735, 6736
  Timoleon 6761
  Tingis 6763–6764
  Trasimene, battle of 6835–6836
  treaties 6843
  Tyre 6903
  Uthina 6930–6931
  Utica 6931–6932
  Zama, battle of 7164, 7165
Carthago Nova (Cartagena) **1349–1350**, 3242, 6078
Carus (Marcus Aurelius Carus Augustus) 1334–1335, **1350–1351**, 3829, 4831, 4832
Caspian/Hyrcanian Sea and region 614, **1351–1352**, 4970–4971
Cassander **1352–1353**
  Aitolian League 253
  Alexander III, the Great 296
  Alexander IV 297, 298
  Ambrakia 353
  Antigonids 456
  Antigonos I Monophthalmos 459, 460
  Antigonos II Gonatas 461
  Antipater 484, 486
  Argeads 675
  chiliarchos 1464
  Demetrios I Poliorketes 1996
  Demetrios of Phaleron 2001

Demochares of Athens   2005
Dinarchus   2101
Dion   2122
Epidamnos   2442
Eurydike, wife of Philip Arrhidaios   2575–2576
foundations   2751
Hellenic Alliance   3113
Herakleia by Latmos   3140
Ipsos   3493
Leukas   4033
Lysimachos   4193
Macedonia   4204
Neoptolemos   4747
Olympias   4897
Philip III Arrhidaios   5257
Polyperchon   5398, 5399
Roxane   5967
Salamis, island and battle of   6016
Seleukos I Nikator   6127, 6128
Stratos   6426
Successors, wars of   6432–6433
Thebes in Boiotia   6650
Thessalonike   6709, 6710
Triparadeisos, treaty of   6864
Cassiodorus   1353–1354
    Aufidius Bassus   938
    Capitol   1311
    ethnogenesis   2529
    historiography   3269
    Jordanes   3624
    Josephus   3626
    monasticism   4574
    Ravenna   5739
Cassius Dio   1354–1356
    Aelia Capitolina   120
    Agricola, Gnaeus Iulius   207
    Aufidius Bassus   938
    Augusta Emerita   940
    Augusta Treverorum   945
    Augustalia   953
    Augustus   961, 964
    Avidius Cassius, Gaius   998
    Caledonia   1255
    Caracalla   1324, 1325
    Commodus   1693
    Domitian   2196, 2200, 2201
    foundations   2752
    Hadrian   3019–3022
    Hannibal   3058
    Hellenism   3119
    Herodian   3181
    historiography   3260, 3263
    Illyria and Illyrians   3408
    Pertinax   5197
    ports   5447
    Rome, city of: 4. Julio-Claudian   5912
    Rome, city of: 6. Hadrianic and Antonine   5933
    Seneca the Younger   6145
    Severus Alexander   6182
    weights and measures   7092
    Zonaras, John   7178
Cassius Felix   **1356–1357**
Cassius Hemina, Lucius   **1357–1358**
Cassius Vecellinus, Spurius   **1358**, 5892
Castor and Pollux   395, **1358–1360**, 2138, 2742, 4959, 5891, 6327
castration (animals)   **1360**, 1381
castration (human)   **1360–1361**, 2561–2564, 6286
Cástulo   **1361–1362**
catacombs (Christian)   **1362–1365**
    burial   1223
    cemeteries   1403
    epigraphic habit   2448–2449
    epigraphy   2449
    fresco   2765
    funerary inscriptions   2794
    iconography   3385
catacombs (Jewish)   1217, 1362, **1365–1366**, 1404, 2455, 2456
catapults   798–799, 1141, **1366–1368**, 3481, 3827, 4707
catechesis, catechumenate (early church)   1037–1039, **1368–1370**, 1829–1831, 2081–2082, 4933
catechumenate (Byzantine)   **1370–1371**, 4933
catenae   **1371**
Catholic Epistles   **1372–1373**
Catholicism
    Constantine I   1722
    Donatists   2204–2206
    Liber Pontificalis   4056–4057
    Maronites   4315–4316
    montanism   4586–4589
    Muratorian Fragment   4625, 4626
    Nicaea, Council of   4773, 4774
    Popes   5423–5428
    Visigoths   7018
Catilinarian conspiracy   **1373–1375**
    Aemilius Lepidus Paullus, Lucius   126
    Caelius Rufus, Marcus   1245
    Cato the Younger   1379
    Cicero, Marcus Tullius   1499
    Clodius Pulcher, Publius   1587
    Julius Caesar   3653

Catilinarian conspiracy (*cont'd*)
  Lucceius, Lucius   4154
  Sallust   6018, 6019
  Terentia   6608
  vis   7016
Cato, Marcus Porcius (Cato the Elder)   **1375–1377**
  Aborigines   7
  Aemilius Paullus, Lucius   128
  agrarian writers and agronomists   205–206
  arbitration   618
  Archaism   626
  Caecina Severus, Aulus   1242
  Carthage   1347
  Cassius Hemina, Lucius   1358
  Cicero, Marcus Tullius   1500
  Columella   1679
  crop schedule   1846
  dolium   2191–2192
  economic theory   2269–2270
  economy   2301
  education   2317
  encyclopedias   2404
  Ennius   2415
  fig   2671
  Flamininus, Lucius Quinctius   2693
  fodder   2703
  foreigners   2709
  forests   2713
  Forum, Forum Romanum   2743
  Forum Augustum   2737
  fruit   2782
  historiography   3257
  homo novus   3289
  Hortensius Hortalus, Quintus   3315
  horticulture   3316
  irrigation   3504
  mos maiorum   4595–4596
  orality, oral culture, and historiography   4921–4922
  pharmacology   5233
  Postumius Albinus, Aulus   5462–5463
  prayer   5509
  presses   5522
  profit   5566
  Rhodes   5842
  Roman Republic, constitution   5871
  Rome, city of: 3. Augustan   5909
  sacrifice   6003
Cato, Marcus Porcius (Cato the Younger)   153, **1379–1381**, 3653, 3656, 4153, 6442, 6932

Cato, Marcus Porcius (Cato the Elder), *Origines*   1358, **1377–1379**, 2783, 3257, 3534, 4921–4922
cattle   **1381**
  agriculture   211, 219
  animals   432
  C-Group   1423
  cheese   1445
  deserts   2051
  famine and food shortages   2634
  food, drink, and feasting   2704
  Forum Boarium   2738
  frontiers   2772
  Kerma   3736
  Maadi   4197
  milk   4505, 4506
  sacrifice   6002
  stock rearing   6398, 6399
Catullus, Gaius Valerius   **1381–1382**
  beggars   1075
  Cinna, Gaius Helvius   1509
  Clodia   1585
  Conon of Samos   1712
  festivals   2661
  friendship   2769
  teeth   6570
Catulus, Quintus Lutatius, *Liber de Consulatu*   **1382–1383**, 6510
Caucasus mountain   **1383**
  Araxes   614
  Avars   994
  Caspian/Hyrcanian Sea and region   1351
  Crimea   1841–1842
  Iberia   3381
  Kimmerian Bosporus   3749
  Turks   6886
causa   **1384**
causation, historical   249, **1384–1386**
causidicus   **1386**
cavalry (Byzantine)   **1386–1387**, 3706–3707, 7073
cavalry (Greek)   **1387–1388**, 3225, 3226, 7049, 7074, 7151
cavalry (Hellenistic)   740, **1388–1389**
cavalry (Roman)   **1389–1391**
  ala   273
  auxilia   984
  Claudius II   1546
  comites   1685–1686
  decurio   1957–1958
  Epona   2471
  equites   2474
  equites singulares Augusti   2477–2478

exploratores 2603
Magister equitum 4232
Numidia 4833
Praetorian cohorts 5497
stipendium 6395
turma 6886–6887
Vegetius Renatus, Flavius 6953
caves, sacred (Greece and Rome) **1391–1392**,
 4845, 7173–7174
celibacy **1392–1394**
 Aphrahat 520
 apocrypha 539
 Clement of Rome 1558
 Encratism 2403
 heterosexuality 3199
 monasticism 4572, 4573
 montanism 4588
 spinster 6358
Celsus (philosopher) 560, **1395–1397**, 3968,
 4934, 5594
Celsus, Aulus Cornelius (physician) **1394–1395**
 anatomy 403
 dentistry 2036
 Herakleides of Tarentum 3144
 Herophilos 3191
 madness and mental health 4213
 medical writers 4377
 pharmacology 5233
 science 6074
 wounds, nature and treatment of 7137–7139
Celtic languages 1255, **1397–1398**,
 3536–3537, 3899–3900, 3902,
 3921–3922, 4738
Celtic wars **1398–1399**
Celts
 Augusta Vindelicum 951
 Dacians and other Transdanuviani 1910–1911
 Entremont 2420
 Galatia 2806–2807
 Gallia Cisalpina/Italia Transpadana 2820, 2821
 Illyricum and the Balkans, Roman conquest of
  3410, 3412
 Italy, northern 3535–3536
 La Tène 3851, 3852
 monasticism 4573
 Nehalennia 4729
 Nemausus 4738, 4739
 Noricum 4811–4812
 Numantia 4825
 Octodurus-Forum Claudii Vallensium 4862
 oppida 4905–4906
 Rome, resistance to 5951

cemeteries (ancient Near East) **1399–1401**,
 4435–4436, 6921–6922, 6945–6946
cemeteries (Greece and Rome) **1401–1403**
 Archanes 627
 Berbati 1089
 burial 1212–1216, 1221–1223
 catacombs 1362–1365
 Chalandriani on Syros 1426
 Eleutherna 2372
 Forum, Forum Romanum 2741
 funerary cult 2786, 2787
 Glevum 2934
 Halos in Thessaly 3050
 Isola Sacra 3520–3521
 Italy, northern 3534–3535
 Naxos 4717
 Prosymna 5592
 Rome, city of: 1. Prehistoric 5887
 Salamis, Cyprus 6015
 Salona 6021
 Spina 6356
 Utica 6933
 Veii 6954
 Vergina 6966
 Vetulonia 6986
 Volscians 7027
 Vulci 7033
cemeteries (Jewish) 1105–1106, 1365–1366,
 1403–1405
cemeteries (Pharaonic Egypt) **1405–1407**
 Abu Sir 15–17
 Abydos, Egypt 18
 Adaima 63–64
 Akhmim 264
 Beni Hasan 1087–1088
 burial 1217–1221
 Deir el-Bersha 1967–1968
 Diospolis Parva 2143
 El-Mo'alla 2380
 Elephantine 2364
 funerary cult 2789
 Gebelein 2866
 Hawara 3085–3086
 Heliopolis 3107
 Hermopolis Magna, Tuna el-Gebel 3170
 Hierakonpolis 3203, 3204
 Kafr Hassan Dawood 3673–3675
 Meidum 4417
 Meir 4418
 Merimda Beni Salama 4453
 Minshat Abu Omar 4530
 Mut 4644

cemeteries (Pharaonic Egypt) (cont'd)
   Naga el-Deir   4684–4685
   Naqada   4694–4695
   Piramesse   5335
   Saqqara   6036–6039
   Sarapis   6040
cenotaphs   **1407–1408**, 2865, 4417
censor   **1408–1409**
Censorinus   689, **1409–1410**, 3792
census   **1410–1412**
   army   733
   Campus Martius, republican   1290
   caput   1322
   censor   1408, 1409
   cities   1522
   citizenship   1525
   Claudius Caecus, Appius   1547
   Demetrios of Phaleron   2001
   demography, historical   2013
   depopulation   2038
   fertility   2657
   Flavius Valerius Severus Augustus   2697
   Galerius   2815
   hippeis   3225
   household, head of   3323
   houses, housing, household formation   3326, 3330
   lodgers   4135
   papyrology   5053
   suovetaurilia   6456
   taxation   6552–6553
   Tullius, Servius   6884
   zeugitai   7171–7172
   Zimri-Lim of Mari   7176
cento   **1412–1413**
centumviri   **1413**, 3544
centuria   **1413–1414**, 1416, 1686–1687, 1763, 1957
centuriation   940, **1414–1416**, 3156, 3887
centurio   1414, **1416–1417**, 1605, 2588, 4261, 4832–4833, 4914
Ceramic Gulf   **1417–1418**, 3734
Cereres   **1418**
Ceres   **1418–1419**
   aediles   113–114
   Dis Pater   2156
   Earth deities   2252
   flamines   2692
   Liberalia   4057
   Proserpina   5586
   Rome, city of: 2. Republican   5891
   Tellus   6580
Cerinthus   **1419–1421**, 1465

Cerveteri (Caere)   **1421–1422**, 2538, 2541, 5774, 5883
Chabrias   **1423–1424**, 3027
Chaeremon   **1424–1425**
Chaeronea, battle of   **1425–1426**
   Alexander III, the Great   291
   Andros   418
   Athens   913
   burial   1215
   Cyclades islands   1885
   Demosthenes   2027
   Dion   2122
   Hyperides   3368
   Lycurgus   4182
   Macedonia   4202
   Robert, Louis   5861
   Sacred Band   5996
   Sulla   6444
   Thebes in Boiotia   6650
   wars, sacred   7061–7062
Chalandriani on Syros   185, **1426**
Chalcedon   **1426–1428**, 1905, 2264, 3564, 4082, 5853
Chalcedon, Council of
   Armenians   727
   Boethius   1148
   Chalcedonian controversy   1428, 1429
   Christology   1481
   church administration and offices   1492
   Leontios of Neapolis   4015
   monotheletism   4581
   patriarchs   5087–5089
   persecution   5175
   Peter the Iberian   5211
   Popes   5427
   Severus of Antioch   6185
   Syriac literature   6492
Chalcedonian controversy   **1428–1431**
   Akakios, patriarch and schism   257
   Basiliscus   1057
   Christology   1481
   churches   1495–1497
   Constantinople, Councils of   1733
   Cyril of Alexandria   1903
   Cyril of Skythopolis   1904
   Daniel the Stylite   1927
   Dionysius the Areopagite, Pseudo-   2128
   Dioskoros, bishop of Alexandria   2143
   Henotikon   3131
   Maronites   4316
   monoenergism   4578
   patriarchs   5089–5090

Philoxenos of Mabbug   5292–5293
Sabas, Great Lavra of   5986
schism   6063
Severus of Antioch   6184, 6185
Sophronios   6323
stylite   6430
Tiberios II   6745
Zeno   7166
Chalcidice, Chalcidian League   **1431–1432**
 alphabets   329–330
 Athos mountain   921
 Ikos   3397
 Lelantine War   4010
 Macedonia   4202
 Mende   4435
 Olynthos   4898–4899
 Philip II of Macedon   5251
 Potidaia   5464
 Skione   6277
 Stageira   6368
 Torone   6785
Chalcidius   **1432–1433**
Chalcis   **1433–1434**
 Aitolian League   252
 Alexander   304
 Amphidamas   376–377
 Antigonos II Gonatas   461
 Antigonos III Doson   463
 Aristotle   701
 Aulis   969
 Euboea   2542–2544
 Hippobotai   3231
 Iamblichus   3377
 Isaeus   3507
 Lelantine War   4010
 Lelantion Plain   4010
 Rabbula of Edessa   5725
Chaldaean Oracles   **1434–1435**, 1917, 2021, 3162, 4743, 4744, 6481, 6714
Chaldaeans (astrologers)   864, **1435–1436**
chalkous   **1436**
Champollion, Jean-François (1790–1832)   **1436–1438**, 5962
Chandragupta   **1438–1439**
 Alexandria Arachosia   307
 Alexandria Paropamisadai   314
 Asoka   835, 836
 elephants   2368
 India   3447
 Indus   3453
 Paropamisos mountains   5064
 Seleucids   6121

Seleukos I Nikator   6127
chant (liturgical)   **1439–1440**, 4637
charcoal   **1440–1441**, 2714, 3090–3091
Chares   **1441**, 2545, 3739
chariotry (ancient Near East and Egypt)   **1441–1443**
 army   747
 horses   3312
 Hurrian, Hurrians   3346
 Hyksos   3361
 Qadesh, battle of   5691
 sport   6363
 transport   6828–6829
 weaponry   7071–7072, 7075
 wheel   7100
Chariton   **1443**
charms and spells (Greece and Rome)   7, **1444**, 4737, 4738
Charondas of Katane   **1444–1445**, 5822
chastity
 Achilles Tatius   44
 celibacy   1392
 Peter, Acts of   5202
 spinster   6357
 Venus   6961
 Vesta and Vestals   6976
 virginity   7012
cheese   **1445–1446**
cheirographon   **1446–1447**
cheirotonia   **1447**
Chemosh   **1448**
Cherchel. *see* Caesarea
Chersonese, Crimea   **1448–1451**, 3141, 4510
Chersonese, Thrace   **1451–1453**, 1976, 2040, 3126, 3738–3739
childbirth   **1453–1455**
 age   177
 Artemis   795
 Bastet   1062
 Bes   1102, 1103
 Carmentis and Carmentalia   1337
 demography, historical   2015–2016
 Diana   2073
 embryology   2384
 exposure of children   2604–2605
 fertility   2657–2658
 fumigations   2785
 gender   2874–2875
 Hekate   3097
 Heket   3099
 Hera   3135
 heterosexuality   3198

childbirth (*cont'd*)
  hygiene 3355
  infanticide 3456–3457
  Iphigeneia 3492
  Khons 3747
  Mammisi 4246
  medicine 4390
  Meshkent 4460
  midwife 4495–4496
  mother goddesses 4604, 4605
  pregnancy 5519
  Šumma izbu 6452
  Taweret 6545
  twins 6894–6895
  wedding 7080
  women 7130
Childeric I **1455–1456**, 2758, 4456
childhood (Byzantine) **1456–1457**, 2604, 2840, 2945
childhood (Egypt) **1457–1460**
  Adaima 64
  apprenticeship 680–681
  education 2318–2322
  family 2631
  hair, hairstyling 3038
  hygiene 3354–3355
  sports and games 6366
childhood (Greece and Rome) **1460–1463**
  adolescence 98–99
  adoption 100
  apprenticeship 680–681
  bulla 1207
  conubium 1765
  daughter 1932–1933
  exposure of children 2604
  family 2625–2627
  games 2842
  grandparents, grandchildren 2978
  hair, hairstyling 3032–3033
  infant diseases and mortality 3455–3456
  infanticide 3456–3457
  ius liberorum 3557–3559
  ius vitae necisque 3559
  mothers and motherhood 4605–4606
  nurse, nursing 4838–4839
  orphanages 4943
  paterfamilias 5082
  privacy 5547
  procedure, legal 5553
  property 5575–5576
  tutela 6890–6891
  wet-nurse, wet-nursing 7098

chiliarchos **1463–1464**, 3132, 5148
chiliasm 1420, **1464–1465**
Chilon **1465–1466**, 2434
Chios **1466–1468**
  Antisthenes of Rhodes 493
  Athenian Confederacy, Second 908
  Delian League 1976
  democracy 2011
  diagramma 2068
  Emborio on Chios 2384
  Erythrai 2495
  Hekatomnids 3098
  Ion of Chios 3486
  Ionia 3486
  Kato Phana on Chios 3710–3711
  Kaukasa 3714
  Social War 6303
chiton (tunic) **1468–1470**, 1591
chora 96, 1144, 1914–1915, 3943, 6420, 6421
choregia 77, **1470–1472**, 4119, 4120, 4928, 5161, 6644
Choricius **1472–1473**, 5824
Chosroes I **1473–1474**
  Agathias 168
  historiography 3266
  Kavad, of Persia 3716
  Persia and Rome 5190
  Sasanians 6054–6055
  Syria 6490
  treaties 6840
Chosroes II 726, **1474**, 3266, 5184, 5190, 5191, 6045, 6054–6055
chrematistike **1474–1475**
Chremonidean War **1476–1477**
  Alexander II of Epirus 289
  Andros 418
  Antigonos II Gonatas 461
  Areus of Sparta 674
  Athens 914
  Euboea 2543
  forts 2724
  Koroni 3812
  League of Islanders 3983
  Ptolemy II Philadelphos 5633
  Rhamnous 5821
  Zeno of Kition 7167
chresis **1477**
chresmologos **1477–1478**
Christianity
  adversus Iudaeos 111–113
  afterlife 158–160
  Antioch in Syria 471

INDEX

apocalypses 529–533
apocalypticism in Early Christianity 534–537
apocrypha 538–541
apocrypha and pseudepigrapha 541, 542
apologists 558–561
apostle 564–565
Apostles' Creed 566–567
apostolic succession 572–573
Aquila and Theodotion, Greek translations of the Bible of 590–591
architecture 642
Aristides 690
Armenians 725, 726
art 783–784, 791
Ascension of Isaiah 810
ascesis 811, 814
baptism 1037–1039
baptisteries 1040–1041
Bardesanes 1047–1048
Barnabas, Epistle of 1050–1051
Basil of Caesarea 1054–1055
Benedict of Nursia 1081–1083
Bethlehem 1106–1107
Bible 1108–1112
bishop 1132–1134
body, human 1147
Boethius 1148–1149
Book of Zerubbabel 1157–1158
books 1158, 1162, 1164
books and book culture 1164
burial 1223
Caesarea 1249
Caesarea Maritima 1249, 1250
Caesarius of Arles 1250
calendar 1259
canon law 1299–1301
canon of Scripture 1303–1304
Cappadocia 1316, 1318–1319
Carpocrates, Carpocratians 1340
Carthage 1348
catacombs 1362–1365
catechesis 1368, 1369
catechumenate 1370
Catholic Epistles 1372, 1373
Celsus 1395–1397
cemeteries 1402
cento 1413
Chalcedonian controversy 1428, 1429
Chalcidius 1433
chant 1439
childhood 1462
chiliasm 1464, 1465

Choricius 1472
Christology 1478–1480
church administration and offices 1490–1493
churches 1495–1497
circumcision 1509
citizenship 1527
Clement of Alexandria 1555–1557
Clement of Rome 1557–1559
clementia 1560
Clementines, Pseudo- 1561, 1562
codex 1594–1595
Constantine I 1720–1727
Constantine II 1728
Constantius II 1745
conubium 1765
conversion 1766–1767
Coptic 1771, 1772
Corinthians, Third 1788–1789
court 1817–1818
creeds 1829–1833
Crete 1836–1838
culpa 1852–1853
Cyprian 1889–1892
demons 2023
Diognetus, Letter to 2117–2118
disease, conceptions of 2162
Encratism 2403–2404
eroticism 2494
ethics 2509
Eusebius of Caesarea 2577–2580
family 2627–2628
festivals 2665
Firmicus Maternus, Iulius 2682
friendship 2769
funerary inscriptions 2794–2795
Galatia 2808
Galilee 2816, 2817
Galilee, Sea of 2818
Gaza 2863
gender 2875–2876
Gentiles, Jewish and Christian attitudes towards 2888
Ghassanids 2913
gnosis, gnostics, gnosticism 2940–2942
godparents, godchildren 2945
Gortyn 2960
Gospel Book 2962–2963
Gospel of Truth 2963–2964
Gregory of Nazianzus 2993–2994
Gregory Thaumaturgus 2997
Gregory the Illuminator 2992
guest-friendship 3003

Christianity (cont'd)
    Hagia Sophia 3028–3029
    hairesis 3040
    Hegesippus 3094
    Helena 3104
    Hellenism 3120
    Hermas 3158, 3159
    hermits 3165
    Hexapla 3201
    hieroglyphs 3210
    Hilary of Arles 3216, 3217
    Hippolytus of Rome 3237–3239
    historiography 3263–3264, 3268
    holy men 3280, 3281
    homosexuality 3291
    Humiliores 3336
    Iao 3379
    Iasos 3380
    Iberia 3381–3383
    icon 3384
    iconography 3385
    idolatry, Jewish and Christian views of 3392
    Ignatius of Antioch 3392–3395
    Irenaeus 3495–3498
    Isidore of Seville 3513
    Iulius Africanus, Sextus 3546–3547
    jewelry 3584
    John Philoponos (philosophy and theology) 3617–3618
    John Philoponos (science) 3619
    Justin Martyr 3664–3665
    katholikoi of Persia 3707–3708
    Kato Phana on Chios 3710
    Kellia and Sketis, monasticism at 3722–3726
    Kellis 3727
    Kharga oasis 3742–3743
    kinship 3771
    kinship terms, used metaphorically 3772
    Koine dialect 3797
    Kos 3814
    Kourion 3819
    Ktesiphon 3829
    Lactantius 3861–3862
    law 3955, 3959, 3977
    Lazika 3980
    Lemnos 4011
    Lesbos 4024
    Liber Pontificalis 4056–4057
    Licinius 4080–4082
    Life of Adam and Eve 4084–4085
    liturgy 4116–4117

Lives of the Prophets 4122
Lyons and Vienne, Letter of 4189–4190
maiestas 4237
Malalas, John 4239
Manasseh, Prayer of 4246–4247
Mandaeans 4250–4251
Mani, Manichaeism 4255–4258
marriage 4316–4317
Marrou, Henri-Irénée 4326
martyrdom and martyrs 4331–4334
marvels 4337
Mary, Gospel of 4337–4338
Mauretania 4357
Maxentius 4361–4362
Maximinus 4366–4367
Medinet Habu 4394
Mediolanum 4396
Mediterranean 4404, 4405
Melito of Sardis 4422–4423
Methodius 4477–4478
Michael I–III 4488
minim 4523, 4524
Minucius Felix 4536–4537
missions 4542
Momigliano, Arnaldo 4565
monarchianism 4567–4569
monasticism 4570–4574
Muhammad 4613
Nag Hammadi Library 4680–4684
Naissus 4686
Nemea 4740
Neoplatonists 4744–4746
Nero 4752
Nessana 4756
Nestorian Church 4757–4759
New Testament 4765–4769
Nicaea 4770
Nisibis 4801
Nonnos of Panopolis 4811
Novatian 4818–4819
Nubia 4823, 4824
Numidia 4834
Odes of Solomon 4862–4863
Origen 4932–4936
Origenist Controversy 4936–4939
Orosius 4942
orphanages 4943
orphans 4945
Orpheus and Orphism 4947
Osrhoene 4955
Ossius of Cordoba 4955–4956
Ostia 4963

Oxyrhynchos 4973
paganism 4978–4980
Pamphilus of Caesarea 5011–5012
Pannonia 5028
Panopolis 5029
pantomime 5037
Paphos 5040
papyrology 5048–5049, 5051
Paradise, Jewish and Christian beliefs in 5058–5059
Pastoral Epistles 5077–5078
patriarchs 5086–5091
Paul and Pauline Epistles 5103–5107
Paul of Samosata 5107–5109
penance 5136–5138
persecution of Christians 5171–5175
Persia and Rome 5189
Peter, Acts of 5202
Peter, Apocalypse of 5203–5204
Peter, Coptic *Apocalypse of* 5204–5205
Peter, Gospel of 5207–5210
Peter the Apostle 5205–5207
Petra 5215
Philip 5259, 5260
Philip, Acts of 5255–5256
Philip, Gospel of 5257–5258
Philo Judaeus 5270
philosophy 5277
Philostorgius 5289–5290
Physiologus 5319–5321
pilgrimage 5327
Pistis Sophia 5338–5339
plate 5347
Plutarch 5366
Polycarp of Smyrna 5396–5397
Popes 5423–5428
prayer 5503–5504
presbyter 5520–5521
prison, prisoners 5546
promiscuity 5569
prophets 5579–5581
proselytes and proselytism 5585–5586
Protevangelium Jacobi 5594–5595
pseudepigrapha in early Christianity 5616–5620
Ptolemy 5654–5655
purification 5668–5669
Puteoli 5675
Qasr Ibrim 5696
Quadratus 5697
Quartodeciman Controversy 5702–5703
Qur'an 5719

Rome, city of: 9. Fourth century 5945–5947
Rome, Fall of 5950
Sabbath 5990
Sabellius, Sabellianism 5990
sacraments in early Christianity 5993, 5994
sacrilegium 6005
Salona 6021
Sasanians 6052
schism 6062
Second Treatise of the Great Seth 6107
Sentences of Sextus 6150, 6151
Serapion of Thmuis 6165
sermons 6169–6171
Sethianism 6176–6178
Severus of Antioch 6184, 6185
Shenoute 6205
Sophronios 6323
soul 6334, 6335
spinster 6358
stylite 6429, 6430
Sulpicius Severus 6447
Symeon of Emesa 6470
Symeon the Stylite the Elder 6471
Symeon the Stylite the Younger 6472
Tarraco 6536
Tatian 6539–6540
temples 6595–6596
Tertullian 6613–6615
Testament of Abraham 6617–6618
Testaments of the Twelve Patriarchs 6621
Thebes in Boiotia 6650
Thecla 6661–6663
Theodoret of Cyrrhus 6674–6676
Theodosius I 6679
Theophilos of Antioch 6689–6690
Therapeutae 6703
Thomas, Acts of 6719–6720
Tingis 6764
Tolosa 6781
Trinity, doctrine of the 6860–6863
Valens 6935
Valentinian I 6937
Valentinus/Valentinians 6938–6940
Valerian 6942
Vegetius Renatus, Flavius 6952
virginity 7012
Volaterrae 7024
welfare institutions 7094–7096
women 7116–7118
wonders of the world 7134
world chronicle 7137
xenodocheion 7144–7145

Christology **1478–1482**
 adoptionism 102
 Apostolic Fathers 570
 Cerinthus 1420
 Chalcedonian controversy 1428–1430
 churches 1495
 creeds 1829–1833
 Cyril of Alexandria 1903
 docetism 2178–2180
 Eusebius of Caesarea 2579–2580
 katholikoi of Persia 3708
 Kosmas Indikopleustes 3815
 Leontios of Neapolis 4015
 Mark, Gospel of 4305–4306
 monarchianism 4568, 4569
 monotheletism 4581
 Novatian 4818–4819
 Paul of Samosata 5108
 Peter, Gospel of 5209
 Peter Mongos 5211–5212
 Philoxenos of Mabbug 5292–5293
 Serapion of Thmuis 6165
 Severus of Antioch 6185
 Sibylline Oracles 6232
 Theodore of Mopsuestia 6672
 Theodoret of Cyrrhus 6674–6676
 Theodotians 6681
Chronicon paschale 1229, **1482–1483**
chronography **1483–1485**
chronology (Bronze and Iron Age) **1485**
 burial 1216
 Dark Age Greece 1929–1930
 epigraphy 2452
 Hallstatt culture 3047–3048
 historiography 3254
 history 3271
 synchronisms 6480, 6481
 Xobourgo on Tenos 7153–7155
chronology (Pharaonic Egypt) **1485–1487**, 2245, 6481
Chrysippos of Soloi 24, **1487–1489**, 1705–1706, 2436, 6146, 6400–6402
chthonic deities (Greece and Rome) **1489–1490**, 2075, 2252, 4900–4901, 4951
church administration and offices **1490–1493**
church architecture **1493–1494**
church institutions **1494–1495**
churches (Miaphysite) 1057, 1481, **1495–1498**
Cicero, Marcus Tullius **1498–1502**
 accounting 29
 adfinitas 67–68
 Aemilius Lepidus, Marcus 125

Aemilius Lepidus Paullus, Lucius 127
aequitas 132
amicitia 363
Annales Maximi 443
annona 446
Antonius, Marcus 501, 502
Apollonios Molon 552–553
Aratos of Soloi 611
arbitration 618
Ariobarzanid Dynasty 687
Asia, Roman province of 826
Atellane farce 897
Atticism 936
Augustine of Hippo 955
Augustus 961–962
Aulus Gellius, *Attic Nights* 971
autarky 979
bilingualism 1116
books 1159–1160
bullion 1210
Caecilii Metelli 1236, 1240
Caecina Severus, Aulus 1242
Caelius Rufus, Marcus 1245, 1246
Cappadocia 1313
carmina 1338
Catilinarian conspiracy 1373–1375
Cato, Marcus Porcius 1375
Cato the Younger 1379, 1380
Catullus, Gaius Valerius 1381
Catulus, *Liber de Consulatu* 1382, 1383
causidicus 1386
Chaldaeans 1436
Cicero, Marcus Tullius, speeches of 1502
Cicero, Quintus Tullius 1503, 1504
Cilicia 1505
Claudian 1543
Claudii, family of 1538, 1541
Clodia 1585
Clodius Pulcher, Publius 1586, 1587
comitia and *concilia* 1686, 1687
Crassus, Marcus Licinius 1825–1826
damnatio memoriae 1921
debt 1943
Deiotaros of Galatia 1964
Demochares of Athens 2006
Demosthenes 2028
diagrams 2068
divinatio 2168
dolus malus 2193–2194
dreams 2224
Duilius, Gaius 2232
Duris of Samos 2236

economy   2301
edict   2311
Ennius   2415
Epicurus and Epicureanism   2440
equites   2475
ethics   2506, 2509
Etruria, Etruscans   2539
Etrusca disciplina   2541
exercise, physical   2594
Fabius Pictor, Quintus   2617
Fannius, Gaius   2636
fasti of magistrates   2643
fate   2646
fides   2670
freedmen and freedwomen   2760–2762
friendship   2768, 2769
funerary cult   2792
Gallia Narbonensis   2825–2826
Gallic War   2831–2832
Halikarnassos   3047
historiography   3257
homicide   3286
homo novus   3289
Honores   3294
Hortensius Hortalus, Quintus   3315
humor and satire   3337
Hyperides   3368
imperium   3435
infrastructure   3460
interest rates   3472
intestatus   3476
inventio   3480
invention   3481
iudicium   3544
ius gentium   3553
ius imaginum   3554
Julius Caesar   3655
jurisprudence   3660–3661
kapelos   3691
kinship terms, used metaphorically   3772
labor   3857
land and landholding   3886
Latin language   3922
law   3955, 3974
letters, letter writing   4030
lex Voconia   4048–4049
libraries   4064
madness and mental health   4213
medicine   4391
Milo, Titus Annius   4509
mos maiorum   4596
Naevius, *Bellum Punicum*   4679

negotiatores   4727
negotium   4729
Neptunus   4748
Nigidius Figulus   4783
nobiles, nobilitas   4803
old age and aging   4881
optimates, populares   4911–4913
oracles   4915
Ostia   4959
Panaitios of Rhodes   5017–5018
Panegyric   5021
philosophy   5286, 5288
piracy   5330
Pliny the Younger   5359
Pomponius Atticus, Titus   5412
prayer   5509
provincial administration   5601–5602
provincial capitals   5604–5605
quaestio   5698
quaestio perpetua   5698
Quintilian   5713, 5714
ransom   5733
religion, Roman, terminology of
   5795, 5796
responsa   5809
rhetoric and science   5830
rhetorical history   5831, 5833
roads   5851
Roman Republic, constitution
   5871, 5872
Rome, Seven Hills   5957
ruler cult   5977
Sallust   6018, 6019
Salus   6025
science   6073, 6074
Scipio, Dream of   6080
Scipio Aemilianus   6076
sponsio   6361
Stoicism   6402
superstition   6457–6458
Tages   6516
Terentia   6607, 6608
Tiro, Marcus Tullius   6764–6767
tragedy   6807
treaties   6843
triumph   6871
Tusculum   6887
tyranny   6902
Varro, Marcus Terentius   6948–6949
vilicus   6997
Volaterrae   7024
weather prediction   7078

Cicero, Marcus Tullius, speeches of   **1502–1503**
  artisans   802
  Cicero, Marcus Tullius   1500
  haruspices   3069
  Hirtius, Aulus   3239, 3240
  Licinius Crassus, Lucius   4076–4077
  Lucceius, Lucius   4154
  optimates, populares   4911–4914
  oratory and Roman law   4924–4925
  Verres, Gaius   6968–6969
  witnesses   7115–7116
Cicero, Quintus Tullius   1499, **1503–1504**, 6029
Cilicia   **1504–1506**
  Alashiya   278
  Alexander Balas   300
  Alexandria ad Issum   306
  Antiochos II Theos   475
  Armenia   723
  Cicero, Marcus Tullius   1501
  Demetrios II   1999
  Diogenes Laertius   2116
  Evagoras of Salamis   2585
  Hatti   3079
  Hattusili III   3084
  Herakleia by Latmos   3140
  Isauria   3509
  Kalykadnos   3684–3685
  Leontios   4016
  Lykaonia   4188
  Mazaios   4368
  Oriens, diocese of   4932
  Ptolemy I Soter   5631
  Seleukeia ad Calycadnum/Tracheia   6126
  Sertorius, Quintus   6172
  Spartacus   6345
  Tarsos   6537–6538
Cillium (Kasserine)   **1506–1507**
Cincinnatus, Lucius Quinctius   131, **1507–1508**
Cincius Alimentus, Lucius   983, **1508**, 2617, 3257
Cinna, Gaius Helvius   **1509**, 6172
circumcision   1459–1460, **1509–1510**, 5584–5585, 5783
circus factions   59, **1510–1511**, 2018, 3311, 3662, 4784, 5037
Circus Flaminius   5896, 5897, 5902, 5904–5905
Circus Maximus
  Lusus Troiae   4172
  Rome, city of: 2. Republican   5891, 5897
  Rome, city of: 3. Augustan   5902, 5908
  Rome, city of: 4. Julio-Claudian   5914
  Rome, city of: 5. Flavian and Trajanic   5917, 5923
  Rome, city of: 7. Severan and third century   5936
  Rome, city of: 8. Tetrarchic   5941, 5942
  Rome, city of: 9. Fourth century   5948
Cirencester. *see* Corinium Dobunnorum
citations, law governing   **1511–1512**
cities (ancient Near East)
  architecture   640
  Edessa   2305–2306
  fortifications   2721
  Halab   3042
  Hatra   3075–3077
  Hattusa   3081
  lodgers   4135
  Samaria   6025–6027
  Samosata   6029
  Shubat-Enlil   6229
  Shuruppak   6229
  Sidon   6241
  Sippar   6266
  Susa   6466
  Ugarit   6904–6905
  Ur   6919–6920
  Ur III Dynasty   6920–6921
  Urkesh   6923–6925
  Uruk   6928–6929
cities (Greek and Hellenistic)
  agonistic festivals   197
  coinage   1620
  Delion   1979–1980
  economy   2283–2284
  economy, Near East   2287
  Herakleia by Latmos   3140
  Herakleia Pontica   3140, 3141
  Himera   3218, 3219
  hinterland   3220, 3221
  isopoliteia   3522
  kingship   3762
  Megara Hyblaea   4413
  neighborhood, neighbors   4731
  Panopolis   5028–5030
  Pantikapaion   5034–5035
  Philippi   5261–5262
  Same   6028
  Samos   6028, 6029
  Sardis   6043, 6044
  Seleucids   6123
  Seleukeia   6125
  Selinous   6131
  Sikyon   6249
  Skione   6277
  Smyrna   6290, 6291

Soloi   6313
Stratonikeia   6424, 6425
Stratos   6425
Stymphalos   6430
Sybaris   6468
Syracuse   6484, 6485
Volaterrae   7024
walls, city   7042
cities (Pharaonic Egypt)   **1512–1516**
   Amarna   344–346
   Buto/Tell el-Farain   1226–1227
   Deir el-Ballas   1967
   Herakleopolis Magna   3146
   Hierakonpolis   3202
   houses, housing, household formation   3329
   Sais, Sa el-Hagar   6012
cities (Roman Empire, east)   **1516–1520**
   architecture   640–641
   decurions   1958–1959
   Dekapolis   1972–1973
   firefighting   2681–2682
   forum   2732–2734
   hinterland   3221
   lodgers   4135
   neighborhood, neighbors   4731
   Oxyrhynchos   4971–4973
   Palmyra   5010–5011
   Sepphoris   6154
   Side   6240
   Viminacium   7004–7005
cities (Roman Empire, west)   **1520–1523**
   Caesar Augusta   1246
   Cillium   1506, 1507
   decurions   1958–1959
   firefighting   2681–2682
   forum   2732–2734
   Herculaneum   3150–3152
   hinterland   3221
   Hippo Regius   3230
   Hispalis   3240
   lodgers   4135
   neighborhood, neighbors   4731
   Octodurus-Forum Claudii Vallensium   4862
   Oea   4865–4866
   Serdica   6166
   Sufetula   6437, 6438
   Thugga   6735–6737
   Uthina   6930–6931
   Venta Silurum   6960
   Verulamium   6969–6970
   Vienna   6994–6995
   walls, city   7043–7044

   Xanten, Germany   7142
citizenship   **1524–1527**
city councils. *see* councils, city
civil war (Hellenistic)   **1527–1529**, 1565, 1566, 5644
civil war (Roman)   **1529–1530**
   Aemilius Lepidus, Marcus   125
   Aquae Mattiacae   588
   Ara Pacis Augustae   594
   Cicero, Marcus Tullius   1501
   Cicero, Quintus Tullius   1504
   Claudian   1544
   Clodius Albinus, Decimus   1586
   coinage   1645
   Constantius II   1744
   dictator   2080
   Didius Severus Iulianus Augustus, Marcus   2083–2085
   Epidamnos   2442
   Fabius Valens   2618
   famine and food shortages   2634
   finance   2675
   Florian   2701
   Hirtius, Aulus   3240
   Hispania   3242
   Honorius   3295–3296
   Lycia   4180
   Mediterranean   4400–4401
   mutiny   4647
   optimates, populares   4912
   Philip   5259
   Pompeius Magnus Pius, Sextus   5406–5407
   Pompey   5408–5409
   Rhodes   5842
   Rome, Fall of   5950
   Sallust   6018
   Salona   6020
   Senate   6140
   Septimius Severus Pertinax Augustus, Lucius   6157
   Sulla   6444
   Thasos   6641
   Umbrians   6913
   Utica   6932
class   **1530–1533**, 2782, 3389, 6380
classical scholarship, history of   **1533–1535**
Claudian   **1535–1536**, 2563, 2564, 3296
Claudii, family of   **1536–1544**, 1547, 1585
Claudius (Tiberius Claudius Caesar Augustus Germanicus)   **1549–1555**
   administration   92
   aerarium militare   134

Claudius (Tiberius Claudius Caesar Augustus
		Germanicus) (cont'd)
	Agrippa I 225
	Agrippa II 225–226
	Agrippina the Younger 228
	Antonia Minor 494
	Apamea, Syria 514
	Aquincum 593
	army 752
	Arruntius Camillus Scribonianus, Lucius 760
	Asklepieion sanctuary 832
	Augusta Treverorum 948
	auxilia 984
	Aventicum 995
	Caligula 1269
	Cogidubnus 1602
	cohortes urbanae 1606
	deformity 1961
	Domitian 2199
	donativum 2207
	druids 2229
	endogamy 2406
	equites 2476
	equites singulares Augusti 2477
	Euphrates frontier 2568
	horrea 3309–3310
	Julia Balbilla 3649
	Largus, Scribonius 3910–3911
	Latin language 3920
	legions, history and location of 3996,
		4002, 4004
	Livia 4124
	Lixus 4128
	Narcissus 4697–4698
	Raetia 5728
	Rhodes 5842
	Rome, city of: 4. Julio-Claudian 5910,
		5913–5914
	Rome, city of: 5. Flavian and Trajanic 5919
	Rome, resistance to 5954
	saeculum 6006
	Senate 6142
	Seneca the Younger 6145
	Side 6240
	Tacitus 6513, 6514
	Tingis 6764
	tres militiae 6847
	triumph 6870–6871
	water supply 7068
	weights and measures 7092
Claudius II (Marcus Aurelius Claudius
		Augustus) **1545–1547**
	Aurelian 972
	Claudius Quintillus 1548, 1549
	ducenarii 2231
	Florian 2701
	Forum Boarium 2740
	frontiers 2776, 2778
	praefectus 5492
	veterans 6980
Claudius Caecus, Appius   **1547–1548**
	architecture 658
	Cicero, Marcus Tullius 1501
	Claudii, family of 1538, 1540
	Forum Augustum 2737, 2738
	roads 5857, 5859
	Rome, city of: 2. Republican 5895
	tribus 6853
	Via Appia 6988
	via publica 6990
	water supply 7067
Claudius Quadrigarius, Quintus   45, 971, **1548**
Claudius Quintillus (Marcus Aurelius Claudius
		Quintillus Augustus) 972, 1546, **1548–1549**
Clement, First Letter of   569–572
Clement of Alexandria   **1555–1557**
	Alexandria, Egypt, Catechetical School of 310
	Alkmaion of Kroton 319
	Antiphon of Rhamnous 486
	Apocalypse of Zephaniah 528
	apostolic succession 573
	ascesis 812
	Carpocrates, Carpocratians 1340, 1341
	Demetrios of Alexandria 2000
	Dionysius the Areopagite, Pseudo- 2128
	Encratism 2403
	Eucharist 2546
	Eugammon of Cyrene 2554
	Ezekiel the tragedian 2608
	gnosis, gnostics, gnosticism 2939
	Hermas 3158
	hieratic 3207
	historiography 3264
	James of Jerusalem 3566
	Jewish-Christian Gospels 3590
	logos 4141
	Marcion and Marcionites 4285
	Neoplatonists 4746
	Pantaenus 5030–5031
	Regula Fidei 5764
	Valentinus/Valentinians 6940
Clement of Rome   568, 569, 1134, **1557–1560**,
		1561, 3159, 4768
clementia   **1560**

Clementines, Pseudo- **1560–1563**, 3567, 3588, 3589
Cleopatra (alchemist) **1571–1572**
Cleopatra (daughter of Philip II) 288, **1572**, 4747, 4897
Cleopatra I **1563–1564**, 5639
Cleopatra II of Egypt **1564–1565**
   civil war 1528
   Cleopatra I 1563
   Cleopatra III of Egypt 1565
   Ptolemy VI Philometor 5639
   Ptolemy VII Neos Philopator 5641–5642
   Ptolemy VIII Euergetes II 5643, 5644
   Syrian wars 6495
Cleopatra III of Egypt **1565–1566**
   Alexander Jannaeus 301
   Cleopatra II of Egypt 1564, 1565
   Cleopatra IV 1566
   Cleopatra Selene 1572–1573
   dynastic cults 2242
   Ptolemy VIII Euergetes II 5644
   Ptolemy IX Soter II 5645, 5646
   Ptolemy X Alexander I 5646
Cleopatra IV 1565, **1566–1567**, 1572, 1573, 5645
Cleopatra V Berenike III 1566, **1567–1568**, 5647
Cleopatra VI Tryphaina 1567, **1568–1569**, 3168
Cleopatra VII of Egypt **1569–1571**
   Actia 56
   Actium 57–58
   Alexandrian War 314
   Antonius, Marcus 502, 503
   Armant 721
   Arsinoe II Philadelphos 765
   Augustus 963
   Cleopatra VI Tryphaina 1569
   coinage 1635
   Coptos 1775
   Crete 1836
   Dendera 2033
   Egyptomania 2340
   Epirus 2468
   femininity 2654
   Hellenistic period, concept of 3121
   Herod the Great 3175
   Isauria 3509
   Isis 3516
   Ituraea and Ituraeans 3543
   Jericho 3574
   Julius Caesar 3655
   Library of Alexandria 4068
   luxury 4177

   perfumes and unguents 5152
   Ptolemaic possessions outside Egypt 5627
   Ptolemy XIII 5649
   Ptolemy XIV 5650
   Ptolemy XV Caesar 5650
   Sarapis 6040
   Strabo of Amaseia 6416
   wills 7107
   Zenobia 7168–7169
Cleopatra Selene 1565–1567, 1570, **1572–1573**, 3631, 5646
clergy **1573–1574**, 1722, 2205, 3344, 5078
cleruchs (Egypt) **1574–1575**, 3712, 3713, 3875, 4972
cleruchy 738, 741, **1575–1576**, 1978, 3231, 3809, 6016
client kings **1576–1577**
clientela (Roman Republic) **1577–1582**, 2670, 5097, 5098, 6382
climate 222, **1582–1583**, 2227–2228, 2265, 2633
clocks **1583–1585**, 3827
Clodia 1245, 1543, **1585**, 1586
Clodius Albinus, Decimus **1585–1586**, 1704, 1874, 2779, 2860, 4001, 6157
Clodius Pulcher, Publius **1586–1587**
   adrogatio 108
   Bona Dea 1154
   Claudian 1543
   clientela 1580
   Clodia 1585
   Milo, Titus Annius 4509
   Terentia 6607–6608
clothing (Byzantine) **1587–1589**, 1757, 6253, 6630–6632
clothing (Greece and Rome) **1589–1594**
   bulla 1207
   byssos 1228
   chiton 1468, 1469
   consumption 1758
   cult clothing 1854–1855
   flax 2698
   fulling and fullers 2782
   fur 2796
   leather, leatherwork 3985
   linen 4094–4095
   matrona 4353
   Roman Empire, regional cultures 5869
   silk 6253
   standards of living, wealth 6372
   stola 6402, 6403
   technology 6564–6565
   textiles 6635

clothing (Greece and Rome) (cont'd)
    toga   6777–6779
    wool   7136
co-regency (Egypt)   **1780–1781**
codex   **1594–1595**
Codex Gregorianus and *Codex Hermogenianus*   **1595–1596**
Codex Hermopolis   **1596–1597**, 3938
Codex Justinianus   **1597–1598**
    administration   74
    Antoninus Pius   497
    army   744
    Berytus   1101
    Codex Gregorianus and *Codex Hermogenianus*   1595
    colonate   1653
    defensor civitatis   1961
    law   3933, 3966
    law schools   3969
    legal literature   3990–3991
    legislation   4006
    patron, patronage   5097
    rescriptum   5807
    slavery   6282
    tenancy   6603
Codex Theodosianus. *see* Theodosian Code
codicilli   **1598**
Coele, Syria   5626–5628, 5631, 5636, 5641, 5645
Coelius Antipater, Lucius   **1598–1599**, 3258, 3480
coemptio   **1599–1600**
coercitio   1029–1030, **1600–1601**, 3434
Coffin Texts   164, 165, 897, 1967, 2593, 4492–4493
cog wheel   **1601**
Cogidubnus   **1601–1602**, 4600
cognates, *cognatio*   67, 189–190, **1602–1603**, 2597
cognitio   **1603**
cognitor   **1603–1604**, 1960
cohort   **1604–1606**
cohortes urbanae   967, **1606**, 2153, 2588–2589, 6159, 6247
coin standards (stater)
    Chalcidice, Chalcidian League   1432
    coinage   1611, 1612, 1615, 1623, 1624, 1626, 1627, 1630, 1632, 1636, 1637, 1643
    Kyzikos   3848
coinage (Byzantine)   74, **1607–1608**, 1629, 2271, 2619, 2671, 4469–4470
coinage (Byzantine Egypt)   **1608–1609**
coinage (Greek)   **1609–1616**
    Abdera   2
    agonistic festivals   195–196
    Aigina   243–244

barter   1051–1052
bullion   1209–1210
Chalcidice, Chalcidian League   1431
chalkous   1436
coinage   1626, 1643
Cyclades islands   1886
economic performance   2266
economy   2278
electrum, electrum coinage   2359–2360
fossils   2747
Hacksilber   3016
Haliartos   3043
Herakleia by Latmos   3140
Hermos   3171
Hieron II of Syracuse   3213
hinterland   3220
Hippias   3228
incuse coinage   3442
Laurion   3928
lead   3981
metallurgy   4468
mints and minting   4531–4534
money   4574–4575, 4578
money devaluation   4576
Neapolis, Thrace   4719, 4720
Olynthos   4898–4899
overstrike   4968
Peparethos   5143
Pheidon of Argos   5242–5243
Potidaia   5464–5465
Salamis, island and battle of   6016
Sardis   6043
silver   6255
spits   6358
trade   6798–6799
coinage (Hellenistic)   **1616–1622**
    Alexander III, the Great   294, 296
    chalkous   1436
    coinage   1623, 1627, 1629, 1639
    Diktynnaion sanctuary   2099
    economy   2281
    economy, Near East   2287
    Edessa   2305
    Eumenes I   2557
    Eumenes II   2557
    Euthydemos of Bactria   2583
    Ikaros   3397
    Italy, northern   3536
    Kassope   3703
    Kaystros River   3720
    kingship   3761, 3763
    Maroneia   4315

mints and minting   4533
money   4575
Olbia   4881
Pantikapaion   5034–5035
Pharnakes I of Pontos   5236–5237
Theangela/Syangela   6643
coinage (Jewish)   1041, **1622–1626**
coinage (Near East)   **1626–1629**, 5071–5074, 5305
coinage (Ptolemaic)   **1629–1635**
   coinage   1621, 1623
   Methana   4476
   mints and minting   4533
   money   4575
   Naukratis   4700
   Ptolemaic possessions outside Egypt   5628
coinage (Roman Egypt)   **1635–1637**, 4700
coinage (Roman Empire)   **1637–1642**
   Attaleia   930
   Aurelian   975–976
   banks   1031–1032
   barter   1051–1052
   brass   1181
   bronze coinage   1193
   Caracalla   1326
   Castor and Pollux   1359
   Claudius   1552
   colonies   1660–1661
   Cyprian   1889–1890
   damnatio memoriae   1921
   De rebus bellicis   1934
   Diocletian   2109
   economy   2297
   Fabii, family of   2615
   Felicitas   2653
   finance   2674, 2676–2678
   Florian   2701
   Honos   3297
   India, trade with   3451
   inflation   3458–3459
   metallurgy   4469
   mints and minting   4534, 4535
   money   4578
   money devaluation   4576–4577
   Myndos   4661
   Nemausus   4738
   orphans   4945
   personification   5196
   Phraates IV of Parthia   5305
   Prusa   5610
   Rome, city of: 6. Hadrianic and Antonine   5928
   Salus   6025
   Sarmizegetusa Regia   6049
   Serdica   6166
   silver   6255
   tessera numularia   6616
   tresviri monetales   6848
   Ulpia Traiana Sarmizegetusa   6908
   weights and measures   7092
coinage (Roman Republic)   **1642–1648**
   bronze coinage   1193
   bullion   1210
   coinage   1639
   Cyclades islands   1886
   economy   2303
   Felicitas   2653
   Flamininus, Titus Quinctius   2694
   imagines   3413
   mints and minting   4534
   money   4578
   money devaluation   4576
   Nemausus   4738
   overstrike   4968
   Saguntum   6010
   Sarmizegetusa Regia   6049
   silver   6255
   tessera numularia   6616
   tresviri monetales   6848
   Vercingetorix   6963
Coire. *see* Curia
Colchester. *see* Camulodunum
Coliseum. *see* Colosseum
Collatio legum Mosaicarum et Romanarum   **1648**, 6152
collegia   **1649–1652**
Cologne. *see* Colonia Agrippinensis
colonate   **1652–1654**, 3879
coloni adscripti   623, 1652, 1653, **1654–1655**, 6201, 6298, 6382
Colonia Agrippinensis (Cologne)   **1655–1657**, 5837
Colonia Iulia Equestris/Noviodunum (Nyon, Switzerland)   **1657–1658**, 3129
colonies (Roman and Latin, republican)   **1665–1669**
   ager publicus   182
   Aleria, Alalia   285
   Apulia   585
   Aquae Sextiae   588–589
   Aquae Sulis   589–590
   Aquileia   592
   Augusta Raurica   944–945
   Beneventum   1086–1087
   Brundisium   1196
   Carthago Nova   1349

colonies (Roman and Latin, republican) (cont'd)
   centuriation   1415
   deductio   1959
   demography, historical   2016
   Gallia Cisalpina/Italia Transpadana   2823
   Gallia Narbonensis   2824–2827
   Italy, northern   3537
   Italy, southern   3540–3541
   Knossos   3796
   Latins, Latium   3925–3926
   Narbo Martius   4697
   Nemausus   4738–4739
   neutrality, political   4760–4761
   Ostia   4957–4963
   Patrai   5084
   socii   6307
   Umbrians   6912–6913
   Valentia   6936
colonies (Roman Empire, east)   **1658–1661**
   Caesarea Maritima   1249
   cities   1517
   Dacia   1907
   emigrants   2389
   Gaza   2863
   Latin language   3919
   Lycia   4180–4181
   Miletos   4498
   Viminacium   7005
colonies (Roman Empire, west)   **1661–1665**
   Aquincum   593
   Arausio   613–614
   Augusta Emerita   941–943
   Augusta Raurica   944–945
   Aventicum   995–996
   Buthrotum/Bouthrotos   1225–1226
   Caesar Augusta   1246
   Caesarea   1249
   Camulodunum   1292
   Cillium   1506
   cities   1520
   Colonia Iulia Equestris/Noviodunum   1657
   Corinth   1787
   Cosa   1805–1806
   Dalmatia   1915–1916
   emigrants   2389
   Ensérune   2419
   Helvetii   3129
   Lex coloniae Genetivae Iuliae seu Ursonenis
      4037–4038
   Lugdunum   4164–4165
   Lusitania   4169–4171
   Mediolanum   4395–4396

Nemausus   4738
Ostorius Scapula, Publius   4963
Pola   5371–5372
Timgad   6759–6760
Uthina   6931
Utica   6932
Xanten, Germany   7142
colonization (Greek)   **1669–1672**
   Abdera   1–2
   Achaians   41
   agora   199
   Akragas   269
   Al Mina   272
   Albania   279
   apoikia   545
   Archias of Corinth   633
   Asia Minor   820, 821
   Bacchiadai   1011–1012
   Black Sea   1144
   Chalcidice, Chalcidian League   1431
   Chersonese, Crimea   1448–1450
   Chersonese, Thrace   1451, 1452
   citizenship   1524
   cleruchy   1575–1576
   Cumae   1869–1870
   Cyrene and Cyrenaica   1896–1900
   demography, historical   2016
   Dorians   2213
   Dorieus   2213–2214
   drought   2227
   Dura-Europos   2233
   emigrants   2388
   Emporiae   2395
   Epidamnos   2442–2443
   foreigners   2711
   foundations   2750, 2753, 2754
   Hellespont   3126
   Herakleia Pontica   3140
   Hieron I of Syracuse   3212
   Histria, Romania   3275, 3276
   Illyria and Illyrians   3407–3408
   Ionia   3486
   Ionian migration   3487
   Ionian tribes   3489
   Italy, southern   3538–3540
   Kassope   3703
   katoikoi   3712
   kinship   3769
   Magna Graecia   4234
   Maroneia   4315
   metropoleis   4485–4486
   neighborhood, neighbors   4731

nymphs 4844–4845
oikistes 4868–4869
Oropos 4941
Paestum 4977–4978
Paphlagonia 5038
Paros 5064–5065
Puteoli 5675
Sagalassos 6007
Selinous 6131
Side 6239
Sigeon 6246
Siris 6268
stasis 6374
Thourioi 6727–6728
Timoleon 6761–6762
Tomis 6782
Trapezos 6834–6835
unemployment 6916
Velia 6956–6957
colonization (Phoenician) 1248, 1346, **1672–1673**, 2755, 3058–3059, 4244, 6042
color symbolism **1673–1674**
colors and color perception (Greece and Rome) **1674–1676**, 1854–1856
Colosseum **1676–1677**
  amphitheater 380–381
  architecture 646
  arena 670
  building materials and techniques 1202
  fascism and Ancient Rome 2642
  gladiators 2926
  imperialism 3433
  Rome, city of: 5. Flavian and Trajanic 5916, 5917
  Rome, city of: 6. Hadrianic and Antonine 5928, 5929
  Vespasian 6974
Columban **1677–1678**
Columella **1679–1680**
  agrarian writers and agronomists 205–206
  agriculture 218
  crop schedule 1846
  farrago 2639
  fertilizer 2658
  fig 2671
  fish and fishing 2687
  fodder 2703
  horticulture 3316–3318
  science 6074
  veterinary medicine 6982
comedy (new) **1680–1682**
  actors and actresses 59

  Euripides 2573
  humor and satire 3337
  law 3953–3954
  Longus 4149
  music 4639
  Plautus 5352–5353
  theater 6646
comedy (old) **1682–1683**
  Aspasia 837
  choregia 1470
  Dionysos 2134
  fantastic literature 2637
  humor and satire 3337
  hymns 3365
  klêroterion 3792
  law 3953
  satire 6057
  theater 6644, 6645
comets 873, 1582, **1683–1684**, 3232
comitatenses 744, **1684–1685**, 1685, 3871, 5846
comites **1685–1686**
comitia and concilia 1688, 1761, 4039–4040, 4042–4044, 6855
comitia and *concilia* **1686–1687**
Comitium **1688–1689**, 1873–1874, 2741, 2742, 5887, 5891, 5895, 5899, 5964, 5979
commentarii and *hypomnemata* **1689–1690**
commentariis, a **1690–1691**
commercium **1691–1692**
commilito 71, **1692**
Commius **1692–1693**
Commodus (Marcus Aurelius Commodus Antoninus Augustus) **1693–1697**
  Athenagoras 907
  Augusta Treverorum 949
  Cassius Dio 1354–1356
  civil war 1529
  coinage 1638
  conspiracies against emperors 1717, 1718
  damnatio memoriae 1921
  Decretum de saltu Burunitano 1956
  Herakles 3148
  legions, history and location of 3998
  Marcus Aurelius 4289, 4292, 4293
  Rome, city of: 6. Hadrianic and Antonine 5925, 5931–5932
  Rome, city of: 7. Severan and third century 5934
  Sagalassos 6008
  Septimius Severus Pertinax Augustus, Lucius 6156

common peace *(Koine Eirene)* 183, 909, **1697**, 3758, 4760, 5252, 6838
Community Rule, the (Dead Sea Scrolls) **1698**, 1939, 2081, 5671
Compitalia **1698–1699**
Concordia 1336, **1699–1700**, 2061, 2627, 3290, 5893, 6025
concubinage **1700–1701**, 4042, 5009–5010
conductores 151, 626, **1701–1702**, 3854, 4045, 6202
confarreatio 1599, **1702**, 2692
confiscation 544, 938, **1702–1705**, 2063, 2673, 2800, 3425, 3426
conflagration **1705–1706**
congiarium **1706–1707**, 2199
conic sections 452, 553, 554, **1707–1708**, 2104, 2548, 4349, 5584
connectivity 1080, 1092–1093, **1708–1711**, 2281, 2936–2937
Conon of Samos 634, **1711–1712**, 3118, 4633
consensus **1712–1713**
consentes, di consentes **1713–1714**
consilium **1714**, 6142
consobrinus. see cousin
conspiracies against emperors **1714–1718**
Constans I 1685, **1718–1719**, 1728, 2682
Constans II **1719**
   Armant 721
   Attaleia 929
   Byzantium 1231
   Constantine III Herakleios 1729
   navies 4709
   Sebeos of Armenia 6105
   Syracuse 6486
Constantine I (Flavius Valerius Constantinus Augustus) **1720–1727**
   acclamations 27
   administration 74
   adultery 110
   Africa 148–149
   Alexander of Alexandria 299
   antisemitism, anti-Judaism 492
   Aquileia 592
   architecture 642
   Arius and Arianism 717
   army 734
   art 791
   Aurelian 972
   Bethlehem 1106
   Byzantium 1230, 1231, 1235
   caesaropapism 1251
   church architecture 1493

   civil war 1530
   cohortes urbanae 1606
   Constantine II 1727, 1728
   Constantinople 1736
   conubium 1765
   coronation 1800
   court 1822–1823
   defensor civitatis 1960
   deserti agri 2050
   Diocletian 2108
   Donatists 2204
   Eboracum 2259
   ecclesiastical history 2262
   Eusebius of Caesarea 2577, 2580
   Eusebius of Nicomedia 2581
   Eustathius of Antioch 2582
   finance 2677–2678
   Flavius Valerius Severus Augustus 2697
   Fragmenta Vaticana 2757
   frontiers 2776, 2779
   funerary inscriptions 2794
   Galerius 2814, 2815
   Helena 3104
   hippodromes 3236
   Historia Augusta 3249
   Jerusalem 3579
   Julian 3650
   Lactantius 3861, 3862
   law 3976–3977
   Licinius 4079–4082
   limitanei 4088
   Macedonia 4205
   Magister equitum 4233
   Maxentius 4361–4362
   Maximian 4363, 4364
   Naissus 4685–4686
   New Testament 4768
   Ostia 4962, 4963
   Persia and Rome 5189
   Praetorian cohorts 5497
   Praetorian Prefect 5499
   prophets 5580
   rhetoric 5824
   Rome, city of: 8. Tetrarchic 5941
   Rome, city of: 9. Fourth century 5945–5947
   scribes 6084
   Senate 6139
   Serdica 6166
   sun gods 6454
   temples 6595, 6596
   testimonium 6625
   tetrarchy 6628

Thracia   6729
Trinity, doctrine of the   6861–6862
troop movements   6876–6877
Zosimus   7186
Constantine II   1718, 1719, **1727–1728**, 4770–4772, 4955
Constantine III Herakleios   **1728–1729**, 3145, 3599, 4330, 6168
Constantine IV   1205, 1231, **1729**, 1733
Constantine V   1206, **1729–1730**, 2708, 3386, 3510, 7064
Constantine VI   **1730–1731**
Constantine VII Porphyrogenitus   **1731–1732**
  Abgar Legend   4
  acclamations   27
  Constantinian Excerpts   1732
  coronation   1800
  court   1820–1821
  Diodorus of Sicily   2113
  gardens   2849
  Hellenism   3120
  Hippiatrica   3229
  John of Antioch   3604
  libraries   4060
  Peter Patrikios   5212–5213
  Suda   6434
Constantinian Excerpts   **1732**, 3257
Constantinople (history and monuments)   **1734–1740**
  administration   84
  Ariadne   681
  aristocracy   696
  Arius and Arianism   716, 718
  Armenians   726, 727
  art   782–783
  Asia Minor   823
  Basiliscus   1057
  Boethius   1148–1149
  building materials and techniques   1203
  Byzantium   1230–1231
  Chalcedonian controversy   1429
  Chersonese, Thrace   1452
  church institutions   1495
  coinage   1607
  Constantine I   1725
  Constantius II   1743–1744
  diplomacy   2151
  Eusebius of Nicomedia   2581
  factories   2619
  Forum, Forum Romanum   2745
  games   2840
  gardens   2849
  George of Pisidia   2896
  Gregory of Nazianzus   2993
  Hagia Sophia   3028–3029
  Hellenism   3119, 3120
  Herakleios   3145
  hippodromes   3236
  icon   3384
  Institutiones   3469
  John Chrysostom   3607–3608
  Justin I   3662
  Justin II   3663
  Justinian I   3667–3668
  Lazika   3980
  libraries   4060
  literacy   4096
  Long Wall   4146–4147
  Malalas, John   4240
  Malchos of Philadelphia   4240
  mandylion   4252
  Marcellinus Comes   4281
  markets   4308
  navies   4704, 4709
  Nika revolt   4784
  Oribasios of Pergamon   4931
  orphanages   4943
  orphans   4945
  palaces   4988
  patriarchs   5088
  Popes   5426, 5427
  ports   5445
  pottery   5474
  Protevangelium Jacobi   5595
  roads   5851
  Romanos the Melode   5881
  Rome, city of: 9. Fourth century   5945–5946, 5948
  San Vitale   6032–6033
  Sergios I   6167–6168
  Stephanus of Athens   6389
  stoneworking   6405
  Stoudios monastery; Studite *typikon*   6415
  Themistius   6666
  Theoderic   6669
  Theodosian Code   6677
  Theodosius II   6680
  trade   6797
  warfare   7048–7049
  water supply   7063
  women   7118
  Zeno   7166
Constantinople (Land Walls)   **1740–1741**, 2722

Constantinople, Councils of   1733–1734
   Basil of Caesarea   1054–1055
   Christology   1482
   Gregory of Nazianzus   2993
   Gregory of Nyssa   2994
   John Chrysostom   3608
   Justinian I   3668
   legislation   4006
   patriarchs   5087
   Peter Patrikios   5212
   Philostorgius   5289
   Sergios I   6168
   Theodore of Mopsuestia   6672
Constantius I Chlorus (Flavius Valerius Constantius Augustus)   1741–1743
   Alamanni   276
   Diocletian   2106, 2110
   Eboracum   2259
   Flavius Valerius Severus Augustus   2697
   Galerius   2813, 2814
   Helena   3104
   Historia Augusta   3249
   Maximian   4363
   persecution of Christians   5174
   Rome, city of: 8. Tetrarchic   5941, 5944
   rostra   5965
   tetrarchy   6628
Constantius II   1743–1746
   agentes in rebus   181
   Ammianus Marcellinus   365
   Antioch in Syria   471
   Armenians   727
   army   734
   Athanasius   900
   Constans I   1718, 1719
   Constantine I   1724
   Constantine II   1728
   creeds   1832
   eunuchs   2563
   Eusebius of Nicomedia   2581
   Firmicus Maternus, Iulius   2682
   Hagia Sophia   3029
   Julian   3651
   Pannonia   5027
   Rome, city of: 9. Fourth century   5948
   Salamis, Cyprus   6016
   Senate   6139, 6143
   ships and shipping   6225
   Themistius   6666
constellations and named stars   1746–1747
Constitutio Antoniniana   1747–1748
   Aegyptus   118–119

Caracalla   1326
citizenship   1527
diplomata   2153
ethnicity   2521
extranei   2606
Humiliores   3336
law   3974
social structure and mobility   6298, 6302
status   6381
Constitution of Medina   1748–1749, 3216
constitutiones   1749–1750
consular annals   1750–1751
consuls   1751–1755
Consultatio veteris cuiusdam iurisconsulti   1755–1756, 6152
consumption   979, 1756–1758, 2266, 2298
Consus and Consualia   1758–1759, 4908
contagion   1759–1760
contarii   273, 1391, 1760
contio   1760–1762, 6869
controversiae   1762–1763, 1950–1951, 6144
contubernium   1763, 6285
conubium   68, 1763–1766, 2153, 2217–2219
conversion   1766–1767
cooking (Byzantine)   1035, 1768–1769
copper   1769–1770
   Alashiya   278
   amulets   384
   Anaxilaos of Larissa   408
   brass   1181
   bronze   1190–1192
   bronze coinage   1192, 1193
   coinage   1607, 1638
   Cyprus   1894–1895
   Dilmun   2100
   furniture   2797
   Hyksos   3361
   Kition   3775
   Magan   4216
   Maghreb   4219
   metallurgy   4466–4471
   metalwork   4472
   mines and mining   4516, 4517, 4519–4522
   mints and minting   4532–4533, 4535
   money   4574
   money devaluation   4577
   monopoly   4579
   Oropos   4941
   Soloi   6313
   stoneworking   6407–6411
   Thebes in Boiotia   6649
   Uluburun shipwreck   6910

INDEX

weights and measures 7081
Zagros mountains 7160
Zakros in Crete 7161
Copper Scroll, the (Dead Sea Scrolls) **1770–1771**, 1937
Coptic **1771–1773**
   Apocalypse of Zephaniah 528
   calendar 1260
   Demotic 2029
   hieroglyphs 3210
   John of Nikiu 3617
   Kellia and Sketis, monasticism at 3723
   Kellis 3727
   Kom Abu Billo 3802
   languages 3899
   letters, letter writing 4030
   Nag Hammadi Library 4680, 4682
   names, personal 4689
   New Testament 4766
   ostraca 4965
   papyrology 5049, 5054
   papyrus 5055
   Peter, Coptic *Apocalypse of* 5204
   Philip, Gospel of 5257–5258
   Roman Empire, regional cultures 5867
   Shenoute 6206
Coptos **1773–1776**, 3450, 6107
Corbulo, Gnaeus Domitius **1776–1777**, 2198, 2566, 2568
Corcyra **1777–1779**
   Agron 228
   Dorian tribes 2212
   Epidamnos 2442
   Illyrian wars 3409
   Peloponnesian War 5132
   stasis 6374
   Zakynthos 7163
cordage. see basketry, matting, and cordage
Corduba (Cordoba) **1779–1780**, 2734, 3000, 3240, 3242, 3243, 4955–4956
core-periphery **1782–1783**
Corinium Dobunnorum (Cirencester) **1783–1784**
Corinth **1785–1787**
   Achaian War 39, 40
   Acrocorinth 47–48
   Adeimantos 66
   Adriatic Sea 106
   agora 199
   Akarnanian League 258–259
   Alexander 303–304
   Ambrakia 352
   anatomical votives 402

   Antigonos II Gonatas 461
   apoikia 545
   arbitration 615
   Archias of Corinth 633
   Argolis 677–679
   Aristoxenos of Tarentum 715
   ascesis 812
   Athens 912, 913
   Bacchiadai 1011–1012
   Corcyra 1778
   Demaratus of Corinth 1990–1991
   Dinarchus 2101
   diolkos 2121–2122
   Dorians 2213
   Epaminondas 2424
   Epidamnos 2442
   famine and food shortages 2634
   forum 2733
   Hera 3135
   Iphikrates 3492
   Isthmia 3529
   Isthmian Games 3530
   isthmus 3531
   Kenchreai 3729
   King's Peace 3758
   Kleonai 3790
   Kritolaos 3823
   Kypselos 3844
   League of Corinth 3982–3983
   Lechaion 3988
   Leukas 4033
   markets 4308
   Mummius, Lucius 4619–4620
   navies 4704, 4705
   Nemea 4739, 4740
   Nikias, Peace of 4788
   Peloponnesian War 5131–5132
   Periander of Corinth 5159–5160
   Potidaia 5464–5465
   Samos 6028
   Saronic Gulf 6049
   ships and shipping 6217
   Sicilian expedition 6235
   Sicily 6236
   Sikyon 6250
   Simonides 6260
   Sparta 6344
   sport 6362
   Timoleon 6761–6762
   weights and measures 7085
   Zakynthos 7163
   Zygouries 7188

Corinthian Gulf   **1787–1788**
    Achaia   36
    Achaian League   38
    Aigeira   241
    Aitolia   250
    Demosthenes   2028
    isthmus   3531
    Kephallenia   3731
    Lechaion   3988
    Naupaktos   4701
    Zakynthos   7162–7163
Corinthian League   353, 982, 1787, 6641
Corinthians, Second   5102–5103, 5106, 5171, 5618
Corinthians, Third   **1788–1789**, 5100, 5101
Corippus   **1789–1790**
Cornelia (mother of the Gracchi)   **1790–1791**, 1932, 2317
Cornelii Scipiones, family and tomb of   128, 1222, **1791–1796**, 6078, 6230
Cornelius Fuscus   **1796**, 1906, 1947, 2199
Cornelius Gallus, Gaius   **1796–1797**
Cornelius Nepos   **1797–1799**
    amnesty   369
    biography   1118, 1119
    Cato, *Origines*   1377
    chronography   1484
    Dinon of Kolophon   2101
    Dionysios II   2126
    Ennius   2414
    Epaminondas   2424
    Eurymedon, battle of   2576
    Hamilcar Barca   3052
    universal history   6918
Cornelius Palma Frontonianus, Aulus   **1799**
coronation (Byzantium)   **1800**, 3718, 4692
corporal punishment   **1800–1802**, 1838, 3293, 3336, 6282, 6286
corpus iuris civilis   **1802–1803**
corruption   **1803–1805**, 3315
Cortona   **1805**
Cosa   **1805–1806**, 2764, 3917, 6179
cosmetics (Byzantine)   **1806–1807**
cosmetics (Egypt)   1071, **1807–1809**, 2688–2689, 3036, 3355–3356
cosmetics (Greece and Rome)   1071, **1809–1811**
cosmology (Byzantine)   **1811–1812**
cosmology (Egypt)   **1812–1813**, 2053–2054, 4113, 4795, 4835–4836, 6725–6726
cotton   1588, 1591, **1813–1814**, 2652, 6632, 6633
councils, city   1523, **1814–1817**, 2756, 3982
court (ecclesiastical)   1491, **1817–1818**

court (Hellenistic)   1584, **1818–1820**, 2766, 3177, 6122, 6123
court (imperial, Byzantine)   1035, **1820–1821**
court (imperial, Roman)   **1821–1822**, 2106–2107, 2564, 4078, 6333
court (law, Byzantine)   **1822–1823**, 3659–3660
courtyard   639, 650, **1823**, 3325
cousin *(consobrinus, frater patruelis)*   **1823–1824**
Crassus, Marcus Licinius   **1824–1826**
    Augustus   966
    Forum Augustum   2735
    Pompey   5409–5410
    profit   5566
    Rome, city of: 3. Augustan   5903
    sacramentum   5995
    Spartacus   6345
    spolia opima   6359
creation   238–239, 928, 1811–1812, 4839, 6939
credit   **1826–1829**
    apotimema   574
    artisans, trades, and guilds   807
    auctions   938
    debt   1943
    economy   2278, 2281
    economy, Near East   2290
    fenerator   2655
    finance   2671, 2674–2675
    funerary cult   2792
    Heroninos Archive   3190–3191
    hypotheke   3370, 3371
    interest rates   3471–3472
    maritime loans   4302
    modernism   4559
    purchase   5666–5667
creeds (Christian)   **1829–1833**, 4778, 6170
Cremutius Cordus, Aulus   **1833–1834**
Crete   **1834–1837**
    Aegean Sea   116–117
    Agia Irini on Keos   183
    Agia Triada in Crete   184–185
    agonistic festivals   195
    Archanes   628
    Aristotle   712
    burial   1212
    citizenship   1525
    Cyrene   1896
    Cyrene and Cyrenaica   1897
    Daedalus   1912
    diagramma   2068
    Diktaean Cave in Crete   2098
    Diktynnaion sanctuary   2099
    Dorian tribes   2212

Dorians   2213
Dreros   2227
Eleutherna   2372–2373
frontiers   2772
Gortyn   2959–2960
Gortyn, law code of   2961–2962
Gournia in Crete   2966–2967
Harpalos   3065–3066
hetaireia   3196
Hierapytna   3207
hunting   3343
Ida, Mount   3386–3387
Idaean Cave   3387–3388
Karphi   3697
Kasos   3700–3701
Kato Symi in Crete   3711
Kavousi   3717
Knossos   3794, 3795
Kommos   3807
Kouretes   3817
Kydonia   3839
Kythera   3846
Linear A   4092
Mallia   4243
Minoan archaeology   4525–4526
Minoan society and culture   4527–4528
Minos   4529
Mochlos in Crete   4556–4557
Mycenaean archaeology   4651
Naxos   4717
palaces   4994
Palaikastro in Crete   4999–5000
perfumes and unguents   5150
Petras in Crete   5217
Phaistos   5220–5221
Phylakopi on Melos   5310
pottery   5472–5473, 5478
Praisos   5501–5502
Prinias in Crete   5543, 5545
Ptolemaic possessions outside Egypt   5626–5628
thalassocracy   6639
Thera   6699–6701
Zakros in Crete   7161
Zeus   7173–7174
crime (Byzantine)   **1838**, 3659–3660
crime (Greece and Rome)   **1838–1840**
   accusatio   31–32
   banditry and brigandage   1029–1030
   calumnia   1280
   caput   1322
   gladiators   2925
   graphe   2979
   hierosylia   3215
   homicide   3285–3288
   Honestiores   3293
   Humiliores   3336
   hybris   3347–3348
   infamia   3454
   iniuria   3463–3464
   iudicium   3544–3545
   iudicium populi   3545–3546
   maiestas   4237–4238
   police   5374–5376
   provocatio   5605–5606
   quinquevirale iudicium   5713
   sacrilegium   6005
crime (Pharaonic Egypt)   **1840–1841**, 3963
Crimea   1448–1450, **1841–1842**, 3749, 6096
crimen   1715, 1839, **1842–1843**, 4262, 5574, 7010
Crito, Statilius   **1843**, 5969
crocodile   **1844**, 3085, 3804, 3805, 6294
Croesus   **1845**
   Achaemenid Dynasty   33
   Adramyttion   103
   Alkmaionidai   320
   causation, historical   1385
   coinage   1611
   Ephesos   2428, 2429
   fate   2646
   Halys   3051
   hybris   3348
   Mysia   4664
   Sardis   6043
   Side   6239
crop schedule   **1845–1847**, 2703
crowns (Egyptian)   **1847–1849**, 2325, 2331, 4950
crucifixion   1801, **1849–1852**, 2703, 5206–5207, 5209
cubiculum (bedroom)   **1852**
culpa   **1852–1853**
cult attendants (Greek)   **1853–1854**, 5535
cult attendants (Roman)   114–115, **1854**, 6003
cult clothing (Greek)   **1854–1855**, 3011
cult clothing (Roman)   **1856**, 2691–2692
cult image (Greek)   **1857–1858**, 1923–1924, 1928, 6404, 7152–7153
cult image (Roman)   **1858–1860**, 3297
cult instruments (Roman)   **1860–1861**
cults: divine (Pharaonic Egypt)   **1861–1866**
   Abydos, Egypt   19–20
   Dendera   2033
   diplomacy   2148
   dynastic cults   2241–2243

cults: divine (Pharaonic Egypt) (*cont'd*)
  Imhotep 3415–3416
  Pepinakht Heqaib 5145
  Peru-nefer 5198–5199
  temples 6597
cults: private (Pharaonic Egypt) **1866–1869**
Cumae (Kyme) **1869–1870**, 2543, 3212, 3841, 6233. *see also* Kyme
Cunaxa 35, **1870–1871**, 6605, 7148
cuneiform **1871**
cura, curator **1872–1873**, 1960, 3378
curia **1873–1874**
  cities 1523
  councils, city 1814–1817
  decurions 1958
  Fordicidia 2707
  Fornacalia 2719
  Forum, Forum Romanum 2741
  rostra 5964
  Senate 6141
Curia (Coire) **1874–1875**
curses (Egypt) **1875–1876**
curses (Greece and Rome) **1877–1878**
  aoros 511
  charms and spells 1444
  Furies 2797
  horse racing 3311
  magic 4224
  Nodens 4804
  Sulis 6443
cursus honorum (Roman) **1878–1879**
Curtius Rufus, Quintus 295, 301, 1118, **1879–1880**, 3246, 3784
Cyaxares 886, **1880–1881**, 1962, 1963, 4375
Cybele **1881–1884**
  Atargatis 895
  Attalos I 931
  castration 1361
  Claudii, family of 1542
  Dendrophoroi 2035
  eunuchs 2562
  Galli 2818–2819
  Metragyrtai 4484
  mother goddesses 4605
  Mysteries 4665
  Novaesium 4817
  Pessinous 5201
  Phokaia 5300
  stones 6404
  taurobolium 6542
Cyclades islands **1884–1886**
  Aegean Sea 116
  Agia Irini on Keos 183
  Amorgos 370
  Andros 417, 419
  Archanes 628
  Chalandriani on Syros 1426
  Delian League 1976
  Delos 1980
  Eleutherna 2372
  Euboea 2543
  Keos 3729
  Keros 3736–3738
  Koukounaries 3815
  Kythnos 3847
  League of Islanders 3983–3984
  Melos 4423–4424
  Minoa on Amorgos 4524–4525
  Mykonos 4659–4660
  Naxos 4717–4718
  Paros 5064–5066
  Ptolemaic possessions outside Egypt 5626
  Samos 6028
  Seriphos 6168
  Sikinos 6249
  Siphnos 6265
  Sporades islands 6362
  Syros 6496
  Tenos 6604
  Thera 6699–6701
  Xobourgo on Tenos 7153–7155
Cynicism **1887–1889**
  Dio Chrysostom 2102
  disease and health 2165
  ethics 2508
  John Chrysostom 3608
  Stoicism 6400
  Symeon of Emesa 6470
  Theopompos of Chios 6695
  Zeno of Kition 7167
Cyprian **1889–1892**
  apostolic succession 573
  baptism 1038
  Carthage 1348
  deserti agri 2049
  Donatists 2205
  Eucharist 2547
  law 3955
  libelli 4054
  penance 5137
  Popes 5425
Cypriot archaeology **1892–1893**, 2332, 2411–2412, 6015, 6016
Cyprus **1894–1895**

Alashiya   278–279
Andocides   413
Aphrodite   523
Cleopatra IV   1566
Delian League   1977
Demetrios I Poliorketes   1995
Gaza   2862
Gergithes   2897
Hyksos   3361
Ialysos in Rhodes   3376
Ionian Revolt   3487
Kition   3775, 3776
Kourion   3818
mines and mining   4517
mints and minting   4533
Oriens, diocese of   4932
Paphos   5039–5040
Ptolemaic possessions outside Egypt   5625–5628
Ptolemy I Soter   5630, 5631
Ptolemy VI Philometor   5640
Ptolemy VIII Euergetes II   5643
Ptolemy XII Neos Dionysos Auletes   5648
rebellions   5744
Salamis, Cyprus   6015
seals   6101
Soloi   6313
Syrian wars   6495
Troodos mountains   6874
Uluburun shipwreck   6910
Zeno of Kition   7167
Cyrene   **1895–1896**
  Ahmose II   236
  altar   342
  apoikia   545
  Battiads   1066–1067
  Berenike II   1095
  Callimachus   1276
  cemeteries   1401
  democracy   2011
  diagramma   2068
  drought   2227
  foundations   2753
  hetaireia   3196
  Ptolemy VI Philometor   5640
  Ptolemy VIII Euergetes II   5643
  roads   5853
  Siwa Oasis   6274
Cyrene and Cyrenaica   **1896–1900**
  Cyrene edicts   1900–1903
  Euesperides   2553
  Eugammon of Cyrene   2554

Magan   4217
Maghreb   4219
Ptolemaic possessions outside Egypt   5625–5628
Synesius   6481
Cyrene edicts   **1900–1903**
Cyril of Alexandria   **1903–1904**
  adversus Iudaeos   113
  Chalcedonian controversy   1428–1430
  Christology   1481
  churches   1495
  Dioskoros, bishop of Alexandria   2142
  ecclesiastical history   2263
  Henotikon   3131
  Hypatia   3366
  logos   4141
  Rabbula of Edessa   5726
  Severus of Antioch   6185
  Theodoret of Cyrrhus   6674, 6675
Cyril of Skythopolis   604, 1105, **1904**, 5986
Cyrus (patriarch of Alexandria)   **1905**, 2062, 3617, 6168, 6323, 6605, 6820
Cyrus II the Great
  Achaemenid Dynasty   33–34
  Araxes   614
  Ariarathid Dynasty   682
  Astyages   886
  biography   1118
  Elamite kings, Neo-Elamite period   2351
  Lydia   4186
  Pasargadai   5075–5076
  Persian, Persians   5192
Cyrus the Younger
  Achaemenid Dynasty   35
  Aleuadai   287
  Bithynia   1138
  Cunaxa   1870–1871
  historiography   3256
  Lysander   4190
  Ten Thousand, the   6605

Dacia   **1906–1908**
  Aemilian   123
  Alburnus Maior   280–281
  Antoninus Pius   500
  Aquincum   593
  Aurelian   976
  economy   2273
  forts   2730
  frontiers   2776, 2779
  Hadrian   3020
  Illyricum and the Balkans, Roman conquest of   3410

Dacia (cont'd)
  imperialism 3433
  inflation 3458
  Iulius Quadratus Bassus, Gaius 3549
  limitanei 4088
  Porolissum 5435
  Potaissa 5463–5464
  Sarmizegetusa Regia 6048
  Serdica 6166
  Trajan 6812, 6813
  Trajan's column 6817, 6819
  Ulpia Traiana Sarmizegetusa 6908
Dacian War, First 549, 3997, 4005, 6812, 6879
Dacian War, Second 3996–3998, 5027, 6879
Dacians and other Transdanuviani **1908–1912**
  Bastarnians 1911
  Celts 1910–1911
  Decebalus 1947
  Domitian 2199
  Getae 1908–1910
  Illyricum and the Balkans, Roman conquest of 3412–3413
  immigrants 3417
  Sarmatians 1911
  Sarmizegetusa Regia 6048
  Scythians 1910
Daedalus **1912**, 2409
Dagan 61, **1912–1913**, 3346
Dahshur **1913–1914**
  Abu Rawash 12
  Abydos, Egypt 20
  cemeteries 1406
  cenotaphs 1407
  Hetepheres I 3197
  jewelry 3585
  Old Kingdom 4885
  pyramid 5679
  Saqqara 6037
  sculpture 6093
  Second Intermediate Period 6105
  Senwosret I–IV 6154
  ships and shipping 6218
  Sneferu 6293
Daldis **1914–1915**
Dalmatia **1915–1917**
  Arruntius Camillus Scribonianus, Lucius 760
  Diocletian 2105
  Illyria and Illyrians 3407–3408
  Illyrian wars 3409
  Illyricum and the Balkans, Roman conquest of 3410–3413
  Issa 3527

  rebellions 5742, 5743
  Romulus Augustulus 5960
  Salona 6020
Damascius **1917–1918**, 4745, 4946, 6260, 6424
Damascus **1918**
  Adad-nirari III 62
  Amorites 372
  Amr 383
  Apollodoros of Damascus 549
  Arabs 603
  Aram, Aramaeans 605
  Aristobulus I 694
  Aristobulus II 694
  Hazael of Damascus 3086
  Nicolaus of Damascus 4780–4781
  Paul and Pauline Epistles 5104–5105
  Salome Alexandra 6019
  Shalmaneser III 6198
  Syrian wars 6494
Damascus Covenant, the (Dead Sea Scrolls) 608, 1698, **1918–1919**, 1939, 2591, 4464
Damastes **1919–1920**, 3111, 3114
damnatio memoriae **1920–1921**
Damon **1921–1922**, 6319
Damophon **1922–1924**
dance, dancing (Greece and Rome) **1924–1926**, 2132–2133, 2238–2239, 3817, 5036–5037
Daniel (and Greek additions to) **1926–1927**, 7045
Daniel, book of 529–531, 535
Daniel the Stylite 257, **1927**, 6430
Danube **1927–1928**
  Apollodoros of Damascus 549
  Bulgaria and Bulgars 1205–1206
  Carnuntum 1338, 1339
  Claudius II 1545
  Constantine IV 1729
  Gallienus 2833
  Histria, Romania 3276
  Illyricum and the Balkans, Roman conquest of 3410–3413
  imperialism 3432
  Long Wall 4147
  Lucius Verus 4159
  Nikopolis ad Istrum 4792
  nomads 4805–4806
  Noricum 4812
  Otho 4967–4968
  Raetia 5729
  rivers 5850–5851
  roads 5853, 5855
  ships and shipping 6222, 6223, 6225
  Trajan Decius 6810–6811

Danubian Rider Gods   **1928–1929**
Darius I
  Abdera   2
  Achaemenid Dynasty   32, 34–35
  Arabs   602
  Athens   912
  Bisitun   1135
  Black Sea   1144
  Dacians and other Transdanuviani   1910
  Demokedes of Kroton   2018
  Ecbatana   2261
  economy, Near East   2287, 2289
  Late Period   3915
  law   3938
  Macedonia   4201, 4203
  Margiana   4300
  Perinthos   5163
  Persepolis   5177
  Persia and Greece   5184, 5185
  Tell el-Mashkuta   6578
  tribute   6857
Darius III   36, 291–292, 1103, 2146, 2856–2857, 3065
Dark Age Greece   1212–1213, **1929–1930**, 2354, 3050
Daskyleion   **1930–1931**
dates   208, 209, 215, **1931–1932**, 2100, 2652, 2704, 2781
daughter   **1932–1933**, 2625–2626, 3327–3328
David   **1933–1934**
  Book of Zerubbabel   1157–1158
  devil   2059
  eschatology   2498, 2499
  Hillel, Rabbi   3218
  Israel and Judah   3524, 3525
  Ruth, Book of   5983
  Solomon   6314
De materia medica (Dioscorides)   2137, 2138, 4506, 5152, 5153
De rebus bellicis   **1934–1935**
Dea Syria.   *see* Atargatis
deacon   569, 1491, 1573, **1934–1936**, 3394
dead, cult of.   *see* funerary cult
Dead Sea   1141, **1936–1937**, 3576, 3622, 5716–5717, 6022
Dead Sea Scrolls   **1937–1939**
  Alexander Jannaeus   302–303
  Alkimos   319
  alphabets and scripts   335
  apocalypses   530, 533
  apocalypticism in Early Christianity   535
  apocrypha and pseudepigrapha   541

Belial/Beliar   1077
Bible   1107
Cairo Genizah, Late Antique Jewish texts from   1253
Community Rule, the   1698
Copper Scroll, the   1770–1771
Damascus Covenant, the   1918–1919
Daniel   1927
demons   2021
dietary restrictions   2089
Ebionites   2257
eschatology   2499
Essenes   2502
exorcism   2600
family   2629
Josephus   3628
Jubilees, Book of   3632
Judaean desert, documents from   3636
messianism   4464–4465
prophecy and oracles   5578
Psalms of Solomon   5613
Qumran   5716–5717
religion   5797
Sabbath   5988
Sadducees   6005
Salome Alexandra   6019
Songs of the Sabbath Sacrifice   6316
Temple Scroll, the   6585
War Scroll, the   7045–7046
deafness   **1939–1940**, 2157
death (ancient Near East)   **1939–1941**
death, registrations of   **1941–1942**
debt (Greece and Rome)   **1942–1945**
  atimia   923
  Catilinarian conspiracy   1373, 1374
  and civic unrest   1944
  class   1532
  credit   1826–1828
  Diodoros Pasparos   2112
  of elites   1943
  fenerator   2655
  ges anadasmos   2907
  hektemoroi   3101, 3102
  hypotheke   3370, 3371
  law   3942
  lenders and types of loans   1943–1944
  Manlius Capitolinus, Marcus   4262
  manus iniectio   4271–4272
  maritime loans   4302–4303
  and "modern" firm   1944
  obligation   4852, 4853
  of peasants   1942–1943

debt (Greece and Rome) (*cont'd*)
  seisachtheia   6115
  slavery   6281, 6285
  social structure and mobility   6301
  Solon   6314, 6315
decans   464, 482, 880–881, **1945–1947**, 6317
Decebalus   **1947**
  Dacia   1906
  Dacians and other Transdanuviani   1909, 1910
  Domitian   2199, 2200
  exploratores   2603
  Rome, city of: 5. Flavian and Trajanic   5916
  Sarmizegetusa Regia   6048
  Trajan   6812–6813
Decemvirate   1538, 1539, **1947–1948**, 2613, 2616, 6011, 6893
Decii   **1948–1949**, 2613
decipherment   1871, **1949–1950**
Declamationes   1762, **1950–1951**, 3670–3671, 6144
decline   **1951–1953**, 2017
decree (*psephisma*)   422, **1953–1954**, 1992, 2453, 3006–3007, 5615–5616. *see also psephisma*
decretum   1603, 1749, **1954–1956**, 2981, 5415–5416
Decretum de saltu Burunitano   **1956–1957**
decumanus   **1957**, 5853
decurio   273, **1957–1958**, 6886
decurions   1955, **1958–1959**, 2107, 6301
deductio   **1959**, 7043
defensor   **1960**
defensor civitatis   **1960–1961**, 6937
defixiones. *see* curses (Greece and Rome)
deformity   1939–1940, **1961–1962**, 2239, 3337, 3456–3457
Deioces   **1962–1963**
Deiotaros of Galatia   **1963–1964**, 6835
Deir el-Bahari   **1965–1967**
  Ahhotep   233
  Ahmose I   235
  Amenhotep I–III   358
  art   773
  cenotaphs   1407
  festivals   2667
  gardens   2853
  Hatshepsut   3077
  Mentuhotep I–VII   4447
  Rameses I–XI   5730
  Re and Re Horakhty   5742
  ruler cult   5976
  sculpture   6093
  Senenmut   6148, 6149
  ships and shipping   6218

  Thebes   6660
  Valley of the Kings   6946
Deir el-Ballas   **1967**, 3361
Deir el-Bersha   **1967–1969**, 3075, 3169
Deir el-Medina   **1969–1971**
  administration   86
  Ahhotep   233
  Ahmose Nefertiry   237–238
  Amenhotep I–III   359
  art   769
  census   1410
  childhood   1458
  cities   1515
  cults: private   1867–1868
  economy   2295
  education   2321, 2322
  Egyptology   2334, 2335
  family   2631
  fish and fishing   2690
  furniture   2802, 2803
  houses, housing, household formation   3330
  humor and satire   3339, 3340
  hygiene   3355
  law   3961, 3963
  literacy   4101
  old age   4884
  papyri   5047
  Rameses I–XI   5731
  redistribution   5754
  Satet   6057
  sex and sexuality   6192
  slavery   6284
  Thebes   6659, 6660
  Thutmose I–IV   6739
  Valley of the Kings   6946
deisidaimonia   **1971–1972**
Dekapolis   1104, **1972–1973**, 3571, 5244–5245
Dekeleia   **1974**
delatio nominis   32, 58, **1974–1975**
delator   **1975–1976**
Delian League   **1976–1979**
  Abdera   2
  Aiolis   248
  archives   662
  Aristides   691, 692
  Athenian Confederacy, Second   908
  Athens   912
  Athos mountain   921
  Chalcedon   1427
  Chalcidice, Chalcidian League   1431
  Chalcis   1434
  Chersonese, Thrace   1452

Chios 1467
Constantinople 1734
Delos 1981
democracy 2006, 2007
diplomacy 2145
Eion 2343
Eresos 2484
Eretria 2485
Euboea 2543
Eurymedon, battle of 2576–2577
festivals 2660–2661
Halikarnassos 3045
harmosts 3064–3065
Hellenes 3113
hellenotamiai 3125
Herakleia by Latmos 3139
Herakleia Pontica 3141
Ikos 3397
Imbros 3415
imperialism 3425
Karystos 3699
Kaunos 3715
Keramos 3734
Kimon 3750
Kios/Prusias ad Mare 3772
Kolophon 3801
Kos 3813
Kyme 3841
Kyzikos 3848
Lampsakos 3870
land and landholding 3878
Lebedos 3987
Lesbos 4023
Lindos 4091
Lycia 4179
Megara 4412
Mende 4435
Methymna 4481
Myndos 4661
Mytilene 4670
navies 4705
Neapolis, Thrace 4719
Nisyros 4802
Panhellenism 5024
Paros 5065
Peloponnesian War 5131–5133
pentekontaetia 5141–5142
Perinthos 5163
Persia and Greece 5185
Phaselis 5241
Potidaia 5464
representation 5804

Rheneia 5823
Samos 6029
Seriphos 6168
Sikinos 6249
Siphnos 6266
Skiathos 6276
Skione 6277
Stratonikeia 6424
Syros 6496
Tenos 6604
Thasos 6641
Themistokles 6667–6668
Torone 6785
treaties 6838–6839
tribute 6857
tribute lists 6858
Troizen 6873
warfare 7050
Delion **1979–1980**, 2028, 6523
Delos **1980–1984**
 administration 79
 Antigonos II Gonatas 462
 Antigonos III Doson 463
 Apollo 547
 art 786–787
 ateleia 896
 Athens 910, 914
 Delian League 1976
 Delion 1979
 Eleven, the 2373
 festivals 2660
 Friends of the king 2766
 Heliodorus 3106
 hymns 3364
 inventories 3482
 loan 4129
 Mykonos 4659
 Naxos 4718
 olives and olive oil 4891
 Paros 5065
 religion 5797
 temple treasuries 6586
Delphi **1984–1987**
 Acilius Glabrio, Manius 46
 Aemilius Paullus, Lucius 128
 agonistic festivals 195
 Aitolian League 253–254
 amphictyony 374, 375
 Amphissa 380
 Antikythera Mechanism 466
 apellai 516
 Apollo 547

Delphi (cont'd)
  Aristotle 701
  Arrian 757
  Attalos I 931
  Bouphonia 1179
  Brutus, Lucius Iunius 1197
  Dionysos 2133
  divination 2170
  Earth deities 2252
  epiphany 2465
  Fabius Pictor, Quintus 2616
  fire 2681
  foundations 2753
  freedmen and freedwomen 2760
  Hellenistic period, concept of 3121
  hetaira 3196
  Hieron I of Syracuse 3211
  hymns 3364
  Isis 3517
  Kadmos 3673
  Klazomenai 3779
  Kleisthenes of Athens 3782–3783
  Kypselos 3844
  Lokris 4143
  Lycurgus 4184
  Methone, Magnesia 4480
  Midas 4489
  Naxos 4718
  oikistes 4869
  Olympias 4897
  omphalos 4900–4901
  Onomarchos 4904–4905
  oracles 4915
  Oribasios of Pergamon 4931
  Philomelos 5275
  Phokis 5303
  Plutarch 5363
  Pythia 5688
  Pythian Games 5688–5689
  Pythioi 5689
  Salamis, island and battle of 6016
  Siphnos 6265
  stones 6403, 6404
  temple treasuries 6586–6587
  transport 6824–6825
  wars, sacred 7061
  weights and measures 7085, 7087
Delphinion **1987–1988**, 3097, 3935
Demades **1988–1989**
demagogues 1358, **1989–1990**, 3790, 6394
Demaratus of Corinth 1011, **1990–1991**, 2540, 3787, 6533

demes (Attic) **1991–1992**
  Acharnai 42–43
  agora 199
  archon 666
  Eleusis, Attica 2370
  horoi 3305–3306
  Kleisthenes of Athens 3783
  Kolonai 3800
  Menidi in Attica 4440
  Rhamnous 5821
  Salaminioi 6015
  tenancy 6602
Demeter **1992–1994**
  Ceres 1418, 1419
  Crimea 1842
  Damophon 1923–1924
  Dendrophoroi 2035
  Dis Pater 2156
  Eleusis, Attica 2369, 2370
  Eleusis, Mysteries of 2371
  first fruits 2683
  Haloa 3050
  Isis 3516
  Marmor Parium 4314
  mother goddesses 4604
  Neapolis , Italy 4719
  Odessos 4864
  orgia 4930
  Persephone 5176
  plants 5345
  Samothrace, Mysteries of 6032
  Skira 6277
  Thesmophoria 6706, 6707
  Xobourgo on Tenos 7155
Demetrias 461, 463, **1994–1995**, 1996, 3485, 4480
Demetrios (Jewish historian/chronographer) **2001**, 2572, 3644
Demetrios (saint) **2003**
Demetrios I (Seleucid king) **1997–1998**
  Alexander Balas 299
  Alexandria Oxiana 313
  Alkimos 318
  Andriskos 415
  Antiochos IV Epiphanes 480
  Antiochos VII Sidetes 481
  Ariarathid Dynasty 683
  Bactria 1013–1014
  forts 2724
  Halos in Thessaly 3050
  Herakleia by Latmos 3140
  Jonathan Maccabaeus 3620–3621
  Orophernes of Cappadocia 4940

Demetrios I Poliorketes **1995–1997**
  Agathokles 170
  Agathokles of Syracuse 171
  Aitolian League 252–253
  Alexander IV 298
  Antigonids 456
  Antigonos I Monophthalmos 460
  Antigonos II Gonatas 461
  Antigonos III Doson 463
  Antiochos I Soter 473
  Athens 914
  Aulis 970
  catapults 1367
  coinage 1628
  Demetrias 1994
  Demetrios of Phaleron 2002
  Demochares of Athens 2005
  Hellenic Alliance 3113
  Hieronymos of Kardia 3214
  Ipsos 3493
  Kallias of Sphettos 3679
  League of Islanders 3983
  Lindos 4091
  Lysimachos 4193
  Macedonia 4204
  Pyrrhos 5683
  Salamis, island and battle of 6016
  Seleukos I Nikator 6127, 6128
  Sikyon 6250
  Stratokles 6422
  Successors, wars of 6433
Demetrios II (Macedonian king) 456–457, 474, **1998**, 2003–2004, 4204, 6122, 6556
Demetrios II (Seleucid king) 300, **1999–2000**, 2115, 3621, 5644, 6259
Demetrios of Alexandria **2000**, 4933–4934, 4936
Demetrios of Phaleron **2001–2002**
  Aesop 140
  Areopagos 671
  Athens 910, 914
  Cassander 1352, 1353
  census 1411
  Demetrios I Poliorketes 1995
  Dinarchus 2101
  diplomacy 2145
  Judeo-Greek literature 3645
  oikoumene 4877
  rhetoric 5827
Demetrios of Pharos 228, **2002–2003**, 3408, 3409, 6275, 6629
Demetrios' War 1998, **2003–2004**
demiurge **2004–2005**, 2940, 5351, 6574

Demochares of Athens **2005–2006**, 6422
democracy (Athenian) **2006–2008**
  adeia 66
  Agyrrhios 230–231
  Athens 915
  boule 1176–1177
  boulomenos, ho 1177–1178
  cheirotonia 1447
  Damon 1922
  decree 1954
  Delian League 1978–1979
  demagogues 1989–1990
  demes 1991–1992
  demos 2025
  dokimastes 2188–2189
  Ephialtes 2432–2433
  epigraphy 2451
  Eukrates, law of 2556
  eunomia 2561
  euthyna, euthynai 2584
  Five Thousand 2691
  Four Hundred 2756
  freedom 2763
  friendship 2767
  heliaia 3105
  Hipparchos 3224
  Hyperbolos 3367
  Kleisthenes of Athens 3782, 3783
  Kleomenes I of Sparta 3786
  luxury 4176
  Lysias 4192
  nomos and nomothesia 4808–4810
  nomothetai 4810
  Old Oligarch 4888
  oligarchy 4889
  patrios politeia 5095
  polis 5379
  politeia 5381–5382
  politeiai 5382–5385
  political pay 5386
  Socrates 6309
  sortition 6326
  stasis 6374
  strategoi 6419
  Stratokles 6422
  trittys 6867–6868
  Xenophon 7152
democracy (Hellenistic) 78, 1953, **2008–2010**, 2011, 5380
  politeia 5381–5382
democracy (non-Athenian) 841–842, 1447, **2010–2012**, 3140, 3219, 4718

democracy (Roman)   2355–2359, 5874
Democritus   **2012**
  Abdera   2
  Anaxarchos of Abdera   407
  anthropology   454
  Aristotle, *Physics*   710
  atomism   924–925
  Epicurus and Epicureanism   2437, 2439
  ethics   2508
  Hippocrates of Kos   3234
  Ostanes   4956
  physics   5315
  Rufus of Ephesos   5970
  sleep   6288, 6289
demography (historical, ancient
    Mediterranean)   **2012–2017**
  carrying capacity   1345
  dominus   2196
  economic performance   2267
  economy   2277
  fertility and the family   2015–2016
  methods and sources   2013
  migration   2016
  mortality   2014–2015
  population size and development   2013–2014
  Ulpianic life table   6908–6909
demography (Late Antiquity)   **2017–2018**
demoi (demes) (Byzantine)   **2018**
Demokedes of Kroton   **2018**
demon bowls. *see* Incantation bowls (Babylonian)
demons (ancient Near East)   1077, **2019**, 2390,
    2598–2599, 3865, 4087
demons (Greek and Roman)   172–173, 259, 559,
    2019, **2020–2021**, 2578, 7114
demons (Judaism)   1077, **2021–2022**, 2598–2600
demons (Late Antiquity)   **2022–2023**, 3392,
    3438–3439, 7114
demons (Pharaonic Egypt)   **2023–2025**
demos   **2025–2026**
demosiosis   **2026**
Demosthenes (orator)   **2026–2028**
  Aeschines   135–137
  antidosis   455
  Antipater   485
  Aristotle   701
  Athens   913
  atimia   923
  autopatheia   982
  Calauria and the Calaurian amphictyony   1254
  Chalcidice, Chalcidian League   1432
  credit   1828
  Crimea   1842

debt   1943
Demades   1988
Demochares of Athens   2006
Dinarchus   2101
Dio Chrysostom   2103
Dionysius of Halicarnassus   2128, 2130
eisangelia   2343
ethnicity   2523
Euboulos, Athenian politician   2544, 2545
Eukrates, law of   2556
exile   2595
Greek language and dialects   2987
Harpalos   3065–3066
Harpocration   3067
hetaireia   3197
Hyperides   3368
Isaeus   3507
Kallias, Peace of   3678
Koine dialect   3797
League of Corinth   3982
logos epitaphios   4142
Macedonia   4202
nomophylakes   4808
nomothetai   4810
orators   4923
Stratokles   6422
Demosthenes *(strategos)*   **2028**, 2079, 6235, 6353
Demotic   **2028–2030**
  bilingualism   1115, 1117
  dream books   2221
  hieratic   3208
  hieroglyphs   3210
  law   3937–3938
  letters, letter writing   4029
  mathematics   4347
  ostraca   4965
  papyri   5047
  papyrology   5048–5050, 5054
  Saite Period   6013
Demotic legal texts   **2030–2032**, 3937–3938,
    3943–3944
Den   11, **2032**, 2177, 2250, 4453
Dendera   **2032–2034**, 2238, 2307, 2684–2685, 3074
Dendra in the Argolid   **2034–2035**
Dendrophoroi   **2035**
dentistry   **2035–2037**, 6570
denuntiatio   **2037**
depopulation   **2038**
deportation   3, 1320, **2038–2040**
Derkylidas   **2040**
desert   **2040–2042**, 2254–2256
desert castles (Umayyad)   **2042–2044**

Desert Fathers and desert literature   **2044–2049**
  Cenobitic and Anchoritic communities
    2046–2047
  Desert Mothers   2047–2048
  in Egypt and Gaza   2048–2049
  hermits   3165
  John Klimax, of Sinai   3614
  legacy of   2048
  Sethianism   6176
  Shenoute   6205
deserti agri   **2049–2051**
deserts (Egypt)   **2051–2056**
  Bahariya Oasis   1020–1021
  funerary cult   2790
  history   2051–2053
  Kharga oasis   3742
  late activity   2053
  Pharaonic religious activity and
    architecture   2054
  quarries   2051
  rock inscriptions   2053–2054
  Seth   6175
detachment. *see vexillatio*
Deutero-Pauline Epistles   536, **2056–2058**
Deuteronomy, book of
  Assumption of Moses   849
  Hezekiah   3201
  Josiah   3630–3631
  logos   4140
  mezuzah   4487
  Mount Nebo   4608
  tefillin   6570, 6571
  women   7124
Deva (Chester)   207, **2058**
devil (Satan)   157, 1465, **2058–2060**,
  2598–2599, 6618
devotio   1949, **2060**, 2791, 2792
Dexippos of Athens   **2060–2061**, 2559, 2832,
  3250, 3263
dextrarum iunctio   **2061–2062**
Dhimini in Thessaly   **2062**, 3485, 6174, 6711
diadem   682, **2062–2063**
diadikasia   455, **2063**
Diadochi, wars of the. *see* Successors, wars of
Diadumenianus (Marcus Opellius Antoninus
  Diadumenianus Augustus)   **2063–2064**
diagnosis (Egyptian)   **2064–2065**
diagnosis (Greek and Roman)   **2065–2066**,
  5566–5567
diagnosis (Mesopotamian)   **2066–2067**, 4386
diagramma   78, **2067–2068**
diagrams (mathematical)   **2068–2069**

diagraphein, diagraphe   **2069–2070**
diaitetai   617, **2071**
Dialogue of the Savior   **2071–2072**
Diana   **2072–2074**
  aedituus   114
  astral deities   860
  Egeria   2323
  Juno   3657
  Nehalennia   4729
  Nemi, Lake   4741
  Tullius, Servius   6885
diaries (astronomical)   878, **2074–2075**,
  2943, 6071
Diasia   **2075**, 7174
Diaspora (Jewish)   **2075–2078**
  alphabets and scripts   338
  burial   1216–1217
  catacombs   1363, 1365–1366
  Esther, Scroll of   2504
  Exodus, Jewish and Egyptian stories about   2596
  Gentiles, Jewish and Christian attitudes
    towards   2887
  Herod the Great   3176
  Jews   3593–3596, 3599
  Josephus   3626
  Judeo-Greek literature   3644
  Sabbath   5989
  Sibylline Oracles   6232
  synagogues   6480
  tax (Jewish)   6546
  Tobit, Book of   6774–6775
Diatessaron   1109, 1111, 1112, **2078–2079**,
  2436, 6539
diatheke   **2079–2080**
dictator   1507, 1540, **2080**, 2232, 3434, 3655,
  6444, 6445
Didache   569–571, 1368, **2081–2082**, 5503, 5581
didactic wisdom literature   4785, 4969, 7107,
  7108, 7112
Didascalia Apostolorum   **2082–2083**
Didius Severus Iulianus Augustus,
  Marcus   **2083–2085**, 2207, 5496–5497,
  6156–6157
Didyma   79, 342, **2084–2085**, 3482, 3555
Die Fragmente der griechischen Historiker
  ethnography and ancient history   2532
  Jacoby, Felix   3564–3565
diet (ancient Near East)   1033–1035, 1071,
  2085–2086
diet (elite)   **2086–2088**
  banquets   1033–1035
  consumption   1757

diet (elite) (*cont'd*)
  cooking   1768
  dates   1931
  economy   2276
  fish and fishing   2686
  food, drink, and feasting   2704
  meat, consumption of   4370–4371
  nutrition and malnutrition   4841, 4842
diet (peasants)   **2088–2089**
  agriculture   211
  cooking   1768
  fish and fishing   2686, 2687
  food, drink, and feasting   2704
  meat, consumption of   4371
  nutrition and malnutrition   4841, 4842
dietary restrictions (Jewish and Christian)
    2089–2091, 2644–2686
Digesta   **2091–2093**
  colonate   1653
  Constitutio Antoniniana   1748
  Institutiones   3468, 3469
  interpolation, study of   3474–3475
  iuris consultus   3552
  ius gentium   3554
  ius Italicum   3555
  jurisprudence   3661
  law   3959, 3966
  sacrilegium   6005
  Sententiae of Paulus   6152
  tenancy   6603
  testatio   6623
digressions   **2093–2094**, 3117, 3247, 3254
Dikaiarchos, Aitolian   **2094**
dikasterion   311, **2095**, 3105, 3942, 6308
dikastes   **2095–2096**, 2432, 2961–2962, 3105, 3931
Dike, *dike*   137, 240, 1178, 2063, **2096–2098**, 5553
Diktaean Cave in Crete   **2098**, 7173–7174
Diktynna   **2098**
Diktynnaion sanctuary   **2099**
Diktys of Knossos   **2099–2100**
Dilmun   **2100**, 6046, 6211, 6926
Dinarchus   **2100–2101**, 3066, 4808, 4923
Dinon of Kolophon   **2101–2102**
Dio Chrysostom   919, **2102–2103**, 5373,
    5609–5610, 5828
Diocles (mathematician)   **2104**
Diocles of Karystos   **2103–2104**
  botany   1172
  cardiovascular system   1331
  diagnosis   2065
  disease, conceptions of   2160
  dogmatism, medical   2187

Draco   2219
  headache   3088
  hysteria   3374
  medicine   4381
  optics and catoptrics   4910
  rheumatism   5835, 5836
Diocletian (Gaius Aurelius Valerius Diocletianus
    Augustus)   **2104–2111**
  Abu Mina   9
  Acta Martyrum   53
  administration   79
  administrative reforms   2108
  Aegyptus   119
  Aelia Capitolina   121
  Africa Proconsularis   152
  agentes in rebus   180–181
  alchemy   282
  Aphrahat   519
  Aquincum   593
  artisans, trades, and guilds   806
  Augusta Treverorum   949
  Augusta Vindelicum   951
  Aurelian   972, 976
  Byzantium   1230, 1235
  Carinus   1335
  church institutions   1494
  civil war   1530
  Codex Gregorianus and *Codex
    Hermogenianus*   1595, 1596
  coinage   1608, 1637
  Constantine I   1720
  Constantius I Chlorus   1741, 1742
  Dalmatia   1916
  defensor civitatis   1960
  Dodekaschoinos   2184
  Domitius Domitianus   2201
  early career   2105–2106
  economic reforms   2108–2109
  economy   2274, 2297
  Edessa   2305
  edict on prices, Diocletian's   2312
  Epirus   2468
  equites   2474, 2476
  eunuchs   2564
  Euphrates frontier   2569
  Eusebius of Caesarea   2577, 2578
  Eusebius of Nicomedia   2581
  Eustathius of Antioch   2582
  factories   2619
  finance   2677–2678
  Flavius Valerius Severus Augustus   2696–2697
  forests   2713

frontiers 2776
Galerius 2813–2815
Gaul 2860
Germania 2899
government reforms 2106–2107
Hispania 3243
Historia Augusta 3249
Italy, southern 3538, 3541
Lactantius 3861
land and landholding 3875
legal decisions 2109–2110
Libanius 4050
limitanei 4088
Lixus 4128
logistics 4138
Londinium 4146
Lydia 4187
Macedonia 4205
Maximian 4362–4364
military reforms 2107, 2108
Nisibis 4800–4801
Numerian 4832
Oriens, diocese of 4932
palaces 4988
Pannonia 5027
persecution of Christians 5174
price formation 5523
prices 5527
Rome, city of: 8. Tetrarchic 5940, 5941, 5943
Rome, city of: 9. Fourth century 5945
Romuliana 5959
Sardis 6044–6045
Senate 6143
Sicily 6239
Siscia 6271
Spalatum : Diocletian's Palace 6340, 6341
taurobolium 6542
taxation 6546, 6552
tetrarchy 6628
Thebes 6648
treaties 6839–6840
troop movements 6877
Umbrians 6913
wage labor 7037–7038
weights and measures 7092, 7094
Diocletian's Palace. *see* Spalatum
Diodoros Pasparos **2111–2112**
Diodorus of Sicily **2112–2115**
   Agatharchides of Knidos 167
   akribeia 270
   Alexander III, the Great 295

Alexander historians 300
Antiochos of Syracuse 483
Araxes 615
Athenian Confederacy, Second 908
cannibalism 1297
catapults 1367
Chaldaeans 1435
Charondas of Katane 1445
chronography 1484
deisidaimonia 1972
Demetrios I Poliorketes 1995
Dinon of Kolophon 2101
Dion of Syracuse 2123
Dionysios I 2124
Dionysios II 2126
Dioscuri 2139
Diyllos of Athens 2176
Douketios 2215–2216
Egyptology 2332
Elis 2375
Epaminondas 2424
Ephoros 2433
epiphany 2466
eponymoi 2472
Euctemon 2550
Eurymedon, battle of 2576
fasti of magistrates 2642
foundations 2752
Friends of the king 2766
Hecataeus of Miletos 3093
Hellenica 3114
Hellenica Oxyrhynchia 3117
Herakles 3148
Hieron I of Syracuse 3212
Hieronymos of Kardia 3214
historia 3246
historiography 3256, 3257
Karpathos 3696
Kleitarchos of Alexandria 3784
mineralogy 4515
oikoumene 4877
Orophernes of Cappadocia 4940
ostracism 4966
Ozymandias 4974
petalismos 5201
Satraps' Revolt 6059
Seleucids 6120
Sicelica 6234
universal history 6916–6918
Zeno of Rhodes 7168
Diodotos Tryphon 1999, **2115–2116**, 3621, 6258, 6259

Diogenes Laertius **2116–2117**
　Agnostos Theos 191
　Anaxilaos of Larissa 408
　Aristotle 701
　bematists 1079
　Cynicism 1887–1888
　Diogenes of Sinope 2117
　Epicurus and Epicureanism 2437, 2438, 2440
　Eudoxos of Knidos 2551
　Heraclitus 3136
　Herakleides Lembos 3142
　Kleanthes of Assos 3780
　Protagoras 5593
　Stoicism 6400
　Suda 6434
Diogenes of Sinope 1887, 2102, **2117**, 2508
Diognetus, Letter to 569, 570, **2117–2118**
Dioikesis 2008, **2118–2120**
dioiketes (Egypt) 89, 97, 554–555, **2120–2121**, 2210–2211, 7170
diolkos **2121–2122**, 3531, 5159–5160, 6825
Dion 1972, 1973, **2122–2123**, 4898
Dion of Syracuse **2123**, 2126, 5349, 5973, 6352, 7163
Dionysia **2123–2124**
　Acharnai 43
　actors and actresses 59
　Apollodoros 550
　choregia 1470, 1471
　Dionysos 2134
　Eleusis, Attica 2370
　festivals 2660
　hymns 3364
　Menander 4433
　processions 5557–5558
　Salamis, island and battle of 6016
Dionysios I **2124–2126**
　Aborigines 6
　Adriatic Sea 106
　Dion of Syracuse 2123
　diplomacy 2145
　forts 2724
　invention 3481
　Leontinoi 4015
　Magna Graecia 4234
　Motya 4607
　Plato 5349
　Rhegion 5822
　Sicelica 6234
　Sicily 6236
　sieges and siegecraft 6243

　Syracuse 6485
　Tauromenium 6543
　Xenophon 7148
　Zakynthos 7163
Dionysios II **2126–2127**
　Dion of Syracuse 2123
　freedom 2764
　Plato 5349
　Rhegion 5822
　Sicelica 6234
　Sicily 6236
　Syracuse 6485–6486
Dionysius of Halicarnassus **2128–2131**
　Aborigines 6
　Acca Larentia 26
　Acilius, Gaius 45
　Aeneas 129
　Ancus Marcius 412
　Annales Maximi 443
　annalists 445
　Antiochos of Syracuse 483
　Atticism 936
　autopatheia 982
　classical scholarship, history of 1533
　Claudii, family of 1537
　Damastes 1920
　Dinarchus 2101
　Dius Fidius 2167
　Etruria, Etruscans 2537
　Fabius Pictor, Quintus 2617
　Feronia 2656–2657
　fetiales 2668–2669
　fowling 2757
　freedmen and freedwomen 2759
　Greek language and dialects 2988
　historia 3245
　historiography 3255, 3257
　horography 3305
　Hyperides 3368
　imitation 3416
　Isaeus 3506
　law 3954
　legion 3993
　local histories 4132
　logographers 4139
　Pontifical Chronicle 5416
　rhetoric 5828
　rhetorical history 5832
　Rome, Seven Hills 5957
　Romulus and Remus 5961
　sacrifice 6003
　speeches in historical works 6349

Thucydides 6735
tragic history 6809
Dionysius of Rome **2131**
Dionysius of Tel-Mahré **2132**
Dionysius the Areopagite, Pseudo- 418, **2127–2128**, 4746, 4939, 6714–6715
Dionysos **2132–2135**
  Abdera 2
  Agia Irini on Keos 184
  Agrionia 224
  Andros 418
  Anthesteria 452
  bacchanal 1010–1011
  Corcyra 1778
  Dendrophoroi 2035
  diadem 2063
  Dionysia 2123–2124
  dwarves 2239
  Eleusis, Attica 2370
  Haloa 3050
  healing deities, healing cults 3089
  Liber and Libera 4055
  madness and mental health 4212
  maenads 4216
  Melampus 4419, 4420
  Nonnos of Panopolis 4811
  Orchomenos in Boiotia 4928
  orgia 4930
  Orpheus and Orphism 4946
  Oschophoria 4949–4950
  plants 5345
  Ptolemy IV Philopator 5637
  Sabazios 5987
  Sarapis 6040
  Teos 6606
  Tmolos mountain 6773
  Zeus 7173
Diophantus 1450, **2135–2137**, 3366, 3372, 4350
Dios Hieron **2137**
Dioscorides **2137–2138**
  asthma 860
  botany 1174
  fumigations 2785
  headache 3087, 3088
  Herakleides of Tarentum 3144
  Hippiatrica 3229
  hysteria 3374
  illness 3403
  illustration 3405
  Krateuas 3821
  Largus, Scribonius 3911
  medical writers 4377

  milk 4506, 4507
  mineralogy 4515
  nutrition and malnutrition 4840
  perfumes and unguents 5150, 5153
  Rufus of Ephesos 5970
  Serenus Sammonicus, Quintus 6167
Dioscuri 395, 1358, 1360, **2138–2141**, 4929, 6699
Dioskoros, bishop of Alexandria **2142–2143**, 6675
Dioskoros of Aphrodito **2141–2142**, 5051
Diospolis. *see* Lydda/Lod/Diospolis
Diospolis Parva (Hiw) **2143–2144**
diplomacy (ancient Near East) **2144–2145**
  Alashiya 278
  corruption 1803–1805
  Hammurabi of Babylon and his dynasty 3053
  Hattusili III 3084
  hostage 3321, 3322
  letters, letter writing 4026–4027
  oaths 4848
  Sasanians 6054–6055
  Ugarit 6905
diplomacy (Greek) **2145–2146**
  corruption 1803–1805
  Hippias of Elis 3226–3227
  hostage 3321
  Kallias of Sphettos 3679
  King's Peace 3755
  kinship 3769, 3770
  Megasthenes 4414
  oaths 4850
  spondai 6360
  symmachia 6472, 6473
  treaties 6837–6838
diplomacy (Hellenistic) 1803–1805, **2146–2149**, 3214, 3522–3523, 3769, 3770, 5181–5182
diplomacy (Pharaonic Egypt) **2149–2150**, 2712, 3062, 6841
diplomacy (Roman and Byzantine) **2150–2153**
  administration 73–74
  Cleopatra V Berenike III 1567
  client kings 1576–1577
  consuls 1753
  corruption 1803–1805
  fetiales 2668–2669
  Herakleia Pontica 3141
  Hierapytna 3207
  hostage 3321, 3322
  ius gentium 3554
  oaths 4850
  Severus Alexander 6183
  socii 6306
  strategy 6421, 6422

diplomacy (Roman and Byzantine) (*cont'd*)
　Stratonikeia　6424
　treaties　6842–6845
diplomata (military)　985, **2153–2154**, 2210, 2898, 3941, 6182, 6980
diptych　**2154–2155**, 6507
Dipylon Painter (pottery)　**2155**
Dis Pater　**2155–2156**
disability　1939–1940, **2156–2157**, 3337, 3456–3457
discens　**2157**
disciplina　2157, **2157–2158**, 2809
disease, conceptions of　**2158–2163**
　aetiology of disease　2159–2160
　Asklepiades of Bithynia　830
　bilharzia　1114
　contagion　1759
　demons　2024
　diagnosis　2064–2065
　empiricism, medical　2394
　endogenous causes of disease　2160–2161
　epidemic disease　2443–2444
　Erasistratus　2480–2481
　exogenous causes of disease　2160
　fumigations　2785
　Havdala de-Rabbi Akiba　3085
　headache　3087, 3088
　healing deities, healing cults　3089
　Herakleides of Tarentum　3144
　Herophilos　3192
　hysteria　3373
　illness　3402–3404
　infant diseases and mortality　3455
　medicine　4379–4380, 4387
　nutrition and malnutrition　4842, 4843
　signs and sign inference　6248
　systems of disease　2162
　zoology　7179
disease and health (Greece and Rome)　**2163–2166**
　asthma　859–860
　Athenaeus of Attaleia　904
　contagion　1759–1760
　demography, historical　2014–2015
　epidemic disease　2444
　exercise, physical　2594–2595
　gynecology　3011–3013
　life expectancy　4083–4084
　medical writers　4376–4377
　medicine　4378–4384
　methodism　4476–4477
　plague　5343–5344
　prognosis　5566–5567
　public health　5656–5658
dispensator　626, **2166–2167**
Dius Fidius　**2167–2168**, 2670
divinatio　58, **2168**
divination (ancient Near East)　**2168–2169**
　astrology　863
　calendar of lucky and unlucky days　1265
　dream books　2221–2222
　Enuma Anu Enlil　2421
　prophecy and oracles　5577–5579
　science　6070
　šumma alu　6451
　Šumma izbu　6451, 6452
divination (Greece and Rome)　**2169–2171**
　Astrapsychus　861
　augures, augury, and auspices　939
　chresmologos　1477
　dream interpretation　2222–2223
　groves, sacred　2999
　haruspices　3069–3070
　Monstrum　4584
　Nigidius Figulus　4783
　omens　4900
　oracles　4915–4917
　portents　5438–5439
　Pythia　5688
　religion　5774
　sacrifice　5998, 6003
　seers　6109
　seers and *sortilegi*　6110
　Sibylline Oracles　6231
　Sibyls and Sibylline books　6233
　signs and sign inference　6247, 6248
　sleep　6289
　sortition　6326
　sound　6339
　Tarchon　6529–6530
　Vegoia　6953
divination (Jewish)　**2171–2172**, 6231, 6232
divorce (Greek)　109, 2015, **2172–2173**, 2217, 2626
divorce (Roman)　**2173–2175**
　adultery　109–110
　coemptio　1599
　demography, historical　2015
　dowry　2218
　family　2627
　manus　4271
　marriage　4317
　pacta dotalia　4976–4977
　patria potestas　5085–5086

sui iuris   6440
Terentia   6608
Diyala   **2175–2176**, 2500, 3053, 3054, 4696, 6046
Diyllos of Athens   935, **2176–2177**
Djeba. *see* Edfu
Djer   **2177**, 2250, 3301, 4095
Djet   2032, **2177–2178**, 2250, 4453
Djoser   **2178**
   art   771
   building materials and techniques   1204
   Dahshur   1913
   Early Dynastic period   2251
   faïence   2622
   famine and food shortages   2636
   foundation deposits   2750
   Heliopolis   3107
   Imhotep   3415–3416
   Khasekhemwy   3744
   Old Kingdom   4885
   palaces   4995
   pyramid   5679
   Saqqara   6037–6039
   sculpture   6093
docetism   **2178–2180**
Doctrina Iacobi   **2180–2181**
documents and archives   **2181–2184**
Dodekaschoinos   **2184**
Dodona   466, **2184–2186**, 2252, 2467, 4915–4916, 7174
dogmatism, medical   2160, **2186–2187**, 2394, 4382, 5249
dogs   432, **2187–2188**, 3003, 3343, 4507
dokimastes (dokimasia)   1177, 1214, **2188–2190**
Dokimeion   **2190–2191**
Dolichenus   **2191**, 5956
dolium   **2191–2192**
Dolopes, Dolopia   **2192–2193**, 3397
dolus malus   **2193–2194**
domesticated animals. *see* animals
dominium   **2194–2195**, 2393, 5575
dominus (master of the house)   **2195–2196**, 2200, 5322
Domitian (Domitianus Augustus)   **2196–2201**
   administration in Rome   2199–2200
   Agricola, Gnaeus Iulius   208
   Agrippa II   226
   Antonius Saturninus, Lucius   504
   Aquae Mattiacae   588
   Aquincum   593
   auxilia   985
   character of reign and succession   2200–2201
   Clement of Rome   1559
   conspiracies against emperors   1717
   Cornelius Fuscus   1796
   Dacia   1906
   Dacians and other Transdanuviani   1910
   damnatio memoriae   1921
   Dio Chrysostom   2102
   family background and early life   2197
   Forum, Forum Romanum   2745
   Frontinus, Sextus Iulius   2780
   Germania   2898
   Hegesippus   3095
   Herodes Atticus   3178
   Horologium Augusti   3307
   legions, history and location of   3997, 3998, 4001, 4002, 4004
   lex Irnitana   4040
   Nerva Augustus   4754, 4755
   palaces   4998–4999
   Pliny the Younger   5359
   Revelation, Book of   5813
   from Roman civil war to death of Titus   2197–2198
   Rome, city of: 5. Flavian and Trajanic   5915–5921
   Rutilius Gallicus, Gaius   5984
   saeculum   6006
   Silius Italicus   6252
   Statius, Publius Papinius   6375
   stipendium   6394
   Tacitus   6511, 6512
   Trajan   6812
   warfare during reign   2199
Domitius Domitianus   **2201–2202**
domus   **2202–2203**
Domus Aurea   436, 4998–4999, 5914–5917, 5923, 5927, 5941
Donatists   **2203–2206**
   Athanasius   899
   Augustine of Hippo   957, 958
   baptism   1038
   Caesarea   1249
   Carthage   1348
   Constantine I   1722–1723
   Numidia   4834
   schism   6063
donativum   2084, **2206–2207**
Donatus, Aelius   **2207**, 3923, 6172, 6173
Donatus, Tiberius Claudius   **2207–2208**
donkey, mule   1281, **2208–2209**, 4506, 6828, 6831
doppelurkunde   **2209–2210**, 6623
dorea (gift, gift estate)   **2210–2211**

Dorian tribes **2211–2212**, 3376, 3488, 3489, 3687, 4947
Dorians **2213**
 Achaia 36
 Argolis 678
 Crete 1835
 ethnicity 2522
 Ialysos in Rhodes 3376
 Kameiros in Rhodes 3687
 Karneia 3694–3695
 kinship 3768, 3769
 Knidos 3793
 Kos 3813
 Methana 4475
 Naupaktos 4701
 Orthagorids 4947
Dorieus **2213–2214**
Dorotheus of Sidon 1101, **2214–2215**, 3133, 3970
double cropping **2215**, 3874
Dougga, Tunisia. *see* Thugga
Douketios **2215–2216**
dowry (Greek) **2216–2217**
 divorce 2172, 2173
 epikleros 2462
 fathers-in-law 2648
 houses, housing, household formation 3327–3328
 kyrios 3846
 marriage 4317, 4318
 oikos 4873, 4874
 parapherna 5062
 women 7120
dowry (Roman) 574, 1700, 2174, **2217–2219**, 4976–4977, 5588, 6509–6510
Draco **2219–2220**
 anchisteia 412
 Athens 911
 axones 999
 democracy 2006
 ephetai 2432
 exile 2595
 legislation 4007
 nomos and nomothesia 4809
 police 5375
 Solon 6315
 thesmos 6707
 women 7120
drama (Pharaonic Egypt) **2220–2221**
dream books (Pharaonic Egypt) **2221–2222**, 2222–2223, 2226, 6191
dream interpretation 2221–2222, **2222–2224**, 2226, 6289

dreams (Greece and Rome) 2170, **2224–2226**, 2464, 2791, 3441, 6288, 6289
dreams (Pharaonic Egypt and ancient Near East) 2221–2222, **2226**, 4836
Dreros **2227**
drought 1582, **2227–2228**, 2230, 2633, 2651
druids **2228–2229**, 5772, 5800, 5868, 5954
dry-farming 208–210, 212, 1506, 1845–1846, **2229–2230**, 2658
ducenarii **2230–2231**
Duilius, Gaius **2231–2232**
Dumuzi (Tammuz) **2232–2233**, 3436, 6199, 6928
Dur-Sharrukin (Khorsabad) 856, **2237–2238**, 6047
Dura-Europos 997, **2233–2234**, 2656, 3385, 3899
Dura-Europos, synagogue in **2234–2235**, 2765
Duris of Samos 170, **2235–2237**, 3114, 3245–3246, 3275, 6809
dwarves **2238–2240**, 3585
Dyme 37, **2240**
dynamic monarchianism. *see* adoptionism
dynasteia, idea of (Greece) 2125, **2240–2241**
dynastic cults (Egypt) 764, 766, 767, 1563, 1564, 1567, 1631, **2241–2243**
dynasty (Pharaonic Egypt) **2244–2245**
dynasty, idea of (Byzantine) **2243–2244**
Dynasty 1. *see* First Egyptian Dynasty
Dyrrachion. *see* Epidamnos

Ea (Enki) **2246**
 abzu 22
 Adapa 65
 Anunnaki and Igigi 509
 Atrahasis 928
 Eanna and other major Babylonian temples 2247
 Enlil 2413
 Enuma Anu Enlil 2421
 Enuma Elish 2422
 Eridu 2490
 flood stories 2699
 Hurrian, Hurrians 3347
 Inanna 3436
Eanna and other major Babylonian temples **2246–2248**, 2400, 6265, 6928
Early Dynastic period (Egypt) **2248–2252**
 A-Group 229
 Abu Rawash 10–11
 Abu Sir 15
 Den 2032
 Djer 2177

Djet   2177
Eanna and other major Babylonian temples   2247–2248
epigraphy   2462
festivals   2666
fig   2670
fish and fishing   2688–2689
furniture   2802
hair, hairstyling   3038
Hierakonpolis   3202
Hor-Aha   3300
human sacrifice   3331, 3335
Huni   3341–3342
kingship and administration   2249–2251
Minshat Abu Omar   4530
mummies and mummification   4617
papyrus   5056
Saqqara   6036, 6037
Sekhemkhet   6117
Semerkhet   6132
Serket   6169
ships and shipping   6218
Sinai   6262
sources on   2249
sports and games   6365
stoneworking   6410
Wadi Tumilat   7036
Earth deities (Greece and Rome)   1489, **2252–2253**, 4908, 6580
earthquakes   **2253–2254**
　Berytus   1100
　Beth Shean   1105
　Bethlehem   1107
　climate   1582
　Kommos   3807
　Kourion   3819
　Opramoas   4907
　Ostia   4962
　Pompeii   5404
　Pompeii, destruction of   5405
　Poseidon   5455
　Propontis   5583
　seismology   6115
　Thebes   6647
Easter   1259, 1369, 1482, **2254**, 4772, 5703
Eastern Desert   **2254–2256**
　Akhmim   262
　Berenike, Egypt   1092–1093
　Blemmyes   1145
　Coptos   1773–1775
　desert   2041
　deserts   2051

economy   2297
Egypt, Upper   2331
India, trade with   3450
Kush   3832
Min   4513
mines and mining   4520, 4522
Mons Claudianus   4582–4583
Mons Porphyrites   4583–4584
Myos Hormos   4662
ostraca   4964
Senwosret I–IV   6153
Wadi Hammamat   7034
Ebionites   102, 113, **2256–2257**, 3587, 3590
Ebla   **2258**
　archives   661
　death   1940
　fortifications   2719–2721
　Halab   3042
　Hurrian, Hurrians   3347
　literature and poetry   4109
　scribes   6081
　synchronisms   6481
　Syria   6486, 6487
　Ugarit   6904
Eboracum (York)   **2258–2259**, 6158–6159
Ebro   1246, **2259–2260**, 3241, 6503
Ecbatana   293, 1962, **2260–2261**, 3065, 3132, 6133
Ecclesiastes   **2261–2262**, 7111, 7112
ecclesiastical history   54–56, 2132, **2262–2264**, 2587, 6310, 6340, 6860–6863
Ecclesiasticus. *see* Ben Sira, Wisdom of
ecology   1345, **2264–2265**, 2266, 2423, 7181
economic performance   **2265–2268**, 2296
economic theory   **2268–2270**
　capitalism   1307–1308
　chrematistike   1475
　credit   1826–1828
　globalization   2936–2937
　hinterland   3219–3221
　inflation   3457–3459
　modernism   4558–4560
　Oikonomika   4869–4870
　Oikonomikos   4870–4871
　Perdikkas III   5148
　price formation   5523–5524
　prices   5524–5527
　primitivism   5538–5541
　profit   5565–5566
economy (Byzantine)   210–211, **2271–2272**, 2671, 4502, 6546–6547
economy (Eastern Roman provinces)   **2272–2275**, 2699, 5027–5028

economy (Greek)   **2275–2279**
  agriculture   211
  agriculture, diet, and demography   2276–2277
  coinage   1612
  emporion   2397–2398
  evidence and theory of   2275–2276
  fruit   2781
  iron   3499
  labor   3855–3857
  markets, money, and production   2277–2279
  Megalopolis   4410
  olives and olive oil   4890, 4891, 4893
  Pamphylia   5013–5014
  Pontos   5420
  regionalism   5761, 5762
  slavery   6280, 6281
  tax farming   6554
  temple economy   6580–6582
  trade   6797–6800
  Xenophon   7151
economy (Hellenistic)   917, 1618–1621, **2280–2285**, 6554
economy (Pharaonic)   **2291–2296**
  agriculture   214
  economic and social development   2294
  Egypt, Lower   2326
  Hekanakhte   3096
  Hierakonpolis   3203
  historical overview   2291–2293
  Medinet Habu   4393
  mines and mining   4522
  models   2294–2295
  redistribution   5754
  sacrifice   6001
  Saite Period   6013
  sectors   2293–2294
  taxation   6547–6551
  temples   6599
  trade   6800–6802
  villages   7003
  Wilbour Papyrus   7104–7105
economy (Roman)   **2296–2301**
  aerarium   133–134
  class   1530
  clientela   1580
  collegia   1649–1651
  conceptualization of   2296–2297
  Constantine I   1725
  core-periphery   1782
  current studies   2300–2301
  edict on prices, Diocletian's   2312
  finance   2674–2678
  flax   2699
  friendship   2768
  fruit   2781
  Herod the Great   3176
  Hispania   3243
  horrea   3309–3310
  imperial policies   2297–2298
  labor   3857–3858
  Lambaesis   3866
  Mauretania   4357
  Nerva Augustus   4754
  olives and olive oil   4891–4893
  Pompeii   5403, 5404
  pottery   5485–5486
  prices   5526–5527
  publicani   5658–5660
  redistribution   5755, 5756
  in Roman provinces   2299–2300
  Sagalassos   6007
  salt   6022
  slavery   6284
  tax farming   6553–6555
  taxation   6551–6553
  temple economy   6580–6582
  trade   6803–6805
  trade and production   2298–2299
economy (Western Roman provinces)   1018, 2299, **2301–2305**, 2826–2827, 4019
economy, Near East (Hellenistic)   1619–1621, **2285–2288**, 5754, 5755
economy, Near East (Persian)   **2288–2291**, 3323, 5070, 5753, 5754, 5763, 6280, 6311, 6590
Edessa   **2305–2307**
  Abgar Legend   4
  Aigai   241
  Aramaic and Syriac   607
  churches   1496
  Ephrem   2435
  famine and food shortages   2633
  foundations   2751
  Iulius Africanus, Sextus   3546
  Jacob Baradaios   3563
  katholikoi of Persia   3708
  Macedonia   4201
  mandylion   4251
  Nestorian Church   4757, 4758
  Osrhoene   4954
  Rome, resistance to   5956
  Syriac literature   6491
  Tatian   6539
Edfu   1513, 2221, **2307–2308**, 3205, 3319, 5863, 6154, 6176

edict (aediles') **2308–2309**
edict (magistrate's) **2309–2311**
edict (praetor's) **2311–2312**
edict on prices, Diocletian's **2312–2313**
   artisans, trades, and guilds   807
   Dokimeion   2190
   economy   2273, 2297, 2299
   inflation   3458–3459
   law   3940
   leather, leatherwork   3985
   price formation   5523
   prices   5527
   transport   6831
   wage labor   7037–7038
   weights and measures   7094
   wood and woodworking   7135
education (ancient Near East)   **2313–2314**, 5989, 6050, 6081, 6448, 6450, 6905
education (Byzantine)   1101, 1456–1457, **2314–2315**, 3618, 4096, 4110, 6084
education (Greece and Rome)   **2315–2318**
   Academy   23–25
   age-class   179
   agoge   191–192
   apprenticeship   580–581
   Augustodunum   959
   Berytus   1101
   Burdigala   1211
   childhood   1461
   encyclopedias   2404–2405
   ephebe, *ephebeia*   2425–2426
   gymnasium   3009
   Hellenization   3124
   Homer   3284
   libraries   4060–4061
   literacy   4099
   mothers and motherhood   4605–4606
   nurse, nursing   4839
   Oxyrhynchos   4973
   Peripatetics   5164–5166
   Quintilian   5713–5715
   science   6069, 6073
   Seven Liberal Arts   6180, 6181
   sophists   6318, 6320, 6321
   standards of living, wealth   6373
   swimming   6467
   Xenophon   7151
education (Pharaonic Egypt)   **2318–2323**
   for boys *vs.* girls   2318–2321
   childhood   1458–1459
   medicine   4390
   in papyri   2321–2322

   Saite Period   6013
   scribes   6085
   Senenmut   6148
   swimming   6467
   Thoth   6726–6727
Egeria   1282, 1369, 2048, **2323**, 4116, 4608
Egerton Papyrus 2   **2323–2324**
Egesta   **2324–2325**, 6131, 6234, 6235
Egypt. *see also* Aegyptus
   Amr   383
   Apophthegmata Patrum   562
   apprenticeship   580
   approximation   582
   Arabs   601–604
   bitumen   1140–1141
   Boukoloi   1175–1176
   carrying capacity   1345
   color symbolism   1673–1674
   constellations and named stars   1747
   Coptos   1773–1776
   Cornelius Gallus, Gaius   1797
   Cyrene   1895
   Cyrus   1905
   Galerius   2813
   Gaza   2861
   Gebel el-Silsila   2865
   geometry   2893–2894
   Germanicus' visit to Egypt   2905–2906
   glass   2932–2933
   gods   2947–2949
   God's Wife of Amun   2945–2946
   gold   2950
   grain supply and trade   2976
   Great Queen   2981–2982
   Greek language in the Roman Empire   2989
   Greekness   2991
   Hatti   3080
   Herodotus   3184
   Ibis   3382
   India, trade with   3450
   Israel and Judah   3524
   Kerma   3737
   Kush   3831–3835
   Kushite Period   3836
   languages   3899
   Libya and Libyans   4071–4075
   Lykopolis/Asyut   4188–4189
   Manetho   4254
   mathematics   4346–4347
   medicine   4380
   Medinet Habu   4393–4394
   Medinet Madi   4395

Egypt. *see also Aegyptus*
  Amr (*cont'd*)
  Megiddo 4415
  Meidum 4416–4417
  Meletian Schism 4420–4421
  Memnon, Colossi of 4425–4426
  Mendes 4436
  Menes 4439
  Menkaure 4440
  Mentuhotep I–VII 4446–4448
  Merenptah 4451
  Merimda Beni Salama 4452–4453
  Merneith 4453
  Mersa Matruh 4457
  Merykare 4457–4458
  Middle Kingdom 4490–4494
  midwife 4495
  mill 4507
  mines and mining 4517, 4520
  Mittanian kings 4554–4555
  models 4557
  monasteries 4569, 4570
  monasticism 4570, 4571
  money 4574–4575
  Mons Claudianus 4582–4583
  Mons Porphyrites 4583–4584
  Moses 4603
  mummies and mummification 4615–4619
  mummy portraits 4620–4621
  Museum 4632–4633
  Mut 4644
  Myos Hormos 4662
  Mysteries 4665
  Nag Hammadi Library 4680
  Nile 4793–4794
  Nubia 4821–4824
  old age 4883–4885
  Pachomius 4975
  pagus 4982
  paint and painting 4983–4984
  palaces 4991–4992
  palette 5007–5008
  Pan 5015
  papyri 5045–5046
  papyrology 5048–5054
  papyrus 5055–5056
  patriarchs 5088
  pentekontaetia 5142
  Pepi I and II 5143–5145
  Pepinakht Heqaib 5145–5146
  Perdikkas 5149
  perfumes and unguents 5151–5152
  Peribsen 5160–5161
  Persians in Egypt 5192–5193
  Peru-nefer 5198–5199
  Petosarapis 5214
  pharaoh 5224–5225
  pharaonic glass 5225–5228
  pharmacology 5231–5232
  Pharos 5239–5240
  Philai 5245–5246
  physics 5317
  pilgrimage 5326–5327
  Piramesse 5333–5335
  police 5376–5377
  politeuma 5385–5386
  poll tax 5387–5389
  Popillius Laenas, Gaius 5428–5429
  portraiture 5442–5444
  postal services 5460–5461
  pottery 5478–5482
  Predynastic Period 5513–5517
  Prefect of Egypt 5517–5518
  prices 5525–5526
  priests and priestesses 5533–5534
  profit 5565
  proskynema formulas 5587
  Psamtik I–III 5614–5615
  Psusennes 5620–5621
  Ptah 5624
  Ptolemaia 5624–5625
  pyramid 5679–5680
  Qadesh, battle of 5690–5691
  Qasr Ibrim 5695–5696
  Sennacherib 6149
  Taharqo 6517–6518
  Tanutamun 6527
  Tausret 6543–6544
  textiles 6632
  Thecla 6662
  Thutmose I–IV 6738–6740
  time, measurement of 6758
  trade 6793–6794
  Valley of the Kings 6945–6946
  Viceroy of Kush 6991
  villages 7002–7003
  Wahibre 7038–7039
  wax 7070
  weaponry 7074–7075
  Wepwawet 7097–7098
  wisdom literature 7107–7109
Egypt, Lower 2325–2330
  Behbeit el-Hagar 1075–1076
  Blemmyes 1145

Buto/Tell el-Farain   1226–1227
culture of   2329
geology   2326–2327
Hapy   3060
Heliopolis   3107
history of   2326–2330
Memphis   4429–4432
and Nile River   2326–2327
Pelusium   5135–5136
Predynastic Period   5515
Ptolemy V Epiphanes   5638, 5639
Ptolemy VI Philometor   5640
Sais, Sa el-Hagar   6012
Egypt, Upper   **2329–2331**
Badarian   1015–1016
Egypt, Lower   2326–2328
Gebelein   2865–2867
Giza   2919–2922
Hapy   3060
Harsiese   3068
Hierakonpolis   3202
Mentuemhat   4445–4446
Panopolis   5028–5030
papyrology   5049
Predynastic Period   5513–5515
Shabaka   6195
Egyptian language   1437, 1438, 1771–1773, 2333
Egyptology   **2331–2336**
1500s and early 1600s   2332
1700s   2332–2333
1800s   2333–2334
1900s   2334–2335
Champollion, Jean-François   1437, 1438
cities   1512–1514
current studies   2335
Cypriot archaeology   2332
Egyptomania   2340
epigraphy   2462
and Hebrew Bible   2332
roots of discipline   2331–2332
Egyptomania (eastern)   **2336–2340**
Egyptomania (western)   2332, 2336, **2340–2343**, 4974
Eion   378, **2343**, 3750
eisangelia   **2343–2344**, 2432, 2584, 3368
eisphora   66, 455, **2344–2345**, 2673, 4119, 6475
Ekallatum   **2345**, 6200, 6201
ekklesia   175, 517, 913, 2009, 2010, 6234
El   400, 817, **2345–2346**, 7157
El-Hiba   **2373–2374**
El Jem, Tunisia. *see* Thysdrus
El-Kab   **2376–2377**, 3027, 3205, 4735, 6106

El-Lahun   **2378–2379**
Avaris/Tell el-Dab'a   988
cities   1515
Fayyum   2649
festivals   2666
forts   2725
gardens   2853
houses, housing, household formation   3329
jewelry   3585
Senwosret I–IV   6153
villages   7003
El-Lisht   356, 2378, **2379–2380**, 6094, 6105, 6153
El-Mo'alla   **2380**
El-Omari   **2380**
Elagabalus (deity)   **2346–2347**
Apamea, Syria   514
Aurelian   974, 975
Caelestis   1242
Elagabalus   2347
Emesa   2387
religion   5798
stones   6404
Syria   6490
Elagabalus (Marcus Aurelius Antoninus Augustus)   **2347–2349**
Aelianus, Claudius   121
Caracalla   1326
damnatio memoriae   1921
Diadumenianus gustus)   2064
Elagabalus   2346
eunuchs   2562
Herodian   3181
Historia Augusta   3250
Rome, city of: 7. Severan and third century   5938
Severus Alexander   6181, 6182
sun gods   6454
Elam   **2349**
Anshan   449
archives   661
Ashurbanipal   819
Elamite kings, Neo-Elamite period   2351
Elamite kings, Sukkalmah period   2352, 2353
Hammurabi of Babylon and his dynasty   3053, 3054
Kindadu   3752
kudurru   3830
Nebuchadnezzar I   4721
Rim-Sin I of Larsa   5846
Sargon of Akkad and his dynasty   6046
Subartu   6431
Susa   6466

Elam (cont'd)
　Ur　6920
　Ur III Dynasty　6920, 6921
　Ur-Nanshe and the First Dynasty of Lagash　6926
　Zagros mountains　7160
　Zimri-Lim of Mari　7176
Elamite kings, Middle Elamite period　**2349–2351**, 6443, 6466
Elamite kings, Neo-Elamite period　**2351–2352**, 6466
Elamite kings, Sukkalmah period　**2352–2353**, 6443, 6466, 6920
Elateia in Phokis　**2353–2354**, 5302
Elbe　966, 994, **2354–2355**, 2898, 5743
elections (Roman)　**2355–2359**
　censor　1409
　consuls　1751, 1753
　Hellenistic assemblies vs.　2358–2359
　imperium　3434
　interrex　3476
　modern democratic elections vs.　2355–2358
　optimates, populares　4912
　patron, patronage　5098
electrum, electrum coinage　**2359–2360**
　alchemy　283
　bullion　1209
　coinage　1610–1613, 1626
　Eion　2343
　Ionian Revolt　3488
　Klazomenai　3780
　Kyzikos　3848
　mints and minting　4531–4532
　Sardis　6043
　silver　6254, 6255
Elements (Euclid)　2548, 2549, 2552, 4349–4351, 4633, 5571, 5583, 5584
Elephantine (Pharaonic)　**2361–2366**
　A-Group　229
　Ahiqar　234
　Anat　400
　Aswan and hinterlands　888, 890, 891
　cities　1513
　Egypt, Upper　2330
　execration texts　2592
　forts　2727–2729
　foundation deposits　2750
　Hagar　3027
　inundation　3478
　Khnum　3746
　nilometer　4794
　Pepinakht Heqaib　5145–5146
　Sabbath　5988
　Satet　6056
　sculpture　6091
　Second Intermediate Period　6107
　textiles　6637
Elephantine (Ptolemaic and Roman)　**2366–2367**, 3147, 6056, 6469
Elephantine Papyri　606, 1116, 1264, **2360–2361**, 2711, 5045–5046
elephants　**2367–2369**
　animals　437
　army　739
　Caecilii Metelli　1237
　Celtic wars　1399
　India, trade with　3450
　Ipsos　3493
　ivory　3561
　legion　3995
　Porus, Indian dynast　5452
　Ptolemy II Philadelphos　5633
Eleusis, Attica　137, **2369–2371**, 2483, 2723, 3050, 3732, 6717
Eleusis, Mysteries of　**2371–2372**
　Archilochos　635
　Demeter　1993
　Demetrios I Poliorketes　1996
　Eleusis, Attica　2369–2370
　first fruits　2683
　Hadrian　3021
　Kephisos　3732
　law　3946
　Mysteries　4665
　Orpheus and Orphism　4946
　priests and priestesses　5535–5536
　processions　5558
　Stratokles　6422
Eleutherna　**2372–2373**
Eleven, the *(hoi Hendeka)*　512, 2095, **2373**, 6663
Elis　**2375–2376**
　Agis II and III of Sparta　186
　Andocides　413
　Arcadian League　624
　Areus of Sparta　674
　army　739
　asylia　892
　Hades　3017
　Hellanodikai　3111
　Hippias of Elis　3226
　Olympia　4895–4896
　Pausanias　5112
　Peneios　5139
　perioikoi　5164

Pisa   5336
Skillous   6276
Triphylia   6865
emancipation (*emancipatio*)   188, **2380–2382**, 2759–2761, 5082, 5086, 6441
Emar   842, 1331, 1912, 1940, 2258, **2382–2383**, 3015, 6487
Emborio on Chios   199, 1466, 1467, **2384**
embryology   704, **2384–2386**
Emesa   973–975, 2346, **2386–2387**, 3181, 6181
Emesal (Sumerian dialect)   **2387–2388**, 6450
emigrants   1319, **2388–2389**
emmer   **2389–2390**, 2639, 4197
emotions (ancient Near East)   **2390**
Empedocles   **2390–2392**
 Akragas   269
 anthropology   454
 Aristotle, *Physics*   710
 canalization   1295
 empiricism, medical   2394
 infant diseases and mortality   3455
 Lucretius   4161, 4162
 physics   5314
 psychology   5622
 rhetoric   5825
 ruler cult   5973
 science   6069
 zoology   7179, 7181
empeiria   **2392**
emphasis   982, **2392–2393**
emphyteusis   **2393**
empiricism, medical   **2394**
Emporiae (Empúries)   **2395**
emporikai dikai   **2395–2396**, 3690–3691
emporikoi nomoi   **2396–2397**
emporion   **2397–2399**
emporos   **2399–2400**, 3690–3691, 6798
Empúries, Spain. *see* Emporiae
en, entu   **2400–2401**, 6261
enamels   **2401–2402**
enargeia   **2402**, 3256
Encratism   2078, **2403–2404**, 5255, 6539
encyclopedias   1394, **2404–2405**, 2668, 2679–2680, 3188, 4931, 6074
endogamy   101, 1194, 1824, **2405–2406**, 2597–2598, 3098
Endovellicus   **2406–2407**
engineering   **2407–2410**
Enheduanna   2400, **2410–2411**, 3436–3437, 6046, 6261
Enki. *see* Ea
Enkomi in Cyprus   **2411–2412**

enktesis   **2412–2413**, 7146
Enlil   **2413**
 Adad   61
 Anu   506
 Assyria   851
 Dagan   1912
 Ea   2246
 Eanna and other major Babylonian temples   2248
 Ereshkigal and Nergal   2484
 flood stories   2699
 Ishbi-Erra and the Isin Dynasty   3512
 Nidaba   4782
 Ningirsu   4797
 Ninurta   4798
 Nippur   4799
 Shubat-Enlil   6229
 Sin   6261
Enmerkar   612, **2413–2414**, 6928
Ennius   **2414–2416**
 Argei   676
 Camillus, Marcus Furius   1283
 Cato, *Origines*   1378
 Claudii, family of   1541
 Faunus and Fauna   2648
 Fulvius Nobilior, Marcus   2783
 Naevius, *Bellum Punicum*   4679
 orality, oral culture, and historiography   4921
 recitations, historical works   5749
 Rome, city of: 2. Republican   5893
 Romulus and Remus   5960
 satire   6058
 tragedy   6807
Enoch, Books of (1, 2, 3 Enoch)   529, 532–535, 542, 873, **2416–2418**, 5619
Ensérune   **2418–2419**
ensí   858, **2419**
Entremont   **2420**
Enuma Anu Enlil   368, 878, **2421–2422**, 3347, 6070
Enuma Elish   **2422**
 abzu   22
 Adad   61
 akitu   266
 anthropology   454
 Anu   506
 Anunnaki and Igigi   509
 literature and poetry   4108
 Nebuchadnezzar I   4721
 theogony   6684
 Tiamat   6741–6742
environmental history   2265, **2422–2424**

Epaminondas 183, **2424–2425**, 3128, 4035, 5128, 6650, 6763
ephebe, *ephebeia* **2425–2426**. see also age-class
ephemerides (astronomical) 878, 2099, **2426–2427**, 5556
ephemerides (historical) 301, **2427–2428**, 3256
Ephesos 4742–4743, 5447, 5969–5970, 6129, 6276, 6321
Ephesos (Bronze and Iron Age) **2428–2429**, 3136, 3720
Ephesos (Classical and later) **2429–2431**
  acclamations 27
  Antiochos II Theos 475
  architects 639
  Asia, Roman province of 826
  Asia Minor 823
  coinage 1637
  Deutero-Pauline Epistles 2057
  Dios Hieron 2137
  festivals 2660
  forts 2724
  holy men 3280
  Ionian tribes 3489
  John, Acts of 3603
  Kaystros River 3720
  roads 5851
  salt tax 6023
  Sardis 6044
  wonders of the world 7134
Ephesus, Council of 1428, 2142–2143, 5595, 5726, 6206, 6674–6675
ephetai 1987–1988, 2219–2220, **2432**
Ephialtes 137, 671, 2006, **2432–2433**, 2584, 5826
Ephoros **2433–2434**
  autopsy 983
  Calauria and the Calaurian amphictyony 1254
  digressions 2093
  Diodorus of Sicily 2113
  Dion of Syracuse 2123
  Dionysios I 2126
  Diyllos of Athens 2176
  Eurymedon, battle of 2576
  geography 2889–2890
  Hellenica Oxyrhynchia 3117
  historiography 3256
  horography 3304
  Kyme 3841
  Lycurgus 4184
  orality, oral culture, and historiography 4921
  Pheidon of Argos 5243
  rhetorical history 5832

Satraps' Revolt 6059
Xanthos 7144
Xenophon 7152
Zaleukos of Lokroi 7163
ephors **2434–2435**
Ephrem **2435–2436**
  Aphrahat 520
  Diatessaron 2078
  Didascalia Apostolorum 2083
  Edessa 2306
  Marcion and Marcionites 4285
  Nisibis 4801
  sermons 6170
  Syriac literature 6492
Epictetus 176, 757, 758, 840, **2436–2437**, 2440, 4643, 5287, 6289
Epicurus and Epicureanism **2437–2441**
  aesthetics 143
  Aetna 148
  anthropology 454
  astrology 866
  atheism 901
  atomism 925–926
  Democritus 2012
  disease and health 2165
  ethics 2508
  friendship 2768
  gardens 2851
  Kleomedes 3786
  later Epicureans and critics 2440
  Lucretius 4160–4162
  meteorology 4474
  oikonomos 4872
  Philodemos, Epicurean 5272–5273
  philosophy 5282–5284, 5287–5288
  physics 5317
  on pleasure 2438–2439
  Pomponius Atticus, Titus 5412
  psychology 5623
  science 6067, 6073
  on science 2439
  seismology 6115, 6116
  Seneca the Younger 6146, 6147
  signs and sign inference 6248
  sleep 6289
  soul 6336
  Stoicism 6400
  teleology 6575
epicycle-on-deferent 883, 884, **2441–2442**, 5651
Epidamnos (Dyrrhachion) 228, 398, 616, **2442–2443**

Epidauros   615, 833, 834, 2212, 3442, 5895, 6049, 6595
epidemic disease   **2443–2444**
epidosis   **2444**
epigamia   **2445**, 2597
epigram   **2445–2447**
epigraphic habit   1366, **2447–2449**, 3403, 6385, 6386
epigraphy (Byzantine)   **2449–2451**
epigraphy (Greek)   **2451–2454**, 4907, 6385, 6386
epigraphy (Jewish)   **2454–2456**, 2944
epigraphy (Latin)   **2456–2461**, 3908–3910, 7130
epigraphy (Pharaonic Egypt)   **2461–2462**, 7139
epikleros   **2462–2463**
Epione   **2463**
Epiphanius of Salamis   **2463–2464**
  Arius and Arianism   717
  Ebionites   2257
  Hegesippus   3095
  Hexapla   3200
  Jewish-Christian Gospels   3591
  Marcion and Marcionites   4285
  monasteries   4569
  Origenist Controversy   4937
  presbyter   5522
  Sabellius, Sabellianism   5991
  Sethianism   6176
  weights and measures   7093, 7094
epiphany (Greece and Rome)   2223, **2464–2466**, 4845
Epirus   287–288, 353, 463, 503, **2466–2468**, 2535, 3703, 5683–5684, 7023
Episcopal church   1678, 1889–1892, 4862, 5028, 5029, 5372
Epistle of Jeremiah   **2468–2469**
Epistula Apostolorum   **2469–2470**
Epitadeus, *rhetra* of   **2470–2471**
Epona   **2471**, 5857
eponymoi   **2471–2472**, 2756
equant   **2472–2473**
Equirria   **2473–2474**
equites (Republic and Empire)   **2474–2477**
equites singulares Augusti   752, 2153, **2477–2478**, 5750, 6025, 6159
Equus October   2473, **2478–2479**
eranos   **2479**, 3471
Erasistratus (physician)   403–405, 2036, 2394, **2480–2481**, 3191, 3730, 4377, 6463
Eratosthenes   **2481–2482**
  adultery   109
  Arabia Felix   598
  Archimedes of Syracuse   635
  Aristophanes of Byzantium   700
  Aswan and hinterlands   891
  axones   1000
  Callimachus   1276
  Caspian/Hyrcanian Sea and region   1351
  chronography   1483
  constellations and named stars   1746
  Damastes   1920
  ethnography and ancient history   2531–2532
  Eutocius   2585
  geography   2890–2891
  harmonics   3064
  Hippocrates of Chios   3232
  historiography   3264
  history   3274
  Kleomedes   3786
  kyrbeis   3845
  maps   4276, 4278
  Museum   4633
  Oxus   4970
  science   6068
  Strabo of Amaseia   6417
  Tanais   6524
Erechtheion   50, 903, 910, 916, 3482, 6591–6592
Erechtheus (Erichthonios)   453, 756, 902, 980, **2482–2483**, 2506, 3134, 5020
Ereshkigal and Nergal   **2484**, 2495, 3436, 3839
Eresos   **2483–2485**
Eretria   **2485–2486**
  Alexander   303–304
  Amarynthos   348
  apoikia   545
  cemeteries   1401
  demosiosis   2026
  Euboea   2543
  Five Thousand   2690
  Four Hundred   2756
  Hippobotai   3231
  Lelantine War   4010
  Lelantion Plain   4010
  Mende   4435–4436
  Oropos   4941
erga   **2486–2488**
ergasterion, ergastulum   **2488–2489**
Erichthonios. *see* Erechtheus
Eridu   65, 509, 2246–2248, **2490**
Eros (Cupid)   630, **2490–2491**, 4149–4151
erotapokriseis   1755, **2491–2493**
eroticism   **2493–2494**, 4150–4152, 6194
Erra   **2494–2495**
Erythrai   **2495–2496**

Esarhaddon **2496**
 adû 108
 Amathus 349
 Ashurbanipal 819
 Assyria 852
 Assyrian kings 856–857
 astronomy 878
 Elamite kings, Neo-Elamite period 2351
 Enuma Anu Enlil 2421
 ethnicity 2512
 hemerology and menology 3130
 king lists 3754
 Sargon II of Assyria 6048
 Semiramis 6133
 Sennacherib 6150
 ships and shipping 6212
 Sidon 6241
 treaties 6837
 Uruk 6928
 Zakutu 7162
eschatology (Byzantium) 1157–1158, 2254, **2496–2498**, 2633, 7045
eschatology (Jewish) 157, 1366, 1464, 2181, 2496, **2498–2500**, 7045–7046
Eshnunna 2175, **2500**, 4696, 5972, 6439, 6443, 7176
Esna (Latopolis) **2501**, 4732, 5975
Essenes 535, 536, 1937, **2501–2503**, 3627, 4863, 5532, 5717, 6702, 7165
Esther, Scroll of **2504–2505**, 2664
Etana **2505**
Eteoboutadai **2505–2506**, 4182, 5536
ethics **2506–2510**
 Academy 23–24
 Catholic Epistles 1372
 Clement of Alexandria 1556
 Democritus 2012
 Epictetus 2437
 incommensurability 3441
 Oikonomikos 4871
 Panaitios of Rhodes 5017–5018
 philosophy 5283
 Plato, cosmology 5351
 Seneca the Younger 6145, 6146
 Speusippos 6352
 Stoicism 6401
 Zeno of Kition 7167, 7168
Ethiopia 1000–1001, 1143, 2469–2470, **2510–2512**, 2708, 3662, 4823, 6906
ethnicity (ancient Near East) **2512–2513**
ethnicity (Egypt) **2513–2519**, 4621
ethnicity (Greco-Roman Egypt) **2519–2521**, 4688

ethnicity (Greek and Roman) **2521–2524**, 2529–2530, 3122–3125, 3925
ethnoarchaeology 1058, 1092–1093, **2525–2528**, 4905–4906
ethnogenesis 245, 1150, **2528–2531**, 3112, 3127
ethnography and ancient history **2531–2534**
ethnos **2534–2536**
Etna, Mount 148, **2536**, 7025
Etruria, Etruscans **2536–2541**
 Adria 104–105
 Adriatic Sea 106
 Aleria, Alalia 285
 architecture 2540
 Arretium 754
 art 786, 787
 art, culture, and mythology 2538
 burial practices 2538–2539
 Caelius Mons 1244
 Capitoline Triad 1312
 Capua 1321
 Cerveteri 1421
 Cosa 1805–1806
 Cumae 1869–1870
 Demaratus of Corinth 1990–1991
 Etrusca disciplina 2542
 Faliscans 2623, 2624
 Flaminius, Gaius 2696
 gems 2872
 haruspices 3069
 Helvetii 3129
 Hieron I of Syracuse 3212
 imagines 3414
 Italy, northern 3535–3536
 language 2537
 origins 2536–2537
 perfumes and unguents 5152
 pottery 5467
 religious practices 2539
 in Roman history 2540–2541
 Rome, city of: 1. Prehistoric 5884
 Rome, city of: 2. Republican 5893
 Sabines and Samnites 5992
 saeculum 6006
 Tarchon 6529–6530
 Tarquinii 6532–6533
 Tarquinius Priscus 6533
 temples 6601
 trade 2537–2538
 Umbrians 6912
 urban planning 2539–2540
 Veii 6953–6954
 Vetulonia 6986

Villanovan culture   7003–7004
Volaterrae   7024
Vulci   7033
wheat   7099
women   2540
Etrusca disciplina   2171, **2541–2542**, 6516, 6529, 6532
Etruscan language   3903, 3921, 4105, 4948, 5883
Euboea   **2542–2544**
   Abantes   1
   Al Mina   272
   Amarynthos   348
   Antigonos II Gonatas   462
   apoikia   545
   Aristotle   701
   Aulis   969
   Chalcis   1433, 1434
   Dark Age Greece   1929
   Dekeleia   1974
   Delian League   1977
   Eretria   2485–2486
   Five Thousand   2691
   forts   2723
   Four Hundred   2756
   harmosts   3064
   Hazael of Damascus   3086
   Hellenes   3112
   Hera   3136
   Heraion sanctuary   3137
   Himera   3218
   Hippobotai   3231
   indemnities   3443–3444
   Karystos   3699
   Lefkandi   3989
   Lelantion Plain   4010–4011
   Oropos   4941
   Phokion   5301
   Pithekoussai   5340
   Tenos   6604
   weights and measures   7084
Euboulos, Athenian politician   135, 1989, **2544–2545**, 6697
Eucharist   **2545–2547**
   agape   167
   catechesis   1370
   catechumenate   1370
   Didache   2081
   diptych   2154
   fasting   2644
   Ignatius of Antioch   3394–3395
   prayer   5503
   presbyter   5520, 5522

sacraments in early Christianity   5994
Serapion of Thmuis   6165
Euclid   **2548–2549**
   Aristaios   688
   Balbus   1027
   diagrams   2068, 2069
   Hippocrates of Chios   3232
   Hypsikles   3372
   incommensurability   3440
   mathematics   4349–4351
   Museum   4633
   Nikomedes   4790, 4791
   optics and catoptrics   4908–4911
   physics   5316, 5317
   proof   5571
   proportion   5583, 5584
   Theon of Alexandria   6685
Euctemon   868, 875, **2549–2550**
Eudoxia (empress)   625, **2550–2551**, 6680
Eudoxos of Knidos   **2551–2552**
   Academy   23
   Aratos of Soloi   611
   Archytas of Tarentum   667
   Aristotle   706
   astrology   868
   astrometeorology   875
   astronomy   882
   constellations and named stars   1746
   geography   2890
   philosophy   5280
   proportion   5583–5584
   Strabo of Amaseia   6416
   sundials   6456
Euesperides   **2553–2554**
Eugammon of Cyrene   **2554**
Euhemeros and Euhemerism   901, **2554–2555**
Eukrates, law of   **2555–2556**
Eumenes I   475, 930, 933, **2556–2557**, 3132, 6606
Eumenes II   **2557–2558**
   Apamea, Peace of   513
   Ariarathid Dynasty   682
   Attalos I   931
   Attalos II   932
   Attalos III   933
   Celtic wars   1399
   letters   4025–4026
   Lycia   4180
   Magnesia ad Sipylum   4235
   Prusias I of Bithynia   5610–5611
   Prusias II of Bithynia   5611–5612
   Stratonikeia   6425
   Zeuxis   7175

Eumenes of Kardia   301, 456, 459, **2558–2559**, 3214, 4014, 6127, 6432, 6433
Eunapius of Sardis   367, **2559–2560**, 3030, 3265, 4931, 7186
eunomia   240, **2560–2561**
eunuchs (ancient Near East)   **2561–2562**, 6186
eunuchs (Greece and Rome)   1361, **2562–2563**, 2818–2819, 3651
eunuchs (Late Antiquity)   **2563–2564**
Eupalinos of Megara   2407–2408, **2564–2565**, 7067
Eupatridai   **2565–2566**, 6300
Euphrates and Tigris   **2570**
  Amurru   392
  Antiochos I of Kommagene   473
  Antiochos VII Sidetes   481
  Anzu   510
  Armenia   721
  Asia Minor   820
  Augustus   966
  caravan trade   1329
  Ekallatum   2345
  Emar   2382–2383
  Fertile Crescent   2657
  fortifications   2719
  Habur   3015–3016
  Hurrian, Hurrians   3345
  irrigation   3500
  Kommagene   3805
  Mari   4301
  Ninurta   4799
  Osrhoene   4954–4955
  roads   5853
  Shamshi-Adad and sons   6201
  Shubat-Enlil   6229
  Suhu   6439
  Terqa   6610
Euphrates frontier (Roman)   604, **2566–2571**, 6490
Euphron of Sikyon   **2571**
Eupolemos (historian)   **2571–2572**, 2608, 3645
eurgetes. *see* benefactors
Euripides   **2572–2574**
  Aitolia   251
  Alkibiades   317
  Anaxagoras   407
  Archelaos   628
  Argeads   674
  Aristophanes of Byzantium   700
  Artemis   795
  biography   1118
  cannibalism   1298
  Celsus   1396
  dreams   2225
  Duris of Samos   2236
  Ennius   2414
  Eros   2490
  Ezekiel the tragedian   2608
  freedom   2763
  Greek fire   2985
  Herakles   3150
  Ion of Chios   3485
  Iphigeneia   3491
  kingship   3760
  Kritias   3822
  Macedonia   4200, 4202
  madness and mental health   4213
  Marmor Parium   4314
  misogyny   4541
  Oceanus   4860
  Oinomaos of Elis   4879
  Orestes   4929
  Oxyrhynchos   4973
  sophists   6318
  Sophocles   6322
  theater   6645
  tragedy   6806, 6807
Euromos (Philippoi)   **2574**
Eurotas   **2574**, 3127, 4437
Eurydike, wife of Philip Arrhidaios   **2575–2576**, 6864
Eurymedon, battle of   1976, **2576–2577**, 3750
Eusebius of Caesarea   **2577–2580**
  Abgar Legend   4
  Acta Martyrum   54–56
  Aelia Capitolina   120
  Alexandria, Egypt, Catechetical School of   310
  Andrew, Acts of   414
  Antiochos Hierax   482
  Apelles   517
  apologists and Pamphilus of Caesarea   2577–2579
  apostolic succession   573
  Aristides   690
  Arius and Arianism   717
  Artapanos   792–793
  Athanasius   899
  Caesarea Maritima   1250
  caesaropapism   1251
  canon of Scripture   1304
  deisidaimonia   1972
  Dekapolis   1973
  Dionysius of Rome   2131
  ecclesiastical history   2262–2263
  Edessa   2306

Encratism 2403
Eugammon of Cyrene 2554
Eupolemos 2572
Eustathius of Antioch 2582
Ezekiel the tragedian 2608
Gregory Thaumaturgus 2996
hagiography 3030
hairesis 3041
Hecataeus of Miletos 3093
Hegesippus 3094, 3095
Helena 3104
Hexapla 3200, 3201
Hippolytus of Rome 3237, 3238
historiography 3263
Ignatius of Antioch 3393–3394
imperial Christianity 2580
Irenaeus 3495, 3497
Isidorus of Pelusium 3514
James of Jerusalem 3567
Justin Martyr 3664
Kyzikos 3848
Lucian of Antioch 4156
Lyons and Vienne, Letter of 4189–4190
Maximinus 4367
Nicene Creed 4775–4778
Nicene crisis 2579–2580
Olbia 4880
Origenist Controversy 4938
Pamphilus of Caesarea 5011, 5012
Pantaenus 5031
Papias 5040, 5041
Paul of Samosata 5108
Peter, Gospel of 5208, 5209
rhetoric 5824
Sabellius, Sabellianism 5991
scribes 6084
Socrates of Constantinople 6310
Sozomen of Gaza 6339
thalassocracy 6639
Theodotus 6682
Therapeutae 6703
world chronicle 7137
Eusebius of Nicomedia 716, 717, 899, 2579, **2580–2582**, 4772, 4956
Eustathius of Antioch 2579, **2582–2583**, 3282, 4210, 4771, 4938
Euthydemos of Bactria **2583–2584**, 4279
euthyna, euthynai 2007, 2432, **2584**, 2981, 6419
Eutocius 554, 2104, 2551, **2584–2585**, 4351, 4790
Evagoras of Salamis (Cyprus) 1118, **2585–2586**, 3027, 3808, 3818

Evagrius of Pontus 1812, 2048, **2586**, 3606, 3723, 4571, 4936–4940, 5293
Evagrius Scholasticus 2262, **2586–2587**, 6470
Evander 2129, **2587–2588**, 2739
evocati **2588–2589**
Evocatio **2589**, 3656
exactor **2589–2590**
examination of the magistrates. *see euthyna, euthynai*
Excerpta Antiqua **2590**, 3257
excommunication (Jewish) **2591–2592**
excubiae **2592**
execration texts **2592–2593**, 2710
exempla 1949, **2593–2594**
exercise, physical 193, **2594–2595**, 6467
exile **2595–2596**
Exodus, Jewish and Egyptian stories about **2596–2597**, 4603, 5269
exogamy **2597–2598**
exorcism 2022, **2598–2599**, 4386
exorcism (Jewish) **2599–2600**
expiatory rites (Greece and Rome) **2601**, 6456
exploration 2532, **2601–2603**, 3058–3059
exploratores **2603–2604**
exposure of children **2604–2605**
  demography, historical 2015
  fertility 2658
  fostering and foster-children 2748
  infanticide 3456–3457
  ius vitae necisque 3559
  slavery 6285
  women 7119
extranei **2605–2606**, 3417–3418
extraordinarii **2606–2607**
Ezekiel 543, **2607–2608**
Ezekiel the tragedian **2608**, 3644
Ezra/Esdras, books of 529, 1302, 2591, **2608–2610**, 4730, 6204

Fabii, family of 128, 1791, **2611–2616**
Fabius Maximus, Quintus 5895, 6079, 6529, 6853
Fabius Pictor, Quintus 130, 270, 1378, 1508, 1538, 2611, **2616–2618**, 3257, 4064
Fabius Valens **2618**, 7018, 7019
fabri (military) **2618–2619**, 2682
factories (Late Roman and Byzantine) **2619–2620**
faïence **2620–2623**, 3802, 4700, 5228, 6409
Faliscans **2623–2624**, 4516, 5883
Familia Caesaris 954–955, 1553, 2167, **2624–2625**, 2761, 6302, 6498
family (Greek and Roman) **2624–2629**
  adfinitas 67–68

family (Greek and Roman) (cont'd)
  adoption   100–101
  adrogatio   107–108
  age   174–175
  agnates   188–189
  agnatio   189–190
  Caecilii Metelli   1238
  Caristia   1335–1336
  childhood   1460
  conspiracies against emperors   1717
  Cornelii Scipiones, family and tomb of   1792–1794
  daughter   1932–1933
  domus   2203
  emancipation   2380–2382
  Euripides   2573
  fathers-in-law   2647–2648
  Greece   2625
  household, head of   3322
  houses, housing, household formation   3326–3328
  kinship   3766
  kinship terms, used metaphorically   3771, 3772
  Late Antiquity   2627–2628
  materfamilias   4345–4346
  nurse, nursing   4839
  Oikonomika   4869–4870
  oikonomos   4872–4873
  oikos   4873–4875
  orphanages   4942–4943
  sex and sexuality   6193
  siblings   6230
  social structure and mobility   6298
  stepfamily   6388
  wedding   7080
  women   7122–7123, 7130
family (Jewish)   **2629–2630**
family (Pharaonic Egypt)   **2630–2632**, 2877, 3096, 3322–3323, 3962, 4688, 7079
famine and food shortages (Byzantine)   2227–2228, **2633**
famine and food shortages (Greece and Rome)   2227–2228, 2281, **2633–2635**, 2723, 3308–3309, 6412, 6916
famine and food shortages (Pharaonic Egypt)   2227–2228, **2635–2636**, 2684, 3478
Fannius, Gaius   **2636–2637**
fantastic literature   **2637–2638**, 3058–3060
Farafra Oasis   **2638–2639**
farrago   **2639**
Fars   3707–3709, 5075–5076, 5191–5192
fasces   **2640**, 2641, 3434, 5872

fascism and Ancient Rome   **2642**
fasti of magistrates   1268, 1483, 1536, 1538, 2472, **2642–2644**, 4078, 5518
fasting   **2644–2645**
fate (Greece and Rome)   **2645–2647**, 4153, 7173
fate (Pharaonic Egypt)   **2647**
fathers-in-law   **2647–2648**
Faunus and Fauna   2587, 2645, **2648–2649**, 2707, 6254
Fayyum   **2649–2652**
  Abgig   5
  agriculture   214
  Amenemhat I–VII   356
  animals   434
  Arsinoe, Fayyum   767–768
  Arsinoe II Philadelphos   765
  cemeteries   1406
  cleruchs   1574, 1575
  dorea   2210–2211
  economy   2283–2284
  El-Lahun   2378
  famine and food shortages   2635
  First Intermediate Period   2684
  fish and fishing   2688
  foundations   2751
  Hawara   3085
  Hekanakhte   3096
  Herakleopolis Magna   3147
  Heroninos Archive   3190
  hydraulic civilization   3351
  irrigation   3502, 3506
  Karanis   3692
  land and landholding   3874–3875
  Meidum   4416–4417
  Middle Kingdom   4490, 4493
  papyrology   5050–5052
  Renenutet   5802
  royal land   5967
  Satet   6057
  Senwosret I–IV   6153
  Sobek   6294
  Sobeknefru   6296
  textiles   6636
  Zenon Archive   7170
Fazzan   **2652**
Felicitas   **2653**, 5168–5170
Felix (procurator of Judaea)   **2653–2654**
femininity   2493, **2654**, 6188, 6194
fenerator   **2654–2655**
Feralia   736, **2655**, 5063
Feriae Latinae   **2655–2656**, 2662, 3925, 5781
Feriale Duranum   736, 2233, **2656**

Feronia **2656–2657**, 5895
Fertile Crescent **2657**, 2697, 3500, 5525
fertility (natural) 262, 1418, 1993, 2015–2016, 2073, **2657–2658**, 3198, 3689, 6392, 6393
fertilizer **2658–2659**, 3355
festivals (Greece and Rome) **2659–2663**
  Actia 56
  adventus 111
  Anna Perenna 442
  Anthesteria 452–453
  Apatouria 516
  Arcadian League 624
  Armilustrium, Tubilustrium 728–729
  Asiarch 828
  calendar 1262, 1268
  Caristia 1335–1336
  choregia 1470–1472
  Compitalia 1698–1699
  Consus and Consualia 1758
  Delos 1981
  Delphi 1985
  Diasia 2075
  Dionysia 2123–2124
  Eleusis, Attica 2369–2370
  Eleusis, Mysteries of 2371–2372
  Equirria 2473
  Feralia 2655
  Feriae Latinae 2655–2656
  Feriale Duranum 2656
  fire 2680, 2681
  first fruits 2683
  Floralia 2700
  Fordicidia 2707
  Fornacalia 2718
  foundations 2751–2752
  funerary cult 2787
  Furrina and Furrinalia 2803–2804
  Greece 2659–2661
  Haloa 3050
  Iovis epulum 3491
  Isthmia 3529
  Isthmian Games 3530
  Jupiter 3658–3659
  Karneia 3694–3695
  kinship 3770
  Klaros 3778
  Lagina sanctuary 3863
  liturgy 4119
  local histories 4133
  Lupercalia 4167–4168
  marriage 4325
  Navigium Isidis 4717
  Orestes 4929
  Oschophoria 4949–4950
  Pales and Parilia 5003–5004
  Panamara sanctuary 5018
  Panathenaia 5019
  pantomime 5037
  priests and priestesses 5538
  processions 5557–5558
  Procharisteria 5560
  Proerosia 5564–5565
  Quinquatrus 5712
  religion 5778
  Rhomaia 5843
  saeculum 6006
  Sagalassos 6008
  Saturnus and Saturnalia 6061
  septemviri epulones 6155
  Septimontium 6160
  Skira 6277
  sophists 6321
  sport 6363, 6364
  theoria 6694–6697
  theorika, Theoric Fund 6697
  Thesmophoria 6706–6707
  tragedy 6806
  Vesta and Vestals 6975
  Zeus 7174
festivals (Jewish) 1263, **2663–2666**
festivals (Pharaonic Egypt) **2666–2668**
  Akhenaten 261
  Arsinoe II Philadelphos 764
  Deir el-Bahari 1965, 1966
  food, drink, and feasting 2705
  Kamutef 3689, 3690
  sacrifice 6001
  Seshat 6173
  Sokar 6313
  sports and games 6365
Festus, Sextus Pompeius **2668**, 2707, 3954
fetiales 1078, 2150, **2668–2669**, 6311, 6842–6843
fideicommissum 1598, 1603, 2381, 2382, **2669–2670**, 6622
fides 2061, **2670**
fig **2670–2671**
finance (Byzantine) **2671–2672**, 4502
finance (Greek) 231, 543–544, 1029–1030, 2444, **2672–2674**, 3126, 4119–4120, 4129, 4130, 4869–4870
finance (Roman) 133–134, 1029–1030, 2120, 2444, 2654–2655, **2674–2679**, 4129–4130, 6551–6553

Finley, Moses (1912–1986)   **2679–2680**
    debt   1942
    economic theory   2268
    economy   2276, 2281, 2300
    ergasterion, ergastulum   2488–2489
    formalism-substantivism debate   2716, 2718
    hinterland   3220
    modernism   4558
    money   4577
    primitivism   5539–5540
    status   6381, 6382
fire (in cult, Greece and Rome)   **2680–2681**, 2683, 3174, 3279, 5670
fire brigade in Rome. *see* vigiles
firefighting   **2681–2682**, 6995–6996
Firmicus Maternus, Iulius   482, 2214, **2682**
First Egyptian Dynasty   19, 2249–2250, 2292, 5690
first fruits   2634, 2672, **2683–2684**, 5998
First Intermediate Period (Egypt)   **2684–2686**
    Abu Rawash   12
    Abydos, Egypt   19
    army   747
    Asyut   893
    C-Group   1422
    Deir el-Bersha   1968
    Dendera   2034
    El-Mo'alla   2380
    Gebelein   2866
    Herakleopolis Magna   3146
    Hermopolis Magna, Tuna el-Gebel   3170
    Heryshef   3193
    Inyotef I–VII   3483
    Kharga oasis   3742
    Lykopolis/Asyut   4189
    medicine   4389
    Merykare   4457–4458
    Middle Kingdom   4490
    models   4558
    mummies and mummification   4617
    pottery   5481
    sculpture   6093, 6094
    Thebes   6651
    Thinis   6715
fiscus Judaicus. *see* tax (Jewish)
fish and fishing (Byzantine)   **2686**
fish and fishing (Greece and Rome)   220, 1805–1806, 2298, **2687**, 3381, 6017, 6022, 6370
fish and fishing (Pharaonic Egypt)   **2687–2691**, 2704, 4197
Five Thousand (at Athens)   2008, **2691**, 2756, 4889, 6701, 6702
flamines   **2691–2692**

flaminica   **2692**
Flamininus, Lucius Quinctius   46–47, **2693–2694**, 2695, 4125
Flamininus, Titus Quinctius   2603, 2693, **2694–2695**, 3113–3114, 4206
Flaminius, Gaius   2614, 2662, **2695–2696**, 5977, 6523, 6835
Flavian dynasty   789, 1529, 1606, 1796, 2196–2201, 5001, 5213, 5919–5921, 6971–6974
Flavius Valerius Severus Augustus   1742, **2696–2697**, 2814, 2815, 4361
flax   215, **2697–2699**, 4094–4095, 6637
flood stories (ancient Near East)   928, **2699–2700**, 5997
Floralia   2662, **2700–2701**, 6193
Florian (Marcus Annius Florianus Augustus)   **2701**, 5550, 6516
Florus (procurator of Judaea)   **2702–2703**
Florus, Lucius Annaeus   **2701–2702**, 3667
fodder   218, 219, 2390, 2639, **2703–2704**, 4009
food, drink, and feasting (Egypt)   **2704–2706**
Fools, Holy   **2706–2707**, 6470
Fordicidia   2252, **2707**, 2719, 6580
foreigners (Byzantium)   **2707–2708**
foreigners (Greece and Rome)   **2708–2710**
    ateleia   895
    cannibalism   1298
    enktesis   2412–2413
    epigamia   2445
    ethnicity   2520
    extranei   2606
    frontiers   2773
    Humiliores   3337
    ius Latii   3560
    nomads   4805, 4806
    status   6381
    xenodokoi   7145
    xenoi   7145–7146
    xenophobia   7147
foreigners (Pharaonic Egypt)   2149, 2514–2516, **2710–2713**, 3357, 6202, 6203
forests (Roman Empire)   1340, **2713–2714**, 3091
forgery   1647, 2079, 4534, 6387, 6499
form   710, **2714–2715**, 5622, 5623
formalism-substantivism debate   2276, 2281, **2715–2718**
formula   **2718**
Fornacalia   2662, **2718–2719**
fortifications (ancient Near East)   641, **2719–2721**, 2771, 3046, 3081, 6026, 6923, 6924
fortifications (Roman)   494–496, 658, 5402, 5446, 6166, 6245

forts (Byzantine)   823, **2721–2722**, 2771, 4835, 6242, 6243
forts (Greek)   **2723–2724**
forts (Pharaonic Egypt)   649, **2724–2730**, 6013
forts (Roman)   **2729–2732**
   Babylon-Fustat   1007
   camps   1284–1286
   Camulodunum   1292
   canabae   1294
   Deva   2058
   frontiers   2773, 2776, 2777, 2779
   Hadrian's Wall   3024, 3026
   Lambaesis   3866
   Novaesium   4817
   Noviomagus Batavorum   4820, 4821
   praetorium   5499
   principia   5543–5544
   Vindonissa   7009
forum   **2731–2734**
Forum Augustum   129, 967, **2734–2738**, 2743, 2745, 5886, 6359
Forum Boarium   **2738–2740**
   forum   2733
   Forum, Forum Romanum   2742
   Herakles   3150
   horrea   3310
   human sacrifice   3334
   ports   5447
   Rome, city of: 1. Prehistoric   5885
   Rome, city of: 2. Republican   5895, 5897
   Rome, city of: 7. Severan and third century   5937
   Tullius, Servius   6884–6885
Forum Romanum   **2740–2746**
   architecture   644, 657
   Augusta Emerita   942
   Augusta Treverorum   947
   cities   1523
   Colosseum   1676–1677
   Comitium   1688
   contio   1762
   fascism and Ancient Rome   2642
   fasti of magistrates   2643
   forum   2732
   Forum Augustum   2734–2735
   Fulvius Nobilior, Marcus   2783
   laudatio funebris   3927
   Rome, city of: 1. Prehistoric   5883, 5885–5887, 5889
   Rome, city of: 2. Republican   5891, 5893, 5895, 5899
   Rome, city of: 3. Augustan   5900, 5903, 5909

Rome, city of: 4. Julio-Claudian   5910–5914
Rome, city of: 5. Flavian and Trajanic   5915, 5917, 5919, 5920, 5922–5923
Rome, city of: 7. Severan and third century   5935
Rome, city of: 8. Tetrarchic   5941, 5943–5944
   rostra   5965
   tabularium   6510
   tribus   6855
Fossa Regia   **2746–2747**
fossils   **2747–2748**
fostering and foster-children   101, **2748–2749**, 6732
foundation deposits   **2749–2750**, 3330, 6001, 6173
foundations (Hellenistic)   **2750–2753**
   administration   78
   cities   1516, 1519
   Dekapolis   1973
   harmosts   3064–3065
   Hellanicus of Mytilene   3111
   Herakleides Lembos   3142
   Hierapytna   3207
   kingship   3762
   Seleucids   6123
   Sicelica   6234
   Stratonikeia   6425
foundations *(ktiseis)*   1378, 1508, 2616, **2753–2756**, 3274, 4168
Four Hundred (oligarchs at Athens)   **2756–2757**
   Andros   418
   Antiphon of Rhamnous   486
   democracy   2008
   dokimastes   2189
   Five Thousand   2690
   hetaireia   3197
   isonomia   3522
   Kritias   3822, 3823
   Old Oligarch   4888
   oligarchy   4889
   political pay   5386
   Theramenes   6701–6702
   Thirty Tyrants   6717–6718
fowling   2704, **2757**, 3343
Fragmenta Vaticana   **2757–2758**, 6152
Fragmentum (fragmenta) de iure fisci   **2758**
France   668–669, 2332–2333, 2336, 2872–2873, 6994–6995
Franks   **2758–2759**
   Ambrakia   353
   Aquae Sextiae   589
   Arelate   669
   Batavians   1064

Franks (*cont'd*)
  Childeric I   1455–1456
  Colonia Agrippinensis   1656
  ethnicity   2524
  ethnogenesis   2529
  Gallienus   2833
  Germania   2899
  Gregory of Tours   2997
  Hispania   3243
  Merovingians   4456
  Probus   5550, 5551
  Xanten, Germany   7142
frater patruelis. see cousin
Fratres Arvales. *see* Arval Brothers
freedmen and freedwomen   **2759–2762**
freedom (*eleutheria*)   **2762–2764**
  autonomy   981–982
  Chremonidean War   1476
  democracy   2011
  diplomacy   2146
  Epicurus and Epicureanism   2439
  Essenes   2502
  polis   5380
  Timoleon   6761
Fregellae   **2764–2765**
fresco (images and technique)   271, **2765**, 2854–2855, 4982
Friends of the king   78, 2210, **2765–2767**, 3106, 3132, 3762, 6123
friendship   **2767–2770**. *see also amicitia*
frontiers (ancient Near East)   **2770–2771**
frontiers (Byzantine)   2722, **2771–2772**
frontiers (Hellenistic)   **2772–2773**
frontiers (Roman)   **2773–2780**
  acculturation   30
  Antonine Wall   494
  Aurelian   976
  Danube   1927–1928
  Diocletian   2106
  diplomacy   2151
  economy   2299, 2300
  Elbe   2354–2355
  emigrants   2388–2389
  Euphrates frontier   2566–2570
  forts   2730
  Fossa Regia   2746
  Hadrian's Wall   3024, 3026
  limitanei   4087–4089
  Severus Alexander   6183, 6184
  ships and shipping   6225
  Sirmium   6270
  Syria   6489
  Trapezos   6835
Frontinus, Sextus Iulius   **2780–2781**, 2998, 3511, 6333, 7060, 7065
fruit   **2781–2782**
fulling and fullers   **2782**, 4962, 5389, 6373, 6634
Fulvius Nobilior, Marcus   2415, 2643, **2783**, 3650, 5897–5899, 6364
Fulvius Plautianus, Gaius   1324, **2784**, 4208, 5937, 6158
fumigations   2022, **2784–2786**, 3374, 4654, 5670
funeral speech. *see Logos epitaphios*
funerary cult (Byzantine)   1940–1941, **2786**
funerary cult (Greek)   155, 1401, **2786–2788**, 4723
funerary cult (Pharaonic Egypt)   **2788–2791**
  Aten   897
  cenotaphs   1408
  color symbolism   1673
  festivals   2667
  Hierakonpolis   3203, 3205
  ka   2249
  Khepry   3745
  law   3961
  Narmer   4699
  Nephthys   4748
  sacrifice   6001
  stelae   6384–6385
funerary cult (Roman)   155, 2073, 2655, **2791–2794**, 3413–3414, 3520–3521, 4012, 4058–4059, 4621, 5062–5063
funerary inscriptions (Christian)   **2794–2795**
funus publicum   **2795–2796**
fur   1588, **2796–2797**
Furies   155, **2797**, 2803, 4929
furniture (Byzantine)   **2797–2799**
furniture (Greece and Rome)   1340, **2799–2801**, 6372
furniture (Pharaonic Egypt)   **2801–2803**, 3198
Furrina and Furrinalia   **2803–2804**
Fustat. *see* Babylon-Fustat

Gades/Gadir   **2805–2806**, 3052, 3240, 3242, 3532, 6539
Galatia   **2806–2808**
  Ankyra   441
  Attalos II   933
  Celtic wars   1398, 1399
  Deiotaros of Galatia   1963–1964
  Eumenes II   2557
  Halys   3051
  Isauria   3509

Laodikeia Kombusta   3906
Lykaonia   4188
Res gestae of Augustus   5805
Roman Empire, regional cultures   5867
Rutilius Gallicus, Gaius   5984
Sagalassos   6007
Theodore of Sykeon   6673
Galba (Servius Sulpicius Galba Imp. Caesar Augustus)   **2808–2810**
   Agricola, Gnaeus Iulius   207
   Caesar   1247
   Caligula   1270
   Cornelius Fuscus   1796
   Domitian   2198
   imaginiferi   3414
   Iulius Vindex, Gaius   3551
   legions, history and location of   3996, 3997, 4000, 4002, 4004
   Otho   4967
   Rome, city of: 2. Republican   5898
   Rome, resistance to   5954
   Rutilius Rufus, Publius   5984
   Tacitus   6513
   Vinius, Titus   7010
   Vitellius   7018
Galen   **2810–2813**
   Alexander of Tralles   305
   anatomy   404–406
   Anonymus Londiniensis   447
   Aretaios of Cappadocia   673
   Asklepiades of Bithynia   830
   asthma   859–860
   Athenaeus of Attaleia   904
   athletes   919
   Attalos III   933
   cardiovascular system   1332
   Cassius Felix   1357
   Celsus, Aulus Cornelius   1394
   cheese   1446
   childbirth   1454
   Crito, Statilius   1843
   dentistry   2035
   diagnosis   2066
   Diocles of Karystos   2103
   Dioscorides   2137
   disease, conceptions of   2161
   disease and health   2165–2166
   dogmatism, medical   2187
   dream interpretation   2223
   embryology   2384, 2385
   Erasistratus   2480
   exercise, physical   2594, 2595
   Harpocration   3066
   headache   3088
   Herakleides of Tarentum   3144
   Herophilos   3191, 3192
   hygiene   3352
   hysteria   3373, 3374
   illness   3402
   infant diseases and mortality   3455
   Krateuas   3821
   Largus, Scribonius   3911
   Lucian   4155
   Lucius Verus   4159
   madness and mental health   4213
   medical writers   4376, 4377
   medicine   4379, 4383–4384
   menstruation   4444
   milk   4505–4507
   nutrition and malnutrition   4840
   optics and catoptrics   4910–4911
   Oribasios of Pergamon   4931
   pharmacology   5233, 5234
   plague   5344
   psychology   5623
   publication   5661
   regimen   5758
   rheumatism   5835, 5836
   science   6068, 6074
   sex and sexuality   6194
   Soranus   6324, 6325
   surgery   6462–6464
   Syriac literature   6492, 6493
   Thessalos of Tralles   6710–6711
   wounds, nature and treatment of   7137–7139
Galerius (Gaius Galerius Valerius Maximianus Augustus)   **2813–2815**
   Constantine I   1720–1721
   Constantius I Chlorus   1741–1742
   Diocletian   2106, 2107, 2109, 2110
   Flavius Valerius Severus Augustus   2696, 2697
   Historia Augusta   3249
   Licinius   4079
   limitanei   4088
   Maxentius   4361, 4362
   Maximian   4363
   Maximinus   4366
   persecution of Christians   5174
   Rome, city of: 8. Tetrarchic   5940, 5941
   Romuliana   5960
   tetrarchy   6628
   Thessalonike   6709
Galilee   **2815–2817**
   Aristobulus I   694

Galilee (cont'd)
  Beth She'arim 1105–1106
  flax 2698
  Herod Antipas 3174
  Judaea 3635
  Justus of Tiberius 3669
  Luke, Gospel of 4166
  Ptolemais 5629
  rebellions 5744
  Sepphoris 6154, 6155
Galilee, Sea of **2817–2818**, 3622
Galli 824, 2562–2563, **2818–2819**
Gallia Cisalpina/Italia Transpadana **2819–2824**, 5968, 6020
Gallia Narbonensis 613, 1397, 2418–2420, **2824–2828**, 2927–2928, 5844
  Narbo Martius 4696–4697
Gallic War
  Augusta Treverorum 949
  Batavians 1063
  Bibracte 1113
  Cerveteri 1421
  exploratores 2603
  Fabius Pictor, Quintus 2616
  Julius Caesar 3654–3655
  Rome, resistance to 5953
  Vercingetorix 6963
Gallic War (Bellum Gallicum) 2229, **2828–2832**, 3129, 3240, 3275
Gallienus (Publius Licinius Egnatius Gallienus Augustus) **2832–2837**
  Aurelian 972, 975
  Claudius II 1545, 1546
  Dexippos of Athens 2060–2061
  Dionysius of Rome 2131
  ducenarii 2231
  frontiers 2776
  persecution of Christians 5174
  Rome, city of: 7. Severan and third century 5938
  Serdica 6166
  Stratonikeia 6425
  Tacitus 6516
  Valerian 6941, 6942
Gamala **2837–2839**
Gamaliel II, Rabban **2839–2840**, 5091–5093, 6205
"Game of Troy." *see* Lusus Troiae
games (Byzantine) 1457, **2840–2841**
games (Greek and Roman) **2841–2844**
  aediles 114
  agon 192–194
  agonistic festivals 194–197
  Augustalia 952–953
  Delphi 1985
  disease and health 2164
  festivals 2661–2662
  Floralia 2700
  Hellanodikai 3111
  Heraion sanctuary 3138
  Herakles 3149
  Hieron I of Syracuse 3211
  pantomime 5036–5037
  processions 5558–5559
  Pythian Games 5688–5689
  septemviri epulones 6155
  sport 6363, 6364
  Zeus 7174
games (Pharaonic Egypt) 1458–1459, **2844–2846**
Ganges 293, 1438, **2846–2847**, 3369, 3446–3448
Garama 2652, **2847–2848**, 6011
gardens. *see* horticulture
gardens (Byzantine) **2848–2850**
gardens (Greek) 212, **2850–2852**
gardens (Pharaonic Egypt) **2852–2853**
gardens (Roman) 221, **2853–2856**
Gaugamela 36, 292, 293, 723, 1103, **2856–2857**, 5063, 5186
Gaul (Tres Galliae) **2857–2861**
  Aedui 115
  agri decumates 206
  Alesia 285
  Alps 341
  Antonius, Marcus 501
  Asia Minor 824
  Augustodunum 959
  Augustus 964
  Aurelian 974, 976
  Bibracte 1113
  Bononia 1156
  Brennodurum 1184–1185
  Burdigala 1210–1211
  Caesarius of Arles 1250, 1251
  Camillus, Marcus Furius 1282, 1283
  Catilinarian conspiracy 1374
  Celtic languages 1397
  Celtic wars 1399
  Childeric I 1455–1456
  cities 1523
  Commius 1692–1693
  Constantius II 1744
  Domitian 2199
  economy 2298
  emigrants 2388–2389
  Entremont 2420

factories   2619
forum   2734
Gallia Cisalpina/Italia Transpadana   2819–2824
Gallia Narbonensis   2824–2827
Gallic War   2829
Germania   2897–2899
Hilary of Arles   3216, 3217
Illyricum and the Balkans, Roman conquest of   3411
imperialism   3432
Irenaeus   3495, 3497–3498
Iulius Vindex, Gaius   3551
languages   3902
Latin language   3922
Lugdunum   4164–4165
Lutetia   4172–4174
Maroneia   4315
monasticism   4573
Narbo Martius   4697
Nemausus   4738
patriarchs   5088
Probus   5550–5552
Rome, resistance to   5954
Tolosa   6781
Verginius Rufus, Lucius   6966–6967
Vienna   6994–6995
Visigoths   7017
Gaza (Bronze Age)   2048–2049, **2861–2863**
Gaza (Hellenistic to Late Antiquity)   1472, **2863–2864**
Geb   **2864**, 4839, 4950, 5791, 6174
Gebel el-Silsila   2330, **2865**, 3060, 6149
Gebelein   **2865–2867**, 6106
Gela   170, **2867–2868**, 2869–2870, 3167, 3236–3237, 3686, 5822
Gelimer   **2868–2869**
Gellius, Aulus   626, 2415, 2416, 2436, 4783, 6765–6767
Gellius, Gnaeus   445, **2869**, 3178, 3258, 6138
Gelon (Sicilian tyrant)   269, **2869–2870**, 3211, 3218–3219, 3236–3237, 6236, 6485, 6705
Geminus   2549–2550, **2870–2871**
gems (Greek and Roman)   592, **2871–2872**, 6102, 6103
Genava   **2872–2873**, 3129, 5844
gender (Greek and Roman)   **2873–2876**
　　clothing   1592
　　daughter   1932–1933
　　eroticism   2493–2494
　　eunuchs   2563
　　heterosexuality   3199
　　humor and satire   3337
　　identity   3389
　　land and landholding   3878
　　masculinity   4341–4342
　　sex and sexuality   6188, 6194
gender (Pharaonic Egypt)   2493, **2876–2878**
genealogy (Greece)   2611, **2878–2880**, 3092, 3253, 3272, 4690
generalship, art of   **2880–2882**
generational conflict   **2882–2883**
Genesis, book of
　　John, Apocryphon of   3605
　　Life of Adam and Eve   4085
　　marriage   4321
　　Nag Hammadi Library   4683
　　Philo Judaeus   5269
　　priests and Levites   5530
　　Theophilos of Antioch   6689
　　Trinity, doctrine of the   6861
genius   1131, **2883–2884**, 3657
genos, gene   320, 2505–2506, 2522, **2884**, 3767, 5536, 6015, 6326
gens   **2884–2886**
Genthios (Illyrian king)   **2886–2887**, 3408–3410
Gentiles   2885, 4355, 5105–5106, 5206
Gentiles, Jewish and Christian attitudes towards   **2887–2888**, 3473–3474, 4731
gentilicium   **2888–2889**
geography   **2889–2893**
geometry (Egyptian)   **2893–2894**
geometry (Mesopotamian)   **2894–2895**, 6071
Geoponica   2658, **2895–2896**, 6282, 6982
George of Pisidia   **2896–2897**
Gergithes   **2897**
Gerizim, Mount. *see* Temple (Samaritan, on Mount Gerizim)
Germania (Superior and Inferior)   **2897–2901**
　　agri decumates   206–207
　　Arminius   729
　　Augusta Treverorum   945–946
　　Batavians   1063
　　Caecina Alienus, Aulus   1241
　　Colonia Agrippinensis   1655–1656
　　Corbulo, Gnaeus Domitius   1777
　　Franks   2758
　　Galba   2809, 2810
　　Germanicus   2904
　　Mogontiacum   4562
　　Noviomagus Batavorum   4820, 4821
　　Petillius Cerialis Caesius Rufus, Quintus   5213
　　provincial capitals   5605
　　Rhine   5836–5837
　　Varus, Publius Quinctilius   6950

Germania (Superior and Inferior) (*cont'd*)
  Vestricius Spurinna, Titus 6976–6977
  Vitellius 7018
  Waldgirmes, Germany 7039–7040
  Xanten, Germany 7142
Germanic languages **2901–2904**, 3902
Germanicus **2904–2905**
  Agrippina the Elder 226–227
  Agrippina the Younger 227
  Antonia Minor 494
  Caligula 1269
  Calpurnius Piso, Gnaeus 1279
  Claudius 1549, 1551
  equites singulares Augusti 2477
  Forum Augustum 2738
  Manilius, Marcus 4260
  Nero 4750
  Novaesium 4817
  Rome, city of: 4. Julio-Claudian 5912
  Sejanus 6116
  Tabula Hebana and *Tabula Siarensis* 6504
  Tacitus 6513
  Teutoburgiensis Saltus 6630
  Tiberius 6747, 6748
Germanicus' visit to Egypt **2905–2906**
Germany 966, 4712, 6812, 6978–6979, 7039–7040
gerousia **2906–2907**
ges anadasmos **2907–2908**
gesta 52, 2734–2735, **2908–2909**, 5740
gestures **2909–2910**, 5506–5507, 5510, 6459
Geta (Publius Septimius Geta Augustus) **2910–2911**
  Caracalla 1323–1325
  coinage 1641
  conspiracies against emperors 1717
  Fulvius Plautianus, Gaius 2784
  Herodian 3181
  Julia Domna 3650
  Rome, city of: 7. Severan and third century 5937
  Septimius Severus Pertinax Augustus, Lucius 6158
  Serenus Sammonicus, Quintus 6167
Getae 169, 1908–1910, **2911–2912**, 3276
Ghassanids 604, 1497, **2912–2913**, 3562, 3663, 5190, 6490
Gibbon, Edward 977, 1951, 2833, **2913–2914**, 3249
gift-exchange **2914–2916**
Gilgamesh, Epic of **2916–2918**
  death 1940
  Dilmun 2100
  Emar 2382
  flood stories 2699–2700
  literature and poetry 4108
  Melammu 4419
  sex and sexuality 6186
  Shamash 6199
  ships and shipping 6212
  Shuruppak 6229
  sport 6363
  Ugarit 6905
  wisdom literature 7110–7111
Gipar **2918–2919**
Girsu (Telloh) 2248, **2919**, 4797, 6921, 6926, 6927
Giza **2919–2923**
  Abu Rawash 12
  building materials and techniques 1204
  cemeteries 1406
  cities 1515
  Egyptomania 2339
  furniture 2802
  Harmachis 3062
  Khufu 3748–3749
  Kom el-Hisn 3803
  Menkaure 4440–4441
  metallurgy 4471
  Old Kingdom 4886
  redistribution 5754
  Saqqara 6037
  sculpture 6092
  sphinx 6354
Gla in Boiotia **2923**, 3809
gladiators **2923–2927**
Glanum **2927–2928**
glass (Byzantine) **2928–2929**
glass (Greece and Rome) **2929–2933**, 3091, 6910
Glaukos **2933–2934**
Glevum (Gloucester) 2778, **2934–2935**
globalization 1710, 1782, 2299, **2934–2938**, 3450–3452, 5879
gnosis, gnostics, gnosticism **2938–2942**
  ananke 397
  apostolic succession 572
  bishop 1133
  Carpocrates, Carpocratians 1340
  Catholic Epistles 1373
  Cerinthus 1420
  Cleopatra 1571
  Corinthians, Third 1788
  Dialogue of the Savior 2072

INDEX 7319

docetism 2179
Gospel of Truth 2963
hairesis 3041
Hermetic writings 3161, 3162
Iao 3379
Irenaeus 3495
John, Acts of 3602–3604
John, Apocryphon of 3604–3605
Judas, Gospel of 3638–3640
Judas Iscariot 3641
Marcion and Marcionites 4285–4288
Nag Hammadi Library 4682
Peter, Coptic *Apocalypse of* 5204
Pistis Sophia 5338–5339
prayer 5503
Ptolemy 5654
Second Treatise of the Great Seth 6107
Sethianism 6176–6178
Thomas, Gospel of 6721
virginity 7012
Zosimus 7186
goal-year texts 878, 2074–2075, **2942–2944**, 6071
goats **2943–2944**
  agriculture 211
  animals 432
  cheese 1445
  food, drink, and feasting 2704
  milk 4505, 4506
  sacrifice 6002
  stock rearing 6399
  Vediovis 6952
God 1812, 1852–1853, 5108–5109, 5654–5655, 6860–6863, 6939, 6940
God-fearers 2663, **2944–2945**, 3595, 6698
godparents, godchildren **2945**
gods (Egyptian) **2947–2949**
  Apis 526–527
  Atum 937
  Bastet 1062–1063
  Bes 1102–1103
  cults: divine 1861–1865
  cults: private 1866–1869
  dwarves 2238–2239
  Geb 2864
  Hapy 3060
  Hathor 3074
  Heh 3095
  Heket 3099
  Heryshef 3193
  Horus 3319
  Isis 3518
  Kamutef 3688

  Khepry 3745
  Khnum 3745
  Meretseger 4452
  Meshkent 4460
  Min 4513–4514
  Mnevis 4555
  Montu 4591–4592
  Mut 4643–4644
  names, personal 4688
  Nefertum 4725, 4726
  Neith 4732
  Nekhbet 4735
  Nun 4835–4836
  Nut 4839
  oracles 4917–4918
  Peru-nefer 5198–5199
  Ptah 5624
  Sarapis 6039
  Satet 6056
  Sekhmet 6118
  Serket 6169
  Seshat 6173
  Seth 6174
  Sobek 6294
  Sokar 6312
gods and goddesses (ancient Near East)
  Adad 61
  Asherah 817–818
  divination 2168–2169
  Dumuzi 2232
  El 2345–2346
  Elagabalus 2346
  Enlil 2413
  Erra 2494–2495
  kingship 3759
  Marduk 4294–4295
  marriage 4324
  Nidaba 4782
  oaths 4848
  Olympos mountain 4898
  Shamash 6199
  Sin 6261
gods and goddesses (Greek and Roman)
  Abraxas 7
  Acca Larentia 26
  Aesculapius 138–139
  Agnostos Theos 191
  Apollo 546–548
  Athena 902–903
  atomism 925–926
  Bellona 1078
  Camenae 1282

gods and goddesses (Greek and Roman) (*cont'd*)
  Carmentis and Carmentalia   1337
  Ceres   1418
  Consus and Consualia   1758–1759
  Cybele   1881–1884
  Dionysos   2132–2135
  Dis Pater   2155–2156
  disease, conceptions of   2159
  disease and health   2163
  Dius Fidius   2167–2168
  Dolichenus   2191
  Earth deities   2252–2253
  Egeria   2323
  Endovellicus   2406–2407
  epiphany   2464–2465
  Eros   2490–2491
  Feronia   2656–2657
  Floralia   2700
  Furies   2797
  Furrina and Furrinalia   2803–2804
  Hephaistos   3134
  Hera   3135
  Hermes   3160–3161
  Hestia   3194–3195
  Honos   3296–3297
  incubation   3441–3442
  Iphigeneia   3491–3492
  Kabiroi   3672–3673
  marriage   4325
  Mars   4326–4327
  Mefitis   4408
  Mercurius   4449–4450
  Minerva   4515–4516
  Mithras and Mithraism   4551–4553
  moon deities   4593
  mother goddesses   4604–4605
  Muses   4630–4631
  Muses of Helikon sanctuary   4631–4632
  names, personal   4688
  numen   4831
  oaths   4850
  ops   4908
  orgeones   4930
  Orpheus and Orphism   4946
  Oschophoria   4949–4950
  Pales and Parilia   5003–5004
  Pan   5014–5015
  Penates   5139
  Persephone   5176–5177
  pietas   5322–5323
  Pluto   5367–5368
  Plynteria   5368
  Pomona   5400
  Portunus   5450
  Poseidon   5454–5455
  Priapus   5522
  Proserpina   5586
  Pyrenees   5682
  Silvanus   6254
  Sulis   6443
  Summanus   6452
  sun gods   6454
  Vediovis   6951–6952
  Venus   6961–6962
  Vesta and Vestals   6975–6976
  Victoria   6993
  Volcanus   7026
  Zeus   7172–7174
God's Wife of Amun   **2945–2946**, 3077, 3915, 4643, 5534, 6013
gold   **2949–2951**
  Alburnus Maior   280
  alchemy   282–283
  Bulgaria and Bulgars   1206
  bullion   1209, 1210
  Cleopatra   1571
  coinage   1607, 1613, 1617, 1629, 1632, 1638, 1644
  Eastern Desert   2255, 2256
  economy, Near East   2287
  electrum, electrum coinage   2359–2360
  Hispania   3241, 3243
  inflation   3458
  Magdalensberg, Austria   4218
  maps   4275
  metallurgy   4468–4470
  metalwork   4471, 4472
  Midas   4489
  mines and mining   4517, 4518, 4520, 4522
  mints and minting   4531–4532
  money   4574, 4575
  money devaluation   4577
  Puabi   5655
  Sardis   6043
  silver   6255
  Siphnos   6265
  standards of living, wealth   6372
  textiles   6632–6634
  Uluburun shipwreck   6910
  weights and measures   7081
Golden Age   454, 835, 2661, **2951**, 5402–5403

Gordian I (Marcus Antonius Gordianus
    Sempronianus Romanus Africanus Senior
    Augustus)   1025, **2952–2953**, 2953, 3248,
    4365, 6741
Gordian II (Marcus Antonius Gordianus
    Sempronianus Romanus Iunior
    Augustus)   1025, 2952–2953, **2953–2954**,
    3248, 4365
Gordian III (Marcus Antonius Gordianus
    Augustus)   1025, 2953, **2954–2955**, 3248,
    3866, 3998, 6876–6877
Gordion   291, 1963, **2955–2956**, 6034
Gorgan, Great Wall of   **2956–2957**
Gorgias   143, **2957–2958**, 4142, 5825–5827,
    5832, 6318
Gorsium/Herculia   **2958–2959**
Gortyn   394, 840, 2172–2173, **2959–2961**,
    3946, 4007
Gortyn, law code of   200, 2463, 2959–2960,
    2961–2962
Gospel Book   1303, 2071–2072, **2962–2963**, 4626
Gospel of Truth   **2963–2964**, 6939
Goths   **2964–2966**
    Adrianople, battle of   105–106
    Aemilian   123–124
    Alans   277
    Arcadius   625
    Cassiodorus   1353
    Claudius II   1545, 1546
    Constantine I   1723, 1726
    Constantius II   1745
    Cyclades islands   1886
    ethnicity   2524
    ethnogenesis   2528–2530
    Euphrates frontier   2569
    Florian   2701
    Gallienus   2835–2836
    Histria, Romania   3276
    Honorius   3295
    Hostilian   3322
    Huns   3342
    Marcellinus Comes   4281
    martyrdom and martyrs   4332
    Mediterranean   4401
    Pannonia   5027
    Pantikapaion   5035
    Ravenna papyri   5740
    recruiting, military   5750
    Rome, Fall of   5949
    Tacitus   6516
    Themistius   6666
    Theodosius I   6679
    treaties   6840
    Trebonianus Gallus   6846, 6847
    Valerian   6941–6942
    Visigoths   7016–7018
    Volusian   7030
Gournia in Crete   **2966–2967**
government, theories of (Byzantine)   1252,
    2967–2968, 6139
Gracchi   2636–2637, 2737, 3156, 4076,
    6076, 6144
Gracchus, Tiberius and Gaius
    Sempronius   **2968–2972**
    ager publicus   182
    agrarian laws   204
    annona   446
    assidui   843
    Cicero, Marcus Tullius   1499, 1500
    citizenship   1526
    civil war   1529
    Claudian   1543
    clientela   1580
    Coelius Antipater, Lucius   1598
    colonies   1668
    Cornelia   1790
    damnatio memoriae   1920–1921
    equites   2475
    Fannius, Gaius   2636–2637
    Forum, Forum Romanum   2743
    Forum Augustum   2737
    Furrina and Furrinalia   2803–2804
    Gracchus, Tiberius and Gaius
        Sempronius   2969–2971
    Lex Acilia   4035
    Manlius Capitolinus, Marcus   4262
    optimates, populares   4911
    Rome, city of: 2. Republican   5898, 5899
    Scipio Aemilianus   6076
    Sempronius Asellio   6138
    Senate   6141
    siblings   6230
    socii   6307
Graces   **2972–2973**
Graeco-Babyloniaca   **2973–2974**
graffiti   **2974–2975**
    education   2318
    epigram   2445
    epigraphy   2457
    Latin language   3921
    literacy   4102, 4106, 4107
    Thebes   6647–6648
    Valley of the Kings   6946
    Wadi Hammamat   7034

grain supply and trade **2975–2978**
  adaeratio 63
  administration 98
  agriculture 208, 222
  Apulia 585
  Aspendos 838
  Bagrada 1019
  bread 1182
  Ceres 1418, 1419
  Claudius 1552
  cleruchy 1575–1576
  coinage 1645, 1647
  consumption 1757
  Crimea 1842
  cura, curator 1872–1873
  diet 2086
  drought 2227
  economy 2294, 2297
  emmer 2389–2390
  emporikoi nomoi 2396
  India 3448–3449
  Kawa 3719
  legumes 4009
  Leukon 4034
  mathematics 4346–4347
  Mediterranean 4401
  negotiatores 4727
  Nidaba 4782
  Pantikapaion 5034–5035
  price formation 5523
  prices 5525–5527
  Puteoli 5675
  ships and shipping 6216, 6221–6223
  Sicily 6238
  sitologos 6273
  sitophylakes 6273
  Skyros 6279
  Spartokids 6347
  standards of living, wealth 6373
  storage 6413
  taxation 6550
  threshing 6732–6733
  transport 6830
  wheat 7099
  winnowing 7107
grandparents, grandchildren **2978**
Granikos 291, 2122, **2978–2979**, 3785, 5063, 5186
graphe 2026, 2063, 2096, 2343, **2979–2980**, 5553, 7146
graphe nomon me epitedeion theinai **2980**
graphe paranomon 2980, **2980–2981**, 3368, 4007
Gratian 105, 276, 920, 977–978, 6679

Great Persecution 53–55, 716, 4774, 5174
Great Queen **2981–2982**, 5707
Greek, changes in levels of (Byzantine) **2983–2984**
Greek Anthology 167, **2982–2983**, 3338
Greek fire **2984–2985**
Greek language and dialects (Classical times) 245, 246, 2213, 2454, **2985–2988**, 4093–4094
Greek language in the Roman Empire 1115, 1116, 2128–2130, 2272, **2988–2990**, 3894, 3896–3900, 3919–3920, 3922–3923
Greek script 2973, 2974, 5048–5050, 5054, 5055, 5216
Greekness **2990–2992**
  burial 1215
  Dionysius of Halicarnassus 2129
  Edessa 2305
  ethnicity 2522, 2523
  Galilee 2816
  Hellenes 3112, 3113
  Hellenism 3119
  Homer 3284
  identity 3389
  Italy, northern 3537
  Italy, southern 3539–3540
  languages 3897
Gregory of Nazianzus **2993–2994**
  baptism 1039
  Basil of Caesarea 1054, 1055
  Cappadocia 1317, 1318
  Christology 1480
  education 2314
  Evagrius of Pontus 2586
  hagiography 3030
  Hellenism 3120
  Julian 3650
  letters, letter writing 4028
  Origenist Controversy 4938
  Trinity, doctrine of the 6862
Gregory of Nyssa **2994–2995**
  allegory 322
  Atonement, Doctrine of 927
  baptism 1039
  Basil of Caesarea 1054
  Cappadocia 1317, 1319
  Christology 1480
  education 2315
  Gregory Thaumaturgus 2996, 2997
  holy men 3281
  Origenist Controversy 4938
  soul 6335
  Trinity, doctrine of the 6862

Gregory of Tours   1455, **2997–2998**, 3269, 3498, 4456
Gregory Thaumaturgus   **2996–2997**
Gregory the Illuminator   725–726, 1319, **2992–2993**
gromatici   **2998–2999**
groves, sacred (Greece and Rome)   2648, 2803–2804, **2999–3000**
Guadalquivir   **3000–3001**, 3240–3241, 3532
Gudea   2258, 2419, 2919, **3001**, 3863, 4798
guest-friendship *(hospitium)*   2915, **3001–3003**, 3465–3466, 7145, 7146
guilds. *see* artisans, trades, and guilds
Gula   2188, **3003**, 4386
Guti   2512, **3004**, 6046
Gyges (Gugu) of Lydia   **3004–3005**, 6044, 7144
Gylippos   318, **3005–3006**, 3167, 6235
gymnasiarchal law (Beroia)   179, 2317, 2425, **3006–3007**
gymnasium (Classical and Hellenistic Greece)   1064, 2317, 2594–2595, **3008–3010**, 3124, 3160, 3161, 3594, 4178–4179
gynaikonitis. see women's quarter
gynaikonomos   1214, **3010–3011**, 6453, 7123
gynecology   **3011–3013**
   Aetios of Amida   146
   Caelius Aurelianus   1243
   childbirth   1453–1455
   Diocles of Karystos   2103
   embryology   2385–2386
   fumigations   2784–2785
   hysteria   3374
   Soranus   6324
   sterility   6391, 6392
   surgery   6462–6464

habiru   **3014–3015**
Habur   **3015–3016**, 3054, 3345, 6045, 6200, 6229
Hacksilber   1209, **3016–3017**, 4574, 6255
Hades   **3017**
   afterlife   154
   burial   1213
   chthonic deities   1489
   Demeter   1992
   Dis Pater   2155–2156
   Eleusis, Attica   2369
   Eleusis, Mysteries of   2371
   funerary cult   2788
   Orpheus and Orphism   4945, 4946
   Persephone   5176–5177
   Pluto   5367, 5368
   Samothrace, Mysteries of   6032

hadith   1272, **3017–3019**
Hadrian (Traianus Hadrianus Augustus)   **3019–3024**
   adlocutio   71
   Aelia Capitolina   120
   aequitas   133
   aerarium   134
   Antinoopolis   467
   Antinoos   469
   Antoninus Pius   496, 498, 499
   Aquincum   593
   architects   639
   Aristides   690
   Armant   720
   Armenia   724
   Arrian   757
   art   789, 791
   Athens   915
   auxilia   984
   Avidius Cassius, Gaius   997
   Bar Kokhba, Shime'on   1042
   Caesar   1247
   canabae   1294
   coinage   1625
   Cornelius Palma Frontonianus, Aulus   1799
   Dacia   1907
   Diospolis Parva   2143
   diplomata   2153
   discens   2157
   dynastic cults   2243
   edict   2311
   Egyptomania   2341
   Ephesos   2430
   equites   2476
   Euphrates frontier   2569
   Florus, Lucius Annaeus   2701–2702
   Forum Augustum   2738
   frontiers   2777, 2779
   Gorsium/Herculia   2958
   Hadrian's Wall   3024
   Hephaistion of Thebes   3133
   Heraion sanctuary   3138
   Hermopolis Magna   3168
   Herodes Atticus   3178
   Hispania   3243
   Historia Augusta   3248, 3250
   homicide   3288
   horticulture   3317
   hunting   3344
   Iulius Severus, Sextus   3549, 3550
   Julia Balbilla   3649
   Lambaesis   3866

Hadrian (Traianus Hadrianus Augustus) (cont'd)
  legions, history and location of 4005
  Lepcis Magna 4019
  Letoon sanctuary 4025
  Lex Manciana 4045
  Licinius Sura, Lucius 4078
  Lollius Urbicus, Quintus 4144
  Lucius Verus 4158
  Lugdunum 4165
  Lusius Quietus 4171, 4172
  metropoleis 4486
  military decorations 4501
  Nemausus 4739
  palaces 4999
  Pales and Parilia 5004
  Pannonia 5027
  Pelusium 5136
  Perge 5159
  Phaselis 5241
  Phlegon of Tralles 5293
  Platorius Nepos, Aulus 5351–5352
  Plutarch 5363
  Polemon, Marcus Antonius 5373
  precedent 5511
  responsa 5809
  Rome, city of: 5. Flavian and Trajanic 5923
  Rome, city of: 6. Hadrianic and Antonine 5925–5929, 5931, 5932
  Rome, city of: 8. Tetrarchic 5940
  Sagalassos 6008
  Same 6028
  Senate 6142
  Side 6240
  Smyrna 6292
  sophists 6320
  Sosius Senecio, Quintus 6333
  Stratonikeia 6425
  Suetonius 6435
  Syria 6489
  Thebes 6648
  Tibur 6750
  Trajan 6814–6815
  Trapezos 6835
  tres militiae 6847
  wall-painting 7041
  water supply 7063
  weights and measures 7093
Hadrian's Wall **3024–3027**
  Antonine Wall 495, 496
  Britannia 1189
  Caledonia 1255
  Euphrates frontier 2566
  exploratores 2603
  forts 2731
  frontiers 2779
  horrea 3310
  imperialism 3432
  Roman Empire, regional cultures 5870
  Septimius Severus Pertinax Augustus, Lucius 6159
  vexillatio 6987
  warfare 7055
Hagar (Akhoris) **3027–3028**, 3915
Hagia Sophia **3029**
  Anthemios of Tralles 451
  art 784
  Byzantine rite 1229–1230
  church architecture 1494
  Constantinople 1737, 1738
  coronation 1800
  gardens 2849
  liturgy 4116
  Paul Silentarius 5109
  rhetoric 5824
  Sergios I 6167
hagiography (Late Antique and Byzantine) **3029–3031**
hair, hairstyling (Byzantine) 1588, **3031–3032**
hair, hairstyling (Greece and Rome) 1591, 1809–1811, **3032–3036**
hair, hairstyling (Pharaonic Egypt) **3035–3040**, 6092
hairesis **3040–3042**
Halab (Aleppo) 423, 2175, 3015, **3042–3043**, 3346, 4555, 6201, 7175
halakhah. see law (Jewish)
Haliartos **3043**, 4191
Halieis **3043–3044**, 3164
Halikarnassos **3044–3047**
  Alinda 316
  Artemisia 797–798
  Caria 1333
  Dorian tribes 2212
  Dorians 2213
  Hekatomnids 3098
  historiography 3254
  Lygdamis of Halikarnassos 4187
  Mausolos 4359
  Theangela/Syangela 6643
  wonders of the world 7134
Hallstatt culture 340, **3047–3050**, 3851, 6022
Haloa 1992, **3050**
Halos in Thessaly 37, **3050–3051**
Halys 401, 722, 2569, **3051**

Hamadan. *see* Ecbatana
Hamilcar Barca   1346, **3051–3052**, 3056, 3070, 3218, 5663–5664
Hammurabi, Code of
  agrarian laws   203
  andurārum   423
  army   731
  awīlum, muškēnum, and wardum   998–999
  birth control   1127
  credit   1827
  Elamite kings, Middle Elamite period   2350
  Hammurabi of Babylon and his dynasty   3053
  ilkum   3400
  irrigation   3500
  kingship   3759
  land and landholding   3873
  prices   5525
  slavery   6280
  social structure and mobility   6297
  status   6381
  trade   6793
Hammurabi of Babylon and his dynasty   **3052–3054**
  Alalah   275
  Amorites   372
  Assyria   851
  awīlum, muškēnum, and wardum   998–999
  Babylon   1005
  Diyala   2175
  Elamite kings, Sukkalmah period   2352
  ensí   2419
  Eshnunna   2500
  Halab   3043
  Isin   3515
  Larsa, and Larsa Dynasty   3913
  Mari   4301
  Nineveh   4796
  Rim-Sin I of Larsa   5846
  Shamshi-Adad and sons   6200
  Shubat-Enlil   6229
  Suhu   6439
  Zimri-Lim of Mari   7175, 7176
Hana, Hanaean   730, 3054, **3054–3055**, 4301
Hanigalbat   **3055**, 3345, 6487
Hanina ben Dosa   2600, **3055–3056**
Hannibal   **3056–3058**
  Acilius, Gaius   45
  Alps   341
  annalists   445
  Antigonids   457
  Antiochos III Megas   478
  Apamea, Peace of   513

Armenia   723
Bithynia   1139
Cannae, battle of   1296–1297
Capua   1321
Cástulo   1361
Cincius Alimentus, Lucius   1508
Cortona   1805
diplomacy   2150
Duilius, Gaius   2231–2232
Ebro   2259–2260
economy   2303
Ennius   2414
Fabii, family of   2613–2614
Fabius Pictor, Quintus   2617
Feronia   2657
Flamininus, Titus Quinctius   2695
Flaminius, Gaius   2696
Fossa Regia   2746
Fregellae   2764
Hamilcar Barca   3051
Hasdrubal   3071
Himera   3219
Illyricum and the Balkans, Roman conquest of   3411, 3412
imperialism   3428, 3432
Italy, southern   3541
Macedonian wars   4206
Magna Graecia   4234
Marcellus, Marcus Claudius   4283
Metapontum   4473
Metaurus, battle of   4473–4474
Ostia   4959
overstrike   4968
Philip V of Macedon   5253, 5254
Prusias I of Bithynia   5611
Punic wars   5664
Rhône   5844
Roman Republic, constitution   5874
Rome, city of: 2. Republican   5895
Saguntum   6009, 6010
Scipio Africanus   6078, 6079
Silius Italicus   6252
socii   6307
Talayotic culture   6519
Taras   6529
Trasimene, battle of   6835–6836
Zama, battle of   7164–7165
Hanno *(Periplus)*   2482, **3058–3060**, 5844
Hapy   **3060**, 3477
Harba de-Moshe (Sword of Moses)   **3060–3061**, 3084
harim   **3061–3062**, 4996–4997

Harmachis   2922, **3062–3063**
harmonics   692, 1299, **3063–3064**, 3224, 3225, 4639, 4781–4782, 5583
harmosts   2040, **3064–3065**, 5130
Harpalos   1988, 2027, 2101, **3065–3066**, 3368, 3869, 4017
Harpocration   487, **3066–3067**, 6434
Harpokrates   2033, **3067**, 3320, 6040
harps   4634, 4639–4642
Harran   2258, 2305, 4676, 4954
Harris Papyrus   215, 216, 2143, **3067–3068**, 3108, 3883
Harsiese   **3068**, 3157, 3320
Harun al-Rashid   **3068–3069**, 5735, 5736
haruspices   437, 2170–2171, 2539, 2541–2542, **3069–3070**, 5774, 6111
Hasdrubal   1296, 1349, 3052, 3058, **3070–3071**, 3671, 4473–4474, 6079
Hasmonean period   303, 1623, 2837, 2839, 4416, 5230, 5584–5585
Hasmoneans   **3071–3073**
  Agrippa I   224–225
  Alexandra Salome   305–306
  Arabs   602
  Aristobulus I   693
  burial   1216
  Cleopatra III of Egypt   1565
  Hellenization   3124
  Herod the Great   3175
  Herodium   3182
  Jews   3592
  Jonathan Maccabaeus   3620
  Judaea   3634–3635
  Judas Maccabaeus   3641
  Judith, Book of   3647
  Oniads   4902–4903
  Onias, Temple of   4903–4904
  palaces   4992
  Salome Alexandra   6019, 6020
  Samaria   6027
  Sepphoris   6155
  Simon Maccabaeus   6258, 6259
  Syria   6489
  Temple on Mount Gerizim   6584
hasta/hastati   **3073–3074**
Hathor   **3074**
  Abu Simbel   13, 14
  Berenike II   1096–1097
  Deir el-Bahari   1965, 1966
  Deir el-Medina   1969
  Dendera   2033
  deserts   2054
  dwarves   2237
  Edfu   2307
  Egypt, Upper   2331
  El-Kab   2377
  Farafra Oasis   2638
  fate   2647
  food, drink, and feasting   2705
  Gebelein   2866
  gods   2947
  hair, hairstyling   3038
  Hatshepsut   3078
  Heliopolis   3108
  Horus   3319
  Isis   3515–3517
  Kom el-Hisn   3803
  Kom Ombo   3804, 3805
  mines and mining   4522
  Re and Re Horakhty   5741
  religion   5790
  Renenutet   5802
  Satet   6056
  sculpture   6093
  Sekhmet   6118
  Serabit el-Khadim   6163
  sex and sexuality   6190
  Sinai   6262
  women   7127
Hatnub   1967, **3075**, 3170
Hatra   2305, **3075–3077**, 6052, 6490, 6814
Hatshepsut   **3077–3079**
  burial   1219
  co-regency   1780, 1781
  Deir el-Bahari   1965–1966
  diplomacy   2149
  Elephantine   2365
  Ethiopia   2510
  gardens   2853
  Hierakonpolis   3205
  Hyksos   3360
  New Kingdom   4762
  obelisk   4851
  perfumes and unguents   5151–5152
  pharaonic kingship   5225
  Punt   5665
  queens   5708
  Re and Re Horakhty   5742
  religion   5792
  Senenmut   6148, 6149
  ships and shipping   6213, 6218
  Speos Artemidos   6351
  Thebes   6652, 6653

Thutmose I–IV   6739–6740
trade   6801
transport   6827
women   7126–7127
Hatti   **3079–3080**
  Ahhiyawa   232
  Alalah   275
  Aššur-uballiṭ I   850
  Aziru of Amurru   1003
  Hittite, Hittites   3278
  Hurrian, Hurrians   3345–3346
  Kizzuwatna   3777, 3778
  magic   4221
  Mursili I   4630
  Rameses I–XI   5730
  Syria   6487
  treaties   6841
Hattic language   **3080–3081**, 3700, 3852
Hattusa   **3081–3082**
  Anatolia   401
  fortifications   2719–2721
  Hatti   3079
  Hattic language   3080
  hieroglyphs   3211
  Hurrian, Hurrians   3346, 3347
  letters, letter writing   4027
  Lullubi   4167
Hattusili I and his dynasty   275–276, 3015, 3043, 3081, **3082–3083**, 4032
Hattusili III   3080, **3083–3084**, 3313, 5662–5663
Havdala de-Rabbi Akiba   **3084–3085**
Hawara   2650, **3085–3086**, 6296
Hazael of Damascus   605, **3086–3087**, 7160–7161
headache   **3087–3088**
healing deities, healing cults (Greece and Rome)   **3089–3090**
  Aesculapius   138–139
  Apollo   546
  Asklepieion sanctuary   831
  Asklepios   832
  Baitokaike   1022
  Belenus   1076
  charms and spells   1444
  Diana   2073
  disease and health   2163
  Endovellicus   2406–2407
  Epione   2463
  Hippocrates of Kos   3233
  Hygieia   3352
  plants   5345
  springs   6367, 6368
heating   1440, **3090–3091**, 6564

Hebrew Bible. *see* Bible (Hebrew)
Hebron   **3092**
Hebyt. *see* Behbeit el-Hagar
Hecataeus of Miletos   **3092–3094**
  Arabs   602
  Damastes   1920
  Diodorus of Sicily   2114
  Egyptology   2332
  ethnography and ancient history   2532
  geography   2889
  Hellanicus of Mytilene   3111
  Heraclitus   3137
  historia   3247
  historiography   3253, 3254
  history   3271–3273
  horography   3305
  Illyria and Illyrians   3407
  India   3445
  Leros   4023
  logographers   4139
  publication   5661
  Strabo of Amaseia   6417
Hecatomb   **3094**
Hegesippus   **3094–3095**, 3566
Heh   **3095**, 3169
Hekanakhte (Heqanakht)   216, **3095–3097**, 3883
Hekate   574, 2035, 2073, 2788, **3097–3098**, 3863–3864, 4212, 5857
Hekatomnids   2406, 3045–3046, **3098–3099**, 3379–3380, 3858, 4180
Heket   **3099**
Hekhalot/Merkabah literature   874, 1253, 2608, **3099–3101**, 6114, 6228, 6316
hektemoroi   **3101–3103**, 6115, 6314
Helen   1069, 2957, **3103–3104**, 3398
Helena   642, 1106, 1726, **3104**, 3421–3422
heliaia   2095, **3105–3106**, 3935
Heliodorus   44, 997, 2766, **3106–3107**, 3517, 4931, 6131
Heliopolis (Ain Shems/Matariya)   8, 235, 897, 2178, 3027, **3107–3110**, 3745, 4950
Helladic period   3989, 4022, 4440, 6649, 6882
Hellanicus of Mytilene   **3110–3111**
  chronography   1483
  Damastes   1919
  eponymoi   2472
  historia   3245
  historiography   3254
  horography   3304
  Kreon   3822
  Ktesias of Knidos   3826
  local histories   4132

Hellanicus of Mytilene (*cont'd*)
  logographers 4139
  pentekontaetia 5142
Hellanodikai **3111–3112**, 3113
Hellenes 41, 1043–1044, 2990, **3112–3113**, 5023–5024
Hellenic Alliance 244, 463, **3113–3114**, 3128, 3983, 4202, 4203, 5253, 6275
Hellenica (genre) **3114–3116**, 3117, 3253, 3256, 6694
Hellenica Oxyrhynchia 3115, **3117–3118**, 3256, 6694
Hellenism. *see* Greekness
Hellenism (Byzantine) **3119–3120**, 4978
Hellenistic culture 2165, 4434, 4800, 4956, 4972, 5028–5030
Hellenistic period, concept of **3120–3122**
  Alexander III, the Great 291
  Athens 914, 917–918
  commentarii and *hypomnemata* 1690
  Constantinople 1735
  Daldis 1914
  Epirus 2467
  Euesperides 2553
  gardens 2852
  Gaza 2863
  generalship, art of 2880–2881
  geography 2890
  glass 2930
  Gortyn 2959–2960
  gymnasium 3008–3009
  gynecology 3012
  Hellenization 3122
  Memnon of Herakleia Pontica 4427
  mercenaries 4449
  metropoleis 4485
  Minoa on Amorgos 4525
  mosaics 4598–4599
  mutiny 4646
  Mycenae 4649
  Pamphylia 5013
  Panegyric 5021
  papyri 5043, 5044
  peace 5117
  Pelusium 5135
  Pergamon 5154
  Perge 5158
  Peripatetics 5164–5165
  philosophy 5282–5285
  physics 5316
  piracy 5329, 5330
  polis 5379–5381

  pornography 5431
  porticoes 5439
  portraiture 5441–5442
  Poseidi in Chalcidice 5452
  Poseidippos 5453–5454
  Praeneste 5493
  wills 7106–7107
Hellenization **3122–3125**
  Antiochos IV Epiphanes 479
  Armenia 723
  Attalos II 933
  Damascus 1918
  Demaratus of Corinth 1990
  Dio Chrysostom 2102
  Evagoras of Salamis 2585
  Hellenistic period, concept of 3122
  Herakleia Salbake 3141
  Mausolos 4359
  Philhellenism 5247
  Romanization 5879
  Seleucids 6123
hellenotamiai 1976, 2756, 3113, **3125–3126**, 6322, 6858
Hellespont **3126–3127**
  Aigospotamoi, battle of 245
  Alexander III, the Great 291
  Andocides 413
  Antalkidas 450
  Antiochos II Theos 476
  apoikia 545
  Black Sea 1144
  Chersonese, Thrace 1451, 1452
  Derkylidas 2040
  Hippias 3228
  Histiaios of Miletos 3244
  Ionian Revolt 3487
  Iphikrates 3492
  Lamian War 3869
  Lampsakos 3870–3871
  Licinius 4082
  Ptolemaic possessions outside Egypt 5626
  Sigeon 6246, 6247
  Troad 6872
Helots **3127–3129**
  Archidamos 634
  Epaminondas 2424
  ephors 2435
  Herodotus 3187
  hoplites 3299
  houses, housing, household formation 3328
  hypomeion/hypomeiones 3369, 3370
  krypteia 3825, 3826

Nabis of Sparta 4673
slavery 6281
social structure and mobility 6300, 6301
Sparta 6342, 6343
syssitia 6497
Helvetii 995–996, 2830, **3129–3130**, 3321, 4149–4150, 5836, 6885
hemerology and menology **3130–3131**
Hemodos/Himalaya mountains **3131**, 3453
Henotikon 257, 1497, **3131–3132**, 5211, 7166
Hephaistion (Macedonian) 293, **3132–3133**, 5148
Hephaistion of Thebes 464, 482, 1463, 2214, **3133**
Hephaistos 2133, 2156, 2681, **3134–3135**, 3136, 3672, 6559
Hera **3135–3136**
   Ares 672
   Argive Heraion 677
   Athos mountain 921
   Corcyra 1778
   Dionysos 2133
   Hellanicus of Mytilene 3111
   Hephaistos 3134
   Heraion sanctuary 3137–3138
   Herakles 3148
   Juno 3657
   Samos 6028
   Satet 6057
   Zeus 7173
Heraclitus **3136–3137**
   fate 2645
   Hecataeus of Miletos 3093
   logos 4140
   philosophy 5279
   physics 5313
   psychology 5622
   publication 5661
   Sasanians 6055
   Sibyls and Sibylline books 6232
   signs and sign inference 6248
   sleep 6288
   Stoicism 6401
   teleology 6574
   Turks 6886
Heraion sanctuary **3137–3139**
Herakleia by Latmos **3139–3140**, 3926, 6269, 7175
Herakleia Pontica 476, 510, 1448, **3140–3141**, 4426–4427, 4789
Herakleia Salbake **3141–3142**
Herakleides Lembos 167, **3142–3143**
Herakleides of Pontos 830, 1922, **3143–3144**, 3781
Herakleides of Tarentum 2394, **3144–3145**
Herakleios (emperor) **3145**

administration 74
army 735
basileus/autokrator 1055
Bulgaria and Bulgars 1205
Byzantium 1231, 1235
Chosroes II 1474
Chronicon paschale 1482
Constantine III Herakleios 1728
Cyrus 1905
Doctrina Iacobi 2180–2181
hunting 3345
Jabala 3562
Jerusalem 3579
Martina 4329–4330
monotheletism 4581
Sergios I 6167–6168
Simokattes, Theophylaktos 6256
Sophronios 6323
Syria 6490
Herakleopolis Magna 1406, **3146–3148**, 3193, 3483, 4074, 4457, 4953
Herakles (Hercules) **3148–3150**
   Acharnai 43
   Akragas 269
   Aleuadai 287
   Bona Dea 1154
   Commodus 1695
   Diocletian 2106
   Dionysius of Halicarnassus 2129
   disease and health 2163
   Dius Fidius 2167
   Dorians 2213
   Epidamnos 2442
   Evander 2587
   Fabius Pictor, Quintus 2616
   Forum Boarium 2739
   fur 2796
   healing deities, healing cults 3089, 3090
   Hecataeus of Miletos 3093, 3094
   Herakleia Salbake 3142
   Herakleopolis Magna 3146
   Herculaneum 3150–3151
   hero cult 3173
   Heryshef 3193
   hunting 3343
   Hygieia 3352
   Ilissos 3400
   Kleonai 3791
   Macedonia 4201
   myth 4668
   Nemea 4740
   Olympia 4895

Herakles (Hercules) (cont'd)
  Ostia   4959
  Rheneia   5823
  roads   5857
  Seneca the Younger   6147
  Shadrapa   6196
  Stymphalos   6430
  Thebes in Boiotia   6649
Herculaneum   **3150–3155**
  Epicurus and Epicureanism   2438, 2440
  Forum Augustum   2736
  friendship   2768
  furniture   2800, 2801
  graffiti   2974
  nutrition and malnutrition   4841, 4842
  Philodemos, Epicurean   5272
  Vesuvius   6977
  wall-painting   7040
Herculia. see Gorsium/Herculia
heredium   **3155–3157**
Herihor   **3157–3158**, 4072
Hermas *(Shepherd of Hermas)*   537, 568–571, 1304, **3158–3160**, 4626, 4627, 5136
Hermes   **3160–3161**
  apotropaic gods   574
  Dorotheus of Sidon   2214
  Earth deities   2252
  Enoch, Books of   2418
  Evander   2587
  funerary cult   2787
  Hermetic writings   3162
  Hermopolis Magna, Tuna el-Gebel   3170
  herms   3172
  Imbros   3415
  Kato Symi in Crete   3711
  Mercurius   4449
  Nag Hammadi Library   4684
  nymphs   4845
  roads   5857
  Samothrace, Mysteries of   6032
  Thoth   6726
Hermetic writings   1556, 2341, 2942, **3161–3163**, 4682, 7186
Hermias (tyrant of Atarneus)   **3163–3164**, 6648
Hermione   463, **3164–3165**, 3368, 6318
hermits   814, 2044, **3165–3166**, 4569, 6264, 6430
Hermogenes   487, **3166–3167**, 5828, 6594, 7150
Hermokrates of Syracuse   2124, **3167–3168**, 6235
Hermopolis Magna (Greco-Roman)   **3168–3169**, 5791

Hermopolis Magna, Tuna el Gebel (Pharaonic)   **3169–3171**, 3361, 6351, 6726
Hermos   **3171**, 3705, 6043–6044
herms   **3171–3173**
hero cult   **3173–3174**
Hero of Alexandria   582, 5042, 5043, 6561, 7063
Herod Antipas   **3174–3175**, 4208, 5209, 6155, 6743–6744
Herod the Great   **3175–3176**
  Agrippa I   224–225
  Archelaos   628
  burial   1217
  Caesarea Maritima   1249
  client kings   1577
  Dead Sea   1937
  flax   2698
  Hebron   3092
  Herod Antipas   3174
  Herodium   3182–3183
  Jericho   3574
  Jerusalem   3577
  Jews   3592–3593
  John Hyrcanus II   3613
  Judaea   3635
  Machaerus, Jordan   4208
  Nicolaus of Damascus   4780
  sacrifice   6000
  Samaria   6026, 6027
  Sepphoris   6155
  Temple in Jerusalem   6583
Herodas   **3177**
Herodes Atticus   121, 915, 970, **3177–3180**, 5821, 5828
Herodian   1324–1326, 1696, 2347–2348, **3180–3182**, 3250, 3263, 6182, 6183
Herodium   3176, **3182–3184**
Herodotus   **3184–3188**
  abduction   2–3
  Achilles   44
  Aigina   244
  aitia   249
  Akephalos   259
  akoe   268
  Alexander I of Macedon   288
  Ambrakia   352
  Amenemhat I–VII   356
  amplificatio   383
  animals   433
  anthropology   454
  Antiochos of Syracuse   483
  Apatouria   516
  Aphrodite   523

Arabian Gulf   599
Arabs   602
Araxes   614
Argeads   674
Argolis   678
Aristagoras of Miletos   687
Aristides   691
Aristotle, *Constitution of the Athenians*   705
Astyages   885–886
Athens   911
autochthony   980
autopsy   983
Avesta   997
barbarians   1043–1044
Bastet   1062
biography   1118
cannibalism   1298
Caria   1332–1333
Caspian/Hyrcanian Sea and region   1351
castration   1361
Caucasus mountain   1383
causation, historical   1384–1385
Chalcedon   1426
Chandragupta   1439
Chariton   1443
Chersonese, Crimea   1449
Cyprus   1894
Cyrene and Cyrenaica   1897
Dacians and other Transdanuviani   1908, 1910
Danube   1928
Deioces   1962
Demokedes of Kroton   2018
Demotic   2028–2029
dentistry   2035
digressions   2093
Diktynnaion sanctuary   2099
Dionysius of Halicarnassus   2129
disability   2157
Dodekaschoinos   2184
drought   2227
dwarves   2237, 2238
Dyme   2240
Ecbatana   2260
economy, Near East   2289
Egypt, Lower   2329
Egyptology   2332
Egyptomania   2336, 2340
Eion   2343
emporion   2397, 2398
emporos   2399–2400
Ephoros   2434
ephors   2435

erga   2486–2487
ethnicity   2513, 2522
ethnography and ancient history   2532, 2533
eunomia   2560
eunuchs   2562
Eupalinos of Megara   2564, 2565
exempla   2593, 2594
exploration   2602
fate   2646
Fayyum   2650
Fazzan   2652
fish and fishing   2690
food, drink, and feasting   2705–2706
foreigners   2708, 2710
fossils   2747
foundations   2753
freedom   2763
geography   2889
Getae   2911
Greekness   2991
Gyges of Lydia   3004
Halikarnassos   3045
Halys   3051
Hanno   3059
Hecataeus of Miletos   3092, 3093
Hellanicus of Mytilene   3110, 3111
Hellenica   3114
Hellenism   3119
hierodouloi   3208
Hipparchos   3224
Histiaios of Miletos   3244
historia   3245–3247
historiography   3253–3256, 3265
history   3270–3274
Histria, Romania   3276
hoplites   3299
horography   3304, 3305
hydraulic civilization   3350
Ilion   3398
Illyria and Illyrians   3407
impartiality   3418
indemnities   3442
India   3445
infrastructure   3460
inventories   3482
Ionian migration   3487
Ionian Revolt   3487, 3488
isthmus   3531
Italy, southern   3540
Kallias, Peace of   3678
Kallimachos   3681
Kaukasa   3714

Herodotus (cont'd)
   Kaunos 3715
   Kekrops 3722
   Khufu 3749
   Kimmerian Bosporus 3749
   kingship 3760
   kinship 3768, 3769
   Klazomenai 3779
   Kleisthenes of Athens 3782, 3783
   Kleisthenes of Sikyon 3784
   Knidos 3793
   Kolchis 3800
   Kourion 3818
   Ktesias of Knidos 3826
   Kylon 3840
   Kypselos 3844
   Laurion 3927
   Libya and Libyans 4071
   logographers 4139
   Lygdamis of Halikarnassos 4187
   Magi 4220
   marriage 4324
   Memphis 4431
   Miletos 4497
   Miltiades 4510
   Naukratis 4699, 4700
   navigation 4716
   Nekromanteion sanctuary 4735
   Nile 4794
   Oceanus 4860
   Olbia 4880
   oligarchy 4889
   oracles 4919
   orality, oral culture, and historiography 4921
   Orpheus and Orphism 4945–4946
   Palestine 5004
   Pangaion 5023
   Panopolis 5029
   perfumes and unguents 5152
   Pheidon of Argos 5243
   politeia 5381
   politeiai 5382–5383
   Procopius 5563
   recitations, historical works 5748
   royal road 5968
   Sahara 6011
   Sais, Sa el-Hagar 6012
   Salamis, island and battle of 6016
   Same 6028
   Samos 6028–6029
   Sardis 6044
   Scythia 6096
   Scythians 6096
   Senwosret I–IV 6154
   signs and sign inference 6248
   speeches in historical works 6349
   Strymon 6426, 6427
   Suda 6434
   sundials 6455, 6456
   Tanais 6524
   Tartessus 6538
   tyranny 6902
   universal history 6917–6918
   wheat 7099
   Xanthos 7144
heroization. *see* apotheosis and heroization
Heron **3188–3190**
   analemma 396
   cog wheel 1601
   engineering 2409
   Eudoxos of Knidos 2551–2552
   Eupalinos of Megara 2565
   lifting devices 4086, 4087
   mathematics 4348
   mechanics 4373
   pneumatics 5368
   presses 5522
   screw 6081
Heroninos Archive **3190–3191**, 5307
Herophilos **3191–3192**
   anatomy 403–405
   Anonymus Londiniensis 448
   cardiovascular system 1332
   disease and health 2165, 2166
   dogmatism, medical 2187
   empiricism, medical 2394
   Erasistratus 2479
   Herakleides of Tarentum 3144
   medical writers 4377
   Philinos of Kos 5249
   Rufus of Ephesos 5970
   surgery 6463
Heryshef **3193**
Hesiod **3193–3194**
   Abantes 1
   Aesop 139
   afterlife 154
   age 173, 176
   agriculture 212
   aidos 240
   Amphidamas 376
   anthropology 453, 454
   Aratos of Soloi 611
   Arcadia 621

Aristophanes of Byzantium 700
Asklepios 833
Askra 834, 835
beggars 1074
Boiotia 1150
calendar 1262
Columella 1680
debt 1942
demons 2020
disease and health 2164
Earth deities 2252
epiphany 2465
Eros 2490
eunomia 2560
fate 2645
fruit 2781, 2782
Golden Age 2951
historiography 3253
Hurrian, Hurrians 3347
Klaros 3778
Kronos and Kronia 3824
Kyme 3841
Maeander 4215
misogyny 4541
Muses 4630, 4631
Muses of Helikon sanctuary 4631
music 4638
myth 4669
navigation 4714
neighborhood, neighbors 4732
Nikander of Kolophon 4785
nymphs 4844
oikos 4875
orality, oral culture, and historiography 4920
Orpheus and Orphism 4946
parapegma 5061
Prometheus and Prometheia 5568
rhetoric 5825
river deities 5849
signs and sign inference 6247–6248
theogony 6683
Thespiai 6708
Vergil 6965
villages 7002
weather prediction 7078
Zenodotos of Ephesos 7169
Hestia **3194–3195**, 5612
hetaira **3195–3196**
hetaireia **3196–3197**
Hetepheres I 2802, 2920, **3197–3198**, 3748, 6828
heterosexuality **3198–3200**, 6188, 6191, 6193

Hexapla 1109, 1111, **3200–3201**, 4934
Hezekiah **3201–3202**, 3508, 3525, 4330, 6000, 6149
Hierakonpolis **3202–3207**
  Buto/Tell el-Farain 1226
  cities 1513
  Early Dynastic period 2249
  Egypt, Upper 2331
  fish and fishing 2688
  foundation deposits 2750
  furniture 2803
  Gebelein 2866
  hair, hairstyling 3037
  Heliopolis 3107
  hieroglyphs 3210
  Horus 3319
  human sacrifice 3334–3335
  hygiene 3355
  Khasekhemwy 3743
  lions 4095
  Narmer 4698
  Nekhbet 4735
  palette 5007
  Pepi I and II 5144
  pottery 5480
  Predynastic Period 5514–5515
  ruler cult 5976
  Scorpion 6080
  sculpture 6092
Hierapytna **3207**, 5841
hieratic 2029, 2221, **3207–3208**, 3210, 3320, 3321, 4387, 5047, 5048
hierodouloi 2683, **3208–3209**, 3854
hieroglyphs **3209–3210**
  alphabets and scripts 332
  burial 1218
  Champollion, Jean-François 1436
  decipherment 1950
  Egyptology 2332, 2333
  Egyptomania 2337–2338
  epigraphy 2461–2462
  fish and fishing 2688–2689
  Horapollon 3301
  Ibis 3382
  literacy 4100
  Meroitic 4455–4456
  numbers 4826–4827
  Ugarit 6904
hieroglyphs (Anatolian) **3210–3211**, 3830, 5704
Hieron I of Syracuse **3211–3212**, 6236, 6259, 6485

Hieron II of Syracuse   **3212–3213**, 4245, 4594,
    6238, 6486, 6543
Hieronymos of Kardia   2113, 2559, **3214–3215**,
    3493, 4921
hierophant. *see* Eleusis, Mysteries of
hierosylia   892, **3215**
hijra   **3215–3216**
Hilary of Arles   **3216–3217**
Hillel, Rabbi   **3217–3218**, 3637, 4540, 6199
Himalaya mountains. *see* Hemodos/Himalaya
    mountains
Himera   409, **3218–3219**, 6236, 6705
hinterland   **3219–3222**
Hipparchos (astronomer)   **3222–3223**
    Aratos of Soloi   611
    astronomy   883, 885
    Eudoxos of Knidos   2552
    geography   2891
    Hypsikles   3372
    mechanics   4373
    precession   5512
    Ptolemy   5651, 5652, 5654
    science   6069, 6072
    Timocharis   6760
Hipparchos (son of Charmos)   **3223**, 6900
Hipparchos (son of Peisistratos)   911, **3223–3224**,
    3228, 3273, 5597, 6259
Hippasos of Metapontum   **3224–3225**, 3440, 5686
hippeis   666, 1387, **3225–3226**, 3231, 6315, 7172
Hippias (mathematician)   3226, **3227–3228**
Hippias (son of Peisistratos)   911, 3223, 3224,
    3228, 6246
Hippias of Elis   **3226–3227**, 5825, 6318
Hippiatrica   **3229**, 6982–6984
Hippo Regius   **3230**
Hippobotai   377, 1434, **3231**
Hippocrates of Chios   1357, 2103, 3144,
    3231–3232, 4349, 5970
Hippocrates of Kos   **3232–3235**
    Alexander of Tralles   305
    anatomy   404
    Anonymus Londiniensis   447, 448
    Aristotle   703
    Asklepieion sanctuary   831
    asthma   859
    cardiovascular system   1332
    Celsus, Aulus Cornelius   1394
    Diocles of Karystos   2103
    epidemic disease   2443
    Galen   2812
    Hippiatrica   3229
    hysteria   3373

illness   3402, 3404
infant diseases and mortality   3455
Kos   3814
madness and mental health   4213
medical writers   4376
medicine   4380
psychology   5623
Sefer Assaph ha-Rofe   6112
signs and sign inference   6248
sophists   6318
teeth   6570
wounds, nature and treatment of   7137–7138
Hippocratic Corpus   2087, 3911, 4376, 4441, 4443,
    4444, 6464
Hippodamos of Miletos   200, 654, **3235–3236**,
    6319, 6728, 6791
hippodromes   **3236**
Hippokrates (Sicilian tyrant)   **3236–3237**, 6236
Hippolytus of Rome   **3237–3239**
    Apostles' Creed   567
    baptism   1038
    canon law   1300
    Diognetus, Letter to   2118
    Ebionites   2257
    gnosis, gnostics, gnosticism   2939
    historiography   3264
    Marcion and Marcionites   4285
    monarchianism   4568–4569
    presbyter   5520–5521
    Sabellius, Sabellianism   5990, 5991
Hirtius, Aulus   983, 2830, **3239–3240**
Hispalis (Seville)   3000, **3240–3241**, 3532, 4040
Hispania   **3241–3244**
    Augusta Emerita   941–943
    Baetica   1017–1018
    Barcino   1046–1047
    Celtic languages   1397
    Ebro   2259–2260
    Hispalis   3241
    imperialism   3432
    lex Irnitana   4040–4041
    Lusitania   4169–4171
    Macrobius, Ambrosius Theodosius   4210
    Tarraco   6536
    Tartessus   6538–6539
Histiaios of Miletos   **3244–3245**, 5184, 6427
historia   **3245–3248**, 3248, 3253, 3304–3305, 5279
Historia Augusta   **3248–3250**
    Antoninus Pius   497–500
    Balbinus and Pupienus   1025
    Claudius II   1545, 1546
    Claudius Quintillus   1549

Commodus   1693–1695
Hadrian   3019–3022
Herodian   3181
historiography   3260, 3268
Lollius Urbicus, Quintus   4144
Platorius Nepos, Aulus   5352
portents   5438–5439
Probus   5550–5552
Rome, city of: 6. Hadrianic and Antonine   5933
Severus Alexander   6182
Suetonius   6437
Tacitus   6515, 6516
historical accuracy. *see akribeia*; impartiality
Histories (Polybius)   2590, 2891, 2935, 5385, 5391–5395
historiography (ancient Near East)   1023–1024, 1100, 1385, 2132, **3250–3252**, 4090, 6836–6837
historiography (Greek and Roman)   **3252–3262**
   Agatharchides of Knidos   167–168
   akribeia   270
   Ammianus Marcellinus   365–366
   Appian of Alexandria   576–579
   Archaism   626–627
   Arrian   757–759
   Atthidographers   934–936
   barbarians   1043–1044
   Cassiodorus   1353
   Cassius Dio   1354–1356
   Cassius Hemina, Lucius   1357
   Catilinarian conspiracy   1373
   Cato, *Origines*   1377, 1378
   chronography   1483, 1484
   chronology   1485
   Cincius Alimentus, Lucius   1508
   classical scholarship, history of   1533
   Claudius   1550
   Claudius Quadrigarius, Quintus   1548
   Coelius Antipater, Lucius   1598, 1599
   commentarii and *hypomnemata*   1689–1690
   Cyaxares   1880–1881
   Damastes   1919–1920
   Deioces   1962–1963
   digressions   2093–2094
   Diodorus of Sicily   2112–2114
   Dionysius of Halicarnassus   2128–2130
   Diyllos of Athens   2176
   Duris of Samos   2235–2237
   environmental history   2422–2423
   ephemerides   2427–2428
   Ephoros   2433
   erga   2486–2488
   ethnography and ancient history   2531–2533

Eupolemos   2571–2572
Excerpta Antiqua   2590
Fabius Pictor, Quintus   2616
Fannius, Gaius   2636–2637
fantastic literature   2637–2638
fasti of magistrates   2643
Florus, Lucius Annaeus   2701–2702
Gallic War   2828–2832
Gellius, Gnaeus   2869
Hecataeus of Miletos   3093
Hellanicus of Mytilene   3110, 3111
Hellenica   3114–3116
Herakleides Lembos   3142
Herodian   3180
Herodotus   3184–3185
Hieronymos of Kardia   3214
historia   3245–3247
Historia Augusta   3250
historiography   3265, 3267
history   3270–3271
horography   3304–3305
imitation   3416–3417
impartiality   3418–3419
inventio   3480
Justin   3666–3667
Kleitarchos of Alexandria   3784–3785
Ktesias of Knidos   3826
Licinius Macer, Gaius   4077–4078
Livy   4124–4128
local histories   4131–4133
logographers   4138–4139
Nearchos   4720–4721
Nicolaus of Damascus   4780–4781
orality, oral culture, and historiography   4919–4922
Pausanias   5113
Philinos of Akragas   5248
Philochoros of Athens   5271–5272
Phylarchos   5310–5311
polemic   5372
Pompeius Trogus   5408
portents   5438–5439
pragmatic history   5499–5501
Procopius   5561–5563
rhetorical history   5831
Sallust   6018, 6019
Sempronius Asellio   6138
Seneca the Elder   6144
Sicelica   6233, 6234
silence in Roman literature   6251
Simokattes, Theophylaktos   6255, 6256
Sisenna, Lucius Cornelius   6271

historiography (Greek and Roman) (*cont'd*)
   speeches in historical works 6349, 6350
   Stein, Ernst 6383
   Strabo of Amaseia 6416, 6417
   Suetonius 6435
   Sulpicius Severus 6447
   Thucydides 6733–6735
   Timaeus of Tauromenium 6755–6756
   tragic history 6808–6810
   universal history 6916–6918
   Valerius Antias 6942–6943
   Velleius Paterculus 6958
   Zeno of Rhodes 7168
   Zosimus 7186
historiography (Late Antique) **3262–3270**
   Agathias 168
   Bury, John Bagnell 1224–1225
   Christian view on history and its consequences 3263
   Eastern perspectives 3266
   from Greek to Byzantine historiography 3265
   John Lydus 3614–3615
   Sebeos of Armenia 6104
   Sulpicius Severus 6447
   Theophanes the Confessor 6687–6688
   Western historiography in transition 3267
   world chronicle 7136–7137
   Zonaras, John 7178
history (contemporary) 3255, 3258, 3260–3261, **3270–3275**, 6138
Histria, Romania **3275–3276**
Hittite, Hittites **3276–3277**
   Ahhiyawa 232
   Alalah 275, 276
   Amarna letters 348
   Amurru 393
   Ay 1002
   Aziru of Amurru 1003
   Cappadocia 1313
   Carchemish 1330–1331
   Cilicia 1505
   divination 2169
   Emar 2382, 2383
   flood stories 2700
   fortifications 2721
   frontiers 2770
   Halab 3042, 3043
   Hammurabi of Babylon and his dynasty 3054
   Hanigalbat 3055
   Hatti 3079
   Hattic language 3080
   Hattusa 3081
   Hattusili I and his dynasty 3082, 3083
   Hattusili III 3083, 3084
   Herakleia by Latmos 3140
   hieroglyphs 3211
   human sacrifice 3331
   Hurrian, Hurrians 3346–3347
   Ilion 3398
   inn 3465
   Kashka 3700
   kingship 3759
   Kizzuwatna 3777, 3778
   Kommagene 3805
   Labarna 3852
   Latmos mountain 3926
   letters, letter writing 4032
   literature and poetry 4109
   Luwian language 4175
   Merenptah 4451
   New Kingdom 4763, 4764
   Orontes 4940
   Qadesh, battle of 5691
   Sea Peoples 6098
   Sety (Seti) I–II 6179
   Shalmaneser III 6197
   ships and shipping 6219
   Side 6239
   Suppiluliuma I 6458
   Telepinu 6575–6576
   trade 6793
   treaties 6836–6837, 6841
   Ugarit 6904
   warfare 7046, 7047
Hittite kings 3084, 3211, **3277–3279**, 6458
hoi Hendeka. *see* Eleven, the
holocaust 2681, 2787, 3174, **3279–3280**, 5998, 5999
holy men 1927, 3056, **3280–3284**, 3294, 6170, 6429
Holy Spirit 2204–2205, 2547, 4776, 4778, 5107, 6862–6863
Homer **3284–3285**
   Abantes 1
   Achaians 41
   aesthetics 143
   afterlife 154
   aidos 240
   aisymnetes 248
   allegory 321
   anthropology 454
   Apollo 546
   Aretaios of Cappadocia 673
   Aristotle, *Physics* 710

Asia Minor 823
assault 839
Athena 902
Athos mountain 921
Boiotia 1150
books 1158–1160
booty 1166
Caria 1332
cattle 1381
Celsus 1396
cemeteries 1401
Chariton 1443
charms and spells 1444
Chersonese, Thrace 1451
childhood 1457
Chios 1467
chrematistike 1474
demons 2020
Diktys of Knossos 2100
Dionysius of Halicarnassus 2130
disability 2156
Dodona 2184, 2185
Earth deities 2252
emphasis 2392–2393
Ennius 2415
epiphany 2465
Euboea 2543
exile 2595
fantastic literature 2637
fire 2680
first fruits 2683
gardens 2850
gender 2874
gift-exchange 2915
guest-friendship 3002
Hellenes 3112
Hera 3135
Heraclitus 3137
Hermione 3164
Herodotus 3184
historia 3245
historiography 3253
history 3271, 3274
honor-shame culture 3296
hymns 3364
Ilion 3397–3399
illegitimacy 3401
Iulius Africanus, Sextus 3546
Kadmos 3673
kalokagathia 3684
kapelos 3691
Karystos 3699

Kasos 3701
katabasis 3705
kingship 3760
kissing 3773
Klaros 3778
Kleonai 3791
Kolchis 3800
Koroneia 3811
Kyme 3841
law 3954
law courts 3934–3935
Lesbos 4023
Leukas 4033
Library of Alexandria 4068
literacy 4099
Lycia 4179
Maeander 4214
Magnesia on the Maeander 4236
Malea Cape 4241
Minos 4529
Molione 4562
music 4638
Mycenae 4650
names, personal 4686, 4687
navigation 4714
neighborhood, neighbors 4732
Nekromanteion sanctuary 4735
nomads 4804–4805
Odysseus 4864
oikos 4875
orality, oral culture, and historiography 4920
Orestes 4929
Origen 4935
Oropos 4941
Orpheus and Orphism 4946
Panegyric 5020
Panhellenism 5023, 5024
pharmacology 5232–5233
Pharos 5239
physics 5313
psychology 5621
Quintilian 5714
Quintus Smyrnaeus 5715
rhetorical history 5833
Rhodes 5837, 5838
Salamis, Cyprus 6015
Same 6027
Sardis 6044
sea deities 6097
signs and sign inference 6247–6248
Smyrna 6291, 6292
social structure and mobility 6299, 6300

Homer (cont'd)
  Strabo of Amaseia   6417
  Suda   6434
  theologia tripertita   6685
  trade   6798
  Troad   6872
  Vergil   6965
  viticulture   7020
  wanax   7044
  weaponry   7074
  wood and woodworking   7135
  Zakynthos   7163
  Zenodotos of Ephesos   7169–7170
  Zeus   7172
homicide (Greece)
  confiscation   1703–1704
  crime   1838–1840
  Delphinion   1987–1988
  dikasterion   2095
  Dike, *dike*   2096
  Draco   2219–2220
  ephetai   2432
  exile   2595
  police   5375
  procedure, legal   5554
  Prytaneion   5613
homicide (Rome)   1703–1704, 1838–1840, 2595, **3285–3289**, 5375
homo novus   46–47, 1498, 2232, **3289–3290**, 3652
homonoia   **3290**
homosexuality (female)   **3290–3291**, 6036, 6188–6189, 6191
homosexuality (male)   **3291–3292**
  adolescence   99
  Aeschines   137
  cosmetics   1810
  education   2316
  Hadrian   3022
  heterosexuality   3198
  love   4151
  sex and sexuality   6186, 6188, 6191, 6193
  stuprum   6428
Honestiores   **3293**, 3336, 5574, 6298, 6302, 6381, 6382
honey (ancient Near East)   **3293–3294**, 6643
Honi the Circle-Maker   **3294**, 6209, 6258
honor-shame culture   **3297–3298**
Honores   1878–1879, **3294–3295**, 4120, 4121
Honorius   625, 1535, 1536, **3295–3296**, 5738, 5960
Honos   **3297–3298**
Hopletes *(phyle)*   **3297**
hoplites   **3297–3299**

Hor-Aha   **3300–3301**, 4095
Horace (Quintus Horatius Flaccus)   **3299–3300**
  aesthetics   143
  Augustus   966
  cento   1413
  cosmetics   1810
  dentistry   2035–2036
  education   2317
  Epicurus and Epicureanism   2440
  femininity   2654
  Hellenization   3124
  humor and satire   3338
  hymns   3366
  Juvenal   3670
  Maecenas, Gaius   4215
  patronage   5100
  publication   5661
  saeculum   6006
  satire   6058
Horapollon   **3301–3302**
horeia (horia)   **3302**
Horemheb   **3302–3303**
  afterlife   164
  Avaris/Tell el-Dab'a   993
  Deir el-Medina   1970
  Gebel el-Silsila   2865
  New Kingdom   4763
  Rameses I–XI   5730
  Saqqara   6038
  Sety (Seti) I–II   6179
  ships and shipping   6219
  Tutankhamun   6889
horography   2487, 3254, **3304–3305**, 4131
horoi   2278, 3235, **3305–3306**, 3362, 3370, 6115, 6404
horologium. see Tower of the Winds, Athens
Horologium Augusti   **3306–3307**, 5926
horoscope   **3307–3308**
horrea   647, **3308–3310**, 5898, 5932, 5944
horse racing   436, 2473, 3236, **3310–3311**, 3314
horses (ancient Near East and Pharaonic Egypt)   1442, **3311–3314**, 3346
horses (Greece and Rome)   **3314–3315**
  chariotry   1442
  donkey, mule   2208
  Epona   2471
  Equirria   2473
  Equus October   2478–2479
  Hippiatrica   3229
  Hippobotai   3231
  horse racing   3310–3311
  transhumance   6821

Xenophon 7151
Hortensius Hortalus, Quintus 1380, 1932, **3315–3316**, 6968
horticulture 214–215, 221, 1931, **3316–3318**
Horus **3319–3320**
  afterlife 162
  Akhmim 262
  amulets 387
  army 746
  birds 1127
  cults: divine 1861–1865
  Dendera 2033
  deserts 2054
  dynastic cults 2241–2243
  Early Dynastic period 2249
  festivals 2667
  funerary cult 2789, 2790
  Harmachis 3062–3063
  Harpokrates 3067
  Hathor 3074
  Heket 3099
  Heliopolis 3107
  Hetepheres I 3197
  Hierakonpolis 3202, 3204, 3205
  Isis 3515–3518
  Khepry 3745
  Khons 3748
  kingship 3764
  literacy 4101
  Osiris 4950, 4951
  Peribsen 5160–5161
  Quesna 5710, 5711
  Re and Re Horakhty 5741
  ruler cult 5976
  Seth 6174, 6175
  sex and sexuality 6191
  Tanis 6525
  titulary 6768–6769
  weights and measures 7090
  Wepwawet 7098
  women 7127
Horus-eye fractions **3320–3321**
hostage 2152, **3321–3322**
Hostilian (Valens Hostilianus Messius Quintus, Gaius) **3322**, 6846
household, head of **3322–3323**
houses, housing, household formation (ancient Near East) 639–640, 2681–2682, **3323–3324**
houses, housing, household formation (Byzantine) 2798, **3324–3325**

houses, housing, household formation (Greece and Rome) **3325–3329**
  andron 416
  apartment buildings 515–516
  architecture 650, 652, 654, 657, 658
  atrium 928–929
  colonization 1671
  courtyard 1823
  cubiculum 1852
  domus 2202–2203
  Ensérune 2418
  furniture 2799–2801
  Halieis 3044
  Herculaneum 3152
  Matronalia 4354
  Megara Hyblaea 4413
  Megaron 4414
  Morgantina 4594
  mosaics 4598, 4601
  Oikonomikos 4870–4871
  oikos 4875–4876
  Pella 5127–5128
  peristyle 5167
  plumbing 5362
  prices 5526
  privacy 5547
  public health 5657–5658
  social structure and mobility 6299
  standards of living, wealth 6370–6372
  Utica 6933
  women's quarter 7133–7134
  Zagora 7159
  Zygouries 7188
houses, housing, household formation (Pharaonic Egypt) 648, 1514, 1515, 1970–1971, **3329–3330**, 4452–4453, 4508, 4984, 5335
human body. *see* body, human
human sacrifice (ancient Near East) 1298, **3330–3333**, 6922
human sacrifice (Greece and Rome) 628, 2229, **3333–3334**, 3492, 3824, 5998, 6015
human sacrifice (Pharaonic Egypt) 3204, **3334–3336**, 3737
Humiliores 3293, **3336**, 3854, 5574, 6298, 6302, 6381
humor and satire (Greece and Rome) 1412, 2089, **3336–3338**, 3670–3671, 5433, 5434, 6057–6058, 6622–6623
humor and satire (Pharaonic Egypt) **3338–3341**
humors 2065, 2159–2161, 4376, 5502, 5623
Huni 3197, **3341–3342**, 6293, 6294

Huns **3342**
  Alans 277
  Antioch in Syria 471
  Aquincum 593
  Arcadius 625
  Carnuntum 1339
  Franks 2758
  Gorsium/Herculia 2959
  Hellenism 3119
  India 3447, 3449
  Indus 3453
  Marcellinus Comes 4281
  Pannonia 5027, 5028
  Pantikapaion 5035
  Romuliana 5960
  Sasanians 6054
  Singidunum 6264
  Sirmium 6270
hunting (Greece and Rome) 219–220, 794, 2098, 2188, 2757, **3342–3344**, 7151
hunting (Late Antiquity) **3344–3345**
Hurrian, Hurrians **3345–3347**
  Amarna letters 348
  Aryans 809
  Cilicia 1505
  Emar 2382
  Hammurabi of Babylon and his dynasty 3054
  Hatti 3079–3080
  Hattusili I and his dynasty 3083
  Kizzuwatna 3777
  Nuzi 4844
  Subartu 6432
  Syria 6487
  Ugarit 6904
  Ur III Dynasty 6920
  Urartu 6922
  Urkesh 6924–6925
hybris 839, **3347–3348**
Hydaspes **3348–3349**, 4720, 4902
Hydraotes **3349**
hydraulic civilization **3349–3351**
Hygieia 138, 1966, 2163, 2164, 3089, 3090, **3352**, 6025
hygiene (Greece and Rome) 1064–1066, **3352–3354**, 5656–5657
hygiene (Pharaonic Egypt) **3354–3356**
Hyksos **3356–3362**
  Ahmose I 235
  Akhmim 263
  Avaris/Tell el-Dab'a 985, 990–992
  Deir el-Ballas 1967
  deserts 2052
  diplomacy 2149
  foreigners 2712
  Heliopolis 3108, 3109
  horses 3312–3313
  Inyotef I–VII 3484
  Kamose 3688
  Kerma 3737
  Kush 3833
  Leontopolis 4016
  lions 4095
  pottery 5481
  Second Intermediate Period 6106, 6107
  Seqenenre Taa 6163
  Speos Artemidos 6351
  Tell el-Mashkuta 6578
  Thebes 6652
  treaties 6841
  Wadi Tumilat 7035–7036
Hymettos mountain **3362**, 3400
hymnography (Byzantine) **3363**, 4116, 4637, 6699
hymns (Greek) **3363–3365**, 4946, 5505
hymns (Roman) 1336–1337, **3365–3366**
Hypatia 309, 1903, 2315, **3366–3367**, 4351, 4745
Hyperbolos **3367**
Hyperides 23, 1988, 2343, 3066, **3368–3369**, 4017, 4142, 4923, 5823
Hyphasis 3065, **3369**
hypomeion/hypomeiones (Sparta) **3369–3370**, 6343
hypotheke (mortgage) 3306, **3370–3371**
Hypsikles 554, 582, 688, 2136, **3371–3372**
Hypsistos. *see* Theos Hypsistos
Hysiai **3372–3373**
hysteria **3373–3375**

Ialysos in Rhodes 3235, **3376–3377**, 3687, 5838, 5839
Iamblichus 3224, 3282, **3377–3378**, 4743–4745, 4781–4782, 5560–5561, 5619, 6714, 6715
Ianiculum **3378**
Iao 7, **3378–3379**
Iasos **3379–3381**
Iberia (Kartli) **3381–3382**
  Caesar Augusta 1246
  Carthago Nova 1349
  Cástulo 1361
  Ebro 2259
  Emporiae 2395
  Gades/Gadir 2805–2806
  imperialism 3432
  Italica 3532
  mines and mining 4517

Persia and Byzantium   5183
   taula   6540
Ibis   **3382–3383**
Iceni   1174, 2778, **3383–3384**, 4963
icon   **3384–3385**, 3385, 3386
iconography (Byzantine)   146, 1607, 1608, 3385,
   3385–3386, 3386, 6698–6699
iconophiles   2450, **3386**, 3609
Ida, Mount   103, **3386–3387**, 3387–3388,
   4608, 7173
Idaean Cave   103, 2372, 3387, **3387–3388**
identity (ancient Near East)   **3388**
identity (personal)   3031–3033, 3122–3124,
   3388–3389
Idios Logos   97, 118, 2118, **3389–3390**
Idios Logos, Gnomon of the   2521, 3390, **3390–3391**
idolatry, Jewish and Christian views of   1858–1860,
   2118, 2171, 2203–2204, 2468–2469, 3384,
   3391–3392, 3595, 7152–7153
Ignatius of Antioch   **3392–3395**
   Apostolic Fathers   568–570
   ascesis   812
   Atonement, Doctrine of   927
   bishop   1133
   docetism   2179
   Eucharist   2546
   logos   4140
   Polycarp of Smyrna   5396
   prayer   5503
   presbyter   5520
Iguvine Tables   351, **3395–3396**, 5781, 6912
Ikaros (Persian Gulf)   **3396**, 3450, 4902
Ikos   **3396–3397**, 6362
Iliad (Homer)
   Aeneas   129
   Agamemnon   166
   Ajax   257
   anatomy   403
   Apollo   546
   Athena   902
   Aulis   969
   cheese   1446
   deformity   1961
   Dionysos   2133
   disease, conceptions of   2159
   Erechtheus   2483
   ethics   2506
   gender   2874
   gift-exchange   2915
   guest-friendship   3002
   Homer   3284–3285
   Ilion   3397–3398

Molione   4562
Mycenae   4650
Panhellenism   5023
psychology   5621
Samothrace   6030
seers   6109
Tegea   6572
Thracia   6729
Vergil   6965
Ilion   474, **3397–3400**, 6098, 6246, 6247
Ilissos   **3400**, 5849–5850
ilkum   730–732, 999, **3400–3401**
illegitimacy   1061–1062, 3327–3328, **3401–3402**
illness   832, 1114, 2158–2165, **3402–3404**, 4842,
   4843, 7038
illustration (scientific)   **3404–3407**, 7186
Illyria and Illyrians   **3407–3409**
   Agron   228–229
   Albania   279
   Augustus   963
   Bardylis   1048
   Corcyra   1777, 1778
   Dalmatia   1915
   Demetrios of Pharos   2002–2003
   Dionysios I   2125
   Epidamnos   2442–2443
   Epirus   2467
   factories   2619
   Genthios   2886–2887
   Illyrian wars   3409–3410
   Illyricum and the Balkans, Roman conquest
      of   3410–3413
   imperialism   3428
   Italy, southern   3539
   Korkyra Melaina   3811
   Macedonia   4202
   Messapians   4462
   Naissus   4685
   Salona   6020
   Skerdilaidas   6275
   Teuta   6629
   Valens   6935
Illyrian wars   106, 279, 3408, **3409–3410**,
   3410–3413, 3527, 5026, 6275, 6629
Illyricum and the Balkans, Roman conquest
   of   2199, 3408–3410, **3410–3413**,
   5850–5851
imagines   **3413–3414**, 3414
imaginiferi   **3414–3415**, 4504, 6247
Imbros   **3415**
Imhotep   1868, 1966, 2178, 2379, **3415–3416**,
   4885, 6038, 6095

imitation (*mimesis, imitatio*)   2129, 3120, **3416–3417**, 4511
immigrants   2388–2389, 2519–2520, 2606, 2709, **3417–3418**, 7147
impartiality   **3418–3419**
imperator   1055, 1248, **3419–3420**, 6182, 6868–6869
imperial estates (Egypt)   **3420–3421**
imperial family, women of   1552, 1553, 2244, **3421–3422**, 3650, 4698, 6181, 6182
imperial titulatures in papyri   **3422–3424**
imperialism (Classical and Hellenistic Greek)   1825, 3064–3065, 3126, **3425–3426**, 6120, 6348, 6727–6728, 6859, 7151
imperialism (Roman Empire, east)   2388–2389, 3016, **3426–3431**
imperialism (Roman Empire, west)   2388–2389, **3431–3433**
imperium   **3433–3435**
in iure cessio   2194, **3435**, 3936, 6930
in ius vocatio   57, 58, **3436**, 3955, 6934
Inanna (Ishtar)   **3436–3437**
  abzu   22
  Aphrodite   523
  assinnum   844
  Dumuzi   2232
  Eanna and other major Babylonian temples   2247
  Enheduanna   2410
  Enmerkar   2414
  Ereshkigal and Nergal   2484
  eroticism   2493
  Etana   2505
  Hurrian, Hurrians   3347
  Lagash   3862
  marriage   4324
  Nippur   4799
  sacrifice   5997
  sex and sexuality   6185–6187
  Shamash   6199
  Sin   6261
  Sin-kashid of Uruk and his dynasty   6265
  temples   6590
  Uruk   6928
  warfare   7046
incantation bowls (Babylonian)   2022, 2600, **3437–3440**
incommensurability   **3440–3441**
incubation   **3441–3442**
incuse coinage   **3442**
indemnities   **3442–3444**
India   **3444–3450**

  Asoka   835–836
  astrology   867
  Chandragupta   1438, 1439
  Coptos   1775
  elephants   2368
  Euthydemos of Bactria   2583
  exploration   2602
  foundations   2751
  geography   2890
  Hemodos/Himalaya mountains   3131
  Hydaspes   3349
  Hydraotes   3349
  Hyphasis   3369
  Indus   3453
  Indus culture   3453–3454
  katholikoi of Persia   3707, 3709
  Macedonia   4203
  Megasthenes   4414
  Myos Hormos   4663
  Nearchos   4720
  Porus, Indian dynast   5451–5452
  Taprobane   6528
India, trade with   **3450–3452**
  Aromata Emporion   754
  Barbarikon   1045
  Berenike, Egypt   1092
  caravan trade   1329
  cotton   1814
  economy   2274, 2298
  India   3448–3449
  Indus   3453
  Indus culture   3453–3454
  navigation   4715
  Nuzi   4844
  ships and shipping   6222
Indus   **3452–3453**
  Chandragupta   1439
  Hydaspes   3349
  Hydraotes   3349
  India   3445, 3446
  Indus culture   3453–3454
  Nearchos   4720
  Onesikritos of Astypalaia   4902
  Patala   5079–5080
  Skylax of Karyanda   6278
Indus (Harappan) culture   3446, 3453, **3453–3454**, 4424
infamia   **3454–3455**
infant diseases and mortality   **3455–3456**
  childhood   1458, 1463
  demography, historical   2014
  family   2629

fertility 2657
houses, housing, household formation 3326
hygiene 3355
infanticide 3456–3457
widows 7103
women 7130
infanticide 1456, 2015, 2604–2605, 2630, **3456–3457**
inflation 1326, 2109, 2269, 2303, 2312, 2676–2678, **3457–3459**, 5523, 5524, 5527
infrastructure **3460–3462**, 3504–3506, 5447–5449
ingenuus 2833, **3462–3463**
iniuria **3463–3465**, 6361
inn **3465–3466**, 6373
inscriptio 3466
institor **3466–3467**
Institutiones (Gaius) 1653, 1802–1803, **3467–3468**, 3469, 3554, 3661, 3933, 3969–3970
Institutiones (Justinian) 3469–3470, **3469–3470**, 3474–3475, 3661, 3933, 3969–3970, 4133
instrumentum **3470–3471**
interest rates 1032, 1826–1828, 1943, 2654–2655, **3471–3473**, 4129, 4130, 4302, 4303, 4559
intermarriage (Jewish) 2597, **3473–3474**, 3595
international relations. *see* diplomacy
interpolation, study of **3474–3475**, 3977
interrex **3475–3476**
intestatus **3476–3477**, 6439
inundation (Egypt) **3477–3480**, 3502, 3505–3506, 3746, 4794, 6106
inventio 3416–3417, **3480**, 5830
invention **3480–3482**
inventories **3482–3483**
Inyotef I–VII **3483–3484**
Iolkos in Thessaly **3485**
Ion of Chios 1467, 3304, **3485–3486**
Ionia **3486**
 Andocides 413
 Antalkidas 450
 Aristonikos 698
 Chios 1466
 Derkylidas 2040
 Dyme 2240
 electrum, electrum coinage 2359
 Ephesos 2428
 frontiers 2772
 Hekatomnids 3098
 Hellenes 3113
 Hellespont 3126
 Hopletes 3297
 Ionian migration 3487
 Ionian Revolt 3487–3488
 Kaystros River 3720
 Klazomenai 3779
 Kolophon 3801
 Lebedos 3987
 Lysander 4190, 4191
 Miletos 4497–4499
 Orophernes of Cappadocia 4940
 Panionion 5025
 Phokaia 5299–5300
 phratry 5307
 Ptolemaic possessions outside Egypt 5626
 Robert, Louis 5860
 walls, city 7042
Ionian migration 2428, 2495, 3486, **3487**, 3779, 4497, 6028
Ionian Revolt **3487–3488**
 Aristagoras of Miletos 687
 Emborio on Chios 2384
 Ephesos 2428
 Eretria 2485
 Erythrai 2495
 Hecataeus of Miletos 3092, 3093
 Heraclitus 3136
 Herodotus 3184–3186
 Histiaios of Miletos 3244
 Ionia 3486
 Kaunos 3715
 Kourion 3818
 Kyzikos 3848
 Labraunda sanctuary 3858
 Lampsakos 3870
 Leros 4023
 logographers 4139
 Miletos 4499
 Persia and Greece 5184
 Samos 6029
 Skylax of Karyanda 6279
 Soloi 6313
Ionian tribes 2211, 3297, 3487, **3488–3489**
Ioppa/Jaffo **3489–3490**
Ios **3490–3491**, 6249
Iovis epulum **3491**
Iphigeneia 166, 242, 969, **3491–3492**
Iphikrates **3492**, 5134
Ipsos **3492–3493**
 Ariarathid Dynasty 682
 Athens 914
 Cassander 1353
 Demetrios I Poliorketes 1996
 Hellenic Alliance 3113
 Seleucids 6121
 Seleukeia 6125

Ipsos (cont'd)
  Seleukos I Nikator   6128
  Successors, wars of   6433
  Syrian wars   6494
Iran   1352, 5068–5070, 5075–5076, 5177–5179, 5183–5184
Iranaeus   1340, 1341, 2403, 2546, 3041, 3643
Iranian languages   996, 1135–1136, **3493–3494**, 6311
Ireland   1397, 1398, 1677–1678, 4573
Irenaeus   **3495–3498**
  apostolic succession   572
  Cerinthus   1419, 1420
  chiliasm   1465
  Christology   1479
  creeds   1830
  docetism   2179–2180
  gnosis, gnostics, gnosticism   2939, 2941
  Hegesippus   3095
  Nag Hammadi Library   4682, 4683
  Papias   5040–5041
  Polycarp of Smyrna   5396
  Ptolemy   5654
  Sethianism   6176
  Trinity, doctrine of the   6861
  Valentinus/Valentinians   6940
Irenaeus of Lyons   2256–2257, 4285, 5423, 5521
iron   **3498–3500**
  furniture   2797
  Hallstatt culture   3047–3048
  Hispania   3241
  hoplites   3298
  Magdalensberg, Austria   4218
  Maghreb   4219
  metallurgy   4466–4471
  metalwork   4471, 4472
  mines and mining   4517
  mints and minting   4532
  Oropos   4941
  Orthia   4948
  Sarmizegetusa Regia   6048, 6049
  seals   6101
  Seriphos   6168
  ships and shipping   6222
  spits   6358
  Zagros mountains   7160
irrigation (ancient Near East)   **3500–3501**
  agriculture   209
  canalization   1295
  economy, Near East   2286
  Euphrates and Tigris   2570
  horticulture   3316

hydraulic civilization   3349–3351
  Kassite dynasty   3702
  Orontes   4940
  shaduf   6196
irrigation (Greco-Roman Egypt)   1021, 1295, 2650–2651, 3190, **3501–3504**, 3874
irrigation (Greece and Rome)   210, 216, 221, 1295, 1506, 2215, 2230, 3316–3317, **3504–3505**
irrigation (Pharaonic Egypt)   **3505–3506**
  agriculture   214
  canalization   1295
  cities   1513
  famine and food shortages   2635
  gardens   2853
  hydraulic civilization   3349–3350
  inundation   3477–3479
  Nile   4794
  Oasis Parva   4848
  shaduf   6196
  water meter   7063
Isaeus   **3506–3507**, 4923
Isagoras   320, **3507–3508**
Isaiah   816, 2607, **3508**, 3573, 4330–4331
Isauria   **3508–3509**, 3509–3510, 4016, 5090, 5551
Isaurian emperors   1057, 3509, **3509–3510**, 4016, 7166
Isca   **3510–3511**
Ishbi-Erra and the Isin Dynasty   **3511–3512**, 3515, 3752, 3753
Ishtar. see Inanna
Isidore of Seville   1357, 2405, 2489, 3243, 3269, **3513–3514**, 5234
Isidorus of Pelusium   1917, **3514**
Isin   3052, 3054, 3511–3512, **3514–3515**, 3913, 4721, 5845, 6265
Isis (Greece and Rome)   **3515–3517**
  Egyptomania   2341
  epiphany   2466
  Germania   2900
  Harpokrates   3067
  Herodes Atticus   3179
  Kom Abu Billo   3802
  Mysteries   4665
  Navigium Isidis   4717
  Ostia   4962
  Sarapis   6039, 6040
  Satet   6057
Isis (Pharaonic Egypt)   **3518**
  Akhmim   262
  Antinoos   469
  Anubis   509
  Apuleius   583–584

Aswan and hinterlands   890
Behbeit el-Hagar   1075–1076
funerary cult   2789, 2790
Giza   2922
Harpokrates   3067
Horus   3319
Kamutef   3689
Methana   4475
Nephthys   4748
Osiris   4950
Roman Empire, regional cultures   5870
Serket   6169
Seth   6174–6175
Syene   6469
Islam. *see also* Muslims
  Arabs   604
  conversion   1766, 1767
  Doctrina Iacobi   2180–2181
  hadith   3017–3019
  hijra   3216
  historiography   3266, 3267
  holy men   3283–3284
  Mecca   4372
  Medina   4392
  Muawiya   4610
  Muhammad   4611–4614
  Neoplatonists   4746
  Nestorian Church   4759
  prophets   5581
  Qur'an   5717–5720
  Sebeos of Armenia   6105
  Shi'ism   6208, 6209
Isocrates   **3518–3520**
  amnesty   369
  Androtion   422
  Areopagos   671
  biography   1118
  Ephoros   2433
  ethnicity   2523
  foreigners   2708, 2709
  foundations   2750
  Greek language and dialects   2987
  Hellenica Oxyrhynchia   3118
  Hyperides   3368
  imperialism   3425
  Isaeus   3507
  Kallias, Peace of   3678
  kingship   3761
  orators   4923
  Panegyric   5021
  paragraphe   5059
  patrios politeia   5096

rhetoric   5826
rhetoric and science   5830
rhetorical history   5832
Timotheos   6763
tragic history   6809
Xenophon   7151
Isola Sacra   1222, **3520–3521**
isonomia   2561, **3521–3522**, 5383
isopoliteia   253, 1249, 1525, 2445, 2597, **3522–3523**, 6473
Israel and Judah   **3523–3527**
  Ahab of Israel   231
  alphabets and scripts   334
  Aram, Aramaeans   605
  Asherah   818
  Assyrian kings   856
  Beth Shean   1104–1105
  Bible   1108
  Canaan   1293
  cemeteries   1403
  Chemosh   1448
  copper   1769
  David   1933
  El   2346
  eschatology   2498
  Exodus, Jewish and Egyptian stories about   2596–2597
  flax   2698
  flood stories   2699
  Galilee   2815–2817
  Gentiles, Jewish and Christian attitudes towards   2887
  habiru   3015
  Hasmoneans   3071–3072
  Hazael of Damascus   3086
  Hellenization   3124
  Herod the Great   3175–3176
  Hezekiah   3201–3202
  Hittite, Hittites   3277
  Hurrian, Hurrians   3345–3347
  identity   3388
  Ioppa/Jaffo   3490
  Isaiah   3508
  Jerusalem   3576
  Jordan River   3622
  Jubilees, Book of   3632
  Lachish   3859–3860
  Masada   4338–4340
  Merenptah   4451
  Mesha of Moab   4459
  Moses, Jewish and pagan image of   4603
  Nebuchadnezzar II   4722

Israel and Judah (*cont'd*)
    Nehemiah 4730
    olives and olive oil 4890, 4893
    perjury 5168
    prophecy and oracles 5578, 5579
    Proverbs 5596–5597
    purification 5670–5672
    Ruth, Book of 5983
    Sabbath 5990
    Samaria 6025, 6026
    Sargon II of Assyria 6047
    Sea Peoples 6098
    Sennacherib 6149
    Shalmaneser III 6198
    Solomon 6314
    Testaments of the Twelve Patriarchs 6620–6621
    Yahweh 7157
    Zakkur of Hamath 7161
Issa 2125, 2212, 3409, **3527**, 6020
Issos 35, 1103, 3065, **3527–3529**, 5063, 5200
Isthmia 195, 466, **3529–3530**
Isthmian Games 2661, 3485–3486, 3529, **3530**
Isthmus 1985, 2121, 3529, **3530–3531**
Italica (Seville) 3243, **3532–3533**
Italiote League 2125, 3540, 3825, 4473, 6728, 6729, 6956
Italy, northern **3533–3538**
    Celtic languages 1397
    Flamininus, Lucius Quinctius 2693
    infrastructure 3460, 3461
    languages 3903
    navies 4711
    patriarchs 5091
    Punic wars 5664
    Ravenna 5738–5739
    Villanovan culture 7003–7004
Italy, southern **3538–3542**
    Beneventum 1086–1087
    Campania 1283–1284
    Etruria, Etruscans 2536–2541
    Kaulonia 3714
    Messapians 4462
    navies 4710
    negotiatores 4727
    Oscan 4948–4949
    Paestum 4977–4978
    Punic wars 5664
    Pyrrhos 5683–5684
    Vesuvius 6977–6978
Ithome mountain 610, **3542–3543**, 6738
Ituraea and Ituraeans 602, 3072, **3543**, 6489
iudex 618, 620, 1603, **3543–3544**, 3544, 5555, 6151

iudicium 31–32, **3544–3545**
iudicium populi 114, 1761, **3545–3546**, 6850
Iulius Africanus, Sextus 3095, **3546–3547**, 7137
Iulius Alexander, Tiberius **3547–3548**
Iulius Civilis, Gaius 1063, 1064, **3548–3549**
Iulius Quadratus Bassus, Gaius **3549**
Iulius Severus, Sextus 3022, **3549–3550**
Iulius Vindex, Gaius **3550–3551**
iuris consultus **3551–3552**
ius **3552–3553**
ius gentium 1691, 3553, **3553–3554**, 3959, 4852, 6842
ius imaginum **3554–3555**
ius Italicum 1664, **3555–3556**, 6933
ius Latii 1691–1692, 2971, **3556–3557**, 6381
ius liberorum **3557–3559**, 4049
ius vitae necisque 3553, **3559**, 5082, 5086
iusiurandum 1280, **3560**
ivory **3561**
    cosmetics 1807, 1808
    diptych 2154
    elephants 2368
    Fazzan 2652
    furniture 2797
    hair, hairstyling 3031
    India, trade with 3450
    Sabratha 5993
    Samaria 6026
    Uluburun shipwreck 6910
    writing materials 7140

Jabala **3562–3563**
Jacob Baradaios 2306, **3563–3564**
Jacobites 3563, **3564**, 6493
Jacoby, Felix (1876–1959) 2532, 2878, 3093, 3115, 3118, 3253, 3304, **3564–3565**
Jaffo. *see* Ioppa/Jaffo
James of Jerusalem 1560, 2090, **3566–3567**, 3588
Jamniah (Yavneh) **3567–3568**, 3601, 3628
Jannes and Jambres, Book of **3568–3569**
Janus 3378, **3569**, 5897
Jason (Jewish high priest) 3124, **3569–3570**
Jason of Pherai 287, 304, 2193, **3570**, 3912, 6517
javelins 3993, 6953, 7071–7073, 7075–7077
Jaxartes 312, **3570–3571**, 6096
Jehovah. *see* Yahweh
Jehu 3086, **3571**, 6198
Jerash **3571–3572**
Jeremiah 1052, 2468–2469, 2498–2499, 2607, **3573**
Jericho 1027, 2720, 3176, **3573–3575**, 4992

Jerome 3575–3576
   adversus Iudaeos 112
   Arabs 604
   ascesis 813
   Bible 1111
   Desert Fathers and desert literature 2048
   Diodorus of Sicily 2112
   Donatus, Aelius 2207
   Ephrem 2436
   Epiphanius of Salamis 2463, 2464
   Gregory Thaumaturgus 2996
   Hegesippus 3095
   Hexapla 3200, 3201
   Hippolytus of Rome 3237, 3238
   historiography 3264–3265
   James of Jerusalem 3566
   Jewish-Christian Gospels 3590
   Josephus 3626
   Latin language 3924
   logos 4142
   Lucian of Antioch 4156
   Lucretius 4160
   monasticism 4573
   montanism 4586
   Naevius, *Bellum Punicum* 4679
   New Testament 4768, 4769
   Nigidius Figulus 4783
   Origen 4935
   Origenist Controversy 4937
   Orosius 4942
   prophets 5580
   Protevangelium Jacobi 5595
   Seneca the Younger 6147
Jerusalem 3576–3579
   Aelia Capitolina 120
   Alkimos 318
   Antiochos IV Epiphanes 479
   Antiochos VII Sidetes 481
   antisemitism, anti-Judaism 491, 492
   Aristeas, Letter of 690
   Aristobulus I 694
   Assyria 852
   Babylonian Exile of the Jews 1009
   cemeteries 1403, 1404
   church architecture 1493
   David 1933
   Florus 2703
   Galilee 2816
   Hadrian 3022
   Hebron 3092
   Heliodorus 3106
   Herakleios 3145
   Herod the Great 3175, 3176
   Herodium 3182
   Hezekiah 3201
   Honi the Circle-Maker 3294
   Hurrian, Hurrians 3347
   Israel and Judah 3525, 3526
   Iulius Africanus, Sextus 3546
   Jason 3569
   Jericho 3574
   Josiah 3630
   Judaea 3634
   Lamentations 3867
   law schools 3967
   liturgy 4116
   Luke, Gospel of 4166
   Nebuchadnezzar II 4722
   Nehemiah 4730
   Oniads 4902–4903
   Onias, Temple of 4903–4904
   Paul and Pauline Epistles 5106
   Pontius Pilate 5418
   Psalms of Solomon 5613
   rebellions 5744
   religion 5783
   roads 5851
   Rome, city of: 5. Flavian and Trajanic 5916, 5918
   Rome, resistance to 5952
   Simon bar Giora 6257
   Simon the Just 6257, 6258
   Solomon 6314
   Sophronios 6323
   Syria 6489
   Temple in 6582–6583
   Titus 6770
   warfare 7057–7058
   welfare institutions 7096
   Yahweh 7157
   zealots 7165
Jerusalem Temple. *see* Temple (Jewish, in Jerusalem)
Jesus 3580–3583
   Abgar Legend 3–4
   Acta Martyrum 53–54
   adoptionism 102
   Agrapha Iesou 201–202
   apocalypticism in Early Christianity 536
   apocrypha 538–540
   apologists 559
   apostle 565
   Apostolic Fathers 570
   apostolic succession 572
   Archelaos 628

Jesus (cont'd)
 art 784–785
 ascesis 811, 812, 814
 baptism 1037
 Bethlehem 1106
 bishop 1133
 Caiaphas 1252
 Carpocrates, Carpocratians 1340, 1341
 catechesis 1369
 Catholic Epistles 1372, 1373
 celibacy 1393
 Celsus 1396
 Cerinthus 1420
 chiliasm 1465
 Christology 1478–1481
 Constantine I 1725
 Corinthians, Third 1789
 creeds 1829–1833
 docetism 2178–2180
 Eucharist 2545
 exorcism 2599, 2600
 funerary inscriptions 2795
 Galilee, Sea of 2817
 gnosis, gnostics, gnosticism 2941
 Gospel of Truth 2963
 guest-friendship 3003
 Herod Antipas 3174
 iconography 3385
 Ignatius of Antioch 3394–3395
 Irenaeus 3498
 logos 4140–4141
 Luke, Gospel of 4165, 4166
 mandylion 4251
 Mark, Gospel of 4305–4306
 Mary, Gospel of 4337–4338
 Matthew, Gospel of 4354–4356
 monarchianism 4567–4569
 monoenergism 4578
 monotheletism 4581
 Nag Hammadi Library 4682–4684
 Nicene Creed 4776–4778
 Odes of Solomon 4862
 Paul and Pauline Epistles 5104–5105, 5107
 Paul of Samosata 5108–5109
 Peter, Acts of 5202
 Peter, Coptic *Apocalypse of* 5204–5205
 Peter, Gospel of 5207–5210
 Peter the Apostle 5205–5206
 Pharisees 5230
 Pontius Pilate 5418
 prayer 5503
 prophets 5580
 Protevangelium Jacobi 5595
 purification 5668–5669
 Quadratus 5697
 Quartodeciman Controversy 5703
 Qur'an 5719
 Sanhedrin 6034, 6035
 Sepphoris 6155
 Temple on Mount Gerizim 6584
 Tertullian 6614
 Testament of Solomon 6619
 Theodore of Mopsuestia 6672
 Theodotians 6681
 Thomas, Gospel of 6721, 6722
 Thomas, Infancy Gospel of 6723
 Trinity, doctrine of the 6860–6863
 Valentinus/Valentinians 6939–6940
jewelry (Byzantine) 2401–2402, **3583–3584**
jewelry (Pharaonic Egypt) 2622, **3584–3586**, 6411, 6412
Jewish-Christian Gospels 3587, 3588, **3589–3592**
Jewish Christianity 1560, 1561, 2256–2257, **3586–3589**, 3643–3644
Jewish texts 810, 1253, 3379, 4862–4863
Jewish War 1368, 2837, 3433, 6257, 6489, 6744, 7057–7058
Jews **3592–3597**. *see also* religion (Jewish)
 Apollonios Molon 553
 Caesarea Maritima 1249
 Cairo Genizah, Late Antique Jewish texts from 1253
 Caligula 1270
 catacombs 1365–1366
 Constitution of Medina 1748–1749
 conubium 1765
 crucifixion 1849–1851
 Cyrene 1896
 Cyrene and Cyrenaica 1896–1900
 Galilee 2816–2817
 Gamala 2839
 Gentiles, Jewish and Christian attitudes towards 2887–2888
 Hellenization 3124
 Ktesiphon 3829
 law 3947–3948
 martyrdom and martyrs 4334–4335
 Martyrdom of Isaiah 4330–4331
 Megillat Ta'anit 4415–4416
 Melito of Sardis 4422–4423
 Momigliano, Arnaldo 4564–4565
 Moses, Jewish and pagan image of 4603–4604
 neighborhood, neighbors 4731
 paganism 4979, 4980

Palestine   5004, 5005
papyri   5045–5046
Paradise, Jewish and Christian beliefs in   5058–5059
patriarchs   5091–5093
persecution   5175–5176
persecution of Christians   5171–5172
Peter, Gospel of   5209
Peter the Apostle   5205–5206
Pharisees   5230
Philo Judaeus   5268–5270
Philo the Epic Poet   5268
Phocylides, Pseudo-   5295–5296
pilgrimage   5327
Pishra de-Rabbi Hanina ben Dosa   5337
Piyyut   5341–5343
politeuma   5385–5386
Pontius Pilate   5418
Ptolemy   5654
religious deviance and persecution   5801
synagogues   6478–6480
Tarsos   6537
tax (Jewish)   6545–6546
Temple in Jerusalem   6582–6583
Therapeutae   6702–6703
Vipsanius Agrippa, Marcus   7011
Yahweh   7157–7158
Jews (in Alexandria)   690, 2521, 3547, **3597–3598**
Jews (in Byzantium)   **3598–3599**
Job   2059, **3599–3600**, 6530, 6618, 7110–7112
Johanan, Rabbi   2818, **3601–3602**, 6210, 6211
Johanan ben Zakkai, Rabbi   **3600–3601**, 5724
John, Acts of   538, 812, 2179, **3602–3604**
John, Apocryphon of   **3604–3605**, 3640, 4682–4683
John, Gospel of   159–160, 1420, **3610–3612**, 4140, 4586, 5207, 6940
John Cassian   2048, **3606–3607**, 4573, 4939
John Chrysostom   **3607–3608**
    adversus Iudaeos   113
    Arcadius   625
    ascesis   813
    baptism   1039
    Byzantine rite   1230
    Byzantium   1232
    Cappadocia   1318
    ecclesiastical history   2263
    education   2315
    Epiphanius of Salamis   2463
    Eudoxia   2550
    friendship   2769
    Isidorus of Pelusium   3514
    liturgy   4116

Marutha   4336
Origenist Controversy   4939
rhetoric   5824
sermons   6170, 6171
Syria   6490
Theodore of Mopsuestia   6672
Theophilos   6691
xenodocheion   7145
John Hyrcanus I   302, 481, 3072, **3612–3613**, 6020, 6027, 6259, 6585
John Hyrcanus II   306, 693, 3072, **3613–3614**, 6019
John Klimax, of Sinai   1232, **3614**, 6264
John Lydus   744, 865, 1234, 3606, **3614–3616**, 7078
John Moschos   3030, **3616–3617**, 6264, 6323
John of Antioch   1903, **3604**, 3617, 7178
John of Cappadocia   1234, **3605–3606**, 4784, 6848
John of Damascus   3363, **3608–3609**, 4015, 4116, 5987
John of Gischala   **3609–3610**, 3627, 3670, 6257
John of Nikiu   **3617**
John Philoponos (philosophy and theology)   **3617–3618**, 6261
John Philoponos (science)   3231, **3619–3620**, 4782
John Scholasticus (partriarch of Constantinople)   3614, **3620**
John the Baptist   535–536, 3174, 3581–3582, 4208, 4250
Jonathan Maccabaeus   3072, 3490, **3620–3621**, 4903, 4904, 6258
Jones, A. H. M. (1904–1970)   1952, **3621–3622**
Jordan   1769, 4517, 4608, 5244–5245
Jordan River   1937, 2817, **3622–3623**, 5146, 6203
Jordanes   1353, 3269, **3623–3624**
Joseph and Aseneth   **3624–3625**, 3645, 4904
Josephus   **3625–3630**
    Adiabene, ruling dynasty of   69–70
    afterlife   157
    Agrippa I   225
    Agrippa II   226
    Apion   523
    apostasy   564
    Aristobulus I   693
    Aristobulus II   694
    Avaris/Tell el-Dab'a   985
    Caiaphas   1252
    canon of Scripture   1302
    Chaeremon   1424
    Claudius   1550
    crucifixion   1850
    Dead Sea Scrolls   1937
    Dekapolis   1973
    Diaspora   2076

Josephus (cont'd)
  divination 2172
  eschatology 2499
  Essenes 2501–2503
  Esther, Scroll of 2504
  excommunication 2591
  Exodus, Jewish and Egyptian stories about 2596–2597
  exorcism 2599, 2600
  Fabius Valens 2618
  Felix 2653
  Florus 2702–2703
  fossils 2747
  Gamala 2837, 2839
  Herod the Great 3175
  Herodium 3182–3183
  Hippolytus of Rome 3237
  historiography 3260
  Honi the Circle-Maker 3294
  Hyksos 3356–3357
  imperialism 3427
  infanticide 3457
  intermarriage 3473
  Ionia 3486
  Iulius Alexander, Tiberius 3547
  James of Jerusalem 3566
  Jerash 3571–3572
  Jews 3598
  John Hyrcanus I 3612
  John of Gischala 3609–3610
  Justus of Tiberius 3669
  martyrdom and martyrs 4335
  Masada 4339, 4340
  Onias, Temple of 4903
  Pharisees 5230
  polemic 5372
  Pontius Pilate 5418
  proselytes and proselytism 5585
  provincial capitals 5604
  pseudepigrapha in early Christianity 5619
  Ptolemy VII Neos Philopator 5641
  Ptolemy VIII Euergetes II 5643
  religion 5797
  Sabbath 5989
  sacrifice 6000
  Sadducees 6005, 6006
  Salome Alexandra 6019, 6020
  Samaria 6026
  Sanhedrin 6034–6035
  Seleucids 6120
  Simon bar Giora 6257
  Simon the Just 6257

  Vespasian 6971–6973
  zealots 7165
Joshua Stylites 2132, 2633, 3266, **3630**
Josiah 1301, **3630–3631**, 6000
Juba II of Mauretania 629, 1248, 3060, **3631**, 4128
Jubilees, Book of 542, 608, 2417, **3631–3632**
Jucundus, tablets of 1032, **3633–3634**
Judaea **3634–3636**
  Alexander Jannaeus 302
  Alexandra Salome 305–306
  Archelaos 628, 630
  Aristeas, Letter of 690
  Aristobulus II 694
  Caesarea Maritima 1249
  calendar 1263
  Claudius 1554
  coinage 1624
  Essenes 2502–2503
  Felix 2653
  Florus 2702
  Hadrian 3022
  Hebron 3092
  Herod the Great 3176
  imperialism 3430
  Ioppa/Jaffo 3490
  Isaiah 3508
  Iulius Alexander, Tiberius 3547
  Iulius Severus, Sextus 3549–3550
  Oniads 4903
  Palestine 5004, 5005
  Pontius Pilate 5418
  rebellions 5744
  Roman Empire, regional cultures 5868
  Rome, resistance to 5956
  Sepphoris 6155
  Simon Maccabaeus 6259
  Simon the Just 6258
  Syria 6489
Judaean desert, documents from **3636–3637**
Judah, kingdom of. *see* Israel and Judah
Judah ha-Nasi (the Prince, Rabbi) 1105–1106, 3217, **3637–3638**, 5092, 5722, 5724, 6155
Judaism. *see* religion (Jewish)
Judas, Gospel of 3041, **3638–3640**, 6108, 6177
Judas Iscariot 3639–3640, **3640–3641**
Judas Maccabaeus **3641–3643**
  Alkimos 318
  Demetrios I 1997
  Eupolemos 2571
  Hasmoneans 3071
  Jerusalem 3577
  Jonathan Maccabaeus 3620

Judith, Book of 3647
　Oniads 4903
　Onias, Temple of 4903
　Sabbath 5989
Judeo-Christians **3643–3644**
Judeo-Greek literature 792–793, **3644–3646**
judges (early Israelite) **3646–3647**
Judith, Book of **3647–3648**
Jugurtha 153, 2388, **3648–3649**, 4304, 6018, 6019
Julia Balbilla **3649**, 6647–6648
Julia Domna 121, 557, 1323, 1325, 1326, 2347, 2386–2387, 3181, **3650**, 6156, 6181, 6489, 6490
Julia Maesa 2347, 2348, 6181–6183
Julian (emperor) **3650–3652**
　Adrianople, battle of 105
　agentes in rebus 181
　Alamanni 276
　Ammianus Marcellinus 365, 367
　Athanasius 900
　Byzantium 1230
　Constantius II 1745
　education 2314–2315
　Eunapius of Sardis 2559
　Eusebius of Nicomedia 2581
　Franks 2758
　Hellenism 3120
　historiography 3263
　Iamblichus 3377
　law schools 3968
　letters, letter writing 4031
　Libanius 4050
　limitanei 4088
　Oribasios of Pergamon 4931
　paganism 4978
　ships and shipping 6225
　Themistius 6666
　xenodocheion 7144
　Zosimus 7186
Julius Caesar (C. Iulius Caesar) **3652–3654**
　acta 52
　administration 91
　adoption 101
　Aemilius Lepidus, Marcus 125
　Africa Proconsularis 150
　African War 153
　agrarian laws 204
　agri decumates 206
　ala 273
　Alesia 285
　Alexandrian War 314–315
　Alps 341
　antesignani 450

Antonius, Marcus 501, 502
Aquae Sextiae 589
Aquileia 592
archives 663
Arelate 668
Ariobarzanid Dynasty 687
Aristobulus II 695
artillery 799
Atia 922
Augusta Treverorum 947
Augustus 960–961, 967
　background and early life **3652–3653**
Bibracte 1113
Brutus, Marcus Iunius 1197
Buthrotum/Bouthrotos 1226
Caesar 1247
Cato the Younger 1379–1380
Cicero, Marcus Tullius 1499–1501
Cicero, Quintus Tullius 1504
citizenship 1526
civil war 1529, 3655
Claudian 1544
Cleopatra VII of Egypt 1569, 1570
coinage 1645
colonies 1658, 1659, 1662, 1669
comets 1683
Commius 1692, 1693
Crassus, Marcus Licinius 1826
credit 1827–1828
Deiotaros of Galatia 1964
dictator 2080
diplomacy 2151
druids 2229
Dyme 2240
dynastic cults 2243
exploration 2602
exploratores 2603
Felicitas 2653
festivals 2661, 2662
final days **3655–3656**
flamines 2692
Florus, Lucius Annaeus 2702
Forum, Forum Romanum 2743
Forum Augustum 2735
Fossa Regia 2746
frontiers 2778
Gallia Narbonensis 2825, 2826
Gallic War 2828–2832
Hannibal 3058
haruspices 3070
Helvetii 3129
Herakleia Pontica 3141

Julius Caesar (C. Iulius Caesar) (*cont'd*)
  Hirtius, Aulus 3239
  Hispalis 3240
  Hispania 3242
  historiography 3258
  history 3275
  Ilion 3399
  imperialism 3432
  John Hyrcanus II 3613
  Juba II of Mauretania 3631
  legati legionis 3991
  legion 3995
  legions, history and location of 3996, 3998–4001, 4003
  Lepcis Magna 4018
  Lex coloniae Genetivae Iuliae seu Ursonenis 4038
  lex Rubria de Gallia Cisalpina 4046
  Library of Alexandria 4068
  Lucan 4153
  Lucceius, Lucius 4154
  Lusus Troiae 4172
  Mommsen, Theodor 4566–4567
  mutiny 4647
  Nemi, Lake 4742
  oikoumene 4877
  ops 4908
  peace 5118
  Pharnakes II 5237
  Pharsalos, battle of 5240
  Phraates V of Parthia 5306
  political career 3653–3654
  Pompey 5409–5410
  Ptolemy XII Neos Dionysos Auletes 5648
  Ptolemy XIII 5649
  Ptolemy XIV 5649–5650
  Ptolemy XV Caesar 5650
  purple 5674
  Pyrenees 5681
  Rhône 5844
  Rome, city of: 2. Republican 5899
  Rome, city of: 3. Augustan 5900, 5902
  Rome, resistance to 5953–5954, 5956
  Rubicon 5969
  ruler cult 5977
  sacramentum 5995
  Sallust 6018
  Salona 6020
  Samos 6029
  Senate 6140, 6141
  ships and shipping 6221
  sieges and siegecraft 6245, 6246
  Social War 6304
  Sosigenes 6332
  Strabo of Amaseia 6416
  Tabula Heracleensis 6506
  Tarraco 6536
  tax farming 6554
  Tellus 6580
  transport 6831
  tribus 6856
  triumph 6869–6871
  Utica 6932
  Vercingetorix 6963–6964
  Vitruvius 7021
  war in Gaul 3654–3655
  warfare 7054–7058
  wills 7107
Juno 1309, 1310, 1312, 2191, 2348, 2661, **3656–3658**, 4605, 6931
Jupiter **3658–3659**
  aedituus 114
  augures, augury, and auspices 939
  Aurelian 975
  Capitol 1309
  Capitoline Triad 1312
  consentes, di consentes 1713
  Diocletian 2106
  Dius Fidius 2167
  Dolichenus 2191
  Elagabalus 2348
  epiphany 2465
  Equirria 2473
  Feriae Latinae 2655–2656
  Feriale Duranum 2656
  festivals 2661
  fetiales 2669
  flamines 2691
  flaminica 2692
  Hadrian 3022
  imperator 3419
  Iovis epulum 3491
  Juno 3657
  Juventas 3671
  Liber and Libera 4055
  numen 4831
  sortition 6326
  Summanus 6452, 6453
  Syria 6490
  Temple on Mount Gerizim 6584
  Terminus 6609
  Vediovis 6951
  Zeus 7172–7174
jurisprudence (Byzantine) 74, **3659–3660**, 3668, 3990–3991, 4006

jurisprudence (Greek and Roman) **3660–3662**
 aequitas 132–133
 corpus iuris civilis 1802–1803
 dolus malus 2193
 homicide 3286, 3287
 Institutiones 3467–3470
 interpolation, study of 3474–3475
 iuris consultus 3551–3552
 law 3930–3931
 law courts 3934–3937
 law of the sea 3971
 Lex Acilia 4035–4036
 lex Rubria de Gallia Cisalpina 4046–4047
 Octavius Tidius Tossianus Lucius Iavolenus Priscus, Gaius 4861
 oratory and Roman law 4924–4926
 precedent 5510
 provocatio 5605–5606
 Senate 6142
 sententia 6151
 violentia 7010
 Zaleukos of Lokroi 7163
Justianian I 59, 84, 149, 168, 4784
Justin (Roman historian) 295, 301, **3666–3667**, 5069, 5641–5643, 6898–6899, 6918
Justin I **3662–3663**
 Akakios, patriarch and schism 257
 Apiones 525
 churches 1496
 circus factions 1511
 ecclesiastical history 2263
 Henotikon 3131
 John Lydus 3615
 Justinian I 3667
 Marcellinus Comes 4281
 patriarchs 5090–5091
 Sasanians 6055
 Severus of Antioch 6185
 social structure and mobility 6299
 Theodora 6671
Justin II **3663**
 administration 83
 Agathias 168
 churches 1497
 coinage 1609
 Corippus 1790
 John Philoponos 3618
 legislation 4006
 orphanages 4943
 Persia and Byzantium 5184
 Sophia 6317, 6318
 Tiberios II 6744

Justin Martyr **3663–3666**
 adversus Iudaeos 112
 apologists 558, 560
 Athenagoras 907
 baptism 1037
 Christianity of 3664–3665
 Christology 1479
 creeds 1829–1830
 demons 2023
 Diatessaron 2078
 Diognetus, Letter to 2118
 Eucharist 2546
 and the Greeks 3665–3666
 Irenaeus 3496
 Judeo-Christians 3643
 logos 4140–4141
 Marcion and Marcionites 4285–4288
 Neoplatonists 4746
 New Testament 4768
 Peter, Gospel of 5208
 Tatian 6539
 writings 3664
Justinian I **3667–3668**
 administration 74, 83
 Amida 364
 Anthemios of Tralles 451
 Apiones 525
 architecture 643
 army 734–735
 art 784
 Avars 994
 Belisarius 1077–1078
 Byzantium 1231
 canons 1305
 circus factions 1511
 Codex Justinianus 1597
 coinage 1609
 colonate 1653–1654
 coloni adscripti 1654–1655
 Constantinople 1739–1740
 Constantinople, Councils of 1733
 corpus iuris civilis 1802–1803
 crime 1838
 Demetrias 1994
 deportation 2038–2039
 Digesta 2091, 2092
 economy 2280
 education 2315
 eunuchs 2563, 2564
 factories 2619
 fideicommissum 2669
 forts 2722

Justinian I (cont'd)
  freedmen and freedwomen   2762
  government, theories of   2967, 2968
  Hagia Sophia   3029
  Hellenism   3119
  hippodromes   3236
  icon   3384
  imperial family, women of   3421
  interest rates   3472
  interpolation, study of   3474–3475
  Jacobites   3564
  Jews   3599
  John Lydus   3615
  John of Cappadocia   3606
  John Scholasticus   3620
  jurisprudence   3659
  Justin I   3662
  Justin II   3663
  Justiniana Prima   3669
  Larissa   3912
  Latins, Latium   3926
  law   3933, 3966
  law schools   3969–3970
  legal literature   3990
  legislation   4006, 4008
  limitanei   4089
  locatio conductio   4133
  Marcellinus Comes   4281
  montanism   4586
  Oriens, diocese of   4932
  Origenist Controversy   4937, 4938
  Osiris   4951
  paganism   4978–4979
  Paul Silentarius   5109
  Persia and Byzantium   5183
  Peter Patrikios   5212, 5213
  Petra papyri   5217
  Popes   5428
  precedent   5511
  Procopius   5562–5563
  Ravenna papyri   5740
  Sabratha   5993
  Salona   6021
  San Vitale   6032
  Sasanians   6055
  Sinai, Monastery of St. Catherine   6264
  Singidunum   6264
  Sophia   6317
  tabelliones   6499
  taxation   6546
  temples   6597
  testamentum   6621
  testimonium   6625
  textiles   6632
  Thebes in Boiotia   6650
  Theodora   6671
  treaties   6840
  Tribonian   6848, 6849
  warfare   7048
  water supply   7064
Justiniana Prima   **3668–3669**
Justus of Tiberius   **3669–3670**
Juvenal (Decimus Iunius Iuvenalis)   **3670–3671**
  cosmetics   1810
  femininity   2654
  foreigners   2709
  freedmen and freedwomen   2762
  humor and satire   3338
  misogyny   4542
  primuspilus   5542
  Sabbath   5988
  satire   6058
  Sentences of Sextus   6150, 6151
Juventas   **3671**

ka   **3672**
Kabiroi   3415, **3672–3673**
Kadmos   453, 3407, **3673**, 6031, 6522, 6649
Kafr Hassan Dawood   **3673–3675**
Kalabsha   **3675–3676**
Kalapodi in Phokis   **3676–3677**, 5302
Kalhu (Nimrud)   **3677–3678**
Kallias, Peace of   35, 691, 1977, 2577, **3678**, 5142, 5185
Kallias of Sphettos   **3678–3679**
Kallikrates of Leontion   3235, **3679–3680**
Kallikrates of Samos   **3680–3681**
Kallimachos (Athenian polemarch)   **3681**
Kallippos, astronomer   **3681–3682**
Kallisthenes of Olynthos   300, 701, 2576, 3115, 3132, 3164, **3682–3683**, 6809
Kallistratos, Athenian politician   413, **3683–3684**
kalokagathia   2316, **3684**
Kalykadnos   2751, 3509, **3684–3685**
Kalymna   2212, **3685**, 6362
Kamares Cave, Crete   **3685–3686**
Kamarina   3237, **3686–3687**, 4760
Kameiros in Rhodes   3376, **3687–3688**, 5837–5839
Kamose   233, 235, 1020, 3361, **3688**, 6107
Kamutef   **3688–3690**
Kanesh   439, 842, 1327, 3081, 3276, **3690–3691**, 6793

kapelos **3691–3692**
Karanis 2651, **3692–3693**
Karnak **3693–3694**
  Akhenaten 261
  Amenemhat I–VII 358
  Amenhotep 361
  Amenhotep I–III 358
  Aten 897
  Deir el-Bahari 1965
  deserts 2053
  economy 2293
  El-Hiba 2374
  festivals 2667
  forts 2725
  God's Wife of Amun 2946
  Hagar 3027
  Harsiese 3068
  Hatshepsut 3077, 3078
  Herihor 3157
  inundation 3478
  Inyotef I–VII 3483–3484
  Kamose 3688
  Kamutef 3688
  Khons 3748
  king lists 3755
  Kushite Period 3838
  Montu 4591, 4592
  Naeferud 4678
  New Kingdom 4763, 4764
  Osorkon 4952
  religion 5792
  Second Intermediate Period 6107
  Sekhmet 6118
  Senenmut 6148, 6149
  Senwosret I–IV 6154
  Sety (Seti) I–II 6180
  Shabaka 6195
  Sheshonq I–VI 6207
  Taharqo 6518
  Thebes 6648, 6651–6653
  Thutmose I–IV 6739, 6740
  Tutankhamun 6889
Karneia 2660, 3111, **3694–3696**
Karpathos **3696–3697**, 3700–3701, 6362
Karphi **3697**
kārum 842, **3697–3699**
Karystos 2542–2544, **3699–3700**
Kashka 2770, 3079, 3080, **3700**
Kasos **3700–3701**, 6362
Kassite, Kassites 1005, 3053, 3054, 3313, **3702–3703**, 4630, 4799, 4844, 6883, 7160

Kassite dynasty 850, 1223–1224, 2349, 2350, 3388, **3701–3702**, 3702–3703, 6883
Kassope 200, **3703–3704**
Kastanas in Macedonia **3704–3705**
katabasis **3705**
Katakekaumene 3171, **3705–3706**
kataphraktoi 1391, **3706–3707**
katholikoi of Persia **3707–3710**
Kato Phana on Chios **3710–3711**
Kato Symi in Crete 3161, **3711–3712**
katoikoi 1914, **3712–3713**
Kaukasa **3714**
Kaulonia **3714–3715**
Kaunos **3715–3716**, 4179, 6773, 7170
Kavad, of Persia **3716–3717**, 5183, 6054–6055
Kavousi **3717**
Kawa **3717–3720**
Kaystros River 2428, **3720–3721**
Keftiu **3721**
Kekrops 910, 916, 2483, **3722**
Kellia and Sketis, monasticism at 2045, 2047, 2048, 3166, **3722–3726**, 4569
Kellis **3726–3728**, 4846, 4847, 5049
Kenamun/Qenamun **3728–3729**, 6218
Kenchreai **3729**
Keos 183–184, 2424, **3729–3731**, 3812
Kephallenia **3731–3732**, 5001–5002, 5570, 6027, 6028
Kephisos 2353–2354, **3732**, 3800, 5849–5850
Kerameikos, Athens 1213, 1214, 1401, 2576, 3223, **3732–3734**, 4142–4143, 4965
Keramos 1417, 3732, **3734**
Kerkouane **3734–3735**
Kerma **3735–3738**
  A-Group 229
  C-Group 1422, 1423
  deserts 2052
  Hyksos 3359–3360
  Kawa 3719
  Kush 3831–3833
  Pan Grave culture 5016
  Second Intermediate Period 6106
Keros **3738**
Kersobleptes **3738–3739**
Khaemwaset **3739–3741**
Khafre (Chephren) 11, 2919, 2920, 3062, 3319, **3741**, 4886, 6354
Kharga oasis 2052, **3741–3743**, 5863, 6176
Khasekhemwy 19, 2251, 3204, 3415, **3743–3745**, 6173
Khepry 2237, 3063, **3745**, 5741

Khnum 3745–3747
　animals 435
　Aswan and hinterlands 889
　Dodekaschoinos 2184
　Elephantine 2361, 2365, 2366
　Esna 2501
　oracles 4918
　Renenutet 5802
　Satet 6056
　Syene 6469
Khons (Khonsu) 2667, 3157, **3747–3748**, 6652–6653
Khorsabad. *see* Dur-Sharrukin
Khufu (Cheops/Kheops) **3748–3749**
　Abu Rawash 11
　furniture 2802
　Giza 2919, 2920
　Hatnub 3075
　Heliopolis 3107
　Hetepheres I 3197
　Khafre 3741
　lions 4095
　Mut 4644
　Old Kingdom 4886–4887
　sculpture 6092
　ships and shipping 6213, 6218
　Sneferu 6293, 6294
　sphinx 6354
Kimmerian Bosphorus 422, 1842, **3749–3750**, 6346
Kimon **3750–3751**
　Amphipolis 378
　Aspendos 838
　Eion 2343
　Ephialtes 2432, 2433
　Eurymedon, battle of 2576, 2577
　Ion of Chios 3485
　Perinthos 5163
　Skyros 6279
　Stesimbrotos of Thasos 6393, 6394
Kinadon, conspiracy of 3369, **3751**
Kindadu **3752**, 6920, 6921
king lists (Mesopotamian) 3701, **3752–3754**, 6200, 6448, 6926
king lists (Pharaonic Egypt) **3754–3757**
　chronology 1486
　Djoser 2178
　dynasty 2245
　Early Dynastic period 2249
　Hor-Aha 3300
　Huni 3341–3342
　Hyksos 3356

　Second Intermediate Period 6105, 6107
　Senwosret I–IV 6153, 6154
　Sneferu 6294
　Thoth 6726
　Unas 6914
king lists (Sumeria). *see* Sumerian King List
King's Peace **3757–3758**
　Agesilaos 183
　Antalkidas 450
　Argolis 679
　Athenian Confederacy, Second 908
　Athens 913
　autonomy 981–982
　common peace 1697
　documents and archives 2182
　Evagoras of Salamis 2585
　Halikarnassos 3045
　Klazomenai 3779
　League of Corinth 3982
　peace 5117
　Persia and Greece 5186
　Sparta 6344
　Sphodrias 6355
　synoecism 6484
　Thespiai 6708
kingship (ancient Near East) 1251, 2413, 2505, 3251, 3278, **3758–3760**, 6448
kingship (Classical Greece) 1056, 1066–1067, 1083, 3163–3164, **3760–3761**, 6345, 7173
kingship (Hellenistic) **3761–3764**
　Attalos I 930
　basileus 1055
　benefactors 1083–1084
　Demetrios I Poliorketes 1995–1997
　Demetrios II 1999
　diadem 2062–2063
　diagramma 2067–2068
　Friends of the king 2766
　letters 4025–4026
　Seleucids 6123
　Seleukos I Nikator 6128
　tyranny 6902
　Zeus 7173
kingship (Pharaonic Egypt) 86, 1847–1849, 2242, 2249–2251, 2292, 2294, 2666, **3764–3765**, 6366
kinship **3765–3768**
kinship (between cities and peoples) 3476–3477, **3768–3770**, 3771, 3772
kinship (spiritual) **3770–3771**, 3771
kinship terms, used metaphorically 3324, 3771, **3771–3772**
Kios/Prusias ad Mare **3772–3773**

INDEX

Kish   2258, 2505, **3773**, 6046, 6926, 7176
kissing   **3773–3775**
Kition   349, 413, 2585, **3775–3777**, 6903, 7167
Kizzuwatna   275, 1505, 3079, 3346–3347, **3777–3778**, 5704, 6537
Klaros   3142, **3778–3779**, 3801, 5860, 6291
Klazomenai   406, **3779–3780**
Kleanthes of Assos   493, 1488, 1705, 3364, **3780–3781**, 6402
Klearchos   1871, 3141, **3781–3782**, 6605
Kleisthenes of Athens   **3782–3783**
    administration   76
    Ajax   257
    Alkmaionidai   320
    Athens   911, 912, 917
    citizenship   1525
    demes   1991
    democracy   2006, 2011
    Herodotus   3186
    Hipparchos   3223
    Hippias   3228
    Ionian tribes   3488, 3489
    Isagoras   3507
    isonomia   3522
    ostracism   4965
    Salaminioi   6015
    stasis   6374
    trittys   6867–6868
Kleisthenes of Sikyon   320, 2212, 2442, **3783–3784**, 4408, 4947
Kleitarchos of Alexandria   295, 301, 1880, 2101, 3256, **3784–3785**
Kleitos (Black Clitus)   292, **3785**, 4279
Kleomedes   1584, 2481, **3785–3786**
Kleomenes I of Sparta   **3786–3787**
    Acrocorinth   48
    Aigina   244
    Athens   911
    Dorieus   2213–2214
    ephors   2435
    Herodotus   3185–3187
    Hippias   3228
    imperialism   3425
    Isagoras   3507–3508
    Leonidas I of Sparta   4012
    Ptolemy III Euergetes   5635
    Sparta   6343
    Spartan kings   6346
Kleomenes II of Sparta   **3787–3788**
Kleomenes III of Sparta   39, 178, 192, 463, 609, 610, 742, **3788–3789**, 6132, 6346, 6497
Kleomenes of Naukratis   3789

Kleon   699, 2343, 3367, **3789–3790**, 4787, 5826, 5832, 6353
Kleonai   **3790–3791**, 4740, 7188
Kleostratos of Tenedos   **3791–3792**
kleros   204, 1574, 2850, 6343, 6419, 7002
kleroterion   **3792–3793**, 6326
Knidos   **3793–3794**
    Agatharchides of Knidos   167
    Agesilaos   183
    biology   1121
    Caria   1333
    Ceramic Gulf   1417
    Demetrios II   1999
    Dorians   2213
    Evagoras of Salamis   2585
    Korkyra Melaina   3811
    Triopion Cape   6864
Knossos   **3794–3796**
    Agia Triada in Crete   185
    Archanes   627
    Ares   672
    grain supply and trade   2976
    Hermes   3160
    Hyksos   3359
    Kydonia   3839
    Linear B   4093, 4094
    Minoan archaeology   4525–4526
    Minoan society and culture   4527
    Mycenaean archaeology   4651
    palaces   4993, 4994
    redistribution   5754
    wanax   7044
    Zakros in Crete   7161
    Zeus   7173
Koine dialect   2986, 2988–2989, **3796–3798**, 3897–3898, 4110
koinon   **3798–3799**
kolakretai   **3799–3800**
Kolchis   3485, **3800**, 3980
Kolonai   **3800–3801**
Kolophon   167, 2101, **3801**, 6268, 6291
Kom Abu Billo (Terenuthis)   **3801–3803**
Kom el-Hisn   1513, 2328, **3803**
Kom Ombo   2330, **3804–3805**
Kommagene   472, 722, 2191, 2568–2569, 2751, **3805–3807**, 4992, 6029, 6124, 6489
Kommos   **3807–3808**
Konon (Athenian *strategos*)   245, 2040, 2585, **3808–3809**
Kopais Lake   1149, 2264, 3043, **3809–3810**, 4927
Korakou in the Argolid   3810
Kore. *see* Persephone

Korkyra Melaina   3527, **3811**
Koroneia   183, 317, 1977, 3043, **3811–3812**, 6718
Koroni   3362, **3812**
Korseia   **3812–3813**
Kos   **3813–3814**
   altar   342
   Asklepieion sanctuary   831
   Astypalaia   888
   Ceramic Gulf   1417
   cheirotonia   1447
   Dorian tribes   2212
   Hekate   3097
   Hekatomnids   3098
   Hippocrates of Kos   3233, 3234
   Rufus of Ephesos   5969
   silk   6253
   Social War   6303
   Sporades islands   6362
   surgery   6463
Kosmas Indikopleustes   149, 1812, 3452, **3814–3815**, 4278
kosmos   5275, 5279, 5280, 5313–5314, 5685
Koukounaries   **3815–3817**
Kouretes   103, 2372, 3364, 3387, **3817**, 7173–7174
Kourion   349, **3818–3819**
Kouropedion, battle of   474, **3819–3820**, 4194, 6128, 6434
Krateros (Macedonian)   459, 2766, 3132, **3820–3821**, 4300, 6432
Krateuas   **3821**
Kreon (Athenian archon)   666, **3821–3822**
Kritias   3179, **3822–3823**, 3823, 4889, 6319, 6702, 6717
Kritolaos (Achaian)   40, **3823**
Kritolaos of Phaselis   **3823–3824**
Kronos and Kronia   **3824–3825**
   Aletheia   286
   Earth deities   2252
   Furies   2797
   Golden Age   2951
   Hades   3017
   Hanno   3059
   Ida, Mount   3387
   ops   4908
   Orpheus and Orphism   4946
   Sabbath   5989
   Saturnus and Saturnalia   6061
   Zeus   7173
Kroton   319, 3212, 3442, **3825**, 5274–5275, 6268, 6468
krypteia   3226, **3825–3826**

Ktesias of Knidos   1080, 2101, 2890, 3245–3246, 3445, **3826–3827**, 5193–5194
Ktesibios of Alexandria   2409, 3188–3189, **3827–3828**, 6568
Ktesiphon   136, 2981, 3345, 3709, **3828–3830**, 6125
ktiseis. see foundations
Kubaba   **3830**, 5769
kudurru   **3830–3831**
Kush   **3831–3836**
   Avaris/Tell el-Dab'a   992
   Ethiopia   2510
   Indus   3453
   Iranian languages   3494
   Kerma   3735–3737
   Napata   4691
   New Kingdom   4762, 4765
   Nubia   4822
   Piy   5340–5341
   Sennacherib   6149
   sistrum   6272
   Taxila   6556
   Third Intermediate Period   6716
Kushite Period (Egypt)   2365, 2712, 3109, 3201, **3836–3839**, 4430, 4453–4455, 4691–4693
Kutha   2484, **3839**
Kydonia (Crete)   2099, **3839–3840**, 4243
Kylon   911, 1525, 2219, 2369, **3840–3841**, 6642
Kyme (Asia Minor)   246, 2433, 3193–3194, **3841–3842**, 4718. *see also* Cumae
Kynos   **3842**
Kynoskephalai, battle of   2603, **3843**, 3912, 3995, 4204, 4206
Kypselos   1990, **3843–3845**
kyrbeis   1000, **3845**
kyrios   109, 1703, 3424, **3845–3846**, 4873–4875, 7119
Kythera   3065, **3846–3847**
Kythnos   **3847–3848**
Kyzikos   1607, 2691, 3167, **3848–3849**

La Graufesenque   2267, 2298, 2302–2303, 2826, **3850–3851**, 3921
La Tène   206, 3047–3048, 3535–3536, **3851–3852**, 4905
Labarna   3082, **3852–3853**
labor (ancient Near East)   **3853–3854**. *see also* wage labor
labor (compulsory)   2489, **3854–3855**
labor (Greece and Rome)   2267, 2279, 2298, 2299, **3855–3858**, 6916
Labraunda sanctuary   **3858–3859**, 7175

Lachish **3859–3861**
Lactantius 2110, 2312, 2700, **3861–3862**, 4156, 4162, 4367
Lagash (Tell al-Hiba) **3862–3863**
  arbitration 615
  ensí 2419
  Girsu 2919
  Gudea 3001
  Meluhha 4424
  Ningirsu 4797
  sukkalmah 6442
  Sumerian King List 6448
  Umma 6913
  Ur-Nanshe and the First Dynasty of Lagash 6926
  Uruinimgina 6927
Lagina sanctuary 3097, **3863–3864**, 6424
Lakhmids 604, 2912, **3864**, 5190
Lakonia 548, 797, 3128, 3185, 3187, 3751, 4437, 5379, 6342, 6947–6948
Lamachos 317, **3864–3865**, 6234, 6235
Lamashtu 506, 2019, 2022, **3865–3866**
Lambaesis 1294, 2833, **3866–3867**
Lamentations (book of Bible) **3867**
Lamia 616, **3868–3869**, 6250
Lamian War **3869–3870**
  Achaia Phthiotis 38
  Amorgos 371
  Amphiareion sanctuary 373
  Antipater 485
  Athens 914
  Demades 1988
  Demosthenes 2027
  Eretria 2486
  Hyperides 3368
  Krateros 3821
  Leonnatos 4014
  Leosthenes 4017
  Macedonia 4203
  Samos 6029
  Thessaly 6712
Lampsakos 245, 301, 406, 3228, **3870–3871**
lancearii **3871**
land and landholding (ancient Near East) **3871–3874**
  agrarian laws 203–204
  awīlum, muškēnum, and wardum 999
  capitalism 1307
  economy, Near East 2289
  ilkum 3400
  kudurru 3831
  Murashu family and archive 4624–4625

land and landholding (Greco-Roman Egypt) 1574–1576, 2119, 2210, 3390, 3713, **3874–3877**
land and landholding (Greece) **3877–3879**
  agrarian laws 203–204
  agriculture 213
  Cappadocia 1315, 1318
  civil war 1528
  cleruchy 1575–1576
  enktesis 2412–2413
  Epitadeus, *rhetra* of 2470
  imperialism 3425, 3426
  katoikoi 3712
  Nabis of Sparta 4673
land and landholding (Late Antiquity) **3879**, 3917–3918
land and landholding (Pharaonic Egypt) 216–217, 2292–2294, 3420–3421, **3881–3885**, 3962, 4807, 6548, 7104–7105
land and landholding (Rome) **3886–3888**
  ager publicus 181–182
  agrarian laws 204
  burial 1222–1223
  calendar 1266
  centuriation 1414–1416
  colonies 1659, 1666, 1668, 1669
  decumanus 1957
  dominium 2194–2195
  heredium 3155
  ilkum 3400
  imperial estates 3420
  instrumentum 3470
  Lex Manciana 4044–4045
  Orbe-Boscéaz, villa of 4926–4927
  saltus 6024–6025
  sortition 6330
  tenancy 6603
  veterans 6979–6981
landscapes (Greek) 3221, 3362, **3888–3891**
landscapes (Roman) **3891–3894**
languages (Byzantium) 2449, 3119, 3120, **3894–3895**
languages (Roman Empire, east) **3896–3901**
languages (Roman Empire, west) 3797, **3901–3904**
languages of the Caucasus 1383, **3895–3896**
Laodike (mother of Seleukos III) **3904**, 6121, 6129, 6130
Laodike (wife of Antiochos II) 1096, **3904–3905**, 6121, 6129, 6494
Laodikeia ad Libanum **3905**
Laodikeia by the Lykos **3905–3906**

Laodikeia Kombusta (in Lykaonia)   3906
laokritai   3906–3907
lapis lazuli   2175, **3907–3908**, 5655, 5972
Lapis Satricanus   **3908–3910**
Lares   2196, 2202, **3910**
Largus, Scribonius   **3910–3911**, 5233, 5234
Larissa   287, 290, 408, **3911–3913**, 6712
Larsa, and Larsa Dynasty   **3913–3914**
 archives   661
 awīlum, muškēnum, and wardum   999
 Burna-Buriash   1223
 Hammurabi of Babylon and his dynasty   3053–3054
 Isin   3515
 Rim-Sin I of Larsa   5845, 5846
 Shamash   6199
 Sin-kashid of Uruk and his dynasty   6265
 Zimri-Lim of Mari   7176
 ziqqurrat   7176
Late Period (Egypt)   **3914–3916**
 Abu Rawash   12–13
 Ahmose II   236
 astronomical ceilings   876
 Aswan and hinterlands   890–891
 Dodekaschoinos   2184
 Elephantine Papyri   2360
 Hagar   3027
 hair, hairstyling   3037–3038
 Minshat Abu Omar   4530
 Naeferud   4678
 Nekau I–II   4734
 Sarapis   6039
 sculpture   6095
 slavery   6284
 Third Intermediate Period   6715
Lateranus   **3916–3917**
latifundia/large estates   **3917–3918**
Latin language (Roman Empire, east)   **3919–3920**
 bilingualism   1115–1116
 Celsus, Aulus Cornelius   1395
 Celtic languages   1397, 1398
 colonies   1660
 epigraphy   2460
 Faliscans   2624
 Greek language in the Roman Empire   2989–2990
 Ignatius of Antioch   3393
 John Lydus   3615
 languages   3894, 3896–3897
 law   3944
 New Testament   4767–4769
 Panegyric   5022

papyrology   5049
Peter, Acts of   5202
Rome, city of: 1. Prehistoric   5883
Rome, resistance to   5955
Tabula Bantina   6501
Latin language (Roman Empire, west)   1115–1116, 2301–2302, 2668, 3537, 3908–3910, **3920–3924**, 4767–4769
Latin League   1358, 1526, 1665, 5493, 6887
Latins, Latium   **3925–3926**
 citizenship   1526
 Feriae Latinae   2655–2656
 Forum, Forum Romanum   2742
 Fregellae   2764
 Gracchus, Tiberius and Gaius Sempronius   2971
 ius Latii   3556–3557
 Juno   3657
 Manlius Imperiosus Torquatus, Titus   4263
 Satricum   6060
 sun gods   6454
 Tusculum   6887
 Umbrians   6912
Latium   6–7, 1358–1360, 3414, 5493, 5886, 5888, 5893, 6887, 6958
Latmos mountain   3858, **3926–3927**
Latopolis. *see* Esna
laudatio funebris   1237, 3414, **3927**
Laurion   406, **3927–3929**, 3981, 4518, 4533, 6255
law ("Greek")   **3945–3947**
 agraphoi nomoi   203
 apotimema   574
 Aristotle   713
 asebeia   815
 astynomoi, law of the   887–888
 Charondas of Katane   1444–1445
 consensus   1712–1713
 cult clothing   1854–1855
 curses   1877–1878
 daughter   1932–1933
 Dreros   2227
 Eleven, the   2373
 epigraphy   2453, 2454
 law   3939–3940, 3949–3954, 3972
 legislation   4007
 nomos and nomothesia   4808–4810
 nomothetai   4810–4811
 oaths   4849–4851
 obligation   4852–4855
 precedent   5510
 procedure, legal   5553–5555
 proof, legal   5572–5573
 purchase   5666–5667

purification 5668
Solon 6315
torture 6786
law ("vulgar") 3474, **3975–3978**, 6152
law (ancient Near East) 1073, 1074, 3646, 3871–3873, **3929–3930**, 4928–4929, 6050, 6186, 6297, 6904–6905
law (Athenian) **3930–3931**
  agraphoi nomoi 203
  antidosis 455
  apographe 544
  arbitration 617
  atimia 923
  bastard 1061–1062
  bees 1073
  burial 1214
  chresis 1477
  confiscation 1703–1704
  daughter 1932
  Delphinion 1987–1988
  democracy 2007
  demosiosis 2026
  Demosthenes 2028
  diadikasia 2063
  diagramma 2067–2068
  diagraphein, diagraphe 2069
  diaitetai 2071
  diatheke 2079
  dikasterion 2095
  Dike, *dike* 2096–2098
  divorce 2172
  Draco 2219–2220
  economy 2278
  eisangelia 2343–2344
  emporikai dikai 2395–2396
  emporikoi nomoi 2396–2397
  Eukrates, law of 2555–2556
  family 2626
  funerary cult 2787
  graphe 2979–2980
  graphe nomon me epitedeion theinai 2980
  graphe paranomon 2980–2981
  Isaeus 3507
  kyrios 3845–3846
  law 3973
  ostracism 4965–4966
  paragraphe 5059–5060
  phasis 5242
  precedent 5510
  procedure, legal 5553–5555
  proof, legal 5572–5573
  psephisma 5615–5616

  theft 6663–6664
  torture 6786
  women 7120
law (Byzantine) 1231, 1597, 3969–3970, 3976–3977, 3990–3991
law (civil) 58, 144–145, 2096, 3559, **3933–3934**, 5511, 6498–6500, 6503–6504
law (demotic) 1596, **3937–3938**, 3943
law (epigraphical sources for, Greek and Roman) 132, **3938–3941**
law (Greco-Roman Egypt) 1596, 2520, 3906–3907, 3937–3938, **3941–3945**, 3973
law (Jewish) **3947–3949**
  Collatio legum Mosaicarum et Romanarum 1648
  Damascus Covenant, the 1919
  Diaspora 2076
  Didascalia Apostolorum 2083
  festivals 2665
  flax 2697
  Hillel, Rabbi 3218
  Judaean desert, documents from 3636–3637
  Justin Martyr 3664
  law schools 3967
  Mishnah and Tosefta 4539–4541
  priests and Levites 5531, 5532
  rabbinic literature 5722
  rabbis 5723
  Sabbath 5988–5990
  Sanhedrin 6034–6035
  Shammai, Rabbi 6199
  Shimeon ben Shetah, Rabbi 6209
law (literary sources for, Greek and Roman) **3952–3957**
law (military) **3957–3958**
law (natural) 3554, **3958–3959**, 3968
law (Pharaonic Egypt) 86–87, 2030–2031, **3960–3964**
law (Roman) **3964–3966**
  actio 56–57
  actor 58–59
  album 280
  approximation 582
  arbitration 618–620
  Caecilii Metelli 1239
  calumnia 1280
  caput 1322
  causa 1384
  causidicus 1386
  centumviri 1413
  childhood 1461
  Cicero, Marcus Tullius, speeches of 1503
  citations, law governing 1511, 1512

law (Roman) (cont'd)
  clementia 1560
  clientela 1578–1580
  Codex Gregorianus and Codex
      Hermogenianus 1595, 1596
  codicilli 1598
  cognitio 1603
  Collatio legum Mosaicarum et Romanarum 1648
  conductores 1701
  confiscation 1704–1705
  constitutiones 1749
  consuls 1753
  controversiae 1762–1763
  conubium 1764
  curses 1877–1878
  Cyrene edicts 1900–1902
  daughter 1932
  debt 1944
  Decemvirate 1947–1948
  decretum 1954–1955
  deductio 1959
  defensor 1960
  defensor civitatis 1960–1961
  delatio nominis 1974–1975
  delator 1975
  denuntiatio 2037
  deserti agri 2050
  Digesta 2091–2093
  Diocletian 2109
  divorce 2173–2175
  dolus malus 2193–2194
  dowry 2218–2219
  edict 2308–2311
  elections 2358
  exile 2595
  fideicommissum 2669–2670
  fides 2670
  formula 2718
  Fragmenta Vaticana 2757–2758
  homicide 3286
  Honestiores 3293
  inscriptio 3466
  institor 3466
  Institutiones 3467–3470
  interpolation, study of 3474–3475
  intestatus 3476–3477
  ius 3552–3553
  ius gentium 3553
  ius Latii 3557
  ius liberorum 3557–3559
  ius vitae necisque 3559
  iusiurandum 3560

Judaean desert, documents from 3637
Julius Caesar 3655
Jupiter 3658
law 3933–3934, 3940–3941, 3943–3944,
    3954–3956, 3959, 3974–3978
law and legal practice 3949–3951
law schools 3967–3969
legis actio 4005–4006
legislation 4008–4009
lex, leges 4042–4044
Lex Acilia 4035–4036
Lex Aquilia 4036–4037
Lex coloniae Genetivae Iuliae seu
    Ursonenis 4037–4038
lex curiata 4039–4040
lex Iulia and lex Papia 4042
lex Rubria de Gallia Cisalpina 4045–4047
libellus 4054–4055
libertas 4058
loan 4130
locatio conductio 4133–4134
magic 4223–4224
maiestas 4236–4238
mancipatio 4248
mancipium 4249
manumission 4270–4271
manus iniectio 4271–4272
marriage legislation of Augustus
    4322–4323
minores 4528–4529
mors litis 4595
Murecine Tablets 4629
Novellae 4819–4820
nuncupatio 4836–4837
oaths 4849–4851
obligation 4852–4855
obsequium 4855–4856
oratory and Roman law 4924–4926
paterfamilias 5082–5083
patria potestas 5085–5086
plebiscitum 5355–5356
possessio 5459
precedent 5511
privilegium of legal forum 5548
procedure, legal 5553, 5555
proof, legal 5572–5574
property 5574–5576
prostitution 5590–5591
provocatio 5605–5606
publicani 5659–5660
purchase 5667
responsa 5809

sacrilegium 6005
sententia 6151
Sententiae of Paulus 6152
sex and sexuality 6193
societas 6304
sponsio 6361
stipulatio 6395
supplication 6461
Syro-Roman law book 6495, 6496
tabelliones 6498–6499
Tabula Bantina 6501–6502
testimonium 6624–6625
theft 6664
torture 6786–6787
Tribonian 6848–6849
tutela 6890–6892
Twelve Tables 6893–6894
usucapio 6929
vindex 7005–7006
women 7132, 7133
law (sources of, Greek and Roman) 2757–2758, **3972–3975**
law, books of 1511–1512, 1595, 1597–1598, 1648, **3931–3933**, 6677–6678
law and legal practice (Late Antiquity) 970–971, 2309–2311, **3949–3952**, 6786–6787
law courts (Greek and Roman) **3934–3937**
 assessores 842–843
 causidicus 1386
 citations, law governing 1511, 1512
 clientela 1579
 confiscation 1702–1704
 crimen 1842–1843
 democracy 2009
 dikastes 2095–2096
 Dike, *dike* 2096–2098
 documents and archives 2182–2183
 formula 2718
 Forum, Forum Romanum 2743
 Forum Augustum 2736–2737
 inscriptio 3466
 instrumentum 3470
 iudex 3543–3544
 iudicium 3544–3545
 law 3930–3931
 Licinius Crassus, Lucius 4077
 litis contestatio 4115
 litis denuntiatio 4115
 oaths 4850
 procedure, legal 5554–5555
 Prytaneion 5613
 quaestio perpetua 5698
 quinquevirale iudicium 5713
 Senate 6142
 sortition 6330
 thesmos 6707–6708
 witnesses 7114–7116
law of the sea (Rhodian) **3970–3972**
law schools **3967–3970**
lawagetas **3978–3979**, 4093, 7044
Laws (Plato) 3953, 3958–3959, 4638, 5350, 5384
laws (sacred, Greek) 203, **3966–3967**
Lazika 3662, 3668, **3980**
lead **3980–3982**
 Cástulo 1361
 coinage 1636
 copper 1770
 Germania 2900
 Hispania 3241
 metallurgy 4466–4468
 metalwork 4471, 4472
 mines and mining 4517
 seals 6101
 weights and measures 7085
League of Corinth **3982–3983**
 Alexander III, the Great 291
 Antipater 485
 Demades 1988
 Demetrios I Poliorketes 1996
 Hellenic Alliance 3113
 imperialism 3426
 Lamia 3868
 Macedonia 4203
 peace 5117
 Philip II of Macedon 5252
 representation 5804
 treaties 6839
League of Islanders (Nesiotic League) 1885, 1981, 3730, **3983–3984**, 4659
leather, leatherwork 1588, 2796, **3984–3987**, 6372, 6526–6527
Lebanon 3360, 4315–4316, 4940, 6218, 6800, 6801, 6903, 7134–7135
Lebanon mountain **3987**
Lebedos **3987–3988**
Lechaion **3988–3989**, 5134
lectisternium **3989**, 4749
Lefkandi 1055, 1929, 2485, 2543, **3989–3990**, 4011, 7084
legal literature (Byzantine) **3990–3991**
legati legionis **3991–3992**, 6842
legion (Roman republican) **3992–3996**
 ala 273
 cohort 1604, 1605

legion (Roman republican) (*cont'd*)
   evocati 2588–2589
   exploratores 2603
   extraordinarii 2606
   Numidia 4834
   sacramentum 5995
   tribunus militum 6851–6852
   veterans 6980
legions, history and location of **3996–4005**
legis actio **4005–4006**
legislation (Byzantine) 74, **4006**
legislation (Greek and Roman) **4006–4009**
   Charondas of Katane 1444–1445
   comitia and *concilia* 1686–1687
   lex curiata 4039–4040
   Marcus Aurelius 4291
   tribus 6852–6856
   xenoi 7146
   Zaleukos of Lokroi 7163
legumes 219, 2703, **4009–4010**
Lelantine War 1, 376, 1433, 1885, 2485, 4010, **4010**, 6838
Lelantion Plain **4010–4011**
Lemnos 2681, 3134, **4011–4012**, 4663–4664, 5378
Lemuria 676, 2661, 2792, **4012**
Leo I 681, 3217, 5427, 6938
Leo VI 1165, 1731, 2496–2497, 7048
Leonidas I of Sparta 3187, **4012–4013**, 6346, 6704
Leonidas of Tarentum **4013–4014**
Leonnatos 485, **4014**
Leontinoi 2957–2958, 3212, 3237, **4014–4015**, 5017, 5825, 6684
Leontios (usurper) **4016**
Leontios of Neapolis **4015**
Leontopolis 2456, **4016–4017**, 4903–4904, 6258
Leosthenes 3868, 3869, **4017**
Lepcis Magna 2733, 2784, **4017–4019**, 4893, 5446, 5448, 5449, 5937, 5938, 6158, 6933
Leptiminus/Leptis Minor **4020–4021**
Leptines, papyrus of **4021–4022**
Lerna in the Argolid **4022**
Leros **4023**
Lesbos **4023–4024**
   Aegean Sea 117
   Aiolians 245
   Aiolis 246, 247
   Alkaios of Mytilene 316
   Antiphon of Rhamnous 487
   Arginousai, battle of 676
   Aristotle 701, 713
   Delian League 1976
   deportation 2039
   Eresos 2484–2485
   Hellanicus of Mytilene 3110
   Longus 4149
   Methymna 4481–4482
   Mytilene 4670–4671
   Sappho 6036
   Sigeon 6246
Letoon sanctuary **4024–4025**, 4180
letters (Hellenistic royal) 3859, **4025–4026**
letters, letter writing (ancient Near East) **4026–4027**, 6082
letters, letter writing (Byzantine) **4027–4028**
letters, letter writing (Greece and Rome) 1446–1447, **4029–4031**, 5106, 5359, 6086, 6103, 6473, 6474, 6498
letters, letter writing (Pharaonic Egypt) 3096, **4031–4033**, 5053, 6085
Leukas 57, 258, 352, 2467, **4033–4034**
Leukon **4034**
Leuktra, battle of **4034–4035**
   Arcadia 621
   Epaminondas 2424
   Euboea 2543
   Euphron of Sikyon 2571
   Jason of Pherai 3570
   Kallistratos 3683
   Sacred Band 5996
   Sparta 6343, 6344
   Thebes in Boiotia 6650
Levant
   Antiochos III Megas 477
   camel 1281
   economy 2293
   economy, Near East 2289
   El 2346
   Ethiopia 2510
   Gaza 2861
   glass 2932–2933
   Israel and Judah 3523, 3524
   mints and minting 4534
   pottery 5473
   Predynastic Period 5515
   Ptolemais 5629
   Sennacherib 6149
   Shasu 6203
   ships and shipping 6212–6214
   Sidon 6241
   Syrian wars 6494, 6495
   temples 6590
   Third Intermediate Period 6716–6717
lex, leges **4042–4044**
Lex Acilia 145, **4035–4036**

Lex Aquilia 3463, **4036–4037**, 6930
Lex coloniae Genetivae Iuliae seu Ursonenis **4037–4039**
lex curiata **4039–4040**, 4044, 6327
lex Irnitana 1526, 2310, **4040–4042**
lex Iulia and *lex Papia* 3557–3559, **4042**, 4049, 6286
Lex Manciana 151, 1956, **4044–4045**, 6202
lex Rubria de Gallia Cisalpina **4045–4047**
lex Voconia **4047–4049**
lexical texts (ancient Near East) **4049–4050**, 6070, 6081, 6449
Libanius **4050–4051**
   Antioch in Syria 471
   education 2314
   foundations 2751, 2752
   Julian 3650
   letters, letter writing 4028, 4030–4031
   local histories 4133
   pantomime 5036
   patron, patronage 5097
   Seeck, Otto 6108
   Syria 6490
   Theodore of Mopsuestia 6672
libations (Greek) 2681, 2787, **4051–4052**, 5998
libations (Roman) 1222, 1860–1861, 2681, **4052–4053**, 6003
libelli **4053–4054**, 4054
libellus 32, 1496, 3466, **4054–4055**
Liber and Libera **4055**, 4057–4058, 5891
Liber Pontificalis 2131, **4056–4057**, 5427
Liberalia 3671, **4057–4058**
libertas 1537, **4058**, 6251, 6298
Libitina **4058–4059**
libraries (ancient Near East) **4059–4060**, 4069–4070
libraries (Byzantine) **4060–4061**
libraries (Pharaonic Egypt) **4061–4063**
libraries (private, public, Greece and Rome) 829, 1158–1163, 2317, **4063–4067**, 5661, 5900, 5902, 5903
Library of Alexandria **4067–4069**
   Alexandria, Egypt 308
   Apollonius Rhodius 557
   Aristophanes of Byzantium 700
   books 1161
   Callimachus 1276
   comedy 1682
   Eratosthenes 2482
   libraries 4064
   Lycophron 4181, 4182
   patronage 5099

pseudepigrapha in early Christianity 5619
Sarapis 6040
Septuagint 6161
Zenodotos of Ephesos 7169
Library of Ashurbanipal 4059, **4069–4070**, 6070, 6451, 6452
libri pontificales 1154, **4070–4071**
Libya and Libyans **4071–4075**
   Arius and Arianism 716
   army 748
   Augustamnica 953
   Battiads 1067
   Berbers and Moors 1090
   Cyrene 1895–1896
   Cyrene and Cyrenaica 1896–1900
   Fazzan 2652
   foreigners 2710, 2712
   forts 2725–2726
   foundations 2753
   Hanno 3059
   Herakleopolis Magna 3147
   Kerkouane 3734
   New Kingdom 4764
   Nine Bows 4795
   patriarchs 5088
   Ptolemaic possessions outside Egypt 5626
   Sabratha 5992
   Sea Peoples 6098
Licinius (Valerius Licinianus Licinius Augustus) 1721, 1723–1724, 2111, 2581, 2697, 2757, **4079–4083**, 6628
Licinius Crassus, Lucius 1498, 2743, **4076–4077**
Licinius Crassus Dives Mucianus, Publius 3653, 3655, **4076**, 6345
Licinius Macer, Gaius 1538, 3258, **4077–4078**
Licinius Sura, Lucius **4078–4079**
life expectancy 2013–2015, 2277, **4083–4084**, 4387–4388, 4883
Life of Adam and Eve **4084–4085**
lifting devices 210, **4085–4087**, 6081
lilitu **4087**, 6187
limitanei **4087–4089**
limmum 858, **4089–4090**
Lindian Chronicle 2465, 4090, 4091, 4131, 5842
Lindos 3235, 3376, 3687, **4090–4092**, 5837–5839
Linear A 185, 3839, **4092–4093**, 4093, 5221, 5754, 5784, 6700, 7140, 7161
Linear B **4093–4094**
   alphabet 326
   Amarynthos 348
   Amnisos 370
   Aphrodite 523

Linear B (*cont'd*)
  Ares   672
  decipherment   1950
  Dhimini in Thessaly   2062
  Dorians   2213
  epigraphy   2451
  Ilion   3398
  Kydonia   3839
  lawagetas   3978–3979
  literacy   4098
  Mycenae   4649
  Mycenaean archaeology   4651
  Mycenaean society and culture   4656
  Nichoria   4779
  palaces   4995
  Pylos   5677, 5678
  redistribution   5754
  religion   5785
  Thebes in Boiotia   6649, 6650
  wanax   7044
  weights and measures   7086
  writing materials   7140
linen   1469, 1588, 1591, 2619, 2697–2698, 3384, **4094–4095**, 6636, 6637, 7140
lions (Pharaonic Egypt)   3343, **4095–4096**
literacy (Byzantine)   27, 1456–1457, **4096–4097**, 6088
literacy (Greco-Roman Egypt)   **4097–4098**, 4766
literacy (Greece)   2181, 2974, **4098–4100**, 4919–4922. *see also* letters, letter writing (Greece and Rome)
literacy (Pharaonic Egypt)   2319, 2320, 2876, **4100–4104**, 7126
literacy (Rome and provinces)   2974, **4104–4108**, 4919–4922. *see also* letters, letter writing (Greece and Rome)
literature and poetry (ancient Near East)   **4108–4110**
  Aratta   613
  Emar   2382
  Enheduanna   2410
  Ereshkigal and Nergal   2484
  erotapokriseis   2491–2492
  Erra   2495
  Gilgamesh, Epic of   2916–2918
  historiography   3252
  Inanna   3436
  Job   3599–3600
  kissing   3774
  Lamentations   3867
  Library of Ashurbanipal   4069–4070
  Mu'allaqat   4609–4610
  Nippur   4799
  Syriac literature   6491, 6492
  Theognis   6682–6683
  Umman-manda   6914
literature and poetry (Byzantine)   1472, 2896, 3029–3031, 3363, **4110–4112**, 5109
literature and poetry (Greece)
  Achilles Tatius   44–45
  Apion   523
  Aratos of Soloi   611–612
  Archilochos   634–635
  Artemis   795–796
  biography   1118
  Callimachus   1276
  Chariton   1443
  chresmologos   1478
  Coptic   1772
  Ennius   2414–2416
  eroticism   2494
  Eugammon of Cyrene   2554
  gender   2875
  Geoponica   2895–2896
  Herodas   3177
  Hesiod   3193–3194
  historiography   3255, 3256
  Homer   3284–3285
  horography   3304
  humor and satire   3337
  Julia Balbilla   3649
  Koine dialect   3797
  law   3956
  Longus   4149
  Mimnermos of Kolophon   4511
  Molione   4562–4563
  myth   4668
  Nikander of Kolophon   4784–4785
  oracles   4916–4917
  Oribasios of Pergamon   4931
  Orpheus and Orphism   4945–4947
  Panegyric   5020–5022
  Panhellenism   5023
  Pausanias   5112
  Philo the Epic Poet   5268
  Philodemos, Epicurean   5273
  Phlegon of Tralles   5293–5294
  Pindar   5328–5329
  Plutarch   5363–5367
  Poseidippos   5453–5454
  Sappho   6035
  Simonides   6259, 6260
  Theocritus   6668–6669
  Theodotus   6682

Theognis 6682–6683
tragedy 6806
literature and poetry (Pharaonic Egypt) 2322, 2710, 4108–4109, **4112–4115**, 6218
literature and poetry (Rome)
   Asinius Pollio, Gaius 829–830
   Augustus 965–966
   Ausonius 977–978
   biography 1118
   carmina 1338
   Catullus, Gaius Valerius 1381
   cento 1412
   Claudian 1535
   Corippus 1789–1790
   Cornelius Gallus, Gaius 1796–1797
   Cornelius Nepos 1797–1798
   Gallic War 2828–2832
   gender 2875
   Greek language in the Roman Empire 2989
   historiography 3255, 3256
   Horace 3299–3300
   humor and satire 3337
   law 3956
   Lucan 4153–4154
   Lucilius, Gaius 4157–4158
   Lucretius 4160–4162
   Naevius, *Bellum Punicum* 4679
   Nero 4751, 4753
   oracles 4916–4917
   Ovid 4969–4970
   Philo Judaeus 5268–5270
   Pliny the Elder 5356–5358
   Postumius Albinus, Aulus 5462
   Prudentius, Aurelius Clemens 5608–5609
   satire 6057, 6058
   Scipio, Dream of 6080
   Servius 6172, 6173
   silence in Roman literature 6250
   sleep 6289
   Soterichos of Oasis 6333–6334
   Statius, Publius Papinius 6375
   Sulpicia 6445, 6446
   Vergil 6964–6965
litis contestatio 4115, 5555
litis denuntiatio 2037, 3436, **4115–4116**
liturgy (Byzantine) 1229–1230, 1259, 1440, 2154, 3363, **4116–4117**, 6170
liturgy (Greco-Roman Egypt) **4117–4119**
liturgy (Greece and Rome) 77, 118, 550, 895, 1440, 1470, 1471, 3368, 3695, **4119–4121**, 6475
Lives of the Prophets 3573, **4122**

Livia 963, 965, 968, 1544, 1550, 1642, **4122–4124**, 5911, 6117, 6745
Livy **4124–4128**
   Acilius, Gaius 45–46
   Aemilius Paullus, Lucius 127–128
   Ammianus Marcellinus 365
   Ancus Marcius 412
   Annales Maximi 443
   annalists 444
   antesignani 450
   Antiochos III Megas 476
   Antiochos IV Epiphanes 479
   antiquarianism 489
   Apame 513
   calendar 1267
   Camillus, Marcus Furius 1282, 1283
   Campus Martius, republican 1289, 1291
   Carthago Nova 1349
   Cassius Hemina, Lucius 1358
   Celtic wars 1398, 1399
   Claudii, family of 1537
   Claudius 1550
   Claudius Quadrigarius, Quintus 1548
   Cremutius Cordus, Aulus 1833
   devotio 2060
   digressions 2094
   Diodorus of Sicily 2113
   Ebro 2260
   empeiria 2392
   Etruria, Etruscans 2537, 2540
   exempla 2593
   Fabius Pictor, Quintus 2617
   fasti of magistrates 2642
   Florus, Lucius Annaeus 2702
   Forum, Forum Romanum 2742
   funerary cult 2792
   Gallic War 2831
   Gellius, Gnaeus 2869
   Haliartos 3043
   Hannibal 3058
   historiography 3257–3260, 3268
   hymns 3365
   Illyria and Illyrians 3408
   Illyrian wars 3409
   imperialism 3428
   Italy, northern 3534
   Italy, southern 3540
   kataphraktoi 3706
   Kynoskephalai, battle of 3843
   law 3954
   legion 3993
   luxury 4177

Livy (cont'd)
  Neapolis, Italy   4718
  negotium   4729
  Neptunus   4749
  Noricum   4812
  Obsequens, Iulius   4855
  Ogulnius, Gnaeus and Quintus   4868
  orality, oral culture, and historiography   4922
  Ostia   4958–4959
  philosophy   5285–5286
  plague   5344
  Pontifical Chronicle   5416
  portents   5438
  publicani   5658–5660
  Punic wars   5663
  religion   5774
  Rhône   5844
  Sabines and Samnites   5992
  sacramentum   5995
  Scipio Africanus   6078
  Seleucids   6120
  treaties   6842, 6843
  tyranny   6902
  Valerius Antias   6943
  vow   7032
  Zama, battle of   7164
Lixus   3059, **4128–4129**, 5853
loan (Greek and Roman)   **4129–4131**
  alimenta schemes   315
  apotimema   574
  debt   1943–1944
  Delos   1981
  diagraphein, diagraphe   2069–2070
  economy, Near East   2288
  eranos   2479
  famine and food shortages   2634
  fenerator   2654–2655
  finance   2673–2675
  horoi   3306
  interest rates   3471–3472
  temple economy   6581
  temple treasuries   6587
  transport   6825
local histories   **4131–4133**, 4919–4922
locatio conductio   1701, 3971, **4133–4134**, 6603
locusts   **4134–4135**
Lod. *see* Lydda/Lod/Diospolis
lodgers   **4135**
logistics (Greek)   2526, 3132, **4135–4136**
logistics (Roman)   **4136–4138**, 6877–6878
logographers   **4138–4140**
logos   **4140–4142**

logos epitaphios   **4142–4143**, 4923
Lokris   **4143–4144**
  Aiolians   246
  Amphissa   379
  Antigonos III Doson   463
  Hieron I of Syracuse   3212
  Korseia   3813
  Kyme   3841
  legislation   4007
  Mitrou in East Lokris   4553
  Naupaktos   4701
  wars, sacred   7061
Lollius Urbicus, Quintus   **4144**
Londinium (London)   1174, 1189, 2730, 2778, 3383, **4144–4146**
Long Wall (Wall of Anastasios)   **4146–4147**
Long Walls (Athens)   2723, **4147–4149**, 5331, 7042
Longus   **4149**
Lousonna (Lausanne)   **4149–4150**
love   166, 1070, 2490–2491, 3199, **4150–4152**, 6445
Lua   **4152–4153**
Lucan (Annaeus Lucanus, Marcus)   2646, 2702, 3243, **4153–4154**, 6144, 6145, 6252, 6944
Lucceius, Lucius   3418, **4154–4155**
Lucian   **4155–4156**
  Antiochos I Soter   475
  apprenticeship   580
  Atargatis   894–895
  Epicurus and Epicureanism   2440
  fantastic literature   2637–2638
  historiography   3260
  humor and satire   3337
  imitation   3416–3417
  impartiality   3418
  Ktesias of Knidos   3826
  pantomime   5036
  Paphlagonia   5038
  Samosata   6029
  xenophobia   7147
Lucian of Antioch   716, 3263, **4156–4157**
Lucilius, Gaius   3300, 3338, 3670, **4157–4158**, 6058
Lucius Verus (Lucius Aurelius Verus Augustus)   **4158–4160**
  Antoninus Pius   498
  Avidius Cassius, Gaius   998
  frontiers   2776
  Herodes Atticus   3178
  historiography   3263
  Lucian   4155
  Marcus Aurelius   4289–4292
  Rome, city of: 6. Hadrianic and Antonine   5930
  Sardis   6045

Serdica 6166
Syria 6489
Tabula Banasitana 6500
Lucretius (Titus Lucretius Carus) **4160–4162**
  Aetna 148
  afterlife 155
  Ennius 2415
  Epicurus and Epicureanism 2440
  Manilius, Marcus 4260
  philosophy 5287–5288
  physics 5313, 5317
  science 6073
  sleep 6289
  Vergil 6965
Lucullus, Lucius Licinius **4162–4163**
  Antiochos I of Kommagene 472
  Armenia 723
  Cicero, Marcus Tullius 1500
  Clodius Pulcher, Publius 1586
  Diodoros Pasparos 2112
  Euphrates frontier 2566
  Forum Augustum 2737
  Lesbos 4024
  Mithradatic wars 4550
  Spartacus 6345
Lugalzagesi **4163–4164**, 6046, 6913, 6926, 6927
Lugdunum (Lyons) 1637, 1638, 2859, 2860, 3174, **4164–4165**, 5843, 5844, 6157, 7068
Luke, Gospel of 59, 536, **4165–4166**, 5205–5206, 5503, 6724
Lullubi **4166–4167**
lunar calendars 862, 1255–1258, 1260–1264, 1267
lunar phases 2871, 5061, 5111, 5555–5556, 5687
Lupercalia 2587, 2611, 2613, 2648, 2662, 2692, 2719, 3657, **4167–4168**, 5672, 5961
Lupercus of Berytos **4168–4169**
Lusitania 941, 2406, 3016–3017, 3242, **4169–4171**, 4967, 6172
Lusius Quietus 724, **4171–4172**
Lusus Troiae 4172
Lutetia (Paris) **4172–4174**
Luwian language 605, 1331, 3211, 3277, 3398, 3777, **4174–4175**, 6904
luxury 1327–1330, 1757, 2796, **4175–4178**, 6285, 6286
Lyceum 701, 714, 2557, **4178–4179**, 4632–4633
Lycia **4179–4181**
  Apamea, Peace of 513
  Glaukos 2933
  Hekatomnids 3098
  Kaunos 3715
  Letoon sanctuary 4024–4025

Methodius 4477
Onasander 4901
Opramoas 4907
Patara 5080–5081
Ptolemaic possessions outside Egypt 5626
Ptolemy I Soter 5631
Rhodes 5838, 5841, 5842
Tlos 6772–6773
treaties 6844
Uluburun shipwreck 6910
Xanthos 7143
Lycian League 4180, 4907, 5081, 5241, 6773
Lycophron 3570, **4181–4182**
Lycurgus (Athenian orator) **4182–4184**
  Academy 23
  administration 76
  Alkmaionidai 320
  demos 2025
  eisangelia 2343–2344
  Eteoboutadai 2506
  ethics 2506
  Kallias, Peace of 3678
  Lyceum 4178
  orators 4923
  Stratokles 6422
Lycurgus (Spartan legislator) **4184–4185**
  apellai 516
  Chilon 1466
  Dorian tribes 2212
  education 2316
  ephors 2434
  Epitadeus, *rhetra* of 2470
  eunomia 2561
  Herodotus 3185
  hypomeion/hypomeiones 3369
  Hysiai 3372
  Sparta 6342
Lydda/Lod/Diospolis **4185–4186**
Lydia **4186–4187**
  Achaios 42
  Aiolis 247–248
  Alkibiades 317
  Anatolia 401
  Antiochos Hierax 483
  Apamea, Peace of 513
  Aristonikos 698
  coinage 1610, 1611, 1613
  Daldis 1915
  Daskyleion 1930
  Dios Hieron 2137
  electrum, electrum coinage 2359, 2360
  Gyges of Lydia 3004–3005

Lydia (cont'd)
  Halys 3051
  Hekatomnids 3098
  Hermos 3171
  Herodotus 3184
  Magnesia on the Maeander 4235
  Miletos 4498
  mints and minting 4531–4532
  money 4575
  Mysia 4664
  Paktolos 4985
  Sardis 6043–6045
  Xanthos 7144
Lygdamis of Halikarnassos 3045, **4187**
Lykaonia 513, 683, 1506, 3906, **4188**
Lykopolis (Asyut) 893–894, 2635, **4188–4189**, 7098
Lyons and Vienne, Letter of 3495, **4189–4190**
lyres 546, 4634, 4638, 4640, 4641
Lysander **4190–4192**
  Agesilaos 182
  Agis II and III of Sparta 186
  Aigina 244
  Aigospotamoi, battle of 245
  Alkibiades 318
  harmosts 3065
  Iasos 3379
  Pausanias II 5114
  Peloponnesian War 5133
  ruler cult 5973
  Theramenes 6701
Lysias 318, 369, 2129, 3425, 3507, 3823, 4142, **4192–4193**, 4923, 5826
Lysimachos **4193–4194**
  Agathokles 169
  Aristides 691
  Arsinoe II Philadelphos 763
  Chersonese, Thrace 1452
  Dacians and other Transdanuviani 1909, 1910
  Demetrios I Poliorketes 1996
  Duris of Samos 2236
  Ephesos 2429
  foundations 2752
  Getae 2912
  Herakleia Pontica 3141
  Histria, Romania 3276
  hunting 3343
  Ipsos 3493
  kingship 3761
  Kolophon 3801
  Kouropedion, battle of 3819, 3820
  Macedonia 4204
  Nicaea 4769–4770
  Philetairos 5246
  Ptolemy II Philadelphos 5631–5632
  Seleukos I Nikator 6128
  Successors, wars of 6433, 6434
  temples 6593
  Teos 6606
Lysippos 296, **4194–4195**

M E (Sumerian term) 22, 2246, **4370**
Ma 1315, **4196**, 5987
Maadi 1227, 2688, **4196–4197**, 5515
Maat **4198**
  afterlife 165
  amulets 386
  cults: divine 1861–1865
  demons 2024
  education 2318
  foreigners 2710
  Kenamun/Qenamun 3728
  law 3961
  literature and poetry 4113
  Re and Re Horakhty 5741
  Renenutet 5802
  sacrifice 6002
  Tefnut 6572
  temples 6598
  Thoth 6725
  weights and measures 7087
Maccabees, Books of **4198–4200**
  Hasmoneans 3071
  Heliodorus 3106
  imperialism 3427
  Josephus 3626
  Judith, Book of 3647
  martyrdom and martyrs 4334–4335
  Martyrdom of Isaiah 4330
  Momigliano, Arnaldo 4565
  Oniads 4902–4903
  Seleucids 6120
  Simon Maccabaeus 6259
Macedonia **4200–4205**
  Andriskos 415
  Antigonids 456–458
  Antigonos II Gonatas 461–462
  Antigonos III Doson 463
  Antipater 484
  Archelaos 628
  Areus of Sparta 674
  Argeads 674
  Aristotle 713
  army 740

Asandros   809
Assiros, Macedonia   845–846
Augustus   960
Beroia   1098
Brutus, Marcus Iunius   1198
Cassander   1352, 1353
Chaeronea, battle of   1425
Chalcidice, Chalcidian League   1431
Chares   1441
Chios   1468
Chremonidean War   1476
Corinth   1787
Epirus   2467–2468
Eumenes of Kardia   2559
forests   2714
forts   2723–2724
foundations   2751
Friends of the king   2765–2766
Getae   2912
gold   2950
Hannibal   3057
Herakles   3148
Hermias   3163
Hyperides   3368
Illyricum and the Balkans, Roman conquest of   3411
imperialism   3428, 3432
Ipsos   3493
Issos   3528
Kersobleptes   3738–3739
kingship   3761, 3762
Krateros   3821
Kynoskephalai, battle of   3843
Lamia   3868
legion   3994
Lysimachos   4193
Megalopolis   4410
Memnon of Rhodes   4427, 4428
Methone, Macedonia   4479
Methymna   4481
Nemea   4740
oikoumene   4876–4877
Olympias   4897
Olympos mountain   4898
Parmenion   5063
Pella   5127–5128
Perdikkas   5148–5149
Perdikkas II   5147–5148
Perdikkas III   5148
Perinthos   5163
Perseus   5181–5182
Persia and Greece   5186

pezhetairoi   5219
phalanx   5223–5224
Philip II of Macedon   5250–5252
Philip V of Macedon   5252–5254
Philip III Arrhidaios   5256–5257
Philippi   5261–5262
Philotas   5291–5292
Plataia   5346
Polyperchon   5398–5399
Ptolemaic possessions outside Egypt   5626
Ptolemy III Euergetes   5635
Punic wars   5664
Pyrrhos   5684
Roxane   5966–5967
Samothrace   6030
Skerdilaidas   6275
Successors, wars of   6433
Thessalonike   6709–6710
Thessaly   6712
tragic history   6808
tribute   6857
Triparadeisos, treaty of   6864
tyranny   6902
Vergina   6966
wars, sacred   7061–7062
Macedonian wars   **4205–4207**
  Achaian League   39
  Aemilius Paullus, Lucius   128
  Antigonids   457
  arbitration   616
  Athens   914
  Attalos I   931
  Attalos II   932
  Demetrias   1994
  Dikaiarchos, Aitolian   2094
  economy   2272, 2303
  Epirus   2467
  Eumenes II   2557
  Fabii, family of   2614
  Flamininus, Titus Quinctius   2694
  Haliartos   3043
  Hellenic Alliance   3113
  Illyrian wars   3409–3410
  imperialism   3427, 3432
  indemnities   3444
  Kallikrates of Leontion   3680
  Kephallenia   3732
  Kynoskephalai, battle of   3843
  League of Islanders   3984
  lex Voconia   4047
  Macedonia   4204–4205
  Megalopolis   4410

Macedonian wars (*cont'd*)
  Molossis   4564
  Nikomedes I–IV of Bithynia   4789
  Perseus   5181–5182
  Philip V of Macedon   5253–5254
  Phoenice, treaty of   5296–5297
  Polybius   5392
  Prusias I of Bithynia   5610
  Prusias II of Bithynia   5611
  Pydna, battle of   5676
  Rhodes   5841, 5842
  Scipio Aemilianus   6076
  Thessalonike   6709
  Zeno of Rhodes   7168
Machaerus, Jordan   **4207–4208**
Macrinus (Marcus Opellius Macrinus Augustus)   2063–2064, 2347, **4208–4210**, 5938, 6181
Macrobius, Ambrosius Theodosius   2060, 2415, **4210–4211**, 6061, 6074, 6080, 6172
Madauros (Madaura)   **4211–4212**
madness and mental health   2133, 2134, 2157, 3097, 3148, **4212–4214**
Maeander   513, 2752, **4214–4215**
Maecenas, Gaius   961, 965, 1356, 3300, **4215–4216**
maenads   2796, **4216–4217**
Magan   2100, 3454, **4217**, 6046, 6211
Magas   475, 1094–1095, 2553, **4217–4218**, 5632
Magdalensberg, Austria   **4218–4219**, 4812
Maghreb   2553, 3069, **4219–4220**, 5853
Magi (Persian)   34, 861, 1435, **4220**, 4956, 7185
magic (ancient Near East)   3331–3332, 4220, **4220–4221**, 4247, 4983
magic (Byzantine)   **4221–4222**
magic (Greece and Rome)   **4222–4225**
  Abraxas   7
  Apuleius   583–584
  charms and spells   1444
  curses   1877–1878
  gems   2872
  Hekate   3097
  Hippiatrica   3229
  homicide   3287–3288
  horticulture   3317–3318
  Iao   3379
  Ostanes   4956
  plants   5345
  Serenus Sammonicus, Quintus   6167
  witch   7114
magic (Jewish)   **4225–4227**
  Harba de-Moshe   3060
  Havdala de-Rabbi Akiba   3084–3085
  Hekhalot/Merkabah literature   3099, 3100
  holy men   3282, 3283
  Honi the Circle-Maker   3294
  papyri   5046
  Pishra de-Rabbi Hanina ben Dosa   5337
  sacrifice   6000
  Sefer ha-Razim   6112
  Sefer Yetzira   6114
  Shi'ur Qomah   6227, 6228
  witch   7114
magic (Pharaonic Egypt)   385, 1875–1876, 2024, 2592–2593, 3099, **4227–4231**, 4391, 5533–5534, 6385
  cults: private   1869
magical papyri (Greek)   7, 1444, 2020, 2021, 2599, 3291, **4231–4232**, 4723, 4737, 6113
Magister equitum   2614, **4232–4233**
magistrates. *see* archon
Magna Graecia   **4233–4234**
  apoikia   545
  Castor and Pollux   1359
  coinage   1613
  Dionysios I   2125
  Hieron I of Syracuse   3212
  incuse coinage   3442
  Kroton   3825
  land and landholding   3879
  Neapolis , Italy   4718
  Pythagoreanism   5686
  Sybaris   6468
  Thourioi   6727–6728
Magnesia ad Sipylum   513, 723, 740, 2583, 3820, **4235**, 4479–4480, 6122, 6130
Magnesia on the Maeander   470, 2991, 3166, 3167, 3207, **4235–4236**, 6594, 6668
Magnus Maximus   354, 3243, 6679, 6937
maiestas   1269, **4236–4238**
Maiherpri   2516, **4238–4239**
Mainz, Germany. *see* Mogontiacum
Majorca   4701–4703, 6518, 6520
Malachbel   **4239**
Malalas, John   1482, 2132, 3119, 3266, 3604, 3606, 3662, 4133, **4239–4240**, 7137
Malchos of Philadelphia   **4240**
Malea Cape   **4241**
Malis   3868, **4241**
Malkata (Malqata)   1204, 2725, **4241–4243**, 4996, 6653, 6659
Mallia   **4243–4244**
Malta   **4244–4245**
Mamertines   3213, **4245–4246**, 6238
Mammisi   2033, 2307, **4246**, 6545

Manasseh, Prayer of   **4246–4247**
manceps   1701, **4247–4248**, 4265, 5659
mancipatio   2381, **4248**
mancipium   **4248–4249**
Mandaeans   2939, 2940, 3437, **4249–4251**
mandylion   4, **4251–4252**
manes (di manes)   155, 574, 2060, 2655, 2791, **4252–4253**, 4621
Manetho (astrologer)   2684, **4253–4254**, 4722
Manetho (Egyptian historian)   1485, 1486, 2244, 2572, 3078, 3356–3357, 3755, **4254–4255**, 6106, 6296
Mani, Manichaeism   813, 2109, 2814, 3727, **4255–4259**, 6052, 6165, 7187
Manichaeans   956, 957, 3437, 5049, 7012
Manika   **4259**
Manilius, Marcus   867, 1499, **4259–4261**, 6074, 6145
manipulus   1414, 1416, 1604, 1763, 3073, **4261**
Manlius Capitolinus, Marcus   **4261–4262**
Manlius Imperiosus Torquatus, Titus   **4263**
Manlius Vulso, Gnaeus   **4263–4264**
mansiones, mutationes   **4264–4265**, 5460–5461
Mantinea   186, 463, 621, 624, 715, 2424, 3115, 4136, **4265–4266**
manubiae   **4266–4267**
manumission (Greek and Roman)   **4267–4270**
   Beroia   1099
   Buthrotum/Bouthrotos   1226
   conubium   1764
   Feronia   2656–2657
   freedmen and freedwomen   2759
   gentilicium   2888
   hierodouloi   3208
   law   3945
   paramone   5060
   phialai exeleutherikai   5244
   slavery   6282, 6287
   social structure and mobility   6302
   status   6381
manus   **4270–4271**
manus iniectio   3436, **4271–4272**, 7006
maps (ancient Near East)   **4272–4273**
maps (Byzantine)   **4273–4274**
maps (Egypt)   **4274–4276**
maps (Greece and Rome)   2602, 3093, **4276–4278**
maps (Late Antiquity)   **4278–4279**
Marakanda (Samarkand)   **4279–4280**, 4970, 6311
Marathon, battle of   **4280–4281**
   Aeschylus   137
   Alkmaionidai   320
   Aristides   691

   Athens   912
   festivals   2660
   Helots   3128
   Herodes Atticus   3179
   Herodotus   3184–3185
   hoplites   3299
   Miltiades   4510
   Persia and Greece   5185
   Simonides   6260
Marcellinus Comes   3265–3266, **4281–4282**
Marcellus, Marcus Claudius (consul 222 BCE)   **4283–4284**
Marcellus, Marcus Claudius (nephew of Augustus)   904, 964, 1167, 1540, 1541, 2694, 2737, 3297, **4284**, 6359
Marcellus of Ancyra   566, 567, 1831, 2579, **4282–4283**, 4956, 5991
Marcion and Marcionites   517–518, 1479, 2179, 3095, **4285–4289**, 6614
Marcius, Ancus. *see* Ancus Marcius
Marcus Aurelius (Marcus Aurelius Antoninus Augustus)   **4289–4294**
   accounting   29
   Aelius Aristides   122
   aerarium   134
   Antoninus Pius   496, 498, 499
   Apulum/Alba Iulia   587
   Aquileia   592
   Athenagoras   907
   Avidius Cassius, Gaius   997, 998
   Capitol   1310
   Caracalla   1323, 1325
   Carnuntum   1339
   Commodus   1693, 1694
   Constitutio Antoniniana   1747, 1748
   Didius Severus Iulianus Augustus, Marcus   2084
   diplomacy   2151
   Elagabalus   2348
   emigrants   2389
   ethics   2509
   Euphrates frontier   2569
   exploration   2602
   frontiers   2776, 2779
   Galen   2811
   Herodes Atticus   3178–3180
   Herodian   3180
   Justin Martyr   3664
   Lucius Verus   4158, 4159
   orphans   4944–4945
   Pannonia   5027
   philosophy   5287
   Raetia   5729

Marcus Aurelius (Marcus Aurelius Antoninus
    Augustus) (*cont'd*)
  Rome, city of: 6. Hadrianic and Antonine 5925,
    5930–5932
  Rome, city of: 7. Severan and third
    century 5934
  Rome, city of: 8. Tetrarchic 5940
  Sagalassos 6008
  Septimius Severus Pertinax Augustus,
    Lucius 6156, 6157
  Serdica 6166
  Stoicism 6402
  Suda 6434
  Tabula Banasitana 6500
Mardonios 289, 921, 3187, 3651, **4293–4294**,
    6522–6523
Marduk **4294–4295**
  Achaemenid Dynasty 33
  Adad 61
  akitu 266
  Anunnaki and Igigi 509
  Babylon 1005
  Eanna and other major Babylonian
    temples 2248
  Elam 2349
  Enlil 2413
  Enuma Elish 2422
  Erra 2495
  Nabu 4677
  Nebuchadnezzar I 4721
  Sennacherib 6150
  Tiamat 6741–6742
  wisdom literature 7110
  ziqqurrat 7176
Marduk-apla-iddin II (Merodach-baladan) 108,
    856, 3201, **4295–4296**, 6047, 6928
Marea (Mareotis) **4296–4300**
Margiana **4300–4301**
Mari (Tell Hariri) **4301–4302**
  andurārum 423
  army 730, 731, 733
  Dagan 1913
  Ebla 2258
  Ekallatum 2345
  fortifications 2719
  habiru 3014
  Hammurabi of Babylon and his dynasty
    3053, 3054
  Hana, Hanaean 3054–3055
  kārum 3698
  Keftiu 3721
  prophecy and oracles 5577

  shakkanakkum 6197
  Shamshi-Adad and sons 6200, 6201
  Subartu 6431
  Suhu 6439
  Syria 6486, 6487
  Ugarit 6904
  Ur-Nanshe and the First Dynasty of
    Lagash 6926
  Zimri-Lim of Mari 7175
Marinus of Tyre 554, 2891, **4302**
maritime loans 2396–2397, 4129, 4130,
    4302–4304
maritime trade 2806, 4343, 4401–4403,
    5444–5445, 5450–5451
Marius, Gaius **4304–4305**
  approximation 582
  Arretium 754
  assidui 844
  Caecilii Metelli 1239, 1240
  colonies 1668
  Forum Augustum 2737
  Honos 3297
  Jugurtha 3649
  Julius Caesar 3652
  legion 3995
  Senate 6141
  Sertorius, Quintus 6172
  Social War 6304
  Sulla 6444
  voluntarii 7030
Mark, Gospel of **4305–4306**
  apocalypticism in Early Christianity 536
  apostle 565
  Clement of Alexandria 1557
  Jesus 3580
  John, Gospel of 3611
  Luke, Gospel of 4166
  Papias 5041
  Patmos 5084
  pseudepigrapha in early Christianity 5617
  purification 5668
Mark Antony. *see* Antonius, Marcus
markets (ancient Near East) **4307–4308**
markets (Byzantine) 2849, **4308–4309**
markets (Greece) 1446, 2397, **4309–4311**, 5523,
    5526, 6274
markets (Pharaonic Egypt) 2853, **4311**
markets (Roman) **4311–4314**
  architecture 647
  calendar 1268
  flaminica 2692
  forum 2732–2733

Forum, Forum Romanum   2745
Forum Boarium   2738, 2740
Herculaneum   3152–3153
price formation   5523
Marmor Parium   **4314–4315**
Maroneia   **4315**
Maronites   3987, **4315–4316**
marriage (Byzantine)   3421–3422, 3473–3474, **4316–4317**, 7117
marriage (Greece and Rome)   **4317–4321**
  adfinitas   67–68
  adolescence   98
  adoption   100, 101
  agnates   188–189
  brother-sister marriage   1194–1195
  Caecilii Metelli   1238
  Caecina Severus, Aulus   1242
  Catullus, Gaius Valerius   1382
  coemptio   1599, 1600
  confarreatio   1702
  conubium   1763–1765
  cousin   1823–1824
  daughter   1932
  deductio   1959
  depopulation   2038
  dextrarum iunctio   2061
  divorce   2172–2175
  dominus   2195
  dowry   2216–2219
  endogamy   2406
  epigamia   2445
  epikleros   2462–2463
  Etruria, Etruscans   2539
  exogamy   2597–2598
  family   2625–2627
  fathers-in-law   2648
  flamines   2692
  Helen   3103, 3104
  Hera   3135
  Hestia   3194
  heterosexuality   3198
  houses, housing, household formation   3326–3328
  illegitimacy   3401
  ingenuus   3462–3463
  intermarriage   3473–3474
  ius   3553
  ius liberorum   3557–3559
  kinship   3766
  kyrios   3846
  law   3945
  lex Iulia and *lex Papia*   4042

love   4151
manus   4270–4271
marriage legislation of Augustus   4322–4323
matchmaker   4344
materfamilias   4345–4346
matrona   4353
Oikonomika   4870
Oikonomikos   4870–4871
oikos   4873–4875
patria potestas   5085–5086
presbyter   5521
sex and sexuality   6193
spinster   6357
sponsalia   6360, 6361
Sulpicia   6446
tabulae nuptiales   6509–6510
virginity   7012
widows   7102–7104
women   7119, 7122–7123
marriage (Jewish)   67, 110, 2597, 3473–3474, **4321–4322**
marriage (Pharaonic Egypt)   1460, 2149, 2319, 2631, 6191
marriage (sacred, ancient Near East)   **4323–4325**, 7177
marriage (sacred, Greece and Rome)   **4325–4326**
marriage legislation of Augustus   **4322–4323**
  adultery   109–110
  birth registrations   1129
  demography, historical   2015
  depopulation   2038
  family   2626
  ius vitae necisque   3559
  lex Iulia and *lex Papia*   4042
  stola   6403
  stuprum   6428, 6429
Marrou, Henri-Irénée   **4326**
Mars   **4326–4328**
  Armilustrium, Tubilustrium   728
  Bellona   1078
  Campus Martius, republican   1289–1290
  Carmen Arvale   1336
  Ennius   2415
  Equus October   2478–2479
  Feriale Duranum   2656
  flamines   2691
  Forum Augustum   2736, 2737
  Nodens   4804
  purification   5672
  Quinquatrus   5712
  Rome, city of: 2. Republican   5897
  Salii   6018

Marseilles, France. *see* Massilia
Marsyas   546, **4328**, 5476
Martianus Capella   2803, **4328–4329**, 6180, 6181
Martina (empress)   1729, 3145, 3422, **4329–4330**, 6167
martyrdom and martyrs (Christian)   **4331–4334**
  Acta Martyrum   52–56
  Apostolic Fathers   570
  Cyprian   1889–1892
  Donatists   2204
  Eusebius of Caesarea   2578
  hagiography   3030
  Ignatius of Antioch   3392–3395
  Lugdunum   4165
  Lydda/Lod/Diospolis   4186
  Lyons and Vienne, Letter of   4189–4190
  Marutha   4336
  montanism   4589
  Origen   4933
  Perpetua   5168–5170
  persecution of Christians   5172, 5173
  Peter, Acts of   5202
  Peter, Apocalypse of   5203
  Peter the Apostle   5206–5207
  Philip, Acts of   5255
  Polycarp of Smyrna   5396, 5397
  Popes   5423–5424
  prayer   5503
  suicide   6442
  Theodore   6673
  torture   6786–6787
  Valentia   6936
martyrdom and martyrs (Jewish)   **4334–4335**
Martyrdom of Isaiah   810, **4330–4331**
martyrion   **4335–4336**, 6170
Marutha   **4336–4337**, 6054
marvels   **4337**
Marx, Karl   1530–1532, 2280, 5539, 6381
Mary, Gospel of   2071, **4337–4338**
Masada   1937, 3636, **4338–4341**, 4903, 5046, 5744, 6316, 7165
masculinity   1592, 3031, **4341–4342**, 6186–6190, 6194
Masinissa   2746, 3058, 3230, 3648, 4211, **4342–4343**, 5664, 7164
Massilia (Marseilles)   545, 2420, 3606, **4343–4344**, 5687, 6009
mastaba   10–11, 648, 2377, 2919–2921, 4417
Matariya. *see* Heliopolis
matchmaker   **4344**
Mater Larum   **4344–4345**

Mater Matuta   2738–2739, 3657, **4345**, 4605, 5885, 5893, 6060, 7027
materfamilias   **4345–4346**
mathematical papyri. *see* papyri (mathematical)
mathematics (Egyptian)   **4346–4347**
  accounting   27–28
  Conon of Samos   1711–1712
  Horus-eye fractions   3320–3321
  Museum   4633
  numbers   4827
  Pappus of Alexandria   5042, 5043
  papyri   5046–5047
  science   6065
  sciences   6075
mathematics (Greece and Rome)   **4347–4351**
  Academy   23–24
  Apollonios of Perge   553–554
  approximation   582
  Archimedes of Syracuse   635–637
  Archytas of Tarentum   667
  Autolycus of Pitane   980–981
  Balbus   1027
  conic sections   1707–1708
  diagrams   2068–2069
  Diocles   2104
  Diophantus   2135–2137
  Euclid   2548–2549
  Eudoxos of Knidos   2551–2552
  Eutocius   2584–2585
  Geminus   2871
  gromatici   2998–2999
  harmonics   3063–3064
  Heron   3188–3190
  Hippasos of Metapontum   3224, 3225
  Hippias   3227, 3228
  Hippias of Elis   3226
  Hippocrates of Chios   3231, 3232
  Hypatia   3366
  Hypsikles   3372
  incommensurability   3440
  mechanics   4373
  Nicomachus of Gerasa   4781–4782
  Nikomedes   4790–4791
  numbers   4828, 4830
  optics and catoptrics   4908–4911
  proof   5570–5572
  Ptolemy   5651, 5652
  Pythagoreanism   5685–5686
  science   6074
  sciences   6075
  Theon of Smyrna   6686–6687

mathematics (Mesopotamian) 29–30, 2314, 2894, **4351–4352**, 4829, 6071, 6075
matres (matronae) 2900, **4353**, 7130
matrona 1590, 2900, **4353–4354**, 5869
Matronalia 2661, **4354**
Matthew, Gospel of **4354–4356**
  afterlife 158–159
  apocalypticism in Early Christianity 536
  Apostolic Fathers 571
  Judas Iscariot 3640, 3641
  Papias 5041
  Peter, Apocalypse of 5204
  Peter the Apostle 5205–5206
  prayer 5503
  tefillin 6571
  Trinity, doctrine of the 6860
matting. *see* basketry, matting, and cordage
Mauretania **4356–4357**
  Africa Proconsularis 149–151
  Berbers and Moors 1090
  Caesarea 1248
  Caligula 1270
  Claudius 1552
  contarii 1760
  frontiers 2777
  Hispalis 3241
  imperialism 3432
  Jugurtha 3648
  Lixus 4128
  Maghreb 4219
  Vandals 6947
  Volubilis 7028
Maurice (emperor) **4358–4359**
  Avars 994
  Chosroes II 1474
  circus factions 1511
  Doctrina Iacobi 2181
  Edessa 2306
  Evagrius Scholasticus 2586–2587
  foreigners 2708
  katholikoi of Persia 3709
  Sasanians 6055
  Simokattes, Theophylaktos 6256
  Strategikon 6418
  warfare 7048
Mauryas 1438, 1439, 3445, 3447, 3449, 3453
Mausolos **4359–4360**
  Alinda 316
  Androtion 422
  Caria 1333
  Hekatomnids 3098

Herakleia by Latmos 3139
  Iasos 3379–3380
  Lygdamis of Halikarnassos 4187
  Rhodes 5839, 5840
  Theangela/Syangela 6643
Mavia (queen) **4360–4361**, 5746
Maxentius (Marcus Aurelius Valerius Maxentius Augustus) **4361–4362**
  Aurelian 972
  Constantine I 1721
  Flavius Valerius Severus Augustus 2696, 2697
  Licinius 4079, 4080
  Maximian 4364
  Rome, city of: 8. Tetrarchic 5941, 5942, 5944–5945
  Rome, city of: 9. Fourth century 5945–5947
  tetrarchy 6628
Maximian (Marcus Aurelius Valerius Maximianus Augustus) **4362–4364**
  Alamanni 276
  Constantine I 1720, 1721
  Constantius I Chlorus 1741, 1742
  Demetrios 2003
  Diocletian 2105, 2110
  Flavius Valerius Severus Augustus 2696, 2697
  Maxentius 4361, 4362
  Rome, city of: 8. Tetrarchic 5940, 5942–5943
  taurobolium 6542
  tetrarchy 6628
Maximinus (Valerius Galerius Maximinus Augustus) 2697, 2814, 2815, 3181, 3249, 4079, **4366–4368**, 6516
Maximinus Thrax (Gaius Iulius Verus Maximinus Augustus) 1025–1026, 2952, 2953, **4364–4366**, 6184
Maximus the Confessor **4368**
  Anastasius Bibliothecarius 400
  Byzantine era 1229
  Byzantium 1232
  Carthage 1348
  Christology 1482
  cosmology 1812
  Dionysius the Areopagite, Pseudo- 2128
  Doctrina Iacobi 2180–2181
  hagiography 3030
  Leontios of Neapolis 4015
  Sophronios 6323
Mazaios **4368–4369**
Mazzarino, Santo (1916–1987) **4369–4370**
meat, consumption of **4370–4371**
  cattle 1381
  dietary restrictions 2089–2090

meat, consumption of (*cont'd*)
   food, drink, and feasting   2704, 2705
   sacrifice   6003, 6004
   salt   6022
   standards of living, wealth   6370
   stock rearing   6398, 6399
Mecca   3215, **4372**, 4611–4614, 5717, 5719
mechanics   637, 1140–1141, 3188–3189, **4372–4374**, 5266–5267, 5368, 6081
Medamud   358, 3027, **4374**, 6093, 6105, 6295
Medes, Media   **4374–4375**
   Achaemenid Dynasty   35
   Ashurbanipal   820
   Caspian/Hyrcanian Sea and region   1351
   Cyaxares   1880–1881
   Deioces   1962–1963
   Ecbatana   2260–2261
   Nineveh   4797
   Ptolemaic possessions outside Egypt   5626
   Saite Period   6013
   Umman-manda   6914
   Urartu   6922
   Zagros mountains   7160
Media Atropatene   68, **4375**
medical writers   **4376–4378**. *see also specific writers, e.g.*: Hippocrates of Kos
medicine (Byzantine)   146–147, **4378**, 4931, 5101–5102, 6064
medicine (Greek and Roman)   **4378–4386**
   anatomical votives   402–403
   Asklepiades of Bithynia   830, 831
   asthma   859–860
   balsam   1028
   bilharzia   1114
   botany   1172
   Caelius Aurelianus   1243
   cardiovascular system   1331–1332
   Cassius Felix   1356
   childbirth   1453–1455
   Crito, Statilius   1843
   deafness   1939–1940
   Demokedes of Kroton   2018
   diagnosis   2065–2066
   Diocles of Karystos   2103
   Dioscorides   2137–2138
   disability   2156
   disease, conceptions of   2158–2163
   disease and health   2163
   dogmatism, medical   2186–2187
   dreams   2224
   economy   2277
   Erasistratus   2480–2481
   fasting   2644
   fumigations   2784–2785
   headache   3087, 3088
   healing deities, healing cults   3089
   Herakleides of Tarentum   3144
   Herophilos   3192
   Hippiatrica   3229
   Hippocrates of Kos   3232
   homosexuality   3291
   horticulture   3316, 3317
   hygiene   3352, 3353
   hysteria   3373
   infant diseases and mortality   3455–3456
   Kos   3814
   Largus, Scribonius   3910–3911
   magic   4222
   medical writers   4376–4377
   Melampus   4419–4420
   methodism   4476–4477
   nutrition and malnutrition   4842, 4843
   obstetrics   4858–4859
   Oribasios of Pergamon   4931
   perfumes and unguents   5150
   pharmacology   5232–5234
   Pliny the Elder   5357–5358
   pollution   5389–5390
   Praxagoras of Kos   5502
   prognosis   5566–5567
   public health   5656–5658
   Serenus Sammonicus, Quintus   6167
   signs and sign inference   6248
   Soranus   6324, 6325
   Stephanus of Athens   6388–6389
   sterility   6391–6393
   surgery   6462–6464
   sympathy and antipathy   6475
   Themison of Laodikeia   6665–6666
   Theodorus Priscianus   6676–6677
   Thessalos of Tralles   6710–6711
   veterinary medicine   6981–6984
   wounds, nature and treatment of   7137–7139
   xenodocheion   7144–7145
   zoology   7179
medicine (Mesopotamian)   2066–2067, 3293, **4386–4387**, 5235–5236, 6071, 6465
medicine (Pharaonic Egypt)   **4387–4391**
   bilharzia   1114
   demons   2024
   diagnosis   2064–2065
   dwarves   2238–2239
   fish and fishing   2688
   hygiene   3355

priests and priestesses   5533–5534
public health   5655–5656
science   6065
Sekhmet   6118
temples   6599–6600
medicine (Roman military)   **4391–4392**
Medina   1273, 1748–1749, 3215, **4392–4393**, 4613, 4614
Medinet Habu (Djeme)   **4393–4395**
   festivals   2666
   forts   2726
   Hapy   3060
   harim   3062
   Harsiese   3068
   Heh   3095
   Horemheb   3303
   Rameses I–XI   5731
   Sea Peoples   6098
   ships and shipping   6219
   Sokar   6313
Medinet Madi   356, 2650, 2651, 3364, 3484, **4395**
Mediolanum (Milan)   354, 4362, **4395–4396**, 5088
Medism   1151, **4396–4397**, 5115, 5116
Mediterranean   **4400–4406**
Mediterranean harbors   **4397–4400**
Meditrinalia   **4406**
Medjerda River. *see* Bagrada
Medracen   **4406–4408**
Mefitis   **4408**, 5781
Megakles of Athens   320, 3782, 3840, **4408–4409**, 4947, 5123–5124
Megalesia   **4409**, 4605
Megalopolis   **4409–4411**
   Achaian League   38
   Agis II and III of Sparta   186
   Antigonos II Gonatas   461
   Aratos of Sikyon   610
   Arcadia   621
   Arcadian League   624
   Bassai sanctuary   1060, 1061
   Demetrios II   1998
   Demetrios' War   2004
   Epaminondas   2424, 2425
   Eurotas   2575
   Furies   2797
   Philopoimen   5276
Megara   **4411–4412**
   apoikia   545
   arbitration   615
   Astypalaia   888
   Constantinople   1734
   demagogues   1990
   democracy   2011
   Demosthenes   2028
   Dorian tribes   2212
   Dorians   2213
   Harpalos   3065–3066
   Herakles   3148
   Lysias   4192
   ostracism   4966
   Peloponnesian War   5132
   Salamis, island and battle of   6016
   Saronic Gulf   6049
   Theagenes of Megara   6642
   Theognis   6682–6683
   water supply   7067
Megara Hyblaea   199–200, 2753, 2870, **4412–4413**, 6131, 6641
Megaron   **4413–4414**
   architecture   650
   Midea   4494–4495
   Mycenaean society and culture   4656
   oikos   4875
   palaces   4995
   Phylakopi on Melos   5310
   Poliochni   5378
   Pylos   5677
   Sesklo   6174
   temples   6592
   Troy   6881
   wanax   7045
   Zagora   7159
Megasthenes   1438, 1439, 2114, 2368, 3131, **4414–4415**
Megiddo   231, 2720, 3524, **4415**
Megillat Ta'anit (The Scroll of Fasting)   1263, 2664, **4415–4416**, 5722
Meidum   1204, 1913, 3342, **4416–4417**, 4885, 6293
Meilichios, theoi meilichioi   **4417–4418**
Meir   **4418–4419**, 4471, 6107
Melammu   **4419**
Melampus   **4419–4420**, 6109
Meletian Schism   298–299, **4420–4421**, 4772, 4773, 4973, 6063
Meletos   2724, **4421–4422**
Melito of Sardis   112, 907, 3498, **4422–4423**, 5703
Melos   117, 2213, 2872, **4423–4424**, 6017
Meluhha   2100, 3454, **4424–4425**, 6046, 6211
Memnon, Colossi of   **4425–4426**
Memnon of Herakleia Pontica   170, **4426–4427**, 4789, 4790
Memnon of Rhodes   **4427–4428**
memory (collective)   **4428–4429**

Memphis (Pharaonic) **4429–4431**
  cemeteries 1405, 1406
  cities 1514
  Early Dynastic period 2249–2250
  faïence 2621
  First Intermediate Period 2684
  Hagar 3027
  Herakleopolis Magna 3147
  Hierakonpolis 3204
  Hyksos 3360, 3361
  inundation 3478
  Khaemwaset 3739–3740
  Khasekhemwy 3743
  Kushite Period 3837, 3838
  land and landholding 3882
  Osiris 4951
  Osorkon 4953
  Peru-nefer 5198
  religion 5791
  Saite Period 6013
  Saqqara 6036, 6038
  sculpture 6093
  Sekhmet 6118
  Shabaka 6195
  Sokar 6313
  Tanutamun 6527
Memphis (Ptolemaic and Roman) **4431–4433**, 6039, 6040
Men (Anatolian deity) **4433**
Menander 917–918, 1440, 1680–1681, 2141, 3195, 3953–3954, **4433–4434**, 5714, 6646, 6693
Menander Protector 3265, **4434–4435**, 6256
Mende **4435–4436**
Mendes 3027, **4436–4437**, 4678
Menelaion in Lakonia 3173, **4437**
Menelaus (astronomer) 4241, **4437–4438**
Menes 2245, 3300, 4429–4431, **4439**, 6914
Menidi in Attica 42, **4439–4440**
Menkaure (Mycerinus) 11, 2919, 2920, **4440–4441**, 4886, 6092
menopause 2015, **4441–4442**
menorah **4442–4443**, 6479
menstruation 3012–3013, 3317–3318, **4443–4445**
Mentuemhat **4445–4446**
Mentuhotep I–VII **4446–4448**
Mentuhotep II 773, 1965, 1966, 2052, 3484, 4446–4447, 4490, 6651–6652, 6656, 6775–6776
mercenaries **4448–4449**
merchants (Greek and Roman) 3691–3692, 3716, 4484, 4714, 4726, 4727
Mercurius **4449–4450**

Merenptah 720, 2053, 3108, 3523, 4072, 4430, **4451–4452**, 5730, 6180, 6841
Meretseger **4452**
Merimda Beni Salama **4452–4453**
Merneith 2032, 2177, 2250, **4453**
Meroe 3834, **4453–4455**, 4822, 4823
Meroitic 2029, 3210, **4455–4456**, 4824, 5695–5696
Merovingians 1678, 2759, 2997, **4456–4457**
Mersa Matruh (Paraetonium) **4457**
Merykare **4457–4458**
Mesene (Charakene) **4458–4459**, 6348
Mesha of Moab 1448, 3331, **4459–4460**
Meshkent 2647, **4460**
Mesopotamia
  Antiochos I Soter 474
  Antiochos Hierax 483
  Arabs 601–604
  assemblies 842
  Aššur-uballiṭ I 850
  Assyria 850–853
  caravan trade 1328, 1329
  carrying capacity 1345
  castration 1360
  Chaldaeans 1435
  Crassus, Marcus Licinius 1826
  crowns 1849
  cuneiform 1871–1872
  death 1941
  economy, Near East 2286, 2289
  Elamite kings, Middle Elamite period 2350
  epidemic disease 2443–2444
  Euphrates and Tigris 2570
  flood stories 2699
  fortifications 2721
  foundations 2751, 2752
  frontiers 2776
  geometry 2894–2895
  Gilgamesh, Epic of 2916–2918
  gold 2950
  Gordian III 2954–2955
  Guti 3004
  Habur 3016
  Hammurabi of Babylon and his dynasty 3052–3053
  imperialism 3430–3431
  incantation bowls 3437
  Indus culture 3453–3454
  irrigation 3500
  Ishbi-Erra and the Isin Dynasty 3511–3512
  Justin I 3662
  Justinian I 3668
  kārum 3697–3699
  Kassite, Kassites 3702–3703

Kassite dynasty 3701
Kindadu 3752
kingship 3758, 3759
Kish 3773
Kutha 3839
land and landholding 3871–3873
lapis lazuli 3907
Larsa, and Larsa Dynasty 3913
Latin language 3919
Lucius Verus 4159
Lullubi 4167
Mandaeans 4249
Mani, Manichaeism 4255
maps 4272
Mari 4301
mathematics 4351–4352
medicine 4386–4387
misharum 4539
Mittani 4554
Mittanian kings 4554–4555
Mul.Apin 4615
Nabu 4677
Naram-Sin 4696
Nestorian Church 4757
Ninurta 4798
ordeals 4928–4929
Orontes 4940
Osrhoene 4954–4955
palace economy 4986
papyri 5047
Parthians 5072
pharmacology 5235–5236
Proto-Euphratic, Proto-Tigridic languages 5595–5596
Ptolemaic possessions outside Egypt 5626
Puabi 5655
rebellions 5744
Roman Empire, regional cultures 5866
ruler cult 5971–5972
Shamshi-Adad and sons 6200, 6201
ships and shipping 6211, 6212
Syria 6486, 6487
temples 6590
time, measurement of 6758
trade 6792–6793
Trajan 6814
Umman-manda 6914
Ur 6919
Ur III Dynasty 6920
Ur-Nanshe and the First Dynasty of Lagash 6926
wedding 7079
weights and measures 7081, 7083, 7084
wheat 7099
wheel 7100
wisdom literature 7108, 7112
Yarmuk, battle of 7158
ziqqurrat 7176
Messana 2125, 3213, **4460–4462**, 5663, 6238
Messapians **4462–4463**
Messene
    Agathokles of Syracuse 171
    Antigonos III Doson 463
    forts 2723–2724
    Helots 3128
    houses, housing, household formation 3328
    Ithome mountain 3542
    Messenian wars 4463
    Rhegion 5822
    Sparta 6342, 6344
    Telechos of Sparta 6574
Messenia 797, 3127, 3128, 3187, 4651, 6738
Messenian wars 634, 3128, 3542, **4463–4464**, 4480, 6574, 6695
messianism (Jewish) **4464–4465**
    Bar Kokhba, Shime'on 1041
    Enoch, Books of 2417–2418
    eschatology 2497, 2499
    Johanan ben Zakkai, Rabbi 3601
    Psalms of Solomon 5614
Messon sanctuary **4465–4466**
metallurgy (Greece and Rome) **4466–4469**
    alchemy 281–284
    brass 1181
    bronze 1190–1192
    Cleopatra 1572
    economy 2280, 2302, 2303
    Enkomi in Cyprus 2411
    Hephaistos 3134
    inflation 3458–3459
    iron 3498–3499
    Laurion 3927–3928
    lead 3980–3981
    Oropos 4941
    overstrike 4968
    Rome, city of: 1. Prehistoric 5886
    Sarmizegetusa Regia 6048, 6049
    silver 6254, 6255
    standards of living, wealth 6372
    Thorikos 6724–6725
    tin 6763
    Venta Silurum 6960
    Vetulonia 6986
    wax 7070
metallurgy (Late Antiquity, incl. Sasanians) **4469–4470**

metallurgy (Pharaonic Egypt) **4470–4471**, 6407, 6408
metalwork (Byzantine) **4471–4472**
Metapontum   199, **4473**, 4840–4842, 6268, 6468
Metaurus, battle of   3058, **4473–4474**
Metelli. *see* Caecilii Metelli
meteorology   612, 708–709, 875, 1683, **4474–4475**, 6115, 6423
Methana (Arsinoe)   **4475–4476**
methodism   **4476–4477**
Methodius   **4477–4479**, 4938, 4939
Methone, Macedonia   **4479**
Methone, Magnesia   **4479–4480**
Methone, Messenia   **4480–4481**
Methymna   908, **4481–4482**
metoikos   2412, 3507, 3856, **4482**, 6797, 7146
Meton of Athens   1261, 2550, 3682, **4483–4484**, 6758
Metonic cycle   2871, 4483, 6758
Metragyrtai   **4484**
metronomoi   201, **4484–4485**, 6062
metropoleis   **4485–4487**
Meyer, Eduard   2275, 2280, 4558, 5539
mezuzah   **4487–4488**
Miaphysites
  Cyril of Alexandria   1903
  Cyrus   1905
  Desert Fathers and desert literature   2048
  Dionysius the Areopagite, Pseudo-   2128
  Edessa   2306
  Henotikon   3131
  Jacobites   3564
  John Philoponos   3617–3618
  Peter Mongos   5211–5212
  Peter the Fuller   5207
  Philoxenos of Mabbug   5292
  Syriac literature   6493
  Theodora   6671
  Zeno   7166
miasma   2161, 5389, 5669, 6453
Michael I–III (Byzantine emperors)   **4488**
Midas   247, **4488–4490**, 4543, 6047
Middle Elamite period. *see* Elamite kings, Middle Elamite period
Middle Kingdom (Egypt)   **4490–4494**
  Abgig   5
  Abu Rawash   12
  Abydos, Egypt   19–20
  administration   86
  art   773
  Aswan and hinterlands   890
  Asyut   893
  Beni Hasan   1087–1088
  co-regency   1781
  Coptos   1774
  Dahshur   1913–1914
  Deir el-Bahari   1965
  Deir el-Bersha   1967–1969
  deserts   2052
  Djer   2177
  economy   2292–2293
  education   2321
  Egypt, Lower   2328
  El-Lahun   2378
  El-Lisht   2379
  Esna   2501
  execration texts   2593
  First Intermediate Period   2684, 2685
  foundation deposits   2750
  gardens   2853
  Gebel el-Silsila   2865
  Gebelein   2866
  hair, hairstyling   3037
  Hatnub   3075
  Heket   3099
  Heliopolis   3108
  Hermopolis Magna, Tuna el-Gebel   3170
  Heryshef   3193
  Hierakonpolis   3205
  hieratic   3207
  Horemheb   3302
  Hyksos   3360
  jewelry   3584
  Kerma   3735
  Kom el-Hisn   3803
  land and landholding   3883
  literature and poetry   4112
  Lykopolis/Asyut   4189
  mathematics   4347
  Medamud   4374
  medicine   4387
  Min   4514
  models   4557–4558
  mummies and mummification   4617–4618
  music   4640, 4642
  Mut   4643
  palaces   4995
  papyri   5046
  papyrology   5048, 5049
  Pepinakht Heqaib   5145
  perfumes and unguents   5151
  police   5376
  portraiture   5442
  prices   5526

priests and priestesses   5534
Punt   5665, 5666
pyramid   5680
Saqqara   6038
sculpture   6093
Second Intermediate Period   6105
ships and shipping   6218
slavery   6283
Sokar   6312, 6313
taxation   6550
Thebes   6647, 6651
trade   6800–6801
villages   7003
Wadi Hammamat   7034
women   7127
Midea   2034–2035, 3138, **4494–4495**
midwife   1453–1455, **4495–4496**, 4858, 4859
migration   **4496–4497**
Milan, Italy. *see* Mediolanum
Milesian colonies   2543, 3848, 4498, 4699
Miletos   **4497–4499**
  agora   200
  Ahhiyawa   232
  aisymnetes   248
  Alexander III, the Great   291
  Anaximander of Miletos   409
  Antiochos I Soter   474
  Antiochos II Theos   475
  Aristagoras of Miletos   687
  Aspasia   837
  Black Sea   1144
  Delian League   1977
  Didyma   2084
  eponymoi   2472
  Erythrai   2495
  festivals   2660
  Gergithes   2897
  God-fearers   2944
  Hekate   3097
  Heraclitus   3136
  Hippodamos of Miletos   3235
  Histiaios of Miletos   3244
  Hopletes   3297
  Ionia   3486
  Ionian migration   3487
  Ionian tribes   3489
  Kimmerian Bosporus   3749
  Kyzikos   3849
  Lelantine War   4010
  Leros   4023
  Odessos   4864
  Olbia   4880

ostracism   4966
Phrynichos   5309
ships and shipping   6217
Thrasyboulos   6730–6731
xenoi   7146
military decorations   1168, 2153–2154, 3073, 3419, **4499–4502**
military lands   2210–2211, **4502–4503**
military oath. *see Sacramentum*
military scouts. *see Exploratores*
military standards (Roman)   1934, 1957–1958, 2158, **4503–4505**, 6247, 6988
military tribute. *see tribunus militum*
milk   1445–1446, 2086, 2090, **4505–4507**
mill   1182–1183, 1601, 3190, 3481–3482, **4507–4509**
Milo, Titus Annius   1245, 1586, 1587, 3315, **4509–4510**, 6018
Miltiades   1451, 3228, 3415, 3681, 4011, 4281, **4510**, 5185
Milvian Bridge, battle of   1606, 4362, 5497, 5499, 5905, 5909, 5946
mimesis   59, 2515–2518, 4110, **4511**, 6809–6810
Mimnermos of Kolophon   **4511–4512**
mimus   3177, **4512–4513**
Min   262, 263, 1773–1776, 1861–1865, 2667, 3689, **4513–4514**, 5029, 6190
mineralogy   2138, **4514–4515**, 5357
Minerva   1309, 1312, 2348, **4515–4516**, 5712, 5920–5921
mines and mining (Greek and Roman)   **4516–4519**
  Alburnus Maior   280–281
  Cástulo   1361, 1362
  Dalmatia   1916
  economy   2273, 2280, 2297, 2303
  Hispania   3243
  iron   3499
  Italica   3532
  Laurion   3927–3928
  Lusitania   4169
  mints and minting   4533–4534
  monopoly   4579
  Noricum   4811–4812
  silver   6255
  Siphnos   6265
  Thorikos   6724–6725
mines and mining (Late Antiquity)   **4519–4521**
mines and mining (Pharaonic Egypt)   2041, 2051, 2255, 2256, 2293–2294, **4521–4523**, 6091, 6163, 6262

minim (rabbinic appellation of "heretics")   3643, **4523–4524**, 6205
Minoa on Amorgos   **4524–4525**
Minoan archaeology   271, 627, 650, 1834, 3795, 3807, **4525–4527**, 6639, 7161–7162
Minoan society and culture   **4527–4528**
  Aegean Sea   116
  Agia Irini on Keos   184
  Archanes   627
  architecture   650
  archives   662
  Crete   1834–1837
  Cyclades islands   1885
  Karphi   3697
  Kato Symi in Crete   3711
  Kydonia   3839
  Kythera   3846, 3847
  Mallia   4243
  orality, oral culture, and historiography   4920
  Phylakopi on Melos   5310
Minorca   4701–4703, 6518–6520
minores   **4528–4529**
Minos   370, 888, 1912, 3696, **4529–4530**, 4530, 6639
Minotaur   4529, **4530**
Minshat Abu Omar   **4530–4531**
mints and minting   **4531–4536**. *see also* coinage
Minucius Felix   558, **4536–4537**, 4962
Minyas   **4537–4538**, 4927, 6605
Misenum   502, **4538–4539**, 4713, 5407, 6221
misharum   **4539**
Mishnah and Tosefta   **4539–4541**
  afterlife   158
  Akiba, Rabbi   264
  calendar   1264
  Hanina ben Dosa   3056
  Honi the Circle-Maker   3294
  Judah ha-Nasi   3638
  law   3947
  law schools   3967
  rabbinic literature   5721–5723
  rabbis   5724
  sacrifice   5999
  Sepphoris   6155
  Shemoneh Esreh   6205
  Shimeon ben Shetah, Rabbi   6209
  Talmud   6520
  tefillin   6570
  women   7125–7126
misogyny   3290–3291, 3337, **4541–4542**, 6388
missions   2306, 2511, **4542–4543**
Mita of Mushki   **4543–4544**

Mithradates I–VI of Pontos   **4544–4548**
Mithradates I of Pontos   915, 4544–4545, 4799–4800, 5072, 6122, 6125
Mithradates II of Pontos   472, 4545, 5072–5073, 6129, 6752–6753
Mithradates VI Eupator
  Adramyttion   103
  Ariobarzanid Dynasty   686
  Armenia   723
  Chersonese, Crimea   1450
  Cicero, Marcus Tullius   1499
  Cilicia   1505
  Deiotaros of Galatia   1963
  Delos   1983
  Demetrias   1994
  Diodoros Pasparos   2112
  emigrants   2388
  Euboea   2543
  forests   2713
  Herakleia Pontica   3141
  Illyricum and the Balkans, Roman conquest of   3411
  indemnities   3444
  Krateuas   3821
  medicine   4382
  Mithradates I–VI of Pontos   4546–4548
  Mithradatic wars   4548–4550
  Nikander of Kolophon   4785
  Nikomedes I–IV of Bithynia   4790
  Pantikapaion   5035
  Pharnakes II   5237
  Pontos   5421
  Rhodes   5842
  Sertorius, Quintus   6172
  Spartokids   6346
  Stratonikeia   6424
  Sulla   6444
  Syria   6489
  Thasos   6641
  Tigranes II–IV of Armenia   6752, 6753
  Zakynthos   7163
Mithradatic wars   **4548–4551**
  Arabia   596
  Athens   915
  Chios   1468
  Cinna, Gaius Helvius   1509
  Deiotaros of Galatia   1964
  Demetrias   1994
  Diodoros Pasparos   2111–2112
  Euboea   2543
  Euphrates frontier   2566
  Herakleia Pontica   3141

Iasos 3380
Ilion 3399
Kaunos 3715
Laodikeia by the Lykos 3906
Lucullus, Lucius Licinius 4162–4163
Mithradates I–VI of Pontos 4547–4548
Mithradatic wars 4549, 4550
mutiny 4646–4647
Orchomenos in Boiotia 4928
Philippopolis 5264
Pompey 5409
Pontos 5419
Sertorius, Quintus 6172
Sulla 6444, 6445
Theophanes of Mytilene 6688
Mithras and Mithraism 737, 1928, 2900, 3651, 4145, **4551–4553**, 4665, 4927, 4962
Mitrou in East Lokris **4553–4554**
Mittani **4554**
  Alalah 275
  Amarna letters 347–348
  Aryans 809
  Aššur-uballiṭ I 850
  Assyria 851, 852
  Cilicia 1505
  Emar 2383
  foreigners 2712
  Habur 3016
  Halab 3042
  Hana, Hanaean 3055
  Hanigalbat 3055
  Hatti 3079–3080
  Hurrian, Hurrians 3345–3347
  Nuzi 4844
  Suppiluliuma I 6458
  Syria 6487
  treaties 6841
  Urkesh 6924
  Washukanni 7062
Mittanian kings 3055, **4554–4555**, 6888
Mnevis 526, 3108, **4555–4556**
Mochlos in Crete **4556–4557**
models (stone and wood) **4557–4558**
modernism 1944, 2275, 2300, 2715, **4558–4560**, 5539
Moesia **4560–4561**
  Aemilian 123
  Bulgaria and Bulgars 1205
  Dacia 1906
  Dacians and other Transdanuviani 1911
  Domitian 2199
  Gallienus 2833

Histria, Romania 3276
Illyricum and the Balkans, Roman conquest of 3412
Iulius Severus, Sextus 3550
Naissus 4685
Trajan Decius 6810
Trebonianus Gallus 6846, 6847
Tropaeum Traiani 6878–6879
Viminacium 7004–7005
Mogontiacum (Mainz) **4561–4562**, 5837
Molione **4562–4563**
Molossis **4563–4564**, 4897, 7023
Momigliano, Arnaldo (1908–1987) **4564–4566**
Mommsen, Theodor (1817–1903) **4566–4567**
  archives 663
  capitalism 1307–1308
  classical scholarship, history of 1533
  epigraphy 2459
  Gallic War 2831
  Historia Augusta 3249
  homicide 3286, 3287
  Romanization 5876, 5877
  Rome, resistance to 5950
  Seeck, Otto 6108
  Theodosian Code 6678
monarchianism 102, 2240–2241, **4567–4569**, 5991, 6861
monasteries (Egyptian) 2053, 2054, 3165, 3166, 3722–3726, 6205
monasteries (in the East) **4569–4570**
  architecture 643
  houses, housing, household formation 3325
  Origenist Controversy 4939
  orphanages 4943
  Peter the Iberian 5211
  Qal'at Sem'an 5692, 5693
  Sabas, Great Lavra of 5986, 5987
  scribes 6084
  Sinai, Monastery of St. Catherine 6262
  Stoudios monastery; Studite *typikon* 6414
  White Monastery Federation 7100–7102
monasticism (Christian) **4570–4574**
  ascesis 811, 815
  Augustine of Hippo 956
  Benedict of Nursia 1081–1083
  Byzantium 1232
  Desert Fathers and desert literature 2045, 2046
  Esna 2501
  Evagrius of Pontus 2586
  fasting 2644
  hermits 3165, 3166
  John Cassian 3606–3607

monasticism (Christian) (cont'd)
   John Klimax, of Sinai   3614
   New Testament   4766
   Stoudios monastery; Studite *typikon*   6415
   White Monastery Federation   7100–7102
   women   7117–7118
money. *see also* coinage entries
money (ancient Near East and Pharaonic Egypt)   1209–1210, 2287–2288, 3016–3017, **4574–4576**
money (Greco-Roman)   **4577–4578**
   arrha, arrhabon   755
   bronze coinage   1192–1193
   bullion   1209–1210
   chrematistike   1475
   economy   2278
   Hacksilber   3016–3017
   interest rates   3471–3472
   iron   3498–3499
   kolakretai   3799
   modernism   4559
   overstrike   4968
   spits   6358
money devaluation   1181, **4576–4577**, 4968
monoenergism   1430, 1905, 4015, **4578**, 4581, 6168
monopoly   2282, **4579–4581**, 6023
monotheletism   4581
Mons Claudianus   **4582–4583**, 4964
Mons Porphyrites   **4583–4584**
Monstrum (Greek and Roman)   **4584–4585**, 6233
Mont Beuvray, France. *see* Bibracte
montanism   813, 1497, 4190, **4585–4589**, 5137, 5581, 6613
Monte Testaccio   3000, **4590–4591**, 4893, 5490, 5755
Montu   721, 2750, 4374, **4591–4592**, 5790, 6056, 6175, 6775
Moon   867–868, 3747, 5044, 6475, 6758, 6760
moon deities (Greece and Rome)   1928, **4593–4594**
morality   2437–2439, 2506–2509, 5295–5296, 5671–5672
Morgantina   200, **4594–4595**
mors litis   4595
mortality   65, 2014–2015, 2017, 2038, 3455–3456
mos maiorum   2509, 2626, **4595–4596**
mosaics (Byzantine)   785, 1202, 2928, **4596–4597**, 6032
mosaics (Roman Empire)   1202, 3344, 4186, **4598–4602**, 4926–4927, 6028, 6155, 6372

Moses   **4602–4603**
   apologists   559
   Assumption of Moses   849
   canon of Scripture   1301, 1302
   Egyptomania   2336
   Eusebius of Caesarea   2578
   Exodus, Jewish and Egyptian stories about   2596, 2597
   Ezekiel the tragedian   2608
   Irenaeus   3497
   Jannes and Jambres, Book of   3568
   Jubilees, Book of   3632
   Judeo-Greek literature   3645
   Justin Martyr   3666
   Matthew, Gospel of   4355
   mezuzah   4487
   Mount Nebo   4608
   Philo Judaeus   5270
   priests and Levites   5530
   Yahweh   7157
Moses, Jewish and pagan image of   **4603–4604**
mother goddesses   1881–1884, **4604–4605**
mothers and motherhood (Greece and Rome)   4345–4346, **4605–4606**
Motya   **4606–4607**, 6236
Mount Nebo   **4608–4609**
mountains (sacred)   **4607–4608**, 4898, 7172
Mu'allaqat   **4609–4610**
Muawiya   **4610–4611**, 6208, 6911
Mucius Scaevola, Publius   **4611**, 5984
Muhammad   **4611–4615**
   caliph   1271
   caliphs, rightly guided   1272, 1273
   Constitution of Medina   1748–1749
   Doctrina Iacobi   2181
   hadith   3017–3018
   hijra   3215
   historiography   3267
   holy men   3283
   Jerusalem   3579
   martyrdom and martyrs   4334
   Mecca   4372
   Medina   4392
   prophets   5581
   Qur'an   5717–5720
   Shi'ism   6208
   Sinai, Monastery of St. Catherine   6264
Mul.Apin   **4615**
Mulvian Bridge. *see* Milvian Bridge, battle of
mummies and mummification   **4615–4619**
   afterlife   162
   Apis   526

bitumen   1140–1141
burial   1215, 1219–1221
cemeteries   1402
Dead Sea   1937
Egyptomania   2342
ethnicity   2518
funerary cult   2788, 2789
Hierakonpolis   3203–3204
Ibis   3382
Maiherpri   4238
Osiris   4950, 4951
paleopathology   5002–5003
Quesna   5710
Serket   6169
textiles   6636, 6637
Mummius, Lucius   37, 40, **4619–4620**, 6523
mummy portraits   1220, 2521, 2651, 3085, **4620–4622**, 4983, 4984
Mundus   2792, **4622**
municipia (Roman Empire)   1520, 1870, 2395, 6301, 6307, 6505, 6506
municipia (Roman Republic)   1958–1959, **4622–4624**, 7028
Murashu family and archive   2290, **4624–4625**
Muratorian Fragment   3158, **4625–4627**, 5203
Murecine Tablets   3633–3634, **4627–4630**
Mursili I   275, 3042, 3054, 3083–3084, **4630**
Muses   **4630–4631**
  Academy   23
  Aletheia   286
  Apollo   546
  Camenae   1282
  Dendrophoroi   2035
  epiphany   2465
  Muses of Helikon sanctuary   4631–4632
  Museum   4632, 4633
  Plato   5349
  Sappho   6036
  Smyrna   6292
Muses of Helikon sanctuary   834, **4631–4632**
Museum (Alexandria)   4067, **4632–4634**
music (ancient Near East)   3365–3366, **4634–4636**, 6272
music (Byzantine)   1234, 3363, **4636–4638**
music (Greece and Rome)   **4637–4640**
  agonistic festivals   196
  Apollo   546
  Aristides Quintilianus   692
  Aristoxenos of Tarentum   715
  carmina   1338
  Damon   1921–1922
  dance, dancing   1924–1925

dwarves   2239
harmonics   3063–3064
hymns   3363–3364
Isthmian Games   3530
Nicomachus of Gerasa   4781–4782
orgia   4930–4931
proportion   5583, 5584
Ptolemy   5652
Pythagoreanism   5685
sistrum   6272
technology   6567
tubicen   6883
music (Pharaonic Egypt)   2319–2320, 2705, 3074, **4640–4643**
muškēnum. *see* awīlum, muškēnum, and wardum
Muslims   604, 4372, 4609, 4612–4614, 5191
Musonius Rufus, Gaius   **4643**
  Dio Chrysostom   2102
  Epictetus   2436, 2437
  Justin Martyr   3665
  philosophy   5287
  Seneca the Younger   6145
  Sentences of Sextus   6150, 6151
  sex and sexuality   6194
  Stoicism   6402
Mut   2667, 3108, 3693, 3747, **4643–4644**, 6118, 6190, 6652–6653
Mut (city)   **4644–4646**
mutiny (military)   1586, 2083–2085, **4646–4647**
Mycenae   **4647–4650**
  administration   75
  Ahhiyawa   232
  Archanes   627
  architecture   651
  archives   662
  Argolis   678
  Argos   680
  Athens   910
  Aulis   969
  Berbati   1088–1089
  burial   1212
  Crete   1834–1835
  Cyclades islands   1885
  Dark Age Greece   1929
  Eretria   2485
  Hera   3135
  Heraion sanctuary   3137
  Hermes   3160
  Ilion   3398
  Ionia   3486
  Ionian migration   3487
  Kephallenia   3731

Mycenae (cont'd)
  Knossos 3795
  Kolophon 3801
  Kommos 3808
  Kopais Lake 3809
  Koukounaries 3816
  Kythera 3847
  lawagetas 3978–3979
  literacy 4098
  Naxos 4717
  orality, oral culture, and historiography 4920
  Orchomenos in Boiotia 4927
  palace economy 4986
  terracing 6612
  Tiryns 6767–6768
  wanax 7044–7045
  weaponry 7074
  weights and measures 7086
  Zakynthos 7163
  Zygouries 7188
Mycenaean archaeology **4650–4653**
  Archanes 627
  architecture 651–652
  Assiros, Macedonia 845
  chrematistike 1474
  Gla in Boiotia 2923
  Halikarnassos 3044–3045
  Kephallenia 3732
  monopoly 4579
  pottery 5473
  Prosymna 5592
  Same 6027
  stirrup jar 6397
  Troy 6880–6881
  Tsoungiza 6882
  Vapheio in Lakonia 6947–6948
Mycenaean society and culture **4653–4658**
  Aegean Sea 116
  Homer 3285
  kingship 3760
  Kydonia 3839
  Lefkandi 3989
  Linear B 4093–4094
  Muses of Helikon sanctuary 4631
  Poseidon 5454–5455
  Pylos 5677–5678
  Tiryns 6767–6768
Mycerinus. *see* Menkaure
Mykale mountain 912, **4658–4659**, 5025, 5528–5530
Mykonos 1980, **4659–4660**
Mylasa 2574, 3045, 3098, **4660**

Myndos **4661**
Myos Hormos 2041, 3450–3451, **4662**, 4964
Myrina **4663–4664**
Mysia 102–103, 122, 475, 3110, 3487, 3705–3706, **4664–4665**, 5154–5156, 6059
Mysteries **4665–4667**
  Argos 681
  Dionysos 2134
  Eleusis, Mysteries of 2371–2372
  epiphany 2466
  Eucharist 2545
  groves, sacred 2999
  Kabiroi 3672
  Mithras and Mithraism 4551–4553
  orgia 4930–4931
  rites of passage 5849
  sacraments in early Christianity 5994
  Salaminia 6014
  Samothrace 6030–6031
  Samothrace, Mysteries of 6031–6032
  Sicilian expedition 6235
  sistrum 6272
myth **4667–4670**
Mytilene **4670–4671**
  Alexander historians 301
  Alkaios of Mytilene 316
  Antiphon of Rhamnous 487
  Arginousai, battle of 676
  Aristotle 701
  Athenian Confederacy, Second 908
  diagramma 2068
  electrum, electrum coinage 2360
  Eresos 2484
  Hellanicus of Mytilene 3110
  Kleon 3790
  Lesbos 4023
  Peloponnesian War 5132
  Sappho 6035
  Sigeon 6246

Nabataeans 602, 1937, 2523, 3176, **4672–4673**, 4755–4756, 5214–5215, 6489
Nabis of Sparta 39, 680, 2693, 2694, **4673–4674**
Nabonassar **4674–4675**
Nabonidus 62, 886, 1079, 2410, **4675**, 6133, 6261, 6557
Nabopolassar and the Chaldaean dynasty 853, 857, 1079, **4675–4677**, 4722
Nabu 266, 1168, **4677**, 6082
nadītum **4677–4678**, 6266
Naeferud (Nepherites) 3027, 3915, **4678–4679**

Naevius, Gaius, *Bellum Punicum*   1236, 3954, **4679–4680**, 6807
Nag Hammadi Library   **4680–4684**
　apocrypha   540
　Bible   1112
　contents of   4681–4682
　Coptic   1772
　creation of the cache   4680–4681
　Dialogue of the Savior   2071
　discovery and publication of   4680
　gnosis, gnostics, gnosticism   2940–2942
　Gospel of Truth   2963
　hairesis   3041
　Hermetic writings   3161, 3162
　Irenaeus   3495
　other Christian texts   4684
　Peter, Coptic *Apocalypse of*   5204
　Philip, Gospel of   5257–5258
　Second Treatise of the Great Seth   6107
　Sentences of Sextus   6150
　Sethian texts   4683
　Sethianism   6176
　Thomas, Gospel of   6720
　Valentinian texts   4683–4684
　Valentinus/Valentinians   6939, 6940
　Zosimus   7186
Naga el-Deir   2684–2685, 2688, **4684–4685**
Naissus (Nis)   1546, **4685–4686**
names, personal (Classical Greece)   **4686–4688**, 4688
names, personal (Egyptian)   **4688–4689**
names, personal (Roman)   **4690–4691**
Napata   3833, 3834, 3836, 3837, **4691–4694**
Naples, Bay of   1869–1870, 4538, 5339, 5675
Napoleon I (emperor of the French)   921, 2333, 2341–2342, 2831
Naqada (Nagada)   **4694–4696**
　A-Group   229
　Abydos, Egypt   18
　Adaima   63
　animals   438
　Diospolis Parva   2143
　First Intermediate Period   2684–2685
　Gaza   2861
　hair, hairstyling   3037
　Horus   3319
　Kafr Hassan Dawood   3674–3675
　kingship   3764
　Maadi   4197
　Neithhotep   4733
　palette   5007
　pottery   5481
　Predynastic Period   5513
　Scorpion   6080
Naqi'a. *see* Zakutu
Naram-Sin of Ashur; of Eshnunna; of Uruk   **4696**, 5971, 6046, 6201, 6914, 6925
Narbo Martius (Narbonne)   2419, 2825, **4696–4697**
Narcissus (Claudius' secretary)   955, 1552, 1553, **4697–4698**
Narmer   **4698–4699**
　Abydos, Egypt   18
　army   746
　crowns   1848
　Early Dynastic period   2249
　ethnicity   2515
　fish and fishing   2689
　Hierakonpolis   3202, 3204
　Hor-Aha   3300
　Kafr Hassan Dawood   3675
　Neithhotep   4733, 4734
　palette   5007
　Scorpion   6080
natron   2326, 2931–2932, 4522, 4616
nature   2947–2948, 4161, 5313–5314, 5316, 5317, 5319–5321, 5357
Naukratis   236, 545, 2328, 2398, 2518, 2523, 2711, 2729, 3112, **4699–4701**
Naupaktos   38, 250, 252, 2028, 3730, **4701–4702**, 4878
naval bases   4398, 4706, 5198–5199, 5446, 6221, 6270
naveta   **4702–4703**
navies (Byzantine)   **4703–4704**, 4709, 6214, 6215
navies (Greek)   **4704–4708**
　administration   77
　army   740–741
　Chabrias   1423, 1424
　forests   2714
　Halikarnassos   3046
　Hippodamos of Miletos   3235
　Long Walls   4147
　Nearchos   4720
　Salamis, island and battle of   6017
　ships and shipping   6214, 6216
　thalassocracy   6639–6640
　trireme   6865–6867
　unemployment   6916
navies (Late Antique)   **4708–4709**, 6865–6867
navies (Roman)   **4709–4714**
　army   751, 752
　Campania   1284

navies (Roman) (cont'd)
　diplomata　2153
　forests　2714
　Mediterranean　4400–4401
　Misenum　4538
　navies　4708–4709
　Ostia　4957–4963
　ships and shipping　6220, 6221, 6223, 6225
　Siscia　6270
navigation (economy)　**4714–4715**
navigation (science)　2601–2602, **4715–4716**, 6214
Navigium Isidis　**4717**
Naxos　**4717–4718**
　aisymnetes　249
　Amorgos　371
　Archias of Corinth　633
　Athens　912
　Delian League　1976
　Delos　1980
　Hieron I of Syracuse　3212
　Hippokrates　3237
　Kaukasa　3714
　Koukounaries　3815
　Paros　5065
　pentekontaetia　5141
　Phokion　5301
　Sicilian expedition　6235
　Tauromenium　6542–6543
　Theokles of Chalcis　6684
Neapolis, Thrace　**4719–4720**
Neapolis (Naples), Italy　4015, **4718–4719**
Nearchos　295, 301, 759, 4180, **4720–4721**, 4902, 6528
Nebuchadnezzar I　1005, 1009–1010, 1926, 2350, 2607, **4721**, 5999, 6241, 7157
Nebuchadnezzar II　**4722**
　Borsippa　1168
　Eanna and other major Babylonian temples　2248
　Jerusalem　3576
　Judith, Book of　3647
　Kutha　3839
　Nabopolassar and the Chaldaean dynasty　4676
　Syria　6487
　Tell el-Mashkuta　6578
　Uruk　6928
　Wahibre　7039
Nechepso and Petosiris　464, **4722–4723**
necromancy　156–157, **4723–4724**, 4737, 6925
Nectanebo I　21, 2033, 3168, 3915, 6040
Nefertari　13, 14, 2982, 3108, **4724**, 4763, 5706

Nefertiti　260, 261, 440, 1002, 1780, 2334, **4724–4725**, 5706, 6888–6889
Nefertum　**4725–4726**, 5624, 6118
negotiatores　2475, **4726–4728**, 6307
negotium　4728, **4728–4729**
Nehalennia　**4729–4730**
Nehemiah　2171, 2608–2610, **4730–4731**
neighborhood, neighbors　1372, **4731–4732**
Neith　2325, 2501, **4732–4733**, 4733, 6012, 6013, 6169, 6892
Neithhotep　**4733–4734**
Nekau (Nekho) I–II　**4734**
Nekau (Nekho) II　3631, 4734, 6013, 7035, 7038
Nekhbet　1848, 2330, 2376–2377, **4735**, 7037
Nekromanteion sanctuary　**4735–4736**
Nektanebo　**4736–4737**
Nektanebo I　1075, 4736, 6576, 6654
nekydaimon　**4737–4738**
Nemausus (Nîmes)　497, 1637, **4738–4739**
Nemea　135, 195, 466, 1985, 3111, **4739–4741**, 6362, 6882
Nemi, Lake　**4741–4742**, 6226
Neo-Assyrian Empire　817, 855–857, 4987, 5577–5578, 6033, 6794
neokoros　827, 828, **4742–4743**
Neoplatonists　**4743–4747**
　astrology　866
　Boethius　1148
　Chaldaean Oracles　1435
　Chosroes I　1473
　Damascius　1917
　Desert Fathers and desert literature　2046
　Dionysius the Areopagite, Pseudo-　2127–2128
　Eunapius of Sardis　2560
　Eusebius of Caesarea　2578
　gnosis, gnostics, gnosticism　2940
　Hypatia　3366
　Iamblichus　3377
　Martianus Capella　4328, 4329
　physics　5316
　Plotinus　5360–5361
　Plutarch　5366
　Porphyry　5436
　Proclus　5560–5561
　psychology　5623
　Pythagoreanism　5686
　Sethianism　6178
　Shi'ism　6209
　Simplicius　6260, 6261
　soul　6336
　Synesius　6481
　teleology　6575

Tertullian 6614
Trinity, doctrine of the 6863
Neoptolemos 43, 287, 1572, **4747–4748**, 4929
Neopythagoreanism 557, 5360, 5619, 5686
Nephthys 2789, 2790, 3518, **4748**, 4950, 5791, 6169, 6174
Neptunus **4748–4749**, 6014
Nero (Nero Claudius Caesar Augustus Germanicus) **4749–4753**
   Agricola, Gnaeus Iulius 207
   Agrippa II 226
   Agrippina the Younger 228
   animals 436
   apartment buildings 515–516
   Armant 720
   Armenia 724
   Augustus 963
   auxilia 984
   Aventicum 995
   Boudica 1117–1174
   Caelius Mons 1244–1245
   Caesar 1247
   civil war 1529
   Claudii, family of 1536
   Claudius 1552, 1554
   coinage 1636, 1642
   corporal punishment 1801
   damnatio memoriae 1921
   Diktys of Knossos 2100
   Domitian 2197
   dynastic cults 2243
   eunuchs 2562
   Euphrates frontier 2568
   exploration 2602
   famine and food shortages 2635
   Felix 2653
   firefighting 2681
   Forum, Forum Romanum 2745
   Galba 2809
   Hegesippus 3095
   Heraion sanctuary 3138
   Iulius Vindex, Gaius 3551
   legions, history and location of 3996, 3997, 4003
   Lucan 4153
   Metaurus, battle of 4473, 4474
   Nerva Augustus 4754
   Otho 4966–4968
   palaces 4998
   persecution of Christians 5172
   philosophy 5286–5287
   Rome, city of: 4. Julio-Claudian 5910, 5914, 5915
   Rome, city of: 5. Flavian and Trajanic 5919, 5923
   Rome, resistance to 5954
   Seneca the Elder 6144
   Seneca the Younger 6145, 6146
   Sibylline Oracles 6232
   Silius Italicus 6251
   Tacitus 6513, 6514
   Taras 6529
   taxation 6552
   Thessalos of Tralles 6710
   Tigellinus 6750–6751
   Verginius Rufus, Lucius 6966, 6967
   Vespasian 6971, 6973, 6974
Nerva Augustus **4753–4755**
   agrarian laws 204
   alimenta schemes 315
   Ammianus Marcellinus 365
   Dio Chrysostom 2102
   Diospolis Parva 2143
   Domitian 2201
   Frontinus, Sextus Iulius 2780, 2781
   Historia Augusta 3250
   law 3958
   Rome, city of: 5. Flavian and Trajanic 5921
   Rome, city of: 7. Severan and third century 5934
   Tanagra 6523
   Trajan 6812–6813
   tribus 6856
Nesiotic League. *see* League of Islanders
Nessana 744, **4755–4757**
Nestorian Church **4757–4760**
   Byzantium 1231
   Chalcedonian controversy 1428
   Christology 1481
   docetism 2180
   Henotikon 3131
   Lakhmids 3864
   Syriac literature 6493
   Theodore of Mopsuestia 6672
   Theodoret of Cyrrhus 6674–6675
Nestorius 1481, 1903, 4141, 6674–6675, 6680, 6698
neutrality, political (Greece and Rome) **4760–4761**
New Kingdom (Egypt) **4761–4765**
   Abu Simbel 13–14
   Abu Sir 16–17
   Abydos, Egypt 20–21

New Kingdom (Egypt) (*cont'd*)
  administration 86
  art 773
  astronomical ceilings 876
  Aswan and hinterlands 890
  Asyut 894
  Coptos 1774
  Dahshur 1914
  deserts 2052–2053
  diplomacy 2149
  economy 2293
  education 2321
  Egypt, Lower 2328
  El-Kab 2376–2377
  festivals 2666
  fish and fishing 2689–2690
  foundation deposits 2749
  gender 2876, 2877
  Giza 2922
  gods 2949
  habiru 3015
  Harris Papyrus 3067–3068
  Heliopolis 3108
  Hermopolis Magna, Tuna el-Gebel 3170
  Hyksos 3361
  Isis 3515–3517
  Kalabsha 3675
  Keftiu 3721
  Khepry 3745
  land and landholding 3883
  law 3960–3962
  mathematics 4347
  Medamud 4374
  Memphis 4430
  mummies and mummification 4616, 4618
  Nefertari 4724
  paint and painting 4984
  palaces 4996, 4997
  perfumes and unguents 5151–5152
  Piramesse 5333–5335
  police 5376–5377
  pottery 5480, 5481
  prices 5526
  priests and priestesses 5533, 5534
  Saqqara 6038
  sculpture 6094, 6095
  Second Intermediate Period 6107
  Sety (Seti) I–II 6179, 6180
  Shasu 6202
  ships and shipping 6219
  Sidon 6241
  Sinai 6261
  slavery 6283, 6284
  Sokar 6313
  sports and games 6366
  Suppiluliuma I 6459
  taxation 6550–6551
  Tell el-Borg 6577–6578
  Thebes 6647, 6651, 6652, 6655, 6658
  trade 6801
  warfare 7051, 7052
  wax 7070
  weaponry 7075
  Wilbour Papyrus 7104–7105
  women 7127
New Testament (generally)
  Acts of the Apostles 60
  afterlife 158–160
  Agrapha Iesou 202
  apocalypses 530
  apocrypha 538–540
  apocrypha and pseudepigrapha 542
  Apostolic Fathers 570–571
  apostolic succession 572–573
  arrha, arrhabon 756
  Ascension of Isaiah 811
  ascesis 811
  Atonement, Doctrine of 926
  bishop 1132–1134
  canon law 1300
  canon of Scripture 1303–1304
  Catholic Epistles 1372
  celibacy 1393
  Celsus 1396
  chiliasm 1465
  Christology 1478, 1479
  Corinthians, Third 1788–1789
  creeds 1829–1833
  Diatessaron 2078
  Enoch, Books of 2417
  epigraphy 2455
  exorcism 2598
  Galilee, Sea of 2817
  Gospel of Truth 2964
  letters, letter writing 4031
  logos 4140
  Lucian of Antioch 4157
  Luke, Gospel of 4165–4166
  Marcion and Marcionites 4285–4288
  Mark, Gospel of 4305–4306
  Matthew, Gospel of 4354–4356
  messianism 4464
  Muratorian Fragment 4626
  Paradise, Jewish and Christian beliefs in 5059

Pastoral Epistles   5077–5078
penance   5136
Peraea   5146
Peter, Acts of   5202
Peter the Apostle   5205–5206
Pharisees   5230
Philoxenos of Mabbug   5292
Physiologus   5319–5321
prayer   5503–5504
presbyter   5520
Revelation, Book of   5812–5813
Sentences of Sextus   6150
Trinity, doctrine of the   6860–6861
New Testament (Coptic translations)   1109–1110, 1112, 1772, **4765–4767**
New Testament (Latin translations)   1111, **4767–4769**
Nicaea   464, 1354, 2116, 2722, 3222, 3349, 4486, **4769–4770**
Nicaea, Council of   **4771–4775**
  Alexander of Alexandria   299
  Arius and Arianism   717
  Armenians   727
  Athanasius   899, 900
  Cappadocia   1319
  celibacy   1394
  church institutions   1494
  Constantine I   1725
  Constantinople, Councils of   1733
  creeds   1831–1833
  decisions of   4773–4774
  Desert Fathers and desert literature   2045
  Easter   2254
  ecclesiastical history   2264
  Eusebius of Caesarea   2579
  Eusebius of Nicomedia   2581
  Eustathius of Antioch   2582
  iconophiles   3386
  Isauria   3509
  katholikoi of Persia   3708
  Kos   3814
  Marcellus of Ancyra   4282
  Meletian Schism   4421
  Nestorian Church   4758
  Nicaea   4770
  Nicene Creed   4774
  Novatian   4818–4819
  Ossius of Cordoba   4955–4956
  patriarchs   5087
  Philostorgius   5289
  Popes   5425–5426
  Sabellius, Sabellianism   5991

Stoudios monastery; Studite *typikon*   6415
Termessos   6609
Nicene Creed   **4775–4779**
  Athanasius   899
  Ephrem   2435
  Eusebius of Caesarea   2579
  Eusebius of Nicomedia   2581
  Gregory of Nazianzus   2993
  Gregory of Nyssa   2994
  Henotikon   3131
  logos   4141
  Nicaea, Council of   4772, 4773
  Ossius of Cordoba   4956
  Sabellius, Sabellianism   5991
  Trinity, doctrine of the   6862, 6863
  Valentinian I   6937
Nichoria   2747, 4651, **4779–4780**
Nicolaus of Damascus   923, 961, 1173, 2434, 3176, 3844, **4780–4781**, 6918, 7144
Nicomachus of Gerasa   **4781–4782**
Nicomedia   1607, 2580–2582, 4050, 4080, 5851
Nidaba (Nissaba)   **4782–4783**, 4797–4798
Nigidius Figulus   **4783–4784**, 5686
Nika revolt   1077, 1511, 3029, 3236, 3668, **4784**, 5881, 6849
Nikander of Kolophon   548, 934, **4784–4786**
Nikias   317, 2028, 3367, **4786–4787**, 4787–4788, 6234, 6235
Nikias, Peace of   317, 1985, 2182, 4786, **4787–4788**, 5132, 6234, 6277, 6360
Nikomedes (mathematician)   2585, 3227, **4790–4791**
Nikomedes I–IV of Bithynia   **4788–4790**
Nikopolis   **4791–4792**
  Actium   57
  Aegyptus   117
  Aitolia   251
  Aitolian League   254
  Ambrakia   353
  Ambrakos   354
  Epirus   2468
  Euphrates frontier   2568, 2569
  Iulius Africanus, Sextus   3546
  Stratos   6426
Nikopolis ad Istrum   56, 1947, **4792–4793**
Nile   **4793–4794**. *see also* inundation (Egypt)
  Antinoopolis   467
  cemeteries   1405–1406
  Coptos   1773–1776
  crocodile   1844
  crop schedule   1845–1846

Nile (cont'd)
    Eastern Desert   2254
    Egypt, Lower   2326–2327
    Egypt, Upper   2330
    El-Hiba   2373
    exploration   2602
    famine and food shortages   2635
    Fayyum   2649
    India, trade with   3450
    inundation   3477–3479
    irrigation   3502, 3505–3506
    Juba II of Mauretania   3631
    Kerma   3735, 3736
    Marea   4296
    Medamud   4374
    nilometer   4794
    Nubia   4821, 4822, 4824
    Nun   4835–4836
    Osiris   4951
    ostraca   4965
    rivers   5850–5851
    ships and shipping   6219
    Trajan's Canal   6815
    transport   6826
    water meter   7063
nilometer   **4794–4795**
Nine Bows   **4795**
Nineveh   **4795–4797**
    Adiabene   68
    Ammisaduqa, Venus Tablet of   368
    Ashurbanipal   820
    Assyrian kings   856, 857
    firefighting   2681
    Herakleios   3145
    Library of Ashurbanipal   4069–4070
    Medes, Media   4375
    prophecy and oracles   5577
    Semiramis   6133
    Sennacherib   6149
    Shamshi-Adad and sons   6201
    Syria   6487
    Zakutu   7162
Ningirsu   510, 2419, 3001, 3862, **4797–4798**
Ninurta   61, 510, 2413, 2422, 3316, 4419, 4798, **4798**
Nippur   **4798–4799**
    Burna-Buriash   1223
    Enlil   2413
    Hammurabi of Babylon and his dynasty   3052, 3054
    Ishbi-Erra and the Isin Dynasty   3512
    Kassite dynasty   3702

Murashu family and archive   4624–4625
nadītum   4678
Sin   6261
Sippar   6266
Umma   6913
ziqqurrat   7176
Nisa   **4799–4800**
Nisibis   365, 2306, 2435, 3663, **4800–4801**, 4954, 5189
Nisyros   **4801–4802**, 6362
nobiles, nobilitas   **4802–4804**
Nodens   **4804**
nomads   **4804–4807**
nome   **4807**
nomophylakes   887, 2432, **4807–4808**
nomos and nomothesia   3973, **4808–4810**, 4810–4811
nomothetai   913, 3105, 4808, **4810–4811**
Nonnos of Panopolis   4133, **4811**
Noricum   966, **4811–4813**, 5371, 5869
notary   **4813–4814**, 6498–6499
Notitiae Dignitatum   **4814–4817**
    administration   79, 82, 84
    army   744
    comitatenses   1684
    comites   1685
    date and composition   4815
    De rebus bellicis   1934
    factories   2619
    Hadrian's Wall   3026
    Isca   3510
    kataphraktoi   3707
    limitanei   4088–4089
    numerus   4833
    Oriens, diocese of   4932
Novaesium (Neuss)   **4817–4818**
Novatian   1889–1892, **4818–4819**, 5991, 6310
Novellae   1653, 3120, 3966, **4819–4820**
Noviodunum. *see* Colonia Iulia Equestris/Noviodunum
Noviomagus Batavorum (Nijmegen)   1063, **4820–4821**, 5837
Nubia   **4821–4824**
    A-Group   230
    Abu Simbel   13, 14
    agriculture   211
    Ahmose I   235
    Amenhotep I–III   360
    army   747, 748
    Blemmyes   1145
    C-Group   1422, 1423
    cemeteries   1406

crowns   1849
deserts   2052
Dodekaschoinos   2184
economy   2293
Egypt, Lower   2329
Egypt, Upper   2331
Elephantine   2364
foreigners   2710
forts   2725–2726, 2728
furniture   2803
Hierakonpolis   3205
Kalabsha   3675
Kamose   3688
Kawa   3718
Khnum   3746
Kush   3831–3835
Kushite Period   3836
Middle Kingdom   4492
mines and mining   4522
New Kingdom   4761–4765
Nile   4793
Nine Bows   4795
Pan Grave culture   5015–5016
Qasr Ibrim   5695, 5696
ruler cult   5975
Satet   6057
Second Intermediate Period   6106, 6107
Senwosret I–IV   6153, 6154
Sety (Seti) I–II   6180
Shabaka   6195
Tanutamun   6527
Third Intermediate Period   6716
trade   6801
Viceroy of Kush   6991
nudity   1591, 2493, **4824–4825**, 6362
Numantia (Spain)   1286, 2614, 3242, **4825–4826**, 6076
numbers (Egyptian)   **4826–4827**, 4828
numbers (Greek)   28–29, **4827–4829**
numbers (Mesopotamian)   4352, 4827, **4829–4830**
numbers (Roman)   28–29, 4828, **4830**
numen   **4830–4831**
Numerian (Marcus Aurelius Numerius Numerianus Augustus)   1334, 1335, 1350, 2105, 3248, **4831–4832**
numerus   2603, **4832–4833**
Numidia   **4833–4835**
   Africa Proconsularis   149–152
   Augustine of Hippo   958
   Berbers and Moors   1090
   Bulla Regia   1208–1209
   Caecilii Metelli   1239
   Caesarea   1248
   Cereres   1418
   Forum Augustum   2735
   Fossa Regia   2746
   Hannibal   3057
   Hippo Regius   3230
   imperialism   3432
   Jugurtha   3648
   Madauros   4211
   Masinissa   4342
   Mauretania   4356
   Medracen   4407
   nomads   4806
   optio   4914
   Punic wars   5664
   Roman Empire, regional cultures   5870
   Scipio Aemilianus   6076
   Scipio Africanus   6079
   Thagaste   6638, 6639
   Thugga   6735–6736
   Vandals   6947
   Zama, battle of   7164
Nun   1812–1813, **4835–4836**
nuncupatio   **4836–4837**, 6622
nuraghi   **4837–4838**, 6041
nurse, nursing   **4838–4839**
Nut   3745, **4839–4840**, 4950, 5791, 6174
nutrition and malnutrition   2088–2089, 4009, **4840–4843**
Nuzi   276, 3015, 3330, 3346, **4843–4844**, 6487
nymphs   3729, **4844–4845**
Nyon, Switzerland. *see* Colonia Iulia Equestris/Noviodunum

Oasis Magna (Dakhleh Oasis)   2041, 2728, 3726, 3742, 3961, 4072, 4644, **4846–4847**, 6176, 6892
Oasis Parva   **4847–4848**
oaths (ancient Near East)   108, 2496, 3963, **4848–4849**
oaths (Greek and Roman)   **4849–4851**
   curses   1877–1878
   diplomacy   2145
   Dius Fidius   2167–2168
   gestures   2909
   iusiurandum   3560
   perjury   5167–5168
   procedure, legal   5553–5555
   sacramentum   5995, 5996
   Zeus   7173
obelisk   2338, 2340, **4851–4852**

obligation (Greek and Roman)   1384, 1477, 1852–1853, 4728, **4852–4855**
Obsequens, Iulius   3268, **4855**
obsequium   **4855–4856**
obsidian   4423, **4856–4858**, 6017, 6279
obstetrics   1453–1455, 2785, 4495–4496, **4858–4859**, 7179
Oceanus (geographical/mythographical)   **4859–4860**, 6014
Octavia   502, 963, 1554, 2036, 3631, 4751, 4752, **4860–4861**, 6145, 6388
Octavian. *see* Augustus
Octavius Tidius Tossianus Lucius Iavolenus Priscus, Gaius   **4861**
Octodurus-Forum Claudii Vallensium (Martigny, Switzerland)   341, **4861–4862**, 5844
Odes of Solomon   **4862–4864**, 5613, 6492
Odessos   **4864**
Odysseus   **4864–4865**
    beggars   1074
    Diogenes Laertius   2116
    Eugammon of Cyrene   2554
    flax   2698
    Malea Cape   4241
    necromancy   4723
    recitations, historical works   5748
    rhetoric   5825
    tragic history   6809
    xenodokoi   7145
Odyssey (Homer)
    Achilles   43
    anthropology   454
    Ares   672
    Athena   902
    cheese   1446
    deformity   1961
    demons   2020
    Dionysos   2133
    disability   2156
    dreams   2224, 2225
    emporos   2399
    Erechtheus   2483
    exploration   2601–2602
    gardens   2850
    gender   2874
    gift-exchange   2915
    guest-friendship   3002
    Homer   3284–3285
    katabasis   3705
    Odysseus   4864
    Pharos   5239
    Vergil   6965

Oea   **4865–4866**
Oedipus   2156, 3800, **4866**, 6353
Oenopides of Chios   **4866–4867**
Ogulnius, Gnaeus and Quintus   **4867–4868**
oikistes   409, 545, 574, 2397, 2753, **4868–4869**
Oikonomika (treatise)   2282, **4869–4870**, 4874, 5881
Oikonomikos (treatise)   **4870–4872**, 4872, 4873
oikonomos   89, 2167, **4872–4873**, 6554
oikos (family)   109, 174, 1061, 2462, 2463, **4873–4875**, 7131–7132
oikos (house)   **4875–4876**
oikoumene   **4876–4877**
Oiniadai   252, 258, **4878**
Oinomaos of Elis   **4878–4879**, 5336
Oinophyta, battle of   3811, **4879**, 6523
Olbia   **4879–4881**, 4945, 6043
old age (Egypt)   **4883–4885**
old age and aging   173–175, **4881–4883**, 7096
old comedy. *see* comedy (old)
Old Kingdom (Egypt)   **4885–4887**
    Abu Gurob   7–8
    Abu Rawash   11–12
    Abu Sir   15–17
    Abydos, Egypt   19
    administration   86, 87
    art   771
    Aswan and hinterlands   890
    Beni Hasan   1087–1088
    co-regency   1781
    Dahshur   1913
    Dendera   2033–2034
    desert   2041
    deserts   2051–2052
    Diospolis Parva   2143
    diplomacy   2149
    economy   2292
    Edfu   2308
    education   2320–2321
    Egypt, Lower   2328
    Elephantine   2364
    execration texts   2592, 2593
    famine and food shortages   2636
    festivals   2666
    First Intermediate Period   2684–2685
    fish and fishing   2689–2690
    gardens   2852, 2853
    Gebelein   2866
    gender   2876
    Giza   2920
    hair, hairstyling   3036
    Hatnub   3075

Heliopolis 3107
Hermopolis Magna 3168
Hierakonpolis 3202, 3205
Imhotep 3415–3416
Kerma 3735
Khaemwaset 3739–3740
Khufu 3748–3749
Kom el-Hisn 3803
land and landholding 3882
law 3962
mathematics 4346
Meidum 4417
Memphis 4429
metallurgy 4470–4471
models 4557, 4558
mummies and mummification 4617
music 4640, 4642
palaces 4995–4996
police 5376
portraiture 5443
prices 5525
priests and priestesses 5533–5534
Punt 5665
pyramid 5679–5680
Saqqara 6037, 6038
sculpture 6093
ships and shipping 6218
slavery 6283
Sneferu 6293, 6294
Sokar 6313
stoneworking 6410
taxation 6549–6550
Thebes 6651
Unas 6914
Wadi Tumilat 7036
women 7127
Old Oligarch **4888**, 4889, 5384, 7152
Old Testament
   apocalypses 531
   apocrypha 538
   Ascension of Isaiah 810, 811
   Collatio legum Mosaicarum et Romanarum 1648
   Lives of the Prophets 4122
   logos 4140
   Lucian of Antioch 4157
   Malalas, John 4240
   Marcion and Marcionites 4285–4288
   Mount Nebo 4608
   Paradise, Jewish and Christian beliefs in 5058
   prayer 5503
   proselytes and proselytism 5584
oligarchs at Athens. *see* Four Hundred

oligarchy **4889–4890**
olives and olive oil **4890–4894**
   agriculture 211, 212, 216, 220
   Aspendos 838
   Boscoreale 1169, 1170
   Cillium 1506
   cooking 1768
   dolium 2191–2192
   economy 2273, 2276, 2277, 2297, 2302
   Fayyum 2650
   fruit 2781
   Guadalquivir 3000–3001
   Heroninos Archive 3190
   Hispalis 3240
   Hispania 3243
   horrea 3309
   horticulture 3316
   Kellis 3727
   land and landholding 3880
   Lepcis Magna 4018
   Maghreb 4219
   Pamphylia 5014
   plants 5345
   presses 5521–5522
   screw 6081
   Settefinestre 6179
   Side 6239
   standards of living, wealth 6370
   stirrup jar 6396
   trade 6804–6805
   Ugarit 6904
   Uluburun shipwreck 6910
   Zakros in Crete 7161
Olympia **4894–4897**
   agonistic festivals 195
   altar 342
   Arcadian League 624
   Asklepios 834
   athletes 919
   Delphi 1985
   Elis 2375, 2376
   Epidamnos 2442
   Hellanodikai 3111
   Hellenes 3112
   Hera 3135
   Hieron I of Syracuse 3211
   Macedonia 4203
   Oinomaos of Elis 4879
   oracles 4915
   Pausanias 5112, 5113
   Pheidon of Argos 5242, 5243
   Pisa 5336

Olympia (cont'd)
    Skillous   6276
    spondai   6360
    sport   6362
    weights and measures   7086, 7087
    wonders of the world   7134
    Zeus   7174
Olympias   **4897–4898**
    Alexander I Epirus   287
    Alexander III, the Great   291
    Alexander IV   297
    Antipater   484
    Argeads   675
    Cleopatra   1572
    Eurydike, wife of Philip Arrhidaios   2575–2576
    Leonnatos   4014
    Neoptolemos   4747
    Roxane   5966–5967
    Successors, wars of   6433
Olympic Games
    agonistic festivals   195
    Arcadian League   624
    Arsinoe II Philadelphos   764
    calendar   1261
    donkey, mule   2208
    liturgy   4119
    Nemea   4739, 4740
    Oinomaos of Elis   4878
    Olympia   4894–4896
    Pelops   5134
    Pisa   5336
Olympos mountain   4607, **4898**
Olynthos   **4898–4900**
    Aeschines   135
    altar   342
    Aristotle   701
    Chalcidice, Chalcidian League   1431, 1432
    Euboulos, Athenian politician   2544
    oikos   4876
    Philip II of Macedon   5251
    town planning   6792
    women's quarter   7133–7134
omens (ancient Near East)   65, 863, 878, 2075, 2421
omens (Greece and Rome)   2225, **4900**, 5931–5932, 6247, 6327, 6895
omphalos   **4900–4901**, 6403, 6404
Onasander   631, **4901–4902**
oneirocriticism. *see* dream interpretation
Onesikritos of Astypalaia   301, 1888, 2117, 4720, **4902**, 6528
Oniads   **4902–4903**, 4903–4904, 6257, 6258, 6774

Onias, Temple of   3625, **4903–4904**, 6258, 6774
Onomarchos   3178, **4904–4905**
oppida   **4905–4907**
Opramoas   **4907–4908**, 6773
ops   **4908**
optics and catoptrics   **4908–4911**
optimates, populares   1238, 3315, **4911–4914**, 7016
optio   2618, **4914–4915**, 5542, 6886
oracles (Greece and Rome)   **4915–4917**
    chresmologos   1477, 1478
    cults: private   1868
    Delphi   1984–1987
    Didyma   2084–2085
    divination   2169–2171
    Dodona   2186
    dreams   2225
    drought   2228
    Endovellicus   2406
    Eusebius of Caesarea   2578
    Faunus and Fauna   2648
    foundations   2753
    healing deities, healing cults   3090
    incubation   3441
    Justin Martyr   3665–3666
    Klaros   3778
    magic   4227–4230
    Nekromanteion sanctuary   4735
    omens   4900
    omphalos   4901
    Patara   5080–5081
    pilgrimage   5326
    Pythia   5688
    Pythioi   5689
    religion   5779, 5792
    Sibylline Oracles   6231, 6232
    Sibyls and Sibylline books   6232
    sortition   6326
    springs   6367
    Trophonios   6880
oracles (Pharaonic Egypt)   1102–1103, 3077, 3078, **4917–4919**, 5975, 6274, 6275
orality, oral culture, and historiography   **4919–4923**
orators (Attic)   **4923–4924**
    Aeschines   136
    Antiphon of Rhamnous   486
    Atticism   936
    Catilinarian conspiracy   1373
    Demades   1988–1989
    Demosthenes   2026–2028
    Dinarchus   2100–2101
    Greek language and dialects   2987

Hyperides   3368
Isaeus   3507
logos epitaphios   4142–4143
Lycurgus   4182–4184
Lysias   4192
oratory and Roman law   1245, 1246, 1503, 1950–1951, 4076–4077, **4924–4926**
Orbe-Boscéaz, villa of (Switzerland)   **4926–4927**
Orchomenos in Boiotia   224, 1149–1152, 2424, 4537, **4927–4928**, 6444
ordeals (ancient Near East)   **4928–4929**
Orestes   40, 138, 166, 246, 546, 2797, 3366, **4929**
orgeones   **4930**
orgia   **4930–4931**
Oribasios of Pergamon   506, 2559, 2812, 4377, **4931–4932**, 5234, 6324, 6462
Oriens, diocese of   4366, **4932**, 4955
Origen   **4932–4936**
   adversus Iudaeos   112
   Alexandria, Egypt, Catechetical School of   310, 311
   allegory   322
   Andrew, Acts of   414
   apocalypses   531
   Arius and Arianism   718
   ascesis   812
   Atonement, Doctrine of   927
   Bardesanes   1047
   Caesarea Maritima   1250
   Celsus   1395, 1397
   Chalcidius   1433
   Christology   1480
   Demetrios of Alexandria   2000
   demons   2020, 2023
   Dionysius the Areopagite, Pseudo-   2128
   Ebionites   2257
   Epiphanius of Salamis   2463, 2464
   eunuchs   2563
   Eusebius of Caesarea   2577, 2578
   Ezra/Esdras, books of   2609
   Gregory of Nazianzus   2993
   Hermas   3158
   Hexapla   3200
   Hippolytus of Rome   3237
   Iulius Africanus, Sextus   3546
   James of Jerusalem   3566
   logos   4141
   Methodius   4478
   monasticism   4571
   Nag Hammadi Library   4683
   Neoplatonists   4746
   Nicene Creed   4776, 4777
   Origenist Controversy   4936–4940
   Pamphilus of Caesarea   5011–5012
   patriarchs   5092
   Paul, Apocalypse of   5103
   Philip   5260
   Sabas, Great Lavra of   5986
   Sentences of Sextus   6150, 6151
   Serapion of Thmuis   6165
   soul   6335
   Trinity, doctrine of the   6861
Origenist Controversy   1904, 2000, 2048, 2586, 3575–3576, 3606, 4933, **4936–4940**, 4942, 6691
Origines. see Cato, Marcus Porcius (Cato the Elder), *Origines*
Orontes   470, 471, 722, 2751, **4940**, 5691, 6059
Orophernes of Cappadocia   **4940–4941**
Oropos   372, 373, 1974, 1979, 3089, **4941**
Orosius   369, 401, 1535, 3243, 3268, **4942**, 5641, 5642
orphanages   1456, **4942–4944**, 7094–7096
orphans   2627, 2748, **4944–4945**, 6602, 6732
Orpheus and Orphism   2134, 3705, **4945–4947**, 6336
Orthagorids   3784, **4947–4948**, 6249
Orthia   **4948**
Orthodox Christianity   10, 537, 1394, 2132, 4488
Oscan   **4948–4949**
   Ennius   2414
   Herculaneum   3151
   Italy, southern   3538–3539, 3541
   languages   3903
   Latin language   3921
   literacy   4105
   Roman Empire, regional cultures   5866
   Sabines and Samnites   5991–5992
   Tabula Bantina   6501, 6502
   Umbrians   6912
Oschophoria   **4949–4950**, 6015
Osiris   **4950–4952**
   Abu Gurob   8
   Abydos, Egypt   18–21
   afterlife   164–165
   animals   434
   Antinoos   469
   Anubis   508
   Apis   526
   Armant   721
   burial   1220
   cenotaphs   1407, 1408
   Champollion, Jean-François   1437
   Coptos   1775
   Djer   2177

Osiris (cont'd)
  Egyptomania   2340
  festivals   2667
  fish and fishing   2690
  funerary cult   2788–2790
  Giza   2922
  Hadrian   3022
  Harpokrates   3067
  Heryshef   3193
  Horus   3319
  Isis   3515–3518
  Kenamun/Qenamun   3728
  Khepry   3745
  Min   4514
  Montu   4592
  Nut   4839
  Re and Re Horakhty   5741
  Renenutet   5802
  Roman Empire, regional cultures   5868
  Sarapis   6039, 6040
  sculpture   6094
  Seth   6174–6175
  Sobek   6294
  Sokar   6312, 6313
  Wepwawet   7098
  Zeus   7173
Osorkon   2374, 3068, 4074, **4952–4954**, 6207, 6525
Osrhoene   1344, 2305, **4954–4955**, 6490
Ossius of Cordoba   1433, 4771, 4772, 4775, **4955–4956**
Ostanes   **4956–4957**
Osteria dell' Osa in Latium   **4957**, 5883
Ostia   **4957–4963**
  Ancus Marcius   412–413
  apartment buildings   515–516
  cemeteries   1403
  Claudius   1552
  firefighting   2682
  horrea   3309
  ports   5446
  Rome, city of: 4. Julio-Claudian   5913, 5914
  Rome, city of: 5. Flavian and Trajanic   5923
  Rome, city of: 6. Hadrianic and Antonine   5929
  Rome, city of: 9. Fourth century   5948
  Sabratha   5993
  wall-painting   7041
  walls, city   7043
Ostorius Scapula, Publius   3383, **4963–4964**
ostraca (Greco-Roman Egypt)   **4964–4965**
ostracism   **4965–4966**
Ostrogoths   2965, 3541, 5028, 5740, 6021, 6033, 6264, 6669–6670

Otho (Marcus Otho Caesar Augustus)   1801, 2198, 2618, 2810, 4000, 4002, **4966–4968**, 6513, 7010, 7018
Ottoman Empire   822, 1892–1893, 5696, 6650–6651
Oudna. *see* Uthina
overstrike   **4968–4969**
Ovid (Publius Ovidius Naso)   **4969–4970**
  Anna Perenna   442
  Augustus   968
  Black Sea   1144–1145
  calendar   1268
  carmina   1338
  cento   1413
  deportation   2039
  Feralia   2655
  festivals   2662
  fish and fishing   2687
  Fornacalia   2719
  friendship   2769
  funerary cult   2792
  Golden Age   2951
  law   3954
  Lemuria   4012
  libraries   4065
  love   4152
  maiestas   4237
  Mercurius   4449
  Nikander of Kolophon   4785
  Octavia   4860
  Pales and Parilia   5003
  sacrifice   6003
  science   6074
  Silius Italicus   6252
  Tomis   6782
  Valerius Flaccus Setinus Balbus, Gaius   6944
Oxus   239, 313, 4300, **4970–4971**, 6096
Oxyrhynchos   622, 807, 1161, 2100, 3066, 3617, 3880–3881, **4971–4974**, 5051, 6072
Ozymandias   **4974**

Pachomius   813, 2047, 3165, 3281, 4569, 4571, **4975–4976**, 6704
pacta dotalia   2218, **4976–4977**
Paestum (Poseidonia)   199, 329, 2764, 3135, 3138, 3442, **4977–4978**, 6468, 7040
paganism (Byzantine)   2559–2560, 3265, 3301, 4222, **4978–4979**
paganism (Greece and Rome)   1889–1892, 3267, 4212, 4366, 4565, **4979–4980**, 6165, 6473
Pagasai   304, 1994, 3485, 4479–4480, **4980–4981**
pagus   **4981–4982**

paint and painting (Greece and Rome)
   1170–1171, 2234–2235, **4982–4983**, 5195,
   5432, 5441–5442
paint and painting (Pharaonic Egypt)   **4983–4985**,
   5442–5444
Paktolos   **4985**, 6043, 6045
Paktyes mountain   **4985**
palace economy   72, 2717, **4985–4987**
palaces (ancient Near East)   641, **4987–4988**,
   6904–6905
palaces (Byzantine)   1035, 1737, 1820–1821, 3236,
   4988–4990
palaces (Crete)   627, 1834–1837, 2966, 2967, 5221
palaces (Greece)   652, 2852, 4413, 4414,
   4655–4657
palaces (Hellenistic)   3182–3183, **4990–4993**
palaces (Minoan/Mycenaean)   **4993–4995**
palaces (Pharaonic Egypt)   648, 990, 992, 3061,
   4995–4997, 5335
palaces (Rome)   2203, **4997–4999**, 6340, 6341
Palaikastro in Crete   3207, 3364, **4999–5000**,
   7173–7174
Palatine   **5000–5001**
   Augustus   965
   court   1821–1822
   domus   2203
   Elagabalus   2348
   Evander   2587
   Forum, Forum Romanum   2745
   libraries   4065
   palaces   4997–4999
   Rome, city of: 1. Prehistoric   5883, 5885–5889
   Rome, city of: 2. Republican   5895, 5896
   Rome, city of: 3. Augustan   5902, 5903, 5909
   Rome, city of: 4. Julio-Claudian   5912–5914
   Rome, city of: 8. Tetrarchic   5941
   Rome, Seven Hills   5957
   Romulus and Remus   5960
   Septimontium   6160
Pale   **5001–5002**
paleopathology   **5002–5003**
Palermo Stone   8, 230, 2249–2251
Pales and Parilia   2707, 2719, **5003–5004**
Palestine   **5004–5007**
   Agrippa I   224–225
   Ahmose I   235
   Alexandra Salome   305
   Amr   383
   Antiochos III Megas   478
   Arabs   601–604
   Arius and Arianism   717
   Armenia   723

Beth Shean   1104–1105
calendar   1263
Chalcedonian controversy   1429
Cyril of Skythopolis   1904
economy   2292
economy, Near East   2285
family   2629
Gamaliel II, Rabban   2840
glass   2930, 2931
Greek language in the Roman Empire   2990
Herod the Great   3175
Ioppa/Jaffo   3489–3490
Israel and Judah   3523
Jews   3592, 3595, 3599
languages   3899
Lydda/Lod/Diospolis   4185–4186
Middle Kingdom   4492
monasticism   4572
Nessana   4756
Oriens, diocese of   4932
Orosius   4942
Peter the Iberian   5210–5211
Petra papyri   5216
religion   5796
revolts   5817
Sety (Seti) I–II   6179
Sheshonq I–VI   6207
Shimon ben Laqish, Rabbi   6210
Syria   6486
Talmud   6520
Yarmuk, battle of   7158
palette   2688–2689, 4095, 4102, **5007–5009**
Palladion, Palladium   1237, 2348, 3935, **5009**
pallake   **5009–5010**, 7119
Palmyra   **5010–5011**
   Arabs   603
   Aurelian   973–975
   Claudius II   1545
   economy   2274
   Edessa   2305
   forts   2722
   Gallienus   2834–2835
   Roman Empire, regional cultures   5867
   Rome, resistance to   5955, 5956
   Syria   6489, 6490
   Zenobia   7168, 7169
palû.   *see* bala
Pamphilus of Caesarea   1250, 2577, 4938,
   5011–5012, 5031
Pamphylia   **5012–5014**
   Antiochos II Theos   475
   Aspendos   838

Pamphylia (cont'd)
    Attaleia   929–930
    Eurymedon, battle of   2576
    Halys   3051
    Perge   5156–5159
    Ptolemy I Soter   5631
    Side   6239, 6240
    Termessos   6609
Pan   621, 2648, 4212, 4845, **5014–5015**, 6254
Pan Grave culture   1422, 1423, 3205, **5015–5016**, 5481–5482
Panaitios of Leontinoi   4014, **5017**
Panaitios of Rhodes   **5017–5018**, 5286, 5984
Panamara sanctuary   **5018**, 6424
Panathenaia   **5019–5020**
    Ariarathid Dynasty   683
    Erechtheus   2483
    fire   2681
    Hecatomb   3094
    Hipparchos   3224
    liturgy   4119
    Peisistratos   5123–5124
    processions   5557, 5558
    redistribution   5755
    sport   6364
    textiles   6635
Pandrosos   1392, **5020**
Panegyric   123, 1790, 2702, **5020–5023**, 5940, 6666
Pangaion   378, **5023**
Panhellenism   1483, 3178, 3519, 3770, **5023–5025**
Panionion   3987, 4659, **5025–5026**, 5528, 6606
Pannonia   **5026–5028**
    Aemilian   123
    Aquincum   592
    Arminius   729
    Aurelian   972
    Carinus   1335
    Carnuntum   1339
    contarii   1760
    Dalmatia   1915
    Gallienus   2833
    Hadrian   3023
    Illyria and Illyrians   3408
    Illyricum and the Balkans, Roman conquest of   3412–3413
    Poetovio   5370
    rebellions   5743
    Roman Empire, regional cultures   5869
    Rutilius Gallicus, Gaius   5984
    Sirmium   6269
    Siscia   6270
    Theoderic   6669

Valens   6935
Valentinian I   6937
Vindobona   7007
Vipsanius Agrippa, Marcus   7011
Panopolis   263, **5028–5030**
Panormos in Akarnania   **5030**
Pantaenus   310, 1555, **5030–5031**
Pantelleria   **5031–5032**
Pantheon (Rome)   646, 2408, 3023, **5032–5034**, 5906, 5908, 5909, 5926, 5929
Pantikapaion (Bosphorus)   3749, 4034, **5034–5036**, 6346
pantomime (Roman)   59, 1925, **5036–5038**, 6646–6647
Paphlagonia   696, 698, 1930, 2707, 3051, 4789, **5038–5039**
Paphos   3776–3777, **5039–5040**
Papias   **5040–5042**
Pappus of Alexandria   554, 688, 2548–2549, 4350, 4351, **5042–5043**
papyri (astrological and astronomical)   1257, 3308, **5043–5044**
papyri (Jewish)   **5045–5046**
papyri (mathematical)   2069, **5046–5047**
papyrology   1941–1942, 2029–2030, 2141, 2451, 3096, 4971–4973, **5047–5055**, 7170, 7171
papyrus   **5055–5057**
papyrus (Greco-Roman period)   767, 4027, 4028, 4971–4973, **5057–5058**
Parabyston   **5058**
Paradise, Jewish and Christian beliefs in   927, **5058–5059**
paragraphe   465, 638, **5059–5060**, 5554
paramone   581, **5060–5061**
parapegma   466, 875, 2550, 2871, 4021, **5061–5062**, 7077, 7078
parapherna   **5062**
Parentalia   189, 2655, 2792, 4012, **5062–5063**
Paris, France. *see* Lutetia
Parmenides   924, 2391, 5314, 5315, 5570–5571
Parmenion   292, 484, 3050, 4369, **5063–5064**, 5291
Paropamisos mountains   3131, **5064**
Paros   634, 1981, 2343, 2495, 3443, 3815, **5064–5066**, 6641
Parthenon   **5066–5068**
    Acropolis   49–50
    art   779, 781
    Athena   903
    Athens   909, 916
    engineering   2407
    epigraphy   2450
    hellenotamiai   3126

Hippodamos of Miletos   3235
inventories   3482
quarries   5702
temples   6591, 6592
Parthia   **5068–5071**
   Adiabene, ruling dynasty of   69–70
   Antiochos I of Kommagene   472
   Antoninus Pius   500
   Antonius, Marcus   503
   Arabs   603
   Armenia   724
   Arsaces   761
   Attaleia   929
   Barbarikon   1045
   Carrhae   1344
   coinage   1628
   Deiotaros of Galatia   1964
   economy, Near East   2285
   Edessa   2305
   foreigners   2709
   Forum, Forum Romanum   2745
   frontiers   2776
   Habur   3016
   Hatra   3075
   Herod Antipas   3174
   Herod the Great   3175
   India   3448
   Lucius Verus   4159
   Lusius Quietus   4171
   Macrinus   4208
   Magister equitum   4233
   Margiana   4300
   Nisa   4799
   Persia and Rome   5187
   Phraates IV of Parthia   5305–5306
   Phraates V of Parthia   5305–5306
   Roman Empire, regional cultures   5869
   Sasanians   6051
   Seleucids   6120–6122, 6124
   Seleukos II Kallinikos   6129
   Septimius Severus Pertinax Augustus, Lucius   6157, 6158
   Susa   6467
   Syria   6489
   Tigranes II–IV of Armenia   6752–6754
   Trajan   6814–6815
   Uruk   6928–6929
   Parthian War   762, 997–998, 3549, 3996–3998, 4000, 4002, 6875
   Parthians (Rulers)   761, 1999, 3182, 3430–3431, **5071–5075**
Pasargadai   33, 34, **5075–5076**

Pascha. *see* Easter
Pasion (Athenian banker)   1033, 2760, **5076–5077**, 6300
Passover   2254, 2545, 2596, 2839, 5994, 6001
Pastoral Epistles   1133, **5077–5078**
pastoralism   **5078–5079**, 5761, 5992
Patala   3453, **5079–5080**
Patara   4180, **5080–5081**
paterfamilias   2381, **5081–5083**
Patmos   **5083–5084**
Patrai   38, 2240, 4900, **5084–5085**
patria potestas   2381, **5085–5086**
patriarchs (Christian)   1230, 1495, **5086–5091**, 5207, 5211–5212
patriarchs (Jewish) (Nasi)   **5091–5093**, 6211
patricians   **5093–5095**
patrios politeia   3519, **5095–5096**
Patroklos (Ptolemaic commander)   43, **5096**
patron, patronage (Byzantine)   1035, 4116, **5097**, 6298, 6382
patron, patronage (Roman)   **5097–5099**
patronage (literary)   1580, **5099–5100**, 6256, 6259, 6375
Paul, Acts of   538, 1789, **5100–5101**
Paul, Apocalypse of   531, 539, 4684, **5102–5103**
Paul and Pauline Epistles   **5103–5107**
   afterlife   158–159
   apocalypticism in Early Christianity   536
   apostle   565
   Areopagos   672
   arrha, arrhabon   756
   ascesis   812
   Atonement, Doctrine of   926
   canon of Scripture   1303
   canons   1305
   childhood   1462
   Clementines, Pseudo-   1562
   Corinthians, Third   1788–1789
   Damascus   1918
   Deutero-Pauline Epistles   2056–2057
   dietary restrictions   2090
   Encratism   2403–2404
   Ephesos   2430
   Epistula Apostolorum   2469–2470
   Gentiles, Jewish and Christian attitudes towards   2888
   hairesis   3040
   homosexuality   3291
   idolatry, Jewish and Christian views of   3392
   James of Jerusalem   3566–3567
   Jesus   3583
   Judas Iscariot   3640

Paul and Pauline Epistles (*cont'd*)
   Justin Martyr 3665
   Mysia 4664
   New Testament 4768
   Paphos 5040
   Pastoral Epistles 5077–5078
   persecution of Christians 5171, 5172
   Peter the Apostle 5206
   Pharisees 5230
   Philippi 5261
   Popes 5424
   prayer 5503
   pseudepigrapha in early Christianity 5616–5620
   sacraments in early Christianity 5994
   Thecla 6661
   Trinity, doctrine of the 6860
   Via Appia 6989
Paul of Aigina 1843, **5101–5102**, 6462
Paul of Samosata 102, 975, 2131, **5107–5109**, 5176, 6672, 6681
Paul Silentarius 168, 452, **5109–5110**
Paulinus of Nola 978, **5110–5111**, 5757, 6447
Paullus, Lucius Aemilius 1955, 2003, 2467, 5897–5899, 6076
Paulus of Alexandria 2757, 3959, 3969, **5111–5112**, 6152
Pausanias **5112–5114**
   Abantes 1
   Acharnai 43
   aisymnetes 249
   Aizanoi 256
   Ambrakia 353
   Amphissa 380
   antiquarianism 489
   Asine 829
   Athena 903
   athletes 919
   Celtic wars 1398
   Duris of Samos 2236
   Earth deities 2252
   Epaminondas 2424
   Evander 2588
   fossils 2747
   frontiers 2773
   healing deities, healing cults 3089
   Hellanodikai 3111
   Heraion sanctuary 3138
   Herodes Atticus 3179
   Herodotus 3187
   Hieronymos of Kardia 3214
   hybris 3348
   Hygieia 3352
   Hysiai 3372
   Ilissos 3400
   Kenchreai 3729
   Kerameikos, Athens 3732
   Kopais Lake 3810
   Macedonia 4202
   Messenian wars 4463
   Methana 4476
   Naupaktos 4701
   Nemea 4740
   silk 6253
   Stephanus of Byzantium 6391
   Thirty Years' Peace 6718
   Trophonios 6880
Pausanias (Spartan regent) **5115–5116**
Pausanias II (Spartan king) 186, 369, 4185, 4191, **5114–5115**
pax deorum 3285, **5116–5117**, 5173, 5796
peace 1697, **5117–5119**, 6360
peasant society 1213, 1942–1943, 2849, 3854, **5119–5121**, 6548, 7003
peculium 3957–3958, 5082, 5086, **5121–5122**, 5576, 5847, 6287
Pedubast I–III **5122–5123**
Pedubast I 3068, 3157, 4953, 5122–5123, 6207
Peisistratos **5123–5124**
   Alkmaionidai 320
   Athens 911, 917
   Delos 1981
   demagogues 1989
   Eleusis, Attica 2369
   Eupatridai 2565
   Hellespont 3127
   Hipparchos 3223
   Hippias 3228
   Hysiai 3372
   Marmor Parium 4314
   processions 5557
   Rheneia 5823
   Salamis, island and battle of 6016
   Sigeon 6246
pelagianism 1039, 3092, 3217, 4942, **5124–5126**
Pelagonius 3229, 6982–6984
Pelasgi 4011, **5126–5127**
Pella 461, 514, 611, 628, 1972, 1973, 4202, **5127–5128**
Pelopidas 290, 304, **5128–5129**, 5996, 6650
Peloponnese **5129**
   Achaia 36
   Achaian League 38
   Antigonos II Gonatas 461

Antigonos III Doson   463
Arcadia   620–622
Arcadian League   624
Argolis   677
Chremonidean War   1476
connectivity   1709
Corinth   1785
Euphron of Sikyon   2571
Five Thousand   2691
Hecataeus of Miletos   3094
Hera   3135
Herodotus   3185
Hieron I of Syracuse   3212
Hygieia   3352
Iphikrates   3492
isthmus   3531
Ithome mountain   3542
Karneia   3695
Kleomenes I of Sparta   3786
Kleomenes III of Sparta   3788
Kritolaos   3823
Kythera   3846
mercenaries   4448
Minyas   4537
Mycenae   4647–4650
Naupaktos   4701
Orthia   4948
Peloponnesian League   5129–5130
Sellasia, battle of   6132
Sparta   6342
Taygetos mountain   6556–6557
Triphylia   6865
Zakynthos   7162–7163
Zygouries   7188
Peloponnesian League   **5129–5130**
  Achaia   37
  Akarnanian League   258
  Chilon   1466
  Corinth   1786
  Delian League   1978
  diplomacy   2145
  Helots   3128
  Herodotus   3185
  imperialism   3425
  Kleomenes I of Sparta   3786
  Mantinea   4265
  Megara   4412
  Perdikkas II   5147
  Phleious   5295
  Sikyon   6249
  Sparta   6343
  Sphakteria island   6353

tribute   6857
Peloponnesian War   **5130–5133**
  Aeschines   135
  Aigina   244
  Aitolian League   252
  Akarnanian League   258
  Alkibiades   317
  Ambrakia   353
  Amphiareion sanctuary   373
  Amphissa   379
  Andros   418
  Antiphon of Rhamnous   487
  arbitration   616
  Arcadia   621
  Archidamos   634
  Argeads   675
  Arginousai, battle of   676–677
  army   738
  Athens   912–913
  Aulis   970
  autonomy   981–982
  Boiotia   1151
  Brasidas   1180
  captive   1320
  causation, historical   1385
  Chalcedon   1427
  Chios   1467
  Constantinople   1735
  Corcyra   1778
  Corinth   1786
  Dekeleia   1974
  Delian League   1977
  Demosthenes   2028
  depopulation   2038
  eisphora   2344
  Eleusis, Attica   2370
  Elis   2375–2376
  Epidamnos   2442
  ethnicity   2523
  Euripides   2573
  Five Thousand   2691
  forests   2714
  Four Hundred   2756
  Halieis   3043
  harmosts   3064–3065
  Hellanicus of Mytilene   3111
  Hellenica   3114, 3115
  Hellespont   3127
  Hermione   3164
  Hermokrates of Syracuse   3167
  homonoia   3290
  horography   3304

Peloponnesian War (*cont'd*)
  Hyperbolos 3367
  hypomeion/hypomeiones 3370
  Hysiai 3372
  Imbros 3415
  imperialism 3425
  Isocrates 3519, 3520
  Kaulonia 3714
  Kaunos 3715
  Keos 3730
  Kephallenia 3731
  Kerameikos, Athens 3733
  kinship 3769
  Kleon 3789
  Konon 3808
  Kos 3813
  Kritias 3822
  Kyme 3841
  Kyzikos 3849
  Lampsakos 3870
  land and landholding 3878
  Lemnos 4011
  Leukas 4033
  Lokris 4143
  Long Walls 4147
  Lucretius 4161
  Macedonia 4201
  Megara 4411
  Melos 4424
  Naupaktos 4701
  neutrality, political 4760
  Nikias 4786–4787
  Nikias, Peace of 4787–4788
  Oikonomikos 4871
  Oinophyta, battle of 4879
  Old Oligarch 4888
  oligarchy 4889
  Olympia 4896
  Olynthos 4899
  orphanages 4943
  Patrai 5084
  patrios politeia 5095–5096
  Pausanias II 5114
  Peloponnesian League 5130
  Perikles 5162
  Persia and Greece 5185–5186
  Plataia 5346
  Plato 5348
  ransom 5733
  rhetoric 5826
  Salamis, island and battle of 6016
  Same 6028
  Samos 6029
  Saronic Gulf 6049
  Sicilian expedition 6234, 6235
  sieges and siegecraft 6243
  social structure and mobility 6301
  Sparta 6343
  Sphakteria island 6353
  Tanagra 6523
  Tegea 6573
  temple treasuries 6586
  Thirty Years' Peace 6718
  Thucydides 6733–6735
  Torone 6785
  trade 6794
  transport 6825
  treaties 6838
  warfare 7049, 7050
Pelops 4878–4879, 4894–4895, **5133–5134**
peltasts 4448, 4449, **5134**, 7049, 7074
Pelusium 3514, **5135–5136**
penance 2644, **5136–5139**
Penates (di penates) 2202, 2737, 4881, **5139**
Peneios 2375, **5140**, 6711
pentakosiomedimnoi 666, **5140–5141**, 6315
Pentateuch 5530–5532, 5796, 5797, 5990, 6585
pentekontaetia 1976, 2576, 3114, 5131, **5141–5142**
pentekonter **5142–5143**, 6216, 7050
Peparethos **5143**, 6362
Pepi I 440, 441, 3205, 5144–5145, 6038, 6093, 6481, 6626
Pepi I and II **5143–5145**
Pepi II 440, 441, 1774, 2245, 5144–5145, 6038
Pepinakht Heqaib 3882, **5145–5146**
peplos 1469, 1589–1591, 5019, 5557, 6403, 6635
Per-Hebyt. *see* Behbeit el-Hagar
Peraea (Jewish Transjordan) 3635, **5146**
Perati in Attica **5146–5147**
Perdikkas (son of Orontes) 293, 297, 459, 485, 2558, **5148–5149**, 5966, 6127, 6432
Perdikkas II 674, 675, 4014, 4201, 4898–4899, **5147–5148**
Perdikkas III 379, 484, 675, 2575, 4202, **5148**
perfumes and unguents (Greece) 1027, 1809–1811, 3316, 3317, **5149–5151**, 6356
perfumes and unguents (Pharaonic Egypt) 1808, **5151–5152**
perfumes and unguents (Rome) 1027, 1809–1811, 3316, 3317, **5152–5153**
Pergamon **5154–5156**
  Achaian League 39
  Achaios 41–42

administration   78
Aelius Aristides   122
agora   200
Aizanoi   256
altar   342
Antiochos I Soter   475
Antiochos III Megas   478
Antiochos Hierax   482
Apamea, Peace of   513
Ariarathid Dynasty   682
Aristonikos   698
Asia, Roman province of   826
Asiarch   828
Asklepieion sanctuary   832
astynomoi, law of the   887–888
Attalos I   930–931
Attalos II   932–933
Attalos III   933–934
books   1161
burial   1215
Celtic wars   1399
coinage, Hellenistic   1621
coinage, Roman Empire   1637
comedy   1682
Diodoros Pasparos   2111
Ephesos   2430
Eumenes I   2556–2558
Eumenes II   2557–2558
forts   2724
Galen   2811
Herakleia Pontica   3141
imperialism   3429
infrastructure   3460
libraries, private, public, Greece and Rome   4064
Macedonian wars   4206
navies   4711
neokoros   4742
Oribasios of Pergamon   4931
palaces   4991
Philetairos   5246
Prusias II of Bithynia   5611–5612
rhetoric   5828
Rhodes   5841–5842
roads, Byzantine   5851
ruler cult   5974
Seleucids   6124
Seleukos II Kallinikos   6129
Seleukos III Keraunos   6130
sophists   6321
terracing   6612
water supply, Greek and Roman   7067

writing materials   7139
Perge   5012, 5014, **5156–5159**, 6240
Periander of Corinth   4735, **5159–5160**, 6730–6731
Peribsen   2251, **5160–5161**
Perikles   **5161–5162**
 Acropolis   49, 50
 agraphoi nomoi   203–204
 Aigina   244
 Alkibiades   317
 Alkmaionidai   320
 Anaxagoras   407
 Andocides   413
 archon   666
 Asklepios   833
 Aspasia   837
 Athens   909, 910
 autarky   978
 autourgia   983
 citizenship   1525
 Damon   1922
 demagogues   1989
 democracy   2007
 Eleusis, Attica   2370
 Ephialtes   2432
 forts   2723
 Hippobotai   3231
 Hippodamos of Miletos   3235
 Ion of Chios   3485, 3486
 Lamachos   3865
 logos epitaphios   4142
 Long Walls   4147
 Lycia   4179–4180
 politeiai   5383–5384
 race and racism   5727
 social structure and mobility   6300
 sophists   6319
 Stesimbrotos of Thasos   6393, 6394
 temple treasuries   6586
 theorika, Theoric Fund   6697
 Thourioi   6727–6728
 xenoi   7146
Perinthos   2433, **5163**
perioikoi   **5164**
Peripatetics   **5164–5166**
 Aristotle   701
 Demetrios of Phaleron   2001–2002
 Klearchos   3781, 3782
 Kritolaos of Phaselis   3823–3824
 law   3952
 libraries   4064, 4065
 Museum   4633

Peripatetics (*cont'd*)
   Straton of Lampsakos   6423
   Theophrastus   6691–6693
   tragic history   6809
peripeteia   **5166–5167**
Periplus (Hanno). *see* Hanno *(Periplus)*
peristyle   **5167**
perjury   **5167–5168**
Perpetua   1348, **5168–5170**
Perrhaibia   2543, 4898, **5170–5171**
persecution (religious, Byzantine)   **5175–5176**, 6063
persecution of Christians   **5171–5175**
Persephone (Kore)   **5176–5177**
   abduction   3
   afterlife   154
   Demeter   1992–1993
   Dis Pater   2156
   Eleusis, Attica   2369
   Eleusis, Mysteries of   2371
   Hades   3017
   Haloa   3050
   mother goddesses   4604
   Pluto   5367
   Procharisteria   5560
   Proserpina   5586
   Samothrace, Mysteries of   6032
   Skira   6277
   Thesmophoria   6706, 6707
Persepolis   35–36, 292, 449, 511, 512, 3494, **5177–5179**
Persepolis tablets   449, 607, 2289, **5179–5181**, 5968, 7187
Perseus (Macedonian king)   **5181–5183**
   Aemilius Paullus, Lucius   127–128
   Andriskos   415
   Antigonids   458
   Delos   1981
   Flamininus, Titus Quinctius   2695
   Haliartos   3043
   Illyrian wars   3409
   Illyricum and the Balkans, Roman conquest of   3411
   Kallikrates of Leontion   3680
   Macedonian wars   4206
   Pydna, battle of   5676
   Seleukos IV Philopator   6131
   Thessalonike   6709
   Zeno of Rhodes   7168
Persia and Byzantium   **5183–5184**
   army   735
   Asia Minor   823
   Athens   912, 913
   basileus/autokrator   1055
   Byzantium   1230
   Chronicon paschale   1482
   death   1941
   frontiers   2772
   Herakleios   3145
   Justinian I   3667–3668
   Phokas   5300–5301
   Sabas, Great Lavra of   5987
   Sebeos of Armenia   6105
   Sergios I   6168
   Side   6240
   Sophia   6318
   Sophronios   6323
   Strategikon   6418
   Syria   6490, 6491
   Tiberios II   6744–6745
Persia and Greece   **5184–5187**
   Adeimantos   66
   Alexander I of Macedon   288–289
   Artemisia   798
   Athos mountain   921
   barbarians   1043–1044
   Evagoras of Salamis   2585
   foreigners   2708, 2709
   Four Hundred   2756
   freedom   2763
   Gaugamela   2856–2857
   Hellespont   3127
   Heraclitus   3136, 3137
   Hermias   3163–3164
   Herodotus   3184–3186
   Hippias   3228
   Hippokrates   3237
   historiography   3255
   hoplites   3299
   Ktesias of Knidos   3826
   Salamis, island and battle of   6016
   Samos   6028
   Samothrace   6030
   Seriphos   6168
   Sikinos   6249
   Skylax of Karyanda   6279
   Soloi   6313
   Spartan kings   6346
   stasis   6375
   Thermopylai   6704
Persia and Rome   124, 1043–1044, 1351, 2813–2814, 3344–3345, **5187–5191**, 6054, 6183, 6256, 6490
Persian (Persians)

Achaemenid Dynasty   32–36
Alexander III, the Great   291–294
apocalypses   529–530
Arabs   601–604
archives   662
Ariarathid Dynasty   682
Artemisia   798
Asia Minor   820, 821
Aspendos   838
Astrapsychus   861
Bessos   1103–1104
Bisitun   1135
Black Sea   1144
calendar   1256
Carus   1350
chiliarchos   1463
coinage   1611, 1613, 1614
Constantius II   1744
Croesus   1845
Cunaxa   1870–1871
Cyprus   1894–1895
Cyrene   1896
Diaspora   2076–2077
economy, Near East   2285, 2288–2290
foundations   2750
Gordian III   2954–2955
Gorgan, Great Wall of   2956–2957
Halab   3042
Herodotus   3184
historiography   3251
identity   3388
Imbros   3415
interest rates   3471
Ionian Revolt   3487, 3488
Isaiah   3508
Justin II   3663
Kallias, Peace of   3678
Kimon   3750
Lebedos   3987
Lemnos   4011
Lesbos   4023
Lycia   4179
Lydia   4186
Marathon, battle of   4280–4281
Mardonios   4294
Medism   4396
Memnon of Rhodes   4427–4428
Memphis   4430–4431
mercenaries   4449
Miletos   4498–4499
Miltiades   4510
money   4575
monopoly   4580
Nektanebo   4737
Pamphylia   5013
Persepolis   5177–5179
Persepolis tablets   5179–5180
Persica   5193–5194
Phoenicia, Phoenicians   5298
postal services   5460
Probus   5551, 5552
Samaria   6026
satraps   6058
Sidon   6241, 6242
Themistokles   6668
Thespiai   6708
treaties   6839–6840
Trebonianus Gallus   6847
trireme   6865, 6867
Valerian   6941–6942
xenophobia   7147
Zagros mountains   7160
Persian, Persians   **5191–5192**
Persian Gulf. *see* Ikaros
Persian wars
    Alexander I of Macedon   289
    Arabia   597
    Chalcidice, Chalcidian League   1431
    Cyclades islands   1885
    Eleusis, Attica   2370
    geography   2889
    Hellenes   3113
    Hellenica   3114, 3115
    historiography   3254
    indemnities   3443
    League of Corinth   3982
    Lokris   4143
    Mardonios   4294
    Marmor Parium   4314
    Megara   4412
    Plataia   5346
    Salamis, island and battle of   6016, 6017
    Seriphos   6168
    Simonides   6260
    Siphnos   6266
    Themistokles   6667
    Troizen   6873
    warfare   7049
    Zakynthos   7163
Persians in Egypt   9, 2520, 2712, 3147, 3742, 3915, **5192–5193**, 6274
Persica   2101, **5193–5194**
personification   145, 2653, 2670, **5194–5196**, 6025, 6897

Pertinax (Publius Helvius Pertinax
    Augustus)   1354, 1586, 1696, 2083,
    5196–5198, 5934, 6156, 6157
Peru-nefer   985, **5198–5200**
Pescennius Niger, Gaius   1585, 1586, 2084,
    5200, 6157
Pessinous   1964, **5201**, 5896, 6034
petalismos   **5201–5202**
Peter, Acts of   538, **5202–5203**
Peter, Apocalypse of   531–532, 539, 540, 4684,
    5203–5204
Peter, Coptic *Apocalypse of*   **5204–5205**
Peter, Gospel of   540, **5207–5210**
Peter Mongos   257–258, 3131, **5211–5212**
Peter Patrikios   **5212–5213**
Peter the Apostle   1560, 1562, 5105, **5205–5207**,
    5423–5427, 5618, 5619
Peter the Fuller   398, **5207**
Peter the Iberian   2048, 4608, **5210–5211**, 6184
Petillius Cerialis Caesius Rufus, Quintus   **5213**
petitions   1956, 2141–2142, 5509, 5518, 5807, 7032
Petosarapis   **5214**, 5640
Petra   2460, 4672, 4673, **5214–5215**, 5867
Petra papyri   **5215–5217**
Petras in Crete   **5217–5218**
Petrie, William Matthew Flinders   2143, 2334,
    2378, 5015, 5016, 5482, 6566
Petronius   **5218–5219**
    dentistry   2036
    freedmen and freedwomen   2762
    Latin language   3924
    law   3955
    luxury   4175–4176
    Nerva Augustus   4754
    profit   5566
    satire   6058
    sex and sexuality   6193
    Tigellinus   6751
    Trimalchio   6859
pezhetairoi   **5219**
phaenomena, saving the   **5219–5220**
Phaistos   184–185, 3685–3686, **5220–5221**
Phalanthos of Sparta   **5221–5222**
phalanx (hoplite)   738, 739, 3073, 3878,
    5222–5223, 7049, 7070, 7172
phalanx (Macedonian)   1388, 3843, 3994,
    5223–5224
Phalaris   269, 3218, **5224**, 6236
pharaoh   4103, **5224–5225**, 6059, 6169
pharaonic glass   2620, **5225–5230**
Pharisees   **5230–5231**
    afterlife   157

Alexandra Salome   305, 306
Essenes   2503
Hasmoneans   3072
Jesus   3582
Johanan ben Zakkai, Rabbi   3601
John Hyrcanus I   3612
Josephus   3627
Matthew, Gospel of   4355
Paul and Pauline Epistles   5104
rabbis   5724
Sabbath   5989
Sadducees   6005, 6006
Salome Alexandra   6019, 6020
Shemoneh Esreh   6204, 6205
Shimeon ben Shetah, Rabbi   6210
zealots   7165
pharmacology (Egyptian)   4390, **5231–5232**, 5249
pharmacology (Greece and Rome)   **5232–5235**
    Apollodoros of Alexandria   548
    Asklepiades of Bithynia   830
    Attalos III   933
    Celsus, Aulus Cornelius   1395
    Crito, Statilius   1843
    Dioscorides   2137–2138
    disease, conceptions of   2161
    expiatory rites   2601
    headache   3088
    Herakleides of Tarentum   3144
    hysteria   3374
    Krateuas   3821
    Largus, Scribonius   3911
    medicine   4380–4381, 4383
    Serenus Sammonicus, Quintus   6167
    spices   6355, 6356
pharmacology (Mesopotamian)   4386, **5235–5236**
Pharnakes I of Pontos   103, 314, 683, 2557, 3141,
    5236–5237, 5421
Pharnakes II (son of Mithradates VI)   1964,
    5237–5238
Pharos (Adriatic island)   228, 308, 2002–2003,
    3527, 4715, **5238–5239**
Pharos (Egypt)   **5239–5240**
Pharsalos, battle of   501, 2662, 3655, 3995,
    5240, 7056
Phaselis   4179, **5241**
phasis   1703, **5241–5242**, 6274
Pheidon of Argos   678, 3372, **5242–5243**
Pherekydes of Athens   **5243–5244**
phialai exeleutherikai   **5244**
Philadelphia   555, 1972, 1973, 2752, 3571,
    5244–5245, 7170–7171
Philai   891, 3518, 5049, **5245–5246**

Philetairos   930, 933, 1083, 2557, **5246–5247**
Philhellenism   **5247–5248**
   Aemilius Paullus, Lucius   127
   Archelaos   628
   Cappadocia   1315
   Flamininus, Titus Quinctius   2695
   Fulvius Nobilior, Marcus   2783
   Hadrian   3019, 3021
   Hellenization   3124
   sophists   6320
   Syriac literature   6493
Philinos of Akragas   **5248–5249**
Philinos of Kos   2394, 3144, **5249**
Philip (Marcus Julius Philippus Augustus)   2153, **5259–5260**, 5938, 6810
Philip, Acts of   540, **5255–5256**
Philip, Gospel of   2071, **5257–5259**
Philip II of Macedon   **5250–5252**
   Abdera   2
   Achaia Phthiotis   38
   Aeschines   135–136
   Agis II and III of Sparta   186
   Aigai   241
   Aitolian League   252
   Alexander I Epirus   287
   Alexander II of Macedon   290
   Alexander III, the Great   291
   Ambrakia   353
   amphictyony   374, 376
   Amphipolis   379
   Amphissa   380
   amplificatio   382
   Antigonos I Monophthalmos   459
   Antipater   484
   Argeads   675
   Argos   680
   Aristotle   701
   artillery   798–799
   Athenian Confederacy, Second   909
   Athens   913
   autonomy   982
   Bardylis   1048
   Chaeronea, battle of   1425
   Chalcidice, Chalcidian League   1432
   Chares   1441
   Cleopatra   1572
   coinage   1617
   Demades   1988
   democracy   2008
   Demosthenes   2026–2027
   diagramma   2067
   diplomacy   2145

   Dolopes, Dolopia   2193
   dowry   2216
   Duris of Samos   2235
   Epirus   2467
   ethnos   2535
   Euboulos, Athenian politician   2544
   Eumenes of Kardia   2558
   Eurydike, wife of Philip Arrhidaios   2575
   foundations   2750
   Getae   2912
   Halos in Thessaly   3050
   Harpalos   3065
   Hellenica   3116
   Hermias   3164
   imperialism   3426
   John of Antioch   3604
   Kersobleptes   3738
   League of Corinth   3982
   logistics   4136
   Macedonia   4202, 4203
   Nemea   4740
   oligarchy   4889
   Olympias   4897
   Olynthos   4898–4899
   Onomarchos   4905
   Orchomenos in Boiotia   4928
   Parmenion   5063
   Perinthos   5163
   Persia and Greece   5186
   pezhetairoi   5219
   Philip III Arrhidaios   5256–5257
   Philippopolis   5262–5263
   Philokrates   5273–5274
   Phokis   5303
   Sacred Band   5996
   Speusippos   6352
   Stageira   6368
   symposium   6478
   Thasos   6641
   Thebes in Boiotia   6650
   Theophrastus   6692
   Theopompos of Chios   6694–6695
   Thermopylai   6704
   Thessalonike   6709–6710
   Thessaly   6712
   tribute   6857
   tyrannicides   6900
   universal history   6917, 6918
   wars, sacred   7061, 7062
   weaponry   7074
Philip V of Macedon   **5252–5255**
   Abdera   2

Philip V of Macedon (*cont'd*)
  Aitolian League   254
  Ambrakos   354
  Antigonids   457
  Antigonos II Gonatas   462
  Antigonos III Doson   463
  Antisthenes of Rhodes   493
  Aratos of Sikyon   610
  arbitration   616
  Argos   680
  Attalos I   931
  Bargylia   1049
  citizenship   1526
  Cleopatra I   1563
  Demetrias   1994
  Demetrios II   1998
  Demetrios of Pharos   2003
  Demetrios' War   2004
  diagramma   2067
  Dikaiarchos, Aitolian   2094
  Dion   2122
  diplomacy   2148
  Eumenes II   2557
  Flamininus, Lucius Quinctius   2693
  Flamininus, Titus Quinctius   2694
  freedmen and freedwomen   2759
  Hellenic Alliance   3113
  Iasos   3380
  Illyricum and the Balkans, Roman conquest of   3411–3412
  imperialism   3428
  Kynoskephalai, battle of   3843
  Kythnos   3847
  Macedonia   4204
  Macedonian wars   4206
  Perseus   5181
  Phoenice, treaty of   5297
  Pronnoi   5570
  Prusias I of Bithynia   5610
  Ptolemaic possessions outside Egypt   5626
  Ptolemy V Epiphanes   5639
  Samos   6029
  Skerdilaidas   6275
  Skiathos   6276
  Thasos   6641
  Zakynthos   7163
  Zeno of Rhodes   7168
Philip III Arrhidaios   **5256–5257**
  Alexander IV   297, 298
  Antipater   485
  Argeads   675
  diadem   2063
  Eurydike, wife of Philip Arrhidaios   2575, 2576
  Hekatomnids   3098
  Krateros   3821
  Macedonia   4203
  Roxane   5966
  Successors, wars of   6432, 6433
  Thebes   6654
  Triparadeisos, treaty of   6864
Philippi   2735, 3300, 3998, **5261–5262**
Philippikos, emperor   **5262**
Philippopolis   **5262–5265**
Philistines   816, 817, 3092, 5004, **5265–5266**, 6098
Philistos of Syracuse   2126, 2129, 3274, **5266**, 6234
Philo, Pseudo-, *Biblical Antiquities*   **5270–5271**
Philo Judaeus   **5268–5270**
  afterlife   157
  allegory   321, 324
  Arius and Arianism   719
  Chaldaeans   1435
  deisidaimonia   1971–1972
  demons   2020
  dietary restrictions   2089
  Essenes   2502
  Iulius Alexander, Tiberius   3547
  Jews   3598
  law   3947
  logos   4140
  Paradise, Jewish and Christian beliefs in   5059
  Pontius Pilate   5418
  proselytes and proselytism   5585
  Rome, Seven Hills   5957
  Sabbath   5989, 5990
  sacrifice   6000
  Sentences of Sextus   6150, 6151
  soul   6338
  Therapeutae   6702–6703
Philo of Byzantium   225, 2585, 3189, 3827, **5266–5268**, 5368, 6069
Philo the Epic Poet   3644, **5268**
Philochoros of Athens   422, 935–936, 1974, 2446, 3304, 3722, 4132, 4808, **5271–5272**
Philodemos, Epicurean   2439, 2440, 2768–2769, 4872–4873, **5272–5273**, 5287
Philokrates   135–136, 913, 2027, 2145, 2544, 3368, **5273–5274**
Philolaos of Kroton   2018, 3064, **5274–5275**, 5686
Philomelos   4904, **5275**
Philopoimen   192, 622, **5276**, 5391, 5833
philosophy (Byzantine)   2315, 2491, 2967, 3619, 4933–4936, **5276–5278**
philosophy (Christian)   811, 1555–1557, 4933, 4937

philosophy (Classical Greece)   **5278–5282**
   Academy   23–25
   Cynicism   1887–1888
   Diogenes of Sinope   2117
   education   2316
   Empedocles   2390–2392
   ethics   2507–2508
   fasting   2644
   form   2714–2715
   friendship   2767
   Heraclitus   3136
   John of Damascus   3609
   law   3953, 3958–3959
   Lyceum   4178
   Philolaos of Kroton   5274–5275
   Pythagoreanism   5684–5686
   Socrates   6308
   sophists   6318–6320
   Speusippos   6352
   teleology   6574–6575
   theologia tripertita   6685
   Theon of Smyrna   6686–6687
   tyranny   6901, 6902
   Wisdom of Solomon   7113
philosophy (Hellenistic)   **5282–5285**
   Apollonius of Tyana   557
   Chrysippos of Soloi   1488
   Diogenes of Sinope   2117
   Epicurus and Epicureanism   2438
   Eunapius of Sardis   2559–2560
   Herakleides Lembos   3142
   Kleanthes of Assos   3781
   Kritolaos of Phaselis   3824
   Philodemos, Epicurean   5272–5273
   Poseidonios   5458
   Stoicism   6400
   theologia tripertita   6685
   Zeno of Kition   7167
philosophy (Roman)   1717, 2644, 2812, 4293, 4743–4747, **5285–5289**, 5364, 6146
Philostorgius   2263, 2550–2551, **5289–5290**
Philostrati   122, 998, **5290–5291**, 6321
Philotas   292, 3132, **5291–5292**
Philoxenos of Mabbug   1109–1110, **5292–5293**, 6493
Phlegon of Tralles   493, **5293–5294**, 6233
Phlegraean Fields   **5294–5295**
Phleious   463, 2424, **5295**
Phocylides, Pseudo- (Jewish author)   **5295–5296**
Phoenice, treaty of   4206, **5296–5297**, 6275
Phoenicia, Phoenicians   **5297–5299**
   Al Mina   272

Arabian Gulf   599
Canaan   1293
Carthage   1346
colonization   1672–1673
Cyprus   1894–1895
Eleutherna   2372
Euboea   2543
flax   2698
Fossa Regia   2746
foundations   2754
Gades/Gadir   2805
gold   2950
Ioppa/Jaffo   3490
Kerkouane   3734, 3735
Kition   3776
Kommos   3808
Lebanon mountain   3987
Lepcis Magna   4018
Lixus   4128–4129
Malta   4244
Mauretania   4356, 4357
Motya   4606–4607
navigation   4714
Ptolemaic possessions outside Egypt   5626
purple   5673
Que   5704
Sardinia   6042
ships and shipping   6212
Sidon   6241
trade   6798
Ugaritic language   6906
warfare   7046
wood and woodworking   7135
xenophobia   7147
Phokaia   285, 698, 1610, 2360, 3171, 3870, **5299–5300**
Phokas (emperor)   1511, 3145, **5300–5301**
Phokion   5096, **5301–5302**
Phokis   463, 1984–1987, 2353–2354, 3676, 4904–4905, 5275, **5302–5304**
Phormion   353, 2760, **5304**
Phormisios   5095, **5304–5305**
Photius   2262, 3510, 4781, 4931, 5234
Phraates IV of Parthia   **5305–5306**
Phraates V of Parthia   **5306–5307**
phratry   **5307–5308**
phrontistes   **5307**, 6319
Phrygia   **5308–5309**
   Aizanoi   256
   Apamea, Peace of   513
   Asia Minor   824, 825
   Cybele   1881–1884

Phrygia (cont'd)
  Daskyleion   1930
  Demetrios I Poliorketes   1995
  Dokimeion   2190
  Forum Augustum   2735
  Gordion   2955–2956
  Granikos   2978–2979
  Hekate   3097
  Ipsos   3492–3493
  Irenaeus   3495
  Katakekaumene   3706
  Laodikeia by the Lykos   3905–3906
  Midas   4488–4489
  Mita of Mushki   4543, 4544
  Pessinous   5201
  rebellions   5746
  religion   5769
  Sangarios   6034
  Seleukos III Keraunos   6130
Phrynichos   **5309–5310**, 6809
phylai   1991, 2211–2213, 2962, 3488–3489
Phylakopi on Melos   **5310**
Phylarchos   610, 3275, **5310–5311**, 6808–6809
Phyromachos   **5311–5312**
physicians. *see specific physicians, e.g.*: Galen
physics   23–24, 923–926, 2714, 3619, 5283, **5313–5318**, 6145, 6400, 6475–6476, 7167
physiognomy   2910, **5318–5319**, 6068
Physiologus   **5319–5321**
Piazza Armerina   2594–2595, 4988, **5321–5322**
Pietas (goddess)   **5322–5323**
pigs   211, 2704, 3354, 4371, **5323–5325**, 6398, 7160
pigs (ancient Near East)   3524, **5325**
pilgrimage   **5325–5327**
pilum   3073–3074, **5327–5328**, 7073
Pindar   **5328–5329**
  Akragas   269
  Aristophanes of Byzantium   700
  athletes   919
  Bacchylides   1012
  Boiotia   1150
  fate   2646
  Hieron I of Syracuse   3212
  Horace   3300
  hymns   3364
  kalokagathia   3684
  Kamarina   3686
  Oceanus   4860
  oligarchy   4889
  Orpheus and Orphism   4946
  Oschophoria   4949
  Oxyrhynchos   4973

Panegyric   5020
  signs and sign inference   6248
  Zenodotos of Ephesos   7170
piracy   **5329–5331**
  Adriatic Sea   106
  Aigina   243
  asylia   892
  Attaleia   929
  banditry and brigandage   1029–1030
  captive   1320–1321
  Cilicia   1505
  Crete   1836
  Cyrene and Cyrenaica   1896–1900
  economy   2274, 2282
  Etruria, Etruscans   2538
  famine and food shortages   2635
  Hermione   3165
  Histiaios of Miletos   3244
  Illyrian wars   3409
  Korseia   3813
  Mediterranean   4401, 4405
  ransom   5733
  Rhodes   5841
  Sertorius, Quintus   6172
  ships and shipping   6216, 6221
  slavery   6281, 6285
Piraeus   **5331–5333**
  Adeimantos   66
  agora   200
  amnesty   369
  Antigonos III Doson   463
  Antipater   485
  Athens   910, 917
  demes   1991
  economy   2283
  emporion   2397
  grain supply and trade   2977
  Hippodamos of Miletos   3235
  Kallias of Sphettos   3679
  Long Walls   4147
  Lysander   4191
  navies   4706
  Sphodrias   6355
  trade   6799
Piramesse   985, 1514, **5333–5336**, 5730, 6175
Pisa   4878, **5336**, 6276
Pishra de-Rabbi Hanina ben Dosa (Jewish magical text)   3056, 3084, **5337**
Pisidia   513, 1659, 2751, 3906, **5337–5338**, 6007, 6008
Pistis Sophia   2939–2940, **5338–5339**
pit graves   4530, 5146, 5514, 5515, 6986, 7023

Pithekoussai 1670, 2277, 2485, 2754, 3212, 4941, **5339–5340**, 5340
Piy (Piankhy) 748, 1023, 2712, 3838, 4074, 4693, **5340–5341**, 6195, 6517, 6716
Piyyut (Jewish liturgical and secular poetry) 874, 1157, 3599, **5341–5343**
plague **5343–5344**
    Aesculapius 138
    Apollo 546
    Asklepios 833
    burial 1214
    contagion 1759
    demography (Late Antiquity) 2017
    demography, historical 2014
    demons 2024
    depopulation 2038
    diagnosis 2064
    disease, conceptions of 2161
    economy 2271
    Evagrius Scholasticus 2587
    famine and food shortages 2633
    Hippocrates of Kos 3234
    Huns 3342
    illness 3403
    imitation 3416–3417
    Justinian I 3668
    Kerameikos, Athens 3733
    Lucius Verus 4159
    Lucretius 4161
    Lycia 4181
    Marcus Aurelius 4289, 4291, 4292
    Mediterranean 4403
    Sagalassos 6008
    Sekhmet 6118
Planetary Hypotheses (Ptolemy) 884, 885, 5220, 5652
plants (sacred, Greece and Rome) 5231–5233, 5235–5236, **5345**, 5429
Plataia **5345–5346**
    Aeneas Tacticus 131
    Aristides 692
    Boiotia 1149, 1150, 1152
    Boiotian League 1153
    first fruits 2683
    Hermione 3164
    Herodotus 3187
    logistics 4136
    Marathon, battle of 4280–4281
    Pausanias 5115
    Peloponnesian War 5132
    Same 6028
    Simonides 6260

plate (domestic and liturgical, Byzantine) **5346–5347**
Plato **5348–5350**
    Academy 23–25
    acculturation 30
    aesthetics 141, 143
    alchemy 281
    Anaxagoras 407
    anchisteia 411
    Anonymus Londiniensis 448
    Antikythera Mechanism 467
    Apuleius 584
    Archytas of Tarentum 667
    Aristides Quintilianus 692
    Aristotle 701–703, 713
    Aristotle, *Physics* 710
    army 739
    astrology 866
    Athens 915
    athletes 919
    beggars 1074
    biography 1118
    birthday 1131
    books 1159
    cardiovascular system 1331
    carrying capacity 1345
    Cato, Marcus Porcius 1376
    caves, sacred 1392
    Celsus 1396
    Chalcidius 1432, 1433
    charms and spells 1444
    childhood 1461, 1462
    chrematistike 1475
    Christology 1479
    Damascius 1917
    Damon 1922
    demons 2021
    diagrams 2068–2069
    Dion of Syracuse 2123
    Dionysios II 2126
    disability 2157
    disease and health 2165, 2166
    divination 2170
    dreams 2224
    ecology 2265
    encyclopedias 2404
    Epitadeus, *rhetra* of 2470
    Eratosthenes 2481
    ethics 2507
    Eudoxos of Knidos 2551
    exercise, physical 2594
    fantastic literature 2638

Plato (cont'd)
  form   2714
  Galen   2812
  gardens   2851
  ges anadasmos   2907
  Golden Age   2951
  government, theories of   2967
  Greek language and dialects   2987–2988
  harmonics   3064
  Helots   3128
  Herakleides of Pontos   3143
  Hermetic writings   3162, 3163
  Hermias   3163
  Heron   3188
  Hippias of Elis   3226
  Hippocrates of Kos   3232
  homosexuality   3292
  Hyperides   3368
  hysteria   3373
  Iamblichus   3377
  Ilissos   3400
  imitation   3416
  Justin Martyr   3663, 3665–3666
  kalokagathia   3684
  kapelos   3691
  kingship   3760
  Klearchos   3781, 3782
  Kolonai   3800
  Kouretes   3817
  Kritias   3822
  krypteia   3825
  law   3953, 3958–3959
  love   4151
  luxury   4176
  madness and mental health   4213
  medicine   4380
  mimesis   4511
  Minos   4529
  misogyny   4541
  music   4638, 4639
  myth   4667–4669
  Neoplatonists   4743, 4745–4747
  Nicomachus of Gerasa   4781
  Oikonomikos   4870
  oikonomos   4872
  old age and aging   4881
  Orpheus and Orphism   4946, 4947
  Perikles   5162
  Philolaos of Kroton   5274–5275
  philosophy   5278–5280
  physics   5313–5317
  politeia   5382
  politeiai   5384
  Porphyry   5436
  proof   5571
  Protagoras   5593
  psychology   5622
  publication   5661
  Pythagoreanism   5686
  rhetoric   5825
  Rufus of Ephesos   5970
  Sais, Sa el-Hagar   6012
  science   6067, 6068
  seers   6110
  Seneca the Younger   6146
  sleep   6288
  Socrates   6308, 6309
  sophists   6318, 6319
  soul   6336
  Speusippos   6352
  Stoicism   6402
  Straton of Lampsakos   6424
  suicide   6442
  Tacitus   6512
  technological change   6561
  teleology   6574–6575
  theater   6645
  Themistius   6666
  Theon of Smyrna   6686–6687
  Theophrastus   6692
  Theopompos of Chios   6694
  tyranny   6902
  Xenophon   7149–7152
  zoology   7179–7181
Plato, cosmology   2004–2005, **5350–5351**, 6080
Platorius Nepos, Aulus   **5351–5352**
Plautus (Titus Maccius Plautus)   896, 1320, 1975, 2655, **5352–5353**, 6606, 6607, 6646
plebeians   **5353–5355**
plebiscitum   4043, 4047–4049, **5355–5356**, 5873, 6155, 6849, 6850
Pliny the Elder (Gaius Plinius Secundus)   **5356–5359**
  Akephalos   259
  alchemy   282
  Alexander III, the Great   294
  Aquae Mattiacae   588
  Arabian Gulf   599
  Asklepiades of Bithynia   830
  Aufidius Bassus   938
  bematists   1079
  botany   1173–1174
  caravan trade   1328

carrara marble   1342
Celsus, Aulus Cornelius   1395
Claudius   1550
comets   1683
debt   1943
Dekapolis   1972
dentistry   2036
Diodorus of Sicily   2112
Dios Hieron   2137
Dioscorides   2137
domus   2202
druids   2229
Duilius, Gaius   2232
encyclopedias   2405
Essenes   2501–2502
Fabii, family of   2613
farrago   2639
fig   2671
forests   2713, 2714
Forum Augustum   2735, 2736
fossils   2747
fruit   2781
Gaul   2857
geography   2892
glass   2932
Hanno   3060
Helvetii   3129
heredium   3155
historiography   3257
homicide   3286
Horologium Augusti   3306
horrea   3309
horticulture   3316
Illyria and Illyrians   3407
infrastructure   3462
ius Italicum   3555
Kalykadnos   3685
Krateuas   3821
Latin language   3921
libraries   4065
luxury   4177
maps   4276
marvels   4337
meteorology   4475
milk   4507
mineralogy   4515
Misenum   4538
navies   4713
navigation   4716
Nechepso and Petosiris   4723
Ogulnius, Gnaeus and Quintus   4868
olives and olive oil   4891

Osrhoene   4954
paint and painting   4982
perfumes and unguents   5152, 5153
pharmacology   5233–5234
Philippopolis   5263
prayer   5509
presses   5522
salt   6022
science   6074
screw   6081
Serenus Sammonicus, Quintus   6167
Syros   6496
Tacitus   6512, 6514
tanning, tanners   6526
teeth   6570
Thessalos of Tralles   6710
Titus   6770
Utica   6932
Vesuvius   6977
veterinary medicine   6982
volcanoes   7025
women   7132
writing materials   7139
zoology   7183
Pliny the Younger (Gaius Plinius Caecilius
    Secundus)   **5359–5360**
  accounting   29
  aerarium militare   134
  canalization   1295
  court   1821–1822
  Declamationes   1951
  Domitian   2196
  empiricism, medical   2394
  exactor   2590
  Frontinus, Sextus Iulius   2780
  infrastructure   3461
  interest rates   3472
  ius Italicum   3555
  ius liberorum   3558
  letters, letter writing   4030
  Livy   4124
  Nicaea   4770
  Octavius Tidius Tossianus Lucius Iavolenus
    Priscus, Gaius   4861
  Ostia   4961
  Panegyric   5021, 5022
  persecution of Christians   5172–5173
  Pompeii   5405
  Pompeii, destruction of   5405
  Prusa   5610
  Quintilian   5713
  retirement   5810

Pliny the Younger (Gaius Plinius Caecilius
    Secundus) (*cont'd*)
  rhetoric   5829
  risk   5847
  sacramentum   5995
  sharecropping   6202
  Silius Italicus   6251
  Suetonius   6435
  Trajan   6813
  Vestricius Spurinna, Titus   6976–6977
  Vesuvius   6977
  volcanoes   7025
Plotinus   **5360–5361**
  hagiography   3030
  holy men   3282
  Iamblichus   3377
  Lykopolis/Asyut   4189
  Neoplatonists   4743, 4744, 4746
  physics   5316
  Proclus   5560–5561
  psychology   5623
  Sethianism   6178
plow   1845–1846, **5361–5362**
plumbing   **5362–5363**
Plutarch   **5363–5367**
  Acilius, Gaius   45
  Aemilius Paullus, Lucius   128
  age   176
  Agesilaos   183
  Agrionia   224
  Aletheia   286
  Alexander   303
  Alexander III, the Great   294
  Alexander historians   301
  animals   437
  Antiochos Hierax   482
  Anubis   508
  apellai   517
  apocalypses   529–530
  Aratos of Sikyon   609, 610
  Argei   676
  Aristarchus of Samos   689
  Aristides   691
  Aristoboulos of Kassandreia   693
  asebeia   816
  Askra   834, 835
  Augustus   961
  biography   1118, 1119
  Boiotia   1150
  Camillus, Marcus Furius   1282–1283
  Cato, Marcus Porcius   1375
  Cato the Younger   1379, 1380

cheese   1446
childhood   1461
Crassus, Marcus Licinius   1825–1826
demagogues   1989–1990
Demetrios I Poliorketes   1995
demons   2020
digressions   2093
Dio Chrysostom   2102
Dion of Syracuse   2123
Dionysios II   2126
disease and health   2163–2164
Diyllos of Athens   2176
dreams   2225
education   2316
Epicurus and Epicureanism   2437, 2440
Epitadeus, *rhetra* of   2470
erga   2488
Eudoxos of Knidos   2551
Eupatridai   2565
Eurymedon, battle of   2576
Fabii, family of   2611
Fabius Valens   2618
fate   2646
fetiales   2668
Flamininus, Lucius Quinctius   2693
foreigners   2708
fossils   2747
foundations   2752
freedom   2764
Friends of the king   2766
Gallic War   2831
gender   2874
hagiography   3030
harmonics   3064
hektemoroi   3101
Hellenization   3123
Herodotus   3184
historia   3246
historiography   3260
history   3274
hunting   3344
Hyperbolos   3367
imperialism   3427
intestatus   3476
Ipsos   3493
irrigation   3504
Isis   3516–3518
Julia Balbilla   3649
Julius Caesar   3654
Kallias, Peace of   3678
Kimon   3750
Klearchos   3781

Kleomenes III of Sparta   3788
krypteia   3825, 3826
Kylon   3840
kyrbeis   3845
law   3954
logos   4140
negotiatores   4728
Neoplatonists   4745
Octavia   4860
Olympias   4897
Onesikritos of Astypalaia   4902
orality, oral culture, and historiography   4922
Orpheus and Orphism   4946
Osiris   4950
Parthia   5069
Perikles   5161
portents   5438
rhetra   5834
Romulus and Remus   5961
Sacred Band   5996
Sarapis   6040
Scipio Aemilianus   6076
Septimontium   6160
Sertorius, Quintus   6172
Suetonius   6436
superstition   6457
Theophanes of Mytilene   6689
Vinius, Titus   7010
zoology   7183
Pluto   1489, 2155–2156, **5367–5368**, 6040
Plynteria   **5368**
pneumatics   3827, **5369**
Pnyx   2756, **5369**
Po   341, **5369–5370**, 5850, 5859
Poetovio   **5370–5371**
Pola   **5371–5372**
Polanyi, Karl   2268, 2276, 2294–2295, 5437, 5539
polemic   122, 3257, 3273, 3824, **5372–5373**
Polemon, Marcus Antonius   24, 1000, 3178, 5319, **5373–5374**, 6068, 6755
poletai   76, 1703, 2026, **5374**
police (Greece and Rome)   1029–1030, 1086, 1838–1840, 2478, **5374–5376**
police (Pharaonic Egypt)   1840–1841, **5376–5377**
Poliochni   **5378**
polis   909, **5378–5381**
politeia   187, 1524, 1786, **5381–5382**, 6476
politeiai   **5382–5385**
politeuma   2068, 2521, 3594, 3597, 5045, **5385–5386**
political pay (Greece)   2007, 2011, **5386–5387**
poll tax (Ptolemaic)   1411, 2521, **5387–5388**, 6023

poll tax (Roman)   1323, 1412, 1942, 2521, **5388–5389**, 6023
pollution (Greece and Rome)   2297, 2797, 3353, 3826, **5389–5390**
Polyaenus   2434, 2724, 3117, **5390–5391**
Polybius   **5391–5396**
  Achaian League   38
  Aemilius Paullus, Lucius   127, 128
  Agathokles   169
  aitia   249
  Aitolia   250, 251
  akoe   268
  akribeia   270
  Ambrakia   353
  amplificatio   383
  annalists   445
  Antigonos II Gonatas   461
  Antigonos III Doson   463
  Antiochos III Megas   476
  Antiochos IV Epiphanes   479
  Antisthenes of Rhodes   493
  Apamea, Peace of   513
  Aratos of Sikyon   609, 610
  Arcadia   622
  Archimedes of Syracuse   635
  Attalos I   931
  autopatheia   982
  autopsy   983
  benefactors   1084
  camps   1286
  cardiovascular system   1331
  Carthago Nova   1349
  catapults   1367
  Cato, Marcus Porcius   1377
  causation, historical   1385
  cavalry   1388, 1390
  comitia and *concilia*   1687
  consuls   1752
  demagogues   1990
  Demetrios I   1997
  Demetrios of Pharos   2002
  Demochares of Athens   2006
  democracy   2009
  depopulation   2038
  digressions   2093
  Diodorus of Sicily   2113
  diplomacy   2148
  Duilius, Gaius   2231
  Dyme   2240
  dynasteia, idea of   2240–2241
  Ebro   2260
  elections   2358

Polybius (cont'd)
  empeiria 2392
  emphasis 2392–2393
  enargeia 2402
  Ephoros 2433
  erga 2487, 2488
  Euthydemos of Bactria 2583
  Excerpta Antiqua 2590
  exempla 2594
  exile 2596
  extraordinarii 2606
  Fabius Pictor, Quintus 2617
  Flaminius, Gaius 2696
  geography 2891
  globalization 2935
  Hamilcar Barca 3052
  Hanno 3060
  Hellenica 3116
  historia 3246, 3247
  historiography 3253, 3256, 3257
  history 3271, 3273, 3274
  Iasos 3379
  Illyrian wars 3409
  imagines 3414
  impartiality 3418
  imperialism 3428
  indemnities 3443
  Italy, northern 3534
  Italy, southern 3539
  Ithome mountain 3542
  Kallikrates of Leontion 3680
  Kerkouane 3735
  Ktesiphon 3828
  Kynoskephalai, battle of 3843
  legion 3994
  Livy 4125
  Macedonian wars 4206
  manubiae 4266–4267
  Marakanda 4279
  Megalopolis 4410
  music 4638
  Nabis of Sparta 4673
  navies 4707
  Numidia 4833
  oikoumene 4877
  Olympia 4896
  optio 4914
  orality, oral culture, and historiography 4922
  Panegyric 5021
  pilum 5327–5328
  politeiai 5385
  Postumius Albinus, Aulus 5462–5463
  pragmatic history 5499–5501
  Ptolemy IV Philopator 5636
  Punic wars 5663
  Pytheas of Massalia 5687
  rhetorical history 5833
  Rhône 5844
  Roman Republic, constitution 5873, 5874
  Scipio Aemilianus 6076
  Scipio Africanus 6078
  Seleucids 6120
  Sempronius Asellio 6138
  speeches in historical works 6350
  Timaeus of Tauromenium 6755–6756
  topography 6783
  tragic history 6808–6809
  universal history 6917, 6918
  villages 7002
  Zama, battle of 7164
  Zeno of Rhodes 7168
  Zeuxis 7175
  Zosimus 7186
Polycarp of Smyrna 55, 568–570, 1420, 2254, 3498, **5396–5397**, 5503
Polykrates of Samos 1612, 1981, 2018, 4028, 4063, 4705, **5397–5398**, 5823, 6028, 7050
Polyperchon **5398–5399**
  Alexander IV 297–298
  Antigonos I Monophthalmos 459
  Cassander 1352
  Demetrios of Phaleron 2001
  diagramma 2068
  Eurydike, wife of Philip Arrhidaios 2575
  Olympias 4897
  Philip III Arrhidaios 5257
  Phokion 5301–5302
  Roxane 5966–5967
  Successors, wars of 6432, 6433
pomerium **5399**
Pomona 2692, **5400**
Pompeian Styles 787, 4982, 7040
Pompeii **5400–5405**
  Alexander III, the Great 296
  amphitheater 381
  arena 670
  Campania 1284
  economy 2298
  eroticism 2494
  forum 2732–2733
  Forum Augustum 2736, 2737
  furniture 2800
  graffiti 2974, 2975
  Herculaneum 3150

humor and satire   3337
inn   3465
Isis   3516
Latin language   3921
mosaics   4598
Murecine Tablets   4627–4629
nutrition and malnutrition   4841, 4842
olives and olive oil   4891
Oscan   4948–4949
perfumes and unguents   5153
pornography   5432–5433
Rome, city of: 2. Republican   5899
seismology   6116
tanning, tanners   6527
Vesuvius   6977
wall-painting   7040
water supply   7068
Pompeii, destruction of   3153, **5405–5406**
Pompeius Magnus Pius, Sextus   127, 962, 963, 4711–4712, 4749, **5406–5408**, 5899, 6871
Pompeius Trogus   295, 2101, 2825, 3667, 4877, **5408**, 6059, 6917, 6918
Pompey (Gnaeus Pompeius Magnus)   **5408–5410**
  Aemilius Lepidus, Marcus   125
  Aemilius Lepidus Paullus, Lucius   127
  Africa Proconsularis   150
  African War   153
  Antonius, Marcus   501
  Arabs   603
  Ariobarzanid Dynasty   686
  Aristobulus II   694
  Armenia   723
  Augustus   960
  Bulla Regia   1208
  Cicero, Marcus Tullius   1499–1501
  Cicero, Quintus Tullius   1504
  Cilicia   1505
  civil war   1529
  Cleopatra VII of Egypt   1569
  Clodius Pulcher, Publius   1587
  coinage   1644
  colonies   1669
  Crassus, Marcus Licinius   1825–1826
  Deiotaros of Galatia   1964
  Dekapolis   1973
  diplomacy   2151
  economy   2274
  Epidamnos   2442
  Euphrates frontier   2566, 2569
  famine and food shortages   2634–2635
  forests   2713
  Forum Augustum   2737

Gallia Narbonensis   2825, 2826
Hasmoneans   3072
Hierapytna   3207
Hispania   3242
Hortensius Hortalus, Quintus   3315
imperator   3419
indemnities   3444
interrex   3476
Jerusalem   3577
Jews   3592
John Hyrcanus II   3613
Julius Caesar   3653–3655
Larissa   3912
Lepcis Magna   4018
Lesbos   4024
Lucceius, Lucius   4154
Lucullus, Lucius Licinius   4163
Mediterranean   4401
Milo, Titus Annius   4509
Mithradatic wars   4550
mutiny   4647
oikoumene   4877
Pharsalos, battle of   5240
Psalms of Solomon   5613–5614
Ptolemy XII Neos Dionysos Auletes   5648
Ptolemy XIII   5649
Pyrenees   5681
Rhodes   5842
Rome, city of: 3. Augustan   5900, 5905
ruler cult   5977
Sallust   6018
Samaria   6027
Seleucids   6122
Senate   6141
Sertorius, Quintus   6172
ships and shipping   6221
Side   6240
Social War   6304
Spartacus   6345
Syria   6489
Temple in Jerusalem   6583
Theophanes of Mytilene   6688
Trapezos   6835
Utica   6932
Pompilius Numa   412, 2323, 2668, 2692, 2707, 2792, 3286, **5411**, 6018
Pomponius Atticus, Titus   1226, 1484, 1499, 1504, 3315, **5412**, 6918
Pomponius Mela   2892, 3060, 3407, **5412–5413**
Pont du Gard   **5413–5415**, 7068
Pontic Empire   4545–4550, 5035, 6835
pontifex, pontifices   **5415–5416**

Pontifical Chronicle   443, **5416–5417**
Pontius Pilate   1252, 3174, 3627, **5417–5419**
Pontos   **5419–5422**
  Antiochos I Soter   474
  Archelaos of Cappadocia   629
  Ariarathid Dynasty   683
  Aristonikos   698
  Deiotaros of Galatia   1964
  fish and fishing   2686
  foundations   2751
  Halys   3051
  Herakleia Pontica   3141
  Kolchis   3800
  mines and mining   4517, 4518
  Pharnakes I of Pontos   5236–5237
  Seleucids   6124
  Seleukos II Kallinikos   6129
  Strabo of Amaseia   6415
  Syria   6489
Popes   1393, 1429, 4056–4057, **5423–5428**
Popillius Laenas, Gaius   **5428–5429**, 5640, 6495
poppy   3088, **5429–5430**
pornography   2494, **5430–5434**
Porolissum   **5434–5435**
Porphyry   **5436–5437**
  Adrastos of Aphrodisias   104
  Agathokles   169
  Antiochos of Athens   481
  Arius and Arianism   718
  caves, sacred   1392
  Chaeremon   1424
  Daniel   1926
  demons   2020
  Demotic   2029
  Epicurus and Epicureanism   2438
  Eusebius of Caesarea   2578
  Gaza   2863
  hagiography   3030
  Herakleides of Pontos   3143
  holy men   3282
  Iamblichus   3377
  Neoplatonists   4743, 4744, 4746
  Origen   4933
  Plotinus   5360, 5361
  rhetoric   5824
  Sethianism   6178
  temples   6596
  theurgy   6714
port of trade   **5437–5438**
portents   1683, 4900, **5438–5439**, 5564
porticoes   654, 2737, 2743, 3008–3009, **5439–5440**
portraiture (Byzantine)   3385, **5440–5441**

portraiture (Greece and Rome)   1637, 1642, 3032–3034, 3413, 3554, 4620–4621, **5441–5442**, 6090, 6104, 6379
portraiture (Pharaonic Egypt)   4620–4621, **5442–5444**
ports (Byzantine)   **5444–5445**
ports (Greek)   3141, 3164, 3235, 3276, 3460–3461
ports (Roman)   **5445–5449**
Portunus   2692, 2739, **5450**
Portus   807, 2635, 5448, **5450–5451**, 5921
Porus, Indian dynast   293, **5451–5452**
Poseidi in Chalcidice   **5452–5453**
Poseidippos   2242, 2446, 5239, **5453–5454**
Poseidon   **5454–5455**
  Aeneas   129
  Ares   672
  Athena   902, 903
  Boiotia   1151
  Calauria and the Calaurian amphictyony   1254
  earthquakes   2253
  Epidamnos   2442
  Erechtheus   2483
  Eteoboutadai   2505, 2506
  famine and food shortages   2634
  festivals   2661
  Haliartos   3043
  Hanno   3060
  horses   3314
  Isthmia   3529
  isthmus   3531
  Kenchreai   3729
  madness and mental health   4212
  Mantinea   4265
  Neptunus   4748
  Odysseus   4864
  Panionion   5025
  Pelops   5134
  Poseidi in Chalcidice   5452
  Rhegion   5822
  sea deities   6097
  Tenos   6604
Poseidon Sounion sanctuary   **5455–5457**
Poseidonia. *see* Paestum
Poseidonios   **5458–5459**
  Apamea, Syria   514
  Aristonikos   698
  Athenaeus of Attaleia   904
  causation, historical   1385
  Claudii, family of   1540
  Diodorus of Sicily   2113
  ethnography and ancient history   2532
  Helvetii   3129

Kleomedes   3786
  meteorology   4474
  philosophy   5286
  Sallust   6019
  Seneca the Younger   6146
  Stoicism   6402
possessio   1384, 2194–2195, 2393, **5459–5460**, 5666–5667
postal services   **5460–5461**, 6498
postcolonialism   **5461–5462**, 5877–5879
Postumius Albinus, Aulus   444, 3257, 3995, **5462–5463**, 5500, 5891
Potaissa (Cluj, Romania)   **5463–5464**
Potidaia   1978, 5131–5132, **5464–5465**
pottery (ancient Near East)   817, 1015–1016, 1306, 4964–4965, **5465–5466**, 7100
pottery (Archaic and republican Rome)   2155, **5466–5472**
pottery (Bronze Age)   1089, 3686, **5472–5473**, 6798
pottery (Byzantine)   **5473–5475**
pottery (Classical and Hellenistic Greece)   **5475–5478**
  Al Mina   272
  art   777, 781–782
  Demaratus of Corinth   1990
  ethnicity   2518
  Histria, Romania   3276
  Kastanas in Macedonia   3704
  Kerameikos, Athens   3732
  Keramos   3734
  Keros   3738
  Kommos   3808
  Koroni   3812
  Koukounaries   3816
  Kythera   3846–3847
  Naukratis   4699
  Orchomenos in Boiotia   4927
  Oropos   4941
  ostraca   4964–4965
  Paros   5065
  Raqqa   5736
  Saliagos   6017
  Sesklo   6174
  stirrup jar   6396, 6397
  Uluburun shipwreck   6910
  Zygouries   7188
pottery (Pharaonic Egypt)   229, 2328, 2518, 2620, 3202, 3361, 4684, 4685, 4964–4965, **5478–5482**, 5514
pottery (Roman Empire)   **5482–5489**
  acculturation   31

Ariminium   685
Arretium   755
Cerveteri   1421
Dacians and other Transdanuviani   1911
dolium   2191–2192
economy   2273
Gallia Narbonensis   2826
India, trade with   3451
La Graufesenque   3850
literacy   4107
Nemausus   4738
Numantia   4826
pornography   5433–5434
Sagalassos   6007
pottery trade   2273, 2298, 2302–2303, 3049, 3361, 3850, **5489–5491**, 6007, 6372, 6799
poultry   219, 2087, 2704, **5491**, 6002
praefectus   **5492–5493**
Praeneste   26, 1236, 2734, **5493**, 5899, 6612
praetor   **5494–5495**. *see also* edict (praetor's)
Praetorian cohorts   **5495–5497**
  Balbinus and Pupienus   1025–1026
  Batavians   1063
  Caligula   1270
  Claudius   1551
  cohortes urbanae   1606
  Didius Severus Iulianus Augustus, Marcus   2084
  diplomata   2153
  evocati   2588–2589
  Otho   4967
  Praetorian Prefect   5497
  Severus Alexander   6182
Praetorian Prefect   **5497–5499**
  administration   93–94
  agentes in rebus   181
  Byzantium   1235
  Claudius   1554
  Constantine I   1724
  Cornelius Fuscus   1796
  court   1822–1823
  Diadumenianus gustus)   2063
  Diocletian   2106
  equites   2475–2476
  Florian   2701
  Fulvius Plautianus, Gaius   2784
  logistics   4138
  praefectus   5492
  provincial administration   5599–5600
  Sejanus   6117
  Septimius Severus Pertinax Augustus, Lucius   6158
  themata   6664–6665

Praetorian Prefect (*cont'd*)
  Theodosian Code   6678
  Tigellinus   6750–6751
praetorium   2732, **5499**, 5605, 6950, 7039
pragmatic history   3257, 3275, **5499–5501**, 6138
Praisos   **5501–5502**
Praxagoras of Kos   1332, 3191, **5502**, 5835
prayer (Christian)   2046, 2081–2082, 2545, **5503–5504**, 6165
prayer (Greek)   1444, **5504–5505**, 7031
prayer (Jewish)   2545, 2546, 2600, 2839, 5342–5343, **5505–5507**, 6204
prayer (Pharaonic Egypt)   **5507–5508**
prayer (Roman)   1444, **5509–5510**, 7031
precedent (Greek)   **5510–5511**
precedent (Roman)   **5511**
precession   **5512–5513**, 6760–6761
Predynastic Period (Egypt)   **5513–5517**
  Abydos, Egypt   18–19
  Adaima   63–65
  Badarian   1015–1016
  desert   2041
  deserts   2051
  Diospolis Parva   2143
  Early Dynastic period   2249
  Egypt, Upper   2331
  epigraphy   2461
  fish and fishing   2687–2688
  Hierakonpolis   3202
  hieroglyphs   3210
  Horus   3319
  human sacrifice   3334
  mummies and mummification   4617
  Naqada   4694–4695
  palette   5007–5008
  pottery   5480
  Scorpion   6080
  sculpture   6091
  ships and shipping   6218
  sports and games   6365
  taxation   6548
Prefect of Egypt   98, 965, 3547, 5492, 5498, **5517–5519**
pregnancy   1453, 3012, 3013, 3088, 4495–4496, 4858–4859, **5519**, 6186, 7103, 7104
presbyter   569, 1573, 1934–1935, 2547, **5520–5521**
presses   218, 220, **5521–5522**, 6081
Priapus   **5522–5523**, 6194
price formation   2970, 2971, 3457–3459, **5523–5524**
prices   **5524–5528**
Prices Edict. *see* edict on prices, Diocletian's

Priene   200, 342, 683, 1178, 2724, 3486, 4940, **5528–5530**, 6044
priests and Levites (Jewish)   1252, 4902–4903, 5506, **5530–5533**
priests and priestesses (Egypt)   **5533–5535**
  cults: divine   1861–1865
  gender   2876–2877
  Herihor   3157
  Khaemwaset   3739–3740
  kingship   3765
  Montu   4592
  oracles   4917–4919
  Osorkon   4952, 4953
  religion   5792
  Senenmut   6148
priests and priestesses (Greek)   1315–1316, 1853–1854, **5535–5537**, 5688
priests and priestesses (Roman)   **5537–5538**
  Carmen Arvale   1336
  Carmen Saliare   1336–1337
  cult attendants   1854
  cult instruments   1860–1861
  fasces   2640
  fetiales   2668–2669
  flamines   2691–2692
  Galli   2818–2819
  oracles   4915–4916
  pontifex, pontifices   5415–5416
  quindecimviri sacris faciundis   5711–5712
  Salii   6018
  septemviri epulones   6155
  sodales   6311
  sortition   6331
  women   7131
primitivism   **5538–5541**
primuspilus   2588, **5541–5542**
princeps   92, 96, 968, 5902, 5905, 5909, 5910
principales   3414, 4914, **5542–5543**, 6616–6617, 6883
principia   2732, 3510, **5543, 5544**, 6978
Prinias in Crete   **5543, 5545**
prison, prisoners   1800–1801, 2712, 2726, 3293, **5544–5546**
privacy   **5547–5548**
private legal cases   2097, 2979, 5554, 5574
privilegium of legal forum   5548
probole   **5548–5549**
probouloi   5549
Probus (Marcus Aurelius Probus Augustus)   972, 1350, 2105, 2701, **5549–5553**, 5939, 6515
procedure, legal (Greek and Roman)   **5553–5556**
  actio   56–57

aestimatio litis   145
antestatio   451
apophasis   561
cognitio   1603
cognitor   1603, 1604
diaitetai   2071
Dike, *dike*   2097
divinatio   2168
formula   2718
jurisprudence   3659–3660
Lex Aquilia   4036–4037
litis contestatio   4115
litis denuntiatio   4115
mors litis   4595
procedure texts and lunar predictions (Babylonian)   878, 2427, **5555–5556**
processions (Greek)   193, 2369, 3011, **5556–5558**
processions (Roman)   2369, 3365, **5558–5560**, 5672, 6003, 6456
Procharisteria   **5560**
Proclus   **5560–5561**
  alchemy   282
  Apollonios of Perge   554
  Chaldaean Oracles   1435
  Damascius   1917
  Euclid   2548
  Eudoxos of Knidos   2551, 2552
  Eugammon of Cyrene   2554
  Hippocrates of Chios   3232
  John Philoponos   3618
  letters, letter writing   4030
  mathematics   4349
  Neoplatonists   4743, 4745, 4746
  Nikomedes   4790
  physics   5316
  Themison of Laodikeia   6665
Procopius   **5561–5563**
  Africa   149
  Agathias   168
  Armenians   726
  Belisarius   1077–1078
  Choricius   1472
  Constantinople   1739
  eunuchs   2564
  forts   2722
  frontiers   2771
  Gallic War   2831
  Gelimer   2868–2869
  historiography   3260, 3265
  John of Antioch   3604
  John of Cappadocia   3606
  Justin I   3662

Justinian I   3668
Justiniana Prima   3668
  legislation   4006
  Malalas, John   4240
  rhetoric   5824
  ships and shipping   6215
  sieges and siegecraft   6243
  warfare   7048
Proculus   3965, 3967, 3969, 6844
procurator   92–94, 626, 1604, 1624, 1960
prodigies (Greece and Rome)   2601, 3069, 4584, 4855, **5563–5564**
Proerosia   **5564–5565**
profit   1307, 1474, **5565–5566**
prognosis   2064–2067, **5566–5567**
proletarii   843, 844, 5355, **5567–5568**, 7030
Prometheus and Prometheia   2681, **5568–5569**, 6683
promiscuity   109, **5569–5570**
Pronnoi   3731, **5570**
proof   4348–4350, 4438, **5570–5572**
proof, legal (Greek and Roman)   **5572–5574**
property (Greek and Roman)   **5574–5577**
  apographe   544
  causa   1384
  chresis   1477
  confiscation   1703
  demosiosis   2026
  diadikasia   2063
  dominium   2194–2195
  emphyteusis   2393
  gesta   2908
  heredium   3156
  houses, housing, household formation   3327–3328
  instrumentum   3470
  intestatus   3476–3477
  inventories   3482
  Isaeus   3507
  kyrios   3846
  possessio   5459
  purchase   5666–5668
  usucapio   6929
  ususfructus   6929–6930
  women   7117, 7120, 7122, 7127–7128
prophecy and oracles (ancient Near East)   1024, 1912–1913, 2169, 3508, 4213, **5577–5579**, 6231, 6232
prophets (Late Antiquity)   **5579–5582**
Propontis   545, 2495, 2753, 3126, 3848, **5582–5583**
proportion   **5583–5584**

proselytes and proselytism (Jewish)   2077,
    5584–5586
Proserpina   1419, 2156, **5586**
proskynema formulas   **5587–5588**
proskynesis   1463, 3774, **5588**
prosphora   **5588–5589**
prostates   4269, **5589–5590**
prostitution   **5590–5592**
    Acca Larentia   26
    adultery   110
    concubinage   1700–1701
    eunuchs   2562, 2563
    Floralia   2700
    friendship   2767
    hetaira   3195–3196
    heterosexuality   3198, 3199
    hierodouloi   3208, 3209
    homosexuality   3292
    sex and sexuality   6185, 6186, 6192, 6193
    slavery   6286
    stuprum   6428
    women   7117
Prosymna   **5592**
Protagoras   2, 901, 2506, 2573, 3226, **5593–5594**,
    5825, 6318, 6319
Protevangelium Jacobi   539, 540, **5594–5595**
Proto-Euphratic, Proto-Tigridic
    languages   **5595–5596**
Proverbs (book of Hebrew Bible)   **5596–5597**,
    7107, 7108, 7111, 7112
proverbs (Greek)   139–140, **5597–5598**
proverbs (Roman)   **5598–5599**
provincial administration (Byzantine)   73–74, 622,
    623, 2150–2151, 3614, 4502, 4932, **5599–5600**
provincial administration (Roman Empire)
    arcarius   626
    citizenship   1526
    decretum   1955
    Diocletian   2107, 2108
    diplomacy   2150–2151
    economy   2272, 2299
    epigraphy   2460
    Hispania   3243
    Septimius Severus Pertinax Augustus,
        Lucius   6157
provincial administration (Roman
    Republic)   **5600–5603**
    administration   80
    Baetica   1017–1018
    beneficiarii   1085–1086
    Berbers and Moors   1090
    Cicero, Marcus Tullius   1501

commentariis, a   1690–1691
Cyrene edicts   1900–1902
dispensator   2167
imperium   3434
quaestor   5699–5700
Sicily   6238
Ulpia Traiana Sarmizegetusa   6908
provincial capitals   1517, **5603–5605**, 6764
provocatio   **5605–5606**
proxenia   **5606–5608**
Prudentius, Aurelius Clemens   3243, **5608–5609**
Prusa   **5609–5610**
Prusias I of Bithynia   2557, 3773, 4789, 5609,
    5610–5611
Prusias II of Bithynia   **5611–5612**
prytaneion   1000, 2227, **5612–5613**
Psalms of Solomon   4464, **5613–5614**
Psamtik (Psammetichus) I–III   **5614–5615**
Psamtik (Psammetichus) I   3631, 3906, 3914, 4074,
    5614, 6013, 6527, 6576, 6717
Psamtik (Psammetichus) II   2365, 3915,
    5614–5615, 6013, 7038
psephisma   1953–1954, 3930, 3973, 5132,
    5615–5616
pseudepigrapha. *see* apocrypha and pseudepigrapha
    (Jewish)
pseudepigrapha in early Christianity   2056–2057,
    5616–5620, 6618–6621
pseudo-Xenophon. *see* Old Oligarch
Psusennes   2922, 4952, **5620–5621**, 6525
psychology   4669, **5621–5624**
Ptah   **5624**
    Abu Simbel   14
    Amarna   344
    Amenhotep I–III   359
    Apis   526
    dwarves   2238–2239
    dynastic cults   2242
    Imhotep   3415
    Khaemwaset   3739
    Memphis   4432
    religion   5791
    Sekhmet   6118
    Seth   6175
    Sokar   6312
Ptolemaia   **5624–5625**, 5632
Ptolemaic possessions outside Egypt
    5625–5629
    Cilicia   1505
    foundations   2751
    Iasos   3379–3381
    Letoon sanctuary   4024–4025

Lycia   4180
Salamis, Cyprus   6016
Samos   6029
Seleucids   6121
Soloi   6313
Syrian wars   6494, 6495
Ptolemais (Acco)   1564, 2181, **5629**
Ptolemais Euergetis. *see* Arsinoe, Fayyum
Ptolemy (astronomer, mathematician)   **5651–5654**
   analemma   396
   Arabia Felix   598
   Arabian Gulf   599
   Aristotle   707
   astrology   867
   astronomy   882–885
   Axum   1000
   calendar   1260, 1265
   Canobic Inscription   1299
   Caspian/Hyrcanian Sea and region   1351
   Censorinus   1410
   constellations and named stars   1746, 1747
   cosmology   1811–1812
   Curtius Rufus, Quintus   1879–1880
   Dios Hieron   2137
   equant   2472–2473
   Euctemon   2550
   Eudoxos of Knidos   2552
   Eutocius   2584
   Ganges   2846
   geography   2891
   harmonics   3064
   Hephaistion of Thebes   3133
   Hipparchos   3222, 3223
   India   3445, 3448
   Indus   3453
   maps   4273, 4276
   Marinus of Tyre   4302
   mathematics   4350
   music   4639
   Nabonassar   4674
   numbers   4828
   Oceanus   4860
   optics and catoptrics   4911
   Oxus   4970
   Pappus of Alexandria   5042–5043
   Patala   5080
   phaenomena   5220
   precession   5512
   science   6068, 6072, 6074
   Tanais   6524
   Theon of Alexandria   6685–6686
   Theon of Smyrna   6686–6687
   Timocharis   6760–6761
   topography   6783
   Vettius Valens   6985
   Zagros mountains   7160
Ptolemy (Gnostic)   **5654–5655**
Ptolemy I   1565, 1568, 1572, 1573, 7107
Ptolemy I Soter   **5629–5631**
   Agathokles   169–170
   Agathokles of Syracuse   171
   Alexander III, the Great   295
   Alexander historians   301
   Alexandria, Egypt   308
   Alexandria, Egypt, city laws of   311
   Arsinoe II Philadelphos   763
   Berenike I   1094–1095
   Cleopatra   1572
   coinage   1619, 1627–1628
   Cyprus   1895
   Demetrios I Poliorketes   1995, 1996
   Demetrios of Phaleron   2002
   diagramma   2068
   dynastic cults   2241
   ethnicity   2518
   Eumenes of Kardia   2558
   Hellenic Alliance   3113
   Iasos   3380
   Kallias of Sphettos   3678–3679
   kingship   3761
   Kition   3776
   Lindos   4091
   Magan   4217
   Mysteries   4665
   Paphos   5040
   Ptolemaic possessions outside Egypt   5625–5628
   Ptolemy IV Philopator   5637
   Sarapis   6040
   Seleukos I Nikator   6127, 6128
   Successors, wars of   6432, 6433
   Syrian wars   6494
   Zeno of Kition   7167
Ptolemy II Philadelphos   **5631–5634**
   Agathokles   169
   Alexandria, Egypt   308
   Antigonos II Gonatas   461
   Antiochos I Soter   474, 475
   Antiochos II Theos   475
   Apollonios   554–555
   Areus of Sparta   674
   army   740–741
   Arsinoe I   762, 763

Ptolemy II Philadelphos (cont'd)
  Arsinoe II Philadelphos   764, 765
  Athens   914
  Atthidographers   935
  Berenike I   1094–1095
  Callimachus   1276
  cleruchs   1574
  Coptos   1774, 1775
  Demetrios of Phaleron   2002
  Dionysos   2134
  dorea   2210–2211
  double cropping   2215
  dynastic cults   2241, 2242
  Eastern Desert   2255
  elephants   2368
  Euboea   2543
  Fayyum   2650
  forts   2724
  Isis   3518
  Jews   3597
  Judeo-Greek literature   3645
  Kallias of Sphettos   3678–3679
  Kallikrates of Samos   3680
  Kleitarchos of Alexandria   3784
  Koroni   3812
  Kush   3834
  laokritai   3907
  law   3938, 3942
  Library of Alexandria   4067
  Magas   4217
  Manetho   4253
  Nabataeans   4672
  navies   4706
  Nubia   4822
  poll tax   5387
  Ptolemaia   5624–5625
  Ptolemaic possessions outside Egypt
    5625–5626, 5628
  Ptolemais   5629
  Sarapis   6040
  Successors, wars of   6434
  Syrian wars   6494
  Tell el-Balamun   6576
  Tell el-Mashkuta   6578
  temples   6593
Ptolemy III Euergetes   **5634–5635**
  Apollonius Rhodius   557
  Arsinoe III   765, 766
  benefactors   1083
  Berenike II   1095–1098
  Callimachus   1276
  dynastic cults   2242
  Eratosthenes   2481
  Fayyum   2650
  Hermopolis Magna   3168
  Hermopolis Magna, Tuna el-Gebel   3170
  Laodike   3904, 3905
  Library of Alexandria   4067
  Lycia   4180
  Oniads   4902
  poll tax   5387
  Ptolemaic possessions outside Egypt   5626
  revolts   5814
  Sarapis   6040
  Seleucids   6121
  Seleukos II Kallinikos   6129
  Syrian wars   6494
  Thebes   6654
  Tobiads   6774
Ptolemy IV Philopator   **5636–5637**
  Achaios   42
  Agathokles   168–169
  Alexander Balas   299
  Antiochos III Megas   477
  army   740
  Arsinoe III   766–767
  Berenike II   1096–1097
  Cleopatra II of Egypt   1565
  Dionysos   2134
  Eratosthenes   2481
  Maccabees, Books of   4198
  Ptolemaic possessions outside Egypt   5626
  revolts   5814
  Skopas, Aitolian   6278
  Sosibios   6332
  Syrian wars   6495
  Tanis   6525
  Tod   6776
Ptolemy V Epiphanes   **5637–5639**
  Agathokles   169
  Antiochos III Megas   477
  Arsinoe III   766
  Cleopatra I   1563
  cleruchs   1574
  Esna   2501
  famine and food shortages   2636
  Ptolemaic possessions outside Egypt   5626
  revolts   5815
  Rosetta Stone   5962
  Skopas, Aitolian   6278
  Sosibios   6332
  Syrian wars   6495
Ptolemy VI Philometor   **5639–5641**
  Armant   720

Cleopatra I   1563
Cleopatra II of Egypt   1564
Cleopatra III of Egypt   1565
Demetrios II   1999
Diodotos Tryphon   2115
Diospolis Parva   2143
Herakleides Lembos   3142
Jonathan Maccabaeus   3621
Onias, Temple of   4904
Petosarapis   5214
poll tax   5387
Popillius Laenas, Gaius   5428–5429
Ptolemy VIII Euergetes II   5643
Syrian wars   6495
Ptolemy VII Neos Philopator   1563, 1564, **5641–5642**, 6776, 7106
Ptolemy VIII Euergetes II   **5642–5645**
　Agatharchides of Knidos   167
　civil war   1528
　Cleopatra II of Egypt   1564, 1565
　Cleopatra III of Egypt   1565
　Cleopatra IV   1566
　Cleopatra Selene   1572
　cleruchs   1574, 1575
　Edfu   2307
　laokritai   3907
　law   3938
　Library of Alexandria   4068
　Manetho   4254
　Petosarapis   5214
　Ptolemaic possessions outside Egypt   5627
　Ptolemy VI Philometor   5640
　Ptolemy VII Neos Philopator   5642
　Syrian wars   6495
　wills   7106
Ptolemy IX Soter II   302, 1565, 1566, 1572, 1573, **5645–5646**, 5646
Ptolemy X Alexander I   1565, 1567–1569, 1572, 1573, 5645, **5646–5647**, 7107
Ptolemy XI Alexander II   1568, 1569, **5647**, 7107
Ptolemy XII Neos Dionysos Auletes   **5648**
　Alexandrian War   314
　Armant   720
　Cleopatra V Berenike III   1567
　Cleopatra VI Tryphaina   1568, 1569
　Cleopatra VII of Egypt   1569
　Coptos   1775
　Diodoros Pasparos   2112
　Hermopolis Magna   3168
　Isis   3516
　Timagenes of Alexandria   6757
　wills   7107

Ptolemy XIII   1569, 1570, 5410, **5648–5649**
Ptolemy XIV   1569, **5649–5650**
Ptolemy XV Caesar   721, 1570, 1571, 3655, **5650–5651**
Puabi   **5655**
public health (Egypt)   **5655–5656**
public health (Greece and Rome)   **5656–5658**
publicani   **5658–5660**
publication   280, 2182, 2183, 2831, **5660–5662**
Puduheba   **5662–5663**
Punic wars   **5663–5665**
　ager publicus   182
　Antigonids   457
　Arretium   754
　Attalos I   931
　Berbers and Moors   1090
　Cannae, battle of   1296–1297
　Carthage   1346, 1347
　Carthago Nova   1349
　Cincius Alimentus, Lucius   1508
　Claudii, family of   1541
　Coelius Antipater, Lucius   1599
　coinage   1644
　Cornelii Scipiones, family and tomb of   1792, 1793
　Cosa   1806
　cursus honorum   1878
　Cybele   1883
　depopulation   2038
　dictator   2080
　Duilius, Gaius   2231–2232
　Ebro   2259
　Egesta   2325
　elephants   2368
　Emporiae   2395
　Ennius   2415
　exempla   2593
　Fabii, family of   2613–2614
　Fabius Pictor, Quintus   2616
　fasti of magistrates   2643
　fig   2671
　finance   2674
　Flamininus, Titus Quinctius   2694
　Flaminius, Gaius   2696
　Fossa Regia   2746
　Gades/Gadir   2805–2806
　generalship, art of   2881
　Hamilcar Barca   3052
　Hannibal   3056–3058
　Hasdrubal   3070
　Hieron II of Syracuse   3213
　Hispania   3242

Punic wars (*cont'd*)
  historiography 3257
  hostage 3321
  imperialism 3427, 3432
  indemnities 3442–3444
  Italica 3532
  Italy, southern 3540–3541
  Juno 3657
  legion 3994
  Leontinoi 4015
  Livy 4125–4127
  Malta 4244
  Mamertines 4245
  Marcellus, Marcus Claudius 4283
  Masinissa 4342
  Mediterranean 4400
  Messana 4461
  Mithradates I–VI of Pontos 4546
  Naevius, *Bellum Punicum* 4679
  navies 4710
  overstrike 4968
  Paestum 4978
  Philinos of Akragas 5248
  pilum 5327
  Polybius 5392, 5394
  pottery 5469
  Ptolemy IV Philopator 5637
  Punic wars 5663–5665
  Puteoli 5675
  Rome, city of: 2. Republican 5895
  Sabratha 5993
  Saguntum 6009, 6010
  Sardinia 6042
  Scipio Aemilianus 6076
  Scipio Africanus 6078, 6079
  seers and *sortilegi* 6110
  ships and shipping 6220, 6222
  Sicily 6238
  sieges and siegecraft 6245
  Silius Italicus 6251
  socii 6307
  Talayotic culture 6519–6520
  Taras 6529
  Tarraco 6536
  trade 6794
  triumph 6868
  Utica 6932–6933
  Zama, battle of 7164
Punt 2149, 2510, 2712, 3078, **5665–5666**, 6153, 6213, 6218, 6801
Pupienus. *see* Balbinus and Pupienus
purchase (Greek and Roman) 755, **5666–5668**

purification (Christian) 1037–1039, 1556, **5668–5669**
purification (Greek) 2681, 3279, 3353, 5389–5390, **5669–5670**
purification (Jewish) **5670–5672**, 5999, 6155
purification (Roman) 676, 728–729, 2601, 2662, 2692, 3353, 5390, **5672–5673**, 6367
purple (dye, textile) 816, 1588, 3735, **5673–5674**, 6371, 6632, 6634
Purušhanda **5674–5675**
Puteoli 2635, 2682, 4627–4629, 4959, 5446, **5675–5676**
Pydna, battle of **5676–5677**
  Abdera 2
  Achaian War 40
  Aemilius Paullus, Lucius 128
  Andriskos 415
  Demetrias 1994
  legion 3994
  Macedonian wars 4206
  oikoumene 4877
  Perseus 5181, 5182
  Roxane 5967
  Scipio Aemilianus 6076
  Thessalonike 6710
Pylos **5677–5678**
  Anytos 509
  Demosthenes 2028
  flax 2698
  Hermes 3160
  Kolophon 3801
  lawagetas 3979
  Linear B 4093
  Nichoria 4779
  Nikias, Peace of 4788
  redistribution 5754
  Sphakteria island 6353
  wanax 7044
  Zeus 7173
pyramid **5679–5681**
Pyramid Texts
  afterlife 162–163, 165
  astronomy 879
  cannibalism 1297–1298
  curses 1875–1876
  funerary cult 2788, 2790
  Heket 3099
  Heliopolis 3109
  literature and poetry 4112
  Nun 4835–4836
  Nut 4839
  prayer 5508

pyramid 5680
Serket 6169
Sokar 6312
Unas 6914
Pyrenees 2418, **5681–5683**, 5853
Pyrrhos (king of Epirus) **5683–5684**
 Aeneas 129
 Aeneas Tacticus 131
 Agathokles of Syracuse 171
 Aitolian League 253
 Alexander II of Epirus 289
 Alexander IV 298
 Ambrakia 353
 Antigonos II Gonatas 461
 Areus of Sparta 674
 Argos 680
 Claudii, family of 1540
 Demetrios I Poliorketes 1996
 Dodona 2186
 Epirus 2467
 ethics 2508
 Hieron II of Syracuse 3213
 Italy, southern 3540
 legion 3994
 Leukas 4033
 Lysimachos 4193
 Macedonia 4204
 Magna Graecia 4234
 Molossis 4564
 navies 4710
 Roman Republic, constitution 5871
 Sicily 6238
 Successors, wars of 6433, 6434
 Taras 6528
Pythagoras
 Cato, Marcus Porcius 1376
 holy men 3282
 incommensurability 3440
 incuse coinage 3442
 Kaulonia 3714
 Kroton 3825
 philosophy 5278
 physics 5314
 Pythagoreanism 5684–5686
 religious deviance and persecution 5800
 Rufus of Ephesos 5970
 ruler cult 5973
Pythagoreanism **5684–5687**
 Archytas of Tarentum 667–668
 Aristides Quintilianus 692
 Aristoxenos of Tarentum 715
 comets 1683

druids 2229
ethics 2507
Eudoxos of Knidos 2551
friendship 2768
harmonics 3064
Hippasos of Metapontum 3224, 3225
incommensurability 3440
Ion of Chios 3486
Kaulonia 3714
Kroton 3825
Magna Graecia 4233
music 4639
Neoplatonists 4743
Nigidius Figulus 4783
Orpheus and Orphism 4945
Philolaos of Kroton 5274
philosophy 5279, 5285–5286
Plato 5349
proportion 5583
psychology 5622
Sentences of Sextus 6150
soul 6336
Pytheas of Massalia 2482, 2602, 2890, **5687–5688**, 6416, 6737
Pythia 4915, **5688**, 6233
Pythian Games 46, 197, 701, 1985, 2661, **5688–5689**, 6362, 7061
Pythioi (Spartan) **5689**

Qaa **5690**, 6132
Qadesh, battle of 733, 3080, 3084, **5690–5692**, 6179, 6458
qadishtum **5692**
Qal'at Sem'an **5692–5693**, 6471
Qarqar 231, 605, 733, 3042, 4940, **5693–5694**, 6198
Qasr ibn Wardan 417, **5694**
Qasr Ibrim 3078, 4824, **5695–5697**
Quadratus 690, 2118, 3263, **5697–5698**
quaestio 58, 3287, **5698**, 6786–6787
quaestio perpetua 32, 1842–1843, 3287, **5698–5699**, 6624
quaestor **5699–5701**
quarries **5701–5702**
Quartodeciman Controversy 113, 2254, 3498, **5702–5704**
Que **5704**
queens (ancient Near East) 62, 440, **5704–5705**, 6020, 6133, 7162
queens (Pharaonic Egypt) **5705–5708**. *see also specific queens, e.g.:* Hatshepsut
querela inofficiosi testamenti **5709**

Quesna 5709–5711
quindecimviri sacris faciundis 2170, 5537, 5711–5712, 6233
Quinquatrus 4516, **5712–5713**
quinquevirale iudicium 5713
Quintilian 5713–5715
   Aufidius Bassus 938
   childhood 1461, 1462
   Declamationes 1951
   education 2318
   emphasis 2393
   Hispania 3243
   historiography 3259
   humor and satire 3339
   Hyperides 3368
   imitation 3416
   letters, letter writing 4031
   Livy 4126
   maiestas 4237
   rhetoric 5829
   Sallust 6019
   satire 6057
Quintus Smyrnaeus **5715**
Quirínal Hill 2167, 5889, 5892, 5920, 5957, 5958, 6025
Quirinus 2691, 2719, **5715–5716**, 6018, 6271
Qumran **5716–5717**
   Alexandra Salome 306
   apocalypticism in Early Christianity 535
   astrology 873
   canon of Scripture 1302
   catechesis 1368
   cemeteries 1405
   Community Rule, the 1698
   Copper Scroll, the 1770–1771
   Damascus Covenant, the 1919
   Dead Sea Scrolls 1937–1939
   Essenes 2502–2503
   family 2629
   festivals 2663–2664
   law 3947
   Sabbath 5989
   Salome Alexandra 6020
   Songs of the Sabbath Sacrifice 6316
   tefillin 6571
   Temple Scroll, the 6585
   War Scroll, the 7045–7046
Qur'an 600, 1272, 1273, 3018, 3019, 3215, 3267, 4611, 4612, 4614, **5717–5720**

Rabbinic law. *see* law (Jewish)
rabbinic literature **5721–5723**
rabbis **5723–5725**
Rabbula of Edessa 2306, **5725–5726**
race and racism **5726–5728**
Raetia 951, 966, 972, 974, 2106, 3408, 5551, **5728–5729**, 5954
Rameses I–XI **5729–5733**
Rameses I 747, 2802, 4763, 5730, 6179
Rameses II
   Abu Simbel 13
   Abydos, Egypt 20, 21
   Akhmim 263
   army 747
   art 774
   cults: private 1868
   Deir el-Medina 1970
   diplomacy 2149
   education 2321
   Egyptology 2331
   Fayyum 2650
   fish and fishing 2690
   Great Queen 2982
   Hattusili III 3084
   Heliopolis 3108
   Herakleopolis Magna 3146, 3147
   Hermopolis Magna, Tuna el-Gebel 3170
   Heryshef 3193
   Khaemwaset 3739
   king lists 3755
   Kom el-Hisn 3803
   land and landholding 3883
   letters, letter writing 4032
   Libya and Libyans 4072
   literacy 4103
   Memphis 4430
   Nefertari 4724
   New Kingdom 4763, 4764
   oracles 4917
   Orontes 4940
   Ozymandias 4974
   Piramesse 5333, 5335
   prayer 5508
   Qadesh, battle of 5690–5691
   Rameses I–XI 5730
   Saqqara 6038
   Sety (Seti) I–II 6180
   ships and shipping 6219
   Tausret 6544
   Thebes 6653
   treaties 6841
   Wadi Tumilat 7035
   Yahweh 7156

Rameses III
   Abydos, Egypt   20
   Deir el-Medina   1971
   festivals   2666–2667
   fish and fishing   2690
   Harris Papyrus   3067
   Heliopolis   3108
   land and landholding   3883
   Libya and Libyans   4073
   Medinet Habu   4393, 4394
   Memphis   4430
   New Kingdom   4764
   Rameses I–XI   5731
   Sea Peoples   6098
   ships and shipping   6219
   Siptah   6268
   Tayma   6557
   transport   6827
Rameses IV   3067, 4764, 4918, 5377, 5731
Rameses V   748, 3884, 4764, 5731
Rameses XI   1971, 3157, 3205, 3884, 4764, 4765, 5732, 6716
ransom   **5733–5734**
rape   3184, 3348, **5734–5735**, 6193, 6428, 6429
Raphia, battle of   740, 766, 1574, 5636–5637, **5735**, 6121, 6258
Raqqa   **5735–5737**
rational actor models   2268, **5737–5738**
Ravenna   **5738–5739**
   Adriatic Sea   106
   Ariminium   684, 685
   building materials and techniques   1203
   coinage   1607
   Constantine V   1730
   Flavius Valerius Severus Augustus   2697
   Forum, Forum Romanum   2745
   navies   4713
   San Vitale   6032–6033
   ships and shipping   6221
   Theoderic   6669
Ravenna papyri   **5739–5741**
Re and Re Horakhty   **5741–5742**
   Abu Gurob   8
   Abu Simbel   14
   afterlife   162
   animal mummies   430
   Aten   897
   Atum   937
   cults: divine   1861–1865
   dwarves   2237
   Harmachis   3063
   Heryshef   3193
   Horus   3320
   Khepry   3745
   literacy   4101
   Nefertum   4726
   obelisk   4851
   Old Kingdom   4886
   Osiris   4951
   religion   5790
   Sobek   6294
   sphinx   6354
rebellions (Roman Empire)   1025–1026, 1090, 1716, 2635, 2833–2834, 3551, 5551–5553, **5742–5747**
reciprocity   **5747–5748**
recitations, historical works   **5748–5749**
recruiting, military   6, **5749–5751**
recuperatores   3544, **5751–5752**, 6330
Red Sea   **5752–5753**
   Arabs   601–604
   Axum   1000
   Babylon-Fustat   1006–1008
   Berenike, Egypt   1092–1093
   Eastern Desert   2254
   foundations   2751
   India, trade with   3450
   Jannes and Jambres, Book of   3568
   Myos Hormos   4662
   ostraca   4965
   roads   5853
   ships and shipping   6218
redistribution   **5753–5756**
refrigeria, Christian   **5756–5757**
Regia   2741, 2742, 4908, 5886, 5901
regimen   2087, **5757–5758**
regionalism   2300–2301, **5758–5764**
Regula Fidei   **5764–5766**
relics   **5766–5767**
reliefs (Greece and Rome)   631, **5767–5768**, 6090, 6385, 7047
religion (Anatolian)   4433, **5768–5770**, 5987
religion (Byzantine popular)   1231–1233, **5770–5771**
religion (Celtic)   1076, 1190, 2228–2229, 2471, **5771–5773**
religion (Dacian)   **5773**, 6048
religion (Etruscan)   154–155, 2541–2542, 3069–3070, 3569, **5773–5775**, 6532
religion (Greco-Roman Egypt)   **5775–5781**, 6040, 6892–6893
religion (Italic)   3395–3396, **5781–5782**
religion (Jewish)   **5782–5784**. *see also* Jews
   afterlife   156–157

religion (Jewish) (cont'd)
  Aphrahat   519, 520
  apocalypses   529, 531–534
  apocalypticism in Early Christianity   535, 536
  apocrypha and pseudepigrapha   541–542
  apologists   559, 560
  apostasy   563–564
  Apostolic Fathers   570
  Aquila and Theodotion, Greek translations of the Bible of   590–591
  archisynagogos   638
  ascesis   811
  burial   1216–1217
  Cairo Genizah, Late Antique Jewish texts from   1253, 1254
  calendar   1264
  canon of Scripture   1301–1304
  catechesis   1368
  Celsus   1395, 1396
  Cerinthus   1420
  chant   1439
  chiliasm   1464
  Christology   1478
  circumcision   1509, 1510
  conversion   1766, 1767
  Elephantine Papyri   2360–2361
  Galilee   2817
  Gamaliel II, Rabban   2839–2840
  God-fearers   2944
  Herod the Great   3175
  holy men   3280
  idolatry, Jewish and Christian views of   3391–3392
  Ignatius of Antioch   3394
  infanticide   3457
  intermarriage   3473
  Isidore of Seville   3513
  kinship   3768
  Life of Adam and Eve   4084–4085
  Lives of the Prophets   4122
  logos   4140
  Manasseh, Prayer of   4247
  Mandaeans   4249
  marriage   4321–4322
  Martyrdom of Isaiah   4330–4331
  menorah   4442
  messianism   4464–4465
  mezuzah   4487
  minim   4523–4524
  Mishnah and Tosefta   4539–4541
  Origen   4933
  orphanages   4943
  prayer   5505–5507
  priests and Levites   5530–5532
  prophets   5579–5580
  proselytes and proselytism   5584–5586
  Psalms of Solomon   5613–5614
  pseudepigrapha in early Christianity   5619
  purification   5670–5672
  Qur'an   5719
  Roman Empire, regional cultures   5868
  Sabbath   5988, 5989
  sacrifice   5999–6001
  Sadducees   6005
  Sanhedrin   6034
  Shammai, Rabbi   6199, 6200
  synagogues   6478–6480
  Temple in Jerusalem   6582–6583
  Testament of Abraham   6617
  Testament of Job   6618
  Tiberias   6743–6744
  virginity   7012
religion (Minoan and Mycenaean)   **5784–5786**
religion (North African)   1243, 1418, **5786–5787**, 6195, 6526
religion (Persian)   996–997, **5787–5788**, 7183–7185, 7187
religion (Pharaonic Egypt)   **5788–5793**
  birds   1126–1127
  color symbolism   1673, 1674
  cosmetics   1808
  deserts   2054
  dream books   2221–2222
  festivals   2666, 2667
  flax   2697–2698
  food, drink, and feasting   2705
  foundation deposits   2749
  Heryshef   3193
  Hierakonpolis   3203–3205
  inundation   3478
  kingship   3765
  names, personal   4688
  Napata   4691–4693
  sacrifice   6001–6002
  Sarapis   6039
  sculpture   6091
  Seth   6175, 6176
  sex and sexuality   6190
  temples   6597–6600
religion (Roman)   **5793–5795**
  dance, dancing   1924–1925
  Equus October   2478–2479
  Evocatio   2589

flamines 2691
Forum, Forum Romanum 2741–2742
Juno 3657
manes 4252
Mater Larum 4344–4345
Mater Matuta 4345
Mercurius 4449–4450
Minerva 4516
numen 4830–4831
Quirinus 5715–5716
sacrifice 6002–6004
Terminus 6609–6610
religion (Samaritan) **5796–5798**, 6000
religion (Syrian) 3293, **5798–5800**
religion, Roman, terminology of **5795–5796**
religious deviance and persecution 815, 816, 1010–1011, 2229, **5800–5802**, 6458
Renenutet 2650, 3802, **5802–5803**
representation (representative government) **5803–5804**
Republic (Plato) 2470, 2507, 2967, 4210, 5384, 5622, 6686–6687
repudium **5804–5805**
Res gestae of Augustus 365–366, 442, 644, 964, 967, 1641, 2807, **5805–5806**, 5909, 5954
res publica 91, 5082, 5083, 5547, 5871
rescriptum **5807–5808**
reserve heads 2921, **5808–5809**, 6093
responsa 2491, 3661, 3968, 5415, **5809–5810**
resurrection 157, 158, 161, 536, 1366, 1479, 1480
retirement **5810–5811**
retrospective diagnosis **5811**
reus 32, 3544, **5811–5812**
Revelation, Book of **5812–5813**
　apocalypses 530
　apocalypticism in Early Christianity 535–537
　Cerinthus 1420
　chiliasm 1464, 1465
　Hegesippus 3095
　Joseph and Aseneth 3625
　montanism 4587, 4589
　prayer 5503
　Sardis 6045
revenue laws 90, **5813–5814**
revolts (Egyptian) 119, 1528, 1567, 5634, 5637–5639, **5814–5816**, 6420
revolts (Jewish) **5816–5818**
　Aelia Capitolina 120
　Akiba, Rabbi 264, 265
　apocalypses 532
　Bar Kokhba, Shime'on 1041–1042
　coinage 1624, 1625

Cyrene and Cyrenaica 1896–1900
Domitian 2197
eschatology 2499
Florus 2702–2703
Galilee 2816–2817
Hadrian 3022
Hasmoneans 3071–3073
Herodium 3183
Ioppa/Jaffo 3490
John of Gischala 3609–3610
Judaea 3635
Justus of Tiberius 3669–3670
legions, history and location of 4001, 4002
Lollius Urbicus, Quintus 4144
Lusius Quietus 4171
Marcion and Marcionites 4287
martyrdom and martyrs 4335
Masada 4339–4340
papyri 5046
rebellions 5745
revolts 5816, 5818
sacrifice 6000
Samaria 6027
Sepphoris 6155
Sibylline Oracles 6232
Simon bar Giora 6256, 6257
Songs of the Sabbath Sacrifice 6316
Syria 6489
Temple in Jerusalem 6583
Tiberias 6743, 6744
Titus 6770–6771
Trajan 6814
zealots 7165
rex 1055, 3475–3476, 5537, **5818–5819**
rex sacrorum 3954, 5417, **5819–5820**, 6454
Rhamnous 199, 1991, 2723, **5820–5822**
Rhegion 408, 2125, 3212, 4245, 4460, 4463, **5822–5823**
Rheneia 1980, **5823**, 6028
rhetoric (Byzantine) 1472, 2314, 2318, 2559–2560, 2993–2995, 4027, 4110, **5823–5824**
rhetoric (Greek) **5824–5828**
　Aelianus, Claudius 121–122
　Apollonios Molon 552–553
　Aspasia 837
　diplomacy 2145
　Gorgias 2957–2958
　imitation 3416–3417
　inventio 3480
　Irenaeus 3495, 3496
　Isaeus 3507
　Isocrates 3519

rhetoric (Greek) (*cont'd*)
　logos epitaphios　4142–4143
　orators　4923
　science　6069
　signs and sign inference　6248
　sophists　6318
　speeches in historical works　6349
rhetoric (Roman)　**5828–5830**
　Clement of Rome　1559
　Declamationes　1950–1951
　inventio　3480
　Libanius　4050–4051
　Licinius Crassus, Lucius　4076–4077
　oratory and Roman law　4924–4926
　Polyaenus　5390–5391
　Quintilian　5713–5715
　Seneca the Elder　6144
　Servius　6173
　sophists　6320, 6321
　Tertullian　6613
rhetoric and science　**5830–5831**, 6248
rhetorical history　2128–2130, 2702, **5831–5834**
rhetra　2434, 2470, **5834**
rheumatism　**5834–5836**
Rhind Mathematical Papyrus　235, 2893, 4347, 5046–5047
Rhine　**5836–5837**
Rhodes　**5837–5843**
　Aegean Sea　117
　Antisthenes of Rhodes　493
　Apamea, Peace of　513
　Athenian Confederacy, Second　908
　Cyclades islands　1886
　Demetrios I Poliorketes　1995–1997
　democracy　2011
　emporikoi nomoi　2396
　Hekatomnids　3098
　Hierapytna　3207
　Hipparchos　3222
　Hippodamos of Miletos　3235
　Ialysos in Rhodes　3376
　Iasos　3380
　imperialism　3429
　Kameiros in Rhodes　3687
　Kaunos　3715
　Keramos　3734
　Lindos　4090–4091
　Lycia　4179, 4180
　Memnon of Rhodes　4427–4428
　navies　4706, 4707, 4711
　piracy　5330

Popillius Laenas, Gaius　5429
Poseidon　5455
Poseidonios　5458
Prusias I of Bithynia　5610
representation　5803
Samos　6029
Seleukos II Kallinikos　6129
Social War　6303
Sporades islands　6362
Stratonikeia　6424
sun gods　6454
synoecism　6483
Thrasyllus　6731
wonders of the world　7134
Zeno of Rhodes　7168
Rhomaia　**5843**, 5865
Rhône　341, **5843–5844**
Rib-Hadda of Byblos　**5844–5845**
Riegl, Aloïs　**5845**
Rim-Sin I of Larsa　3052, 3512, 3753, 3913, **5845–5846**, 6034, 6265
Rimini. *see* Ariminium
riparienses milites　**5846**
risk (management)　2267, **5846–5848**, 6202
rites of passage　**5848–5849**
river deities　394, **5849–5850**
rivers　**5850–5851**
roads (Byzantine)　**5851–5852**
roads (Pharaonic Egypt)　1773, 2041, 2255, 2256, 2725–2726, 2728, 4662, 6827–6828
roads (Roman Empire)　**5852–5857**
　Ebro　2260
　economy　2274, 2304
　Forum Boarium　2740
　frontiers　2776, 2777
　Hellespont　3127
　Herculaneum　3152
　Hispania　3243
　infrastructure　3462
　inn　3465
　mansiones, mutationes　4264–4265
　Philippi　5261
　Sagalassos　6007
　tabellarii　6498
　technology　6569
　troop movements　6877
　Via Egnatia　6989–6990
　warfare technology　7060
roads (Roman Republic)　658, 2304, 2696, 2742, 3540, **5857–5860**, 5898, 6498, 6912, 6988–6989
Robert, Louis (1904–1985)　821, 5030, **5860–5861**

rock art 2639, 5514–5515, **5861–5865**, 7034
Roma, goddess 3022–3023, 5843, **5865–5866**, 6292
Roman Empire, regional cultures **5866–5870**
Roman period 914–915, 2816–2817, 4335, 5473, 5490, 7037–7038
Roman Republic, constitution 2642, 3476, 3651, **5870–5875**
Romanization **5875–5881**
 acculturation 30–31
 Agricola, Gnaeus Iulius 208
 cities 1521
 citizenship 1527
 colonies 1663–1664
 epigraphic habit 2448
 ethnicity 2524
 Etruria, Etruscans 2541
 Gallia Cisalpina/Italia Transpadana 2823
 Gallia Narbonensis 2826
 Germania 2899–2900
 globalization 2936–2937
 Hellenization 3122
 Hispalis 3240
 Hispania 3243
 historiography 3269
 Jupiter 3659
 Octodurus-Forum Claudii Vallensium 4862
 provincial administration 5600–5601
 Sardinia 6043
 warfare 7054
Romanos the Melode 3363, **5881**, 6170
Rome, city of: 1. Prehistoric (earliest remains) 2623–2624, 2741–2742, **5881–5891**, 6160, 6533
Rome, city of: 2. Republican **5891–5900**
 architecture 657–659
 Cicero, Marcus Tullius 1498–1500
 Claudii, family of 1537
 demography, historical 2014
 fasti of magistrates 2642
 Forum, Forum Romanum 2741–2743
 Palatine 5001
 Scipio Aemilianus 6075, 6076
 Senate 6140, 6141
 Social War 6303
 Sulla 6444
 villa 6997, 6998
 vis 7015–7016
Rome, city of: 3. Augustan 644, 967, 2743, 2745, **5900–5910**, 6141, 6142
Rome, city of: 4. Julio-Claudian 1550, 1551, 2745, **5910–5915**, 6142

Rome, city of: 5. Flavian and Trajanic 1676–1677, 2199–2200, **5915–5925**
Rome, city of: 6. Hadrianic and Antonine 3019, **5925–5934**
Rome, city of: 7. Severan and third century 618–620, 1025–1026, 2784, **5934–5940**, 6158, 6159
Rome, city of: 8. Tetrarchic 2110, **5940–5945**
Rome, city of: 9. Fourth century **5945–5949**
Rome, Fall of 1951–1952, 3243, **5949–5950**, 6108, 7186
Rome, resistance to (cultural) 119, **5950–5953**
Rome, resistance to (Gaul) 2824–2825, **5953–5954**
Rome, resistance to (Syria) **5955–5956**
Rome, Seven Hills 2741, 5000–5001, **5957–5958**
Romuliana (Gamzigrad, Serbia) **5958–5959**
Romulus and Remus **5961–5962**
Romulus Augustulus 1951, **5959–5960**
Rosetta Stone 1116, 1437, 1438, 2029, 2147, 2341–2342, 3162, 5638, 5814, **5962–5964**, 6386
Rosmerta **5964**
rostra 1762, 5895, 5899, **5964–5965**
Rotas Sator **5965–5966**
Roxane 297, 314, 456, 2709, **5966–5967**
royal land 2289, **5967–5968**, 6602–6603
royal road(s) **5968**
royal tombs 2950, 4454–4455, 4984, 5160, 5655, 6945–6946
Rubicon **5968–5969**
Rufinus of Aquileia 566, 567, 625, 2048, 2262–2263, 6150, 6310
Rufus of Ephesos 3402, 4213, **5969–5970**, 7138–7139
Rufus of Samaria **5970–5971**
ruler cult (ancient Near East) 3278, 3774, **5971–5973**, 6921
ruler cult (Greek and Hellenistic) 1083, 2241–2242, 2425, 2555, 3763, 3774, **5973–5975**, 6122, 6123
ruler cult (Pharaonic Egypt) 3107, 3765, 4950–4952, **5975–5976**, 6038
ruler cult (Roman) **5976–5979**
 army cult 736
 Augustales 952
 Augustalia 953
 Claudius II 1546
 flamines 2692
 flaminica 2692
 Forum, Forum Romanum 2743
 neokoros 4742–4743
 numen 4831

ruler cult (Roman) (*cont'd*)
  Ostia   4962
  Sagalassos   6008
  sodales   6311
Rumina   **5979**
rural economy   2297, **5979–5982**
Rusafa (Sergiopolis)   **5982–5983**
Ruth, Book of   **5983–5984**
Rutilius Gallicus, Gaius   **5984**
Rutilius Rufus, Publius   2100, **5984–5985**, 6304

Sabas, Great Lavra of   1904, 1937, 4116–4117, 4937, **5986–5987**
Sabazios   4196, **5987–5988**
Sabbath   2663, 2664, 3586, 3632, 5783, **5988–5990**
Sabellius, Sabellianism   2131, 2582, 4568, **5990–5991**
Sabines and Samnites   **5991–5992**
  Capitol   1309
  Dius Fidius   2167
  ethnicity   2524
  Floralia   2700
  Forum, Forum Romanum   2741
  Fregellae   2764
  Italy, southern   3539–3541
  Oscan   4948–4949
  Quirinus   5716
  Rome, city of: 1. Prehistoric   5883, 5884
  Tarquinius Priscus   6533
  Thebes   6648
Sabinian law school   3467, 3965, 3967–3969
Sabratha   2733, **5992–5993**
sacraments in early Christianity   **5993–5995**
sacramentum   736, 751, 4005, 5555, **5995–5996**
Sacred Band   739, 1425, 5128, **5996**
sacred laws. *see* laws (sacred, Greek)
Sacred wars   913, 3233, 3683, 4202, 5250–5251, 5303, 6824
sacrifice (ancient Near East)   3279, 3330–3332, 5325, **5997–5998**
sacrifice (Greek)   **5998–5999**
  Archanes   628
  Bouphonia   1179
  Eleusis, Mysteries of   2371
  expiatory rites   2601
  fire   2680
  first fruits   2682–2683
  funerary cult   2787
  Hecatomb   3094
  Hekate   3097
  hero cult   3173, 3174
  holocaust   3279

  human sacrifice   3333–3334
  incubation   3441
  Iphigeneia   3491–3492
  libations   4051–4053
  Meilichios, theoi meilichioi   4418
  orgia   4930
  priests and priestesses   5535
  temple economy   6581, 6582
  theoxenia   6699
  Zeus   7174
sacrifice (Jewish)   3279, 5506, 5531, 5997, **5999–6001**
sacrifice (Pharaonic Egypt)   2593, 2750, 2789, 3203, 3334–3335, **6001–6002**
sacrifice (Roman)   **6002–6005**
  devotio   2060
  Diocletian   2110
  Equus October   2478–2479
  expiatory rites   2601
  Feriae Latinae   2656
  first fruits   2682–2683
  flaminica   2692
  Fordicidia   2707
  Forum, Forum Romanum   2742
  human sacrifice   3333–3334
  incubation   3441
  libations   4052–4053
  libelli   4053–4054
  Maximinus   4367
  prayer   5509
  suovetaurilia   6456
  taurobolium   6542
sacrilegium   3215, **6005**
Sadducees   **6005–6006**
  Essenes   2503
  Jesus   3582
  Johanan ben Zakkai, Rabbi   3601
  Josephus   3627
  persecution of Christians   5171
  priests and Levites   5532
  Salome Alexandra   6019
  zealots   7165
saeculum   **6006–6007**
Sagalassos   **6007–6009**
Saguntum (Sagunto)   2259–2260, 3056, 3432, 5664, **6009–6011**
Sahara   2040–2041, 2638, 2652, 2847–2848, **6011–6012**
Saint-Romain-en-Gal, France. *see* Vienna (Vienne, France)
Sais, Sa el-Hagar   1514, 4074, 4732, 4734, 5614, 5615, **6012–6013**

Saite Period (Egypt)   1596, 2729, 3109, 3147, 4430, 4733, 6012, **6013–6014**, 6095
Salacia   4749, **6014**
Salaminia   **6014–6015**, 6015
Salaminioi   4949, 6014, **6015**
Salamis, Cyprus   912, 2411–2412, 2463–2464, 2585–2586, 3045, 3187, **6015–6016**, 6433
Salamis, island and battle of   **6016–6017**
   Adeimantos   66
   Ajax   257
   Aristides   691
   Artemisia   798
   Euboea   2543
   Hieron I of Syracuse   3212
   Himera   3219
   Kimon   3750
   Malea Cape   4241
   Mardonios   4294
   Nisyros   4801–4802
   Salaminia   6014
   Salaminioi   6015
   Samothrace   6030
   Saronic Gulf   6049
   Simonides   6260
   Soloi   6313
   Sophocles   6322
   Themistokles   6667–6668
   trireme   6865, 6867
Saliagos   5064, **6017**
Salii   1336, 4327, 5538, **6018**, 6311
Sallust (Gaius Sallustius Crispus)   **6018–6019**
   African War   153
   Archaism   626
   Catilinarian conspiracy   1373, 1374
   Cato, *Origines*   1378
   causation, historical   1385
   empeiria   2392
   exempla   2593
   Fannius, Gaius   2636–2637
   Florus, Lucius Annaeus   2702
   historiography   3258, 3259
   homo novus   3289
   impartiality   3418
   Jugurtha   3648
   legion   3995
   orality, oral culture, and historiography   4922
   Roman Republic, constitution   5871
   Sisenna, Lucius Cornelius   6271
Salome Alexandra   302, **6019–6020**, 6209, 6210
Salona (Solin, Croatia)   **6020–6021**, 6340
salt   1936–1937, 2652, 4579, 6014, **6021–6023**

salt tax   5387, **6023–6024**
saltus   **6024–6025**
Salus   2616, 3090, **6025**
Samaria   **6025–6027**
   Ahab of Israel   231
   alphabets and scripts   334
   antisemitism, anti-Judaism   491
   Aristobulus I   693
   Assyrian kings   856
   Hasmoneans   3072
   Herod the Great   3176
   Hurrian, Hurrians   3347
   Israel and Judah   3524, 3525
   Josiah   3630
   Kutha   3839
   religion   5796
   Rufus of Samaria   5970–5971
   Sargon II of Assyria   6047
Samaritans   1249–1250, 6480, 6584
Same (Kephallenia)   3731, **6027–6028**
Sammuramat. *see* Semiramis
Samnite wars
   Aequi   132
   Campania   1284
   Capua   1321
   Fabii, family of   2613
   Fregellae   2764
   Gallia Cisalpina/Italia Transpadana   2821
   Herculaneum   3151
   legion   3994
   nobiles, nobilitas   4803
   Sabines and Samnites   5992
   Umbrians   6912
Samos   **6028–6029**
   Alkibiades   318
   altar   342
   Amorgos   371
   Andocides   413
   Antiochos II Theos   475
   Athens   913
   Battiads   1067
   boundary disputes   1178
   Delian League   1976
   Duris of Samos   2235–2237
   Evagoras of Salamis   2585
   fossils   2747
   Four Hundred   2756
   Hazael of Damascus   3086
   Hera   3135, 3136
   Heraion sanctuary   3137–3138
   Hopletes   3297
   Hyperbolos   3367

Samos (cont'd)
  infrastructure 3460
  inventories 3482
  Ion of Chios 3486
  Ionia 3486
  Ionian migration 3487
  Ionian tribes 3489
  isopoliteia 3522
  Korseia 3812
  Lelantine War 4010
  navies 4703
  Phormion 5304
  Phrynichos 5309
  Polykrates of Samos 5397–5398
  Samothrace 6030
  Social War 6303
  Sophocles 6322
  Thrasyboulos 6730
  Timotheos 6763
Samosata 473, 1927, 2566, 2568, 4155, 4954, **6029–6030**
Samothrace 3672, 3848, **6030–6031**
Samothrace, Mysteries of 4665, 6030–6031, **6031–6032**, 6394
San Vitale 1494, **6032–6033**
sanga **6033–6034**
Sangarios 1137, **6034**
Sanhedrin (Jewish court of law) 1105, 3609, **6034–6035**
Sapor (king of Persia) 3282, 4332, 6941–6942
Sappho **6035–6036**
  Aiolis 248
  Alkaios of Mytilene 316
  Catullus, Gaius Valerius 1382
  education 2316
  Eresos 2484
  friendship 2767
  homosexuality 3291
  Horace 3300
  Julia Balbilla 3649
  ostraca 4964
  Oxyrhynchos 4973
  sex and sexuality 6189
Saqqara **6036–6039**
  Abu Rawash 11
  Abu Sir 15
  animals 433, 435
  burial 1219
  cemeteries 1406
  cenotaphs 1407
  Dahshur 1913

  Djer 2177
  Djet 2177
  Djoser 2178
  Early Dynastic period 2249, 2250
  First Intermediate Period 2684
  forts 2727
  furniture 2801, 2802
  Hagar 3027
  Hor-Aha 3301
  Horemheb 3303
  Huni 3341
  Ibis 3382
  Imhotep 3415
  Khaemwaset 3739
  Khasekhemwy 3744
  king lists 3755
  lions 4095, 4096
  Merykare 4458
  metallurgy 4471
  Old Kingdom 4885–4886
  palaces 4995
  Pepi I and II 5144
  sculpture 6092, 6093
  Sekhemkhet 6117
  ships and shipping 6218, 6219
  Teti 6626
  Unas 6914
Sarapis 527, 2340, 3067, 4475, 4951, 5777, **6039–6041**, 6165
Sardinia 2414, 2868, 4837, 4838, 5601, 5664, **6041–6043**
Sardis **6043–6045**
  Agesilaos 183
  Alexander III, the Great 291
  Antalkidas 450
  Antiochos I Soter 474
  Antiochos Hierax 482
  Aristagoras of Miletos 687
  Asia Minor 820
  Croesus 1845
  Daldis 1914–1915
  Eumenes I 2557
  Hermos 3171
  Histiaios of Miletos 3244
  Ionian Revolt 3487
  Kouropedion, battle of 3820
  markets 4308
  Melito of Sardis 4422–4423
  mints and minting 4531–4532
  Sabazios 5987
  Soloi 6313
  Ten Thousand, the 6605

Sargon II of Assyria **6047–6048**
   adû 108
   army 730
   Ashdod 817
   Assyria 852
   Assyrian kings 856
   Dur-Sharrukin 2237
   Elamite kings, Neo-Elamite period 2351
   frontiers 2770
   Hezekiah 3201
   Kalhu 3677
   Kashka 3700
   Kition 3776
   Marduk-apla-iddin II 4295
   Qarqar 5694
   Samaria 6026
   Samosata 6029
   Sennacherib 6149
   Syria 6487
   Umma 6913
   Urartu 6923
   Uruk 6928
   Yadnana 7156
Sargon of Akkad and his dynasty **6045–6047**
   Enheduanna 2410
   historiography 3252
   Kish 3773
   Kutha 3839
   Lugalzagesi 4164
   Lullubi 4167
   Mari 4301
   Sin 6261
   Susa 6466
   synchronisms 6481
   Syria 6487
   Umma 6913
   Ur 6919
   Uruinimgina 6927
Sarmizegetusa Regia 1907, **6048–6049**
Saronic Gulf 242–244, 518, 2369, 3532, 3729, 4475–4476, **6049**
Sasanian Lawbook **6049–6051**
Sasanians **6051–6056**
   Adiabene 68
   Arabs 603
   Arcadia, Egypt 623
   Attaleia 929
   Axum 1001
   caliphs, rightly guided 1273
   Carrhae 1344
   Chosroes I 1473
   Chosroes II 1474

   coinage 1628
   Diyala 2175
   Dura-Europos 2233
   Dura-Europos, synagogue in 2234–2235
   elephants 2368
   Gorgan, Great Wall of 2956–2957
   Habur 3016
   Herodian 3181
   hunting 3344
   imperialism 3431
   incantation bowls 3437
   Iranian languages 3494
   kataphraktoi 3706
   Kavad, of Persia 3716
   Ktesiphon 3828, 3829
   Lakhmids 3864
   Lazika 3980
   Mani, Manichaeism 4255
   Mesene 4459
   metallurgy 4470
   mines and mining 4520, 4521
   Nestorian Church 4757–4759
   Persia and Rome 5187–5191
   Persian, Persians 5192
   religion 5787
   Sasanian Lawbook 6049, 6050
   Sebeos of Armenia 6105
   Seleukeia 6125
   Severus Alexander 6183, 6184
   Spasinou Charax 6348
   Syria 6490
   trade 6796
   treaties 6839–6840
   Turks 6886
   Umayyads 6912
Satet 2361, 2364, 2365, **6056–6057**, 6469
satire 3338, 3670–3671, 4157–4158, **6057–6058**
satraps **6058–6059**
Satraps' Revolt **6059–6060**
Satricum **6060–6061**, 7027
Saturn 286, 1242, 1309, 5891, 6327
Saturnus and Saturnalia 2656, 2661, 2662, 4152–4153, 4210, 4908, 5989, **6061**
Sbeitla, Tunisia. *see* Sufetula
scales **6062**
scarabs 385–387, 2862, 2872, 3744, 3745
schism 257, 4420–4421, 5137, **6062–6063**
Schliemann, Heinrich 3397, 4647, 4650, 4651, 6880
science (Byzantine) 3619, **6063–6065**, 6388–6389
science (Egyptian) 4633, **6065–6066**

science (Greek)   **6066–6070**
　Archytas of Tarentum   667–668
　ecology   2264–2265
　embryology   2384–2385
　Epicurus and Epicureanism   2437, 2439
　harmonics   3063–3064
　illustration   3404–3406
　invention   3480–3482
　mechanics   4372–4373
　sympathy and antipathy   6475–6476
　Theophrastus   6693
　zoology   7178–7181
science (Mesopotamian)   **6070–6072**, 6465
science (Roman)   2264–2265, 3404–3406,
　3480–3482, **6073–6075**
sciences (exact)   2426–2427, **6075–6076**
Scipio, Dream of   6074, **6080**
Scipio Aemilianus (Publius Cornelius Scipio
　Aemilianus Africanus
　Numantinus)   **6076–6078**
　Carthago Nova   1349
　Cato, Marcus Porcius   1376
　Claudian   1543
　Cornelii Scipiones, family and tomb
　　of   1792–1794
　devotio   2060
　Fabii, family of   2614
　Forum Augustum   2737
　Fossa Regia   2746
　generalship, art of   2881
　Honos   3297
　Jugurtha   3648
　legion   3994
　Polybius   5392–5394
　Ptolemy VIII Euergetes II   5643
　Punic wars   5665
　Rutilius Rufus, Publius   5984
　science   6074
　Scipio, Dream of   6080
　Utica   6932
Scipio Africanus (Publius Cornelius Scipio
　Africanus)   **6078–6079**
　Acilius Glabrio, Manius   46
　Aemilius Paullus, Lucius   127
　African War   153
　burial   1222
　Cato, Marcus Porcius   1376
　Cornelii Scipiones, family and tomb of
　　1792–1793
　Emporiae   2395
　Ennius   2415–2416
　Flamininus, Lucius Quinctius   2693

　Flamininus, Titus Quinctius   2694
　Forum Augustum   2737
　Hannibal   3058
　imperator   3419
　mutiny   4646
　Punic wars   5664
　Rome, city of: 2. Republican   5897
　Scipio, Dream of   6080
　Scipio Aemilianus   6076
　Silius Italicus   6252
　Zama, battle of   7164
Scipiones. *see* Cornelii Scipiones, family and
　tomb of
Scorpion (king)   746, 3204, 3207, **6080–6081**, 6169
screw   637, 3190, 3504, **6081**
scribes (ancient Near East)   1871–1872,
　2313–2314, 2561, **6081–6083**, 6905,
　6928–6929, 7083
scribes (Byzantine)   **6083–6085**, 6088, 6089
scribes (Egypt)   28, 1459, 2319, 2321–2322,
　4097–4098, 4100, 4102, 4103, 4346, **6085–6086**
scribes (Greece and Rome)   90–91, 1447, 4098,
　6086–6087
scripts. *see* alphabets and scripts
scripts (Byzantine)   1165, **6087–6089**
scrolls   1158–1160, 1162, 1594, 1595, 3207, 6086
sculpture (Greece and Rome)   **6089–6090**
　Aphaia in Aigina   519
　Aphrodisias   521
　Ara Pacis Augustae   593–595
　cult image   1858
　Cyclades islands   1886
　Damophon   1922–1924
　Demaratus of Corinth   1990
　gardens   2854
　Gortyn   2959–2960
　Lysippos   4194–4195
　nudity   4825
　Paros   5065
　Parthenon   5067
　Phyromachos   5311–5312
　ports   5449
　proportion   5584
　standards of living, wealth   6372
　statues   6376–6380
　stoneworking   6405
　wood and woodworking   7135
　xoanon   7152–7153
sculpture (Pharaonic Egypt)   3415–3416, 4493,
　5228, 5443, 5515, **6091–6095**, 6408, 6410, 7135
　Coptos   1773
Scythia   1842, 2701, 4805, **6095–6096**, 6096, 7147

INDEX 7443

Scythians **6096–6097**
  anthropology 455
  Araxes 614
  archers and archery 630
  Caspian/Hyrcanian Sea and region 1352
  Chersonese, Crimea 1449–1450
  Dacians and other Transdanuviani 1910
  foreigners 2707, 2708
  Herodotus 3184
  Histria, Romania 3276
  nomads 4805
  Olbia 4880
  Scythia 6095
sea deities 5454–5455, **6097–6098**
Sea Peoples **6098–6099**
  army 748
  deserts 2053
  foreigners 2711
  Harris Papyrus 3067
  Hatti 3080
  Ilion 3399
  New Kingdom 4764
  Rameses I–XI 5731
  ships and shipping 6212–6214, 6219
  Tell el-Borg 6578
  Ugarit 6904
seals (ancient Near East) **6099–6100**
seals (Byzantine) **6100–6102**
seals (Greece) **6102–6103**, 6104
seals (Roman) **6103–6104**
Sebeos of Armenia **6104–6105**
Second Intermediate Period (Egypt) **6105–6107**
  art 773
  Deir el-Bersha 1968
  foreigners 2712
  forts 2727–2728
  gardens 2852
  Hierakonpolis 3205
  jewelry 3584
  Kharga oasis 3742
  king lists 3755
  Kush 3831
  Mentuhotep I–VII 4448
  mummies and mummification 4618
  palaces 4996
  pottery 5481–5482
  Senwosret I–IV 6152–6154
  Seqenenre Taa 6163
  Sobekhotep 6295
  Tell el-Mashkuta 6578
  Thebes 6658

Second Sophistic 121–122, 2811, 4155, 5290, 5291, 5363–5367, 5373
Second Temple period
  apocalypticism in Early Christianity 534
  apostasy 563, 564
  Cairo Genizah, Late Antique Jewish texts from 1253, 1254
  demons 2021
  dietary restrictions 2089–2090
  divination 2172
  eschatology 2498
  excommunication 2591
  Gamala 2839
  Hillel, Rabbi 3217
  Jerusalem 3577–3578
  Megillat Ta'anit 4416
  Mishnah and Tosefta 4540
  Paradise, Jewish and Christian beliefs in 5058–5059
  prayer 5507
  priests and Levites 5532
  purification 5671
  Sanhedrin 6034
  Shammai, Rabbi 6199
  Targum 6530
  Temple in Jerusalem 6582
  women 7125
Second Treatise of the Great Seth **6107–6108**
Secular Games 1554, 5259, 5260, 6158
Seeck, Otto (1850–1921) 1952, **6108–6109**
seers (Greece) 1477, 2170, **6109–6110**
seers and *sortilegi* (Roman world) 861, **6110–6111**
Sefer Assaph ha-Rofe (Jewish medical text) **6111–6112**
Sefer ha-Razim (the Book of Mysteries) (Jewish magical text) **6112–6113**
Sefer Yetzira (Jewish mystical text) 874, **6113–6114**
seisachtheia 204, 3102, **6115**, 6315
seismology **6115–6116**
Sejanus (Lucius Aelius Seianus) 227, 494, 4124, 4238, 5498, **6116–6117**, 6748–6749
Sekhemkhet 4096, 5624, 6038, **6117**
Sekhmet 2331, 4643, 4726, 5741, **6118–6119**
Seleucid era 3251, 5956, **6119**, 6121, 6127
Seleucids **6119–6125**
  administration 78
  Antigonos II Gonatas 461
  Antiochos I Soter 474
  Antiochos III Megas 478

Seleucids (cont'd)
  Armenia   722
  army   740–742
  Arsaces   761
  Attalos I   930
  Bactria   1013
  Cilicia   1505
  Cleopatra I   1563
  Cleopatra IV   1566
  coinage   1618
  court   1818–1819
  Demetrios II   1999
  Diodotos Tryphon   2115
  economy   2284
  economy, Near East   2285–2287
  Emesa   2386
  Eumenes I   2556–2557
  Eumenes II   2558
  Euthydemos of Bactria   2583
  foundations   2751
  Friends of the king   2766
  Galilee   2816
  Hasmoneans   3071–3072
  history   6120
  India   3447
  Indus   3453
  Ioppa/Jaffo   3490
  Ituraea and Ituraeans   3543
  Jonathan Maccabaeus   3620
  Judas Maccabaeus   3641, 3642
  kataphraktoi   3706
  kingship   3761, 3762
  Laodike   3904
  Laodikeia ad Libanum   3905
  letters   4026
  Lydia   4186
  Lykaonia   4188
  Macedonian wars   4206
  Magnesia ad Sipylum   4235
  Magnesia on the Maeander   4235
  Manlius Vulso, Gnaeus   4264
  Marakanda   4279
  Margiana   4300
  Mesene   4458
  monopoly   4579
  Nikomedes I–IV of Bithynia   4789
  Nisibis   4800–4801
  Oniads   4902–4903
  Osrhoene   4954
  palaces   4992
  Parthians   5071, 5072
  Patara   5081
  Pontos   5421
  priests and Levites   5532
  Ptolemy III Euergetes   5634–5635
  Ptolemy IV Philopator   5636–5637
  Ptolemy V Epiphanes   5646
  Ptolemy VI Philometor   5641
  ruler cult   5973
  Sagalassos   6007
  Seleukos I Nikator   6126, 6127
  Seleukos II Kallinikos   6129
  Seleukos III Keraunos   6130
  Seleukos IV Philopator   6130–6131
  Side   6239, 6240
  Simon Maccabaeus   6258
  Stratonikeia   6424
  Syria   6488, 6489
  Syrian wars   6494, 6495
  Tarsos   6537
  Tigranes II–IV of Armenia   6752, 6753
  Tobiads   6774
  Tralles   6820
  Uruk   6928–6929
  Zeuxis   7174–7175
Seleukeia   **6125–6126**
  Al Mina   272
  Antiochos II Theos   476
  Avidius Cassius, Gaius   997
  Demetrios II   1999
  Hellenistic period, concept of   3121
  Ktesiphon   3828
  Seleucids   6122
  Susa   6467
  Syrian wars   6494, 6495
  Thecla   6662
  Zeuxis   7174
Seleukeia ad Calycadnum/Tracheia   3509, 3685, **6126**
Seleukos I Nikator   **6126–6129**
  Agathokles   170
  Antigonos I Monophthalmos   460
  Antioch in Syria   470, 471
  Antiochos I Soter   473
  Antiochos Hierax   482
  Apame   513
  Apamea, Syria   514
  Asia Minor   823
  Cappadocia   1314
  Chandragupta   1438, 1439
  Demetrios I Poliorketes   1995, 1996
  economy, Near East   2286, 2287
  Edessa   2305
  elephants   2368

Erasistratus 2480
foundations 2751
Halab 3042
India 3447
Ipsos 3493
kingship 3761
Kouropedion, battle of 3820
ruler cult 5974
Sardis 6044
Seleucid era 6119
Seleucids 6119, 6122
Seleukeia 6125
Seleukeia ad Calycadnum/Tracheia 6126
Successors, wars of 6433, 6434
Syrian wars 6494
Seleukos II Kallinikos 461, 482, 723, 761, 762, 3904, 6121, **6129**, 6292, 6494
Seleukos III Keraunos 41, 477, 930, 6121, 6129, **6130**
Seleukos IV Philopator 479, 2766, 3106, 6126, **6130–6131**
Selinous 199, 269, 317, 2325, **6131–6132**, 6234, 6236
Selket. *see* Serket
Sellasia, battle of 39, 192, 610, 2003, 3113, 4204, **6132**, 6344
Semerkhet **6132–6133**
Semiramis (Sammuramat) 62, 63, 1360, 5705, **6133–6134**, 7134
Semitic languages **6134–6138**
 Akkadian language 267–268
 characteristics of Semitic languages 6135
 Ethiopia 2511
 Hurrian, Hurrians 3345
 literature and poetry 4109
 Roman Empire, regional cultures 5867
 Rome, resistance to 5955
 study of Semitic languages 6136
 Syria 6487
Sempronius Asellio 445, 2743, 3257, 3258, **6138**, 6271
Sempronius Gracchus, Tiberius and Gaius. *see* Gracchus, Tiberius and Gaius Sempronius
Senate (Byzantium) 52, 1235, 2671, **6139–6140**
Senate (Roman Republic and Empire) **6140–6144**
 administration 91–92
 album 280
 approximation 582
 Appuleius Saturninus, Lucius 583
 arena 670
 Arrian 757
 Augustus 964

bacchanal 1010–1011
Balbinus and Pupienus 1025–1026
Cicero, Marcus Tullius 1499, 1500
Claudius 1552, 1553
Clodius Pulcher, Publius 1587
conspiracies against emperors 1716–1717
Constantine I 1725
consuls 1752, 1753
curia 1873–1874
Cyrene edicts 1900–1902
decretum 1954
diplomacy 2150, 2151
Domitian 2200
elections 2356
equites 2474, 2475
Flaminius, Gaius 2695–2696
Forum, Forum Romanum 2743
funus publicum 2795, 2796
Gracchus, Tiberius and Gaius Sempronius 2970
Hasdrubal 3071
Herodes Atticus 3178
Honores 3295
legislation 4008
logistics 4136–4137
Lollius Urbicus, Quintus 4144
optimates, populares 4911
Roman Republic, constitution 5874
Senate 6139
Sertorius, Quintus 6172
ships and shipping 6222
sortition 6328–6330
Sulla 6444, 6445
triumph 6869–6870
Valentia 6936
Seneca the Elder (Lucius Annaeus Seneca) **6144–6145**
 Declamationes 1951
 Florus, Lucius Annaeus 2702
 Hispania 3243
 homicide 3286
 law 3955
 Lucan 4153
 Nero 4750
 oratory and Roman law 4925
 Roman Republic, constitution 5871
 Sabbath 5988
 seismology 6115, 6116
 Seneca the Younger 6145
Seneca the Younger (Lucius Annaeus Seneca) **6145–6148**
 Aetna 148
 Agrippina the Younger 228

Seneca the Younger (Lucius Annaeus Seneca) (*cont'd*)
  beggars   1075
  childhood   1461
  Claudius   1550, 1552
  comets   1683
  Epicurus and Epicureanism   2440
  exercise, physical   2594
  fate   2646
  Florus, Lucius Annaeus   2702
  Hispania   3243
  letters, letter writing   4031
  love   4151
  Lucan   4153
  Nero   4750–4752
  Panaitios of Rhodes   5017
  philosophy   5286–5287
  river deities   5849
  satire   6058
  science   6073
  Seneca the Elder   6144
  Sentences of Sextus   6150, 6151
  sex and sexuality   6194
  Stoicism   6402
  suicide   6442
  tragedy   6807–6808
  Valerius Flaccus Setinus Balbus, Gaius   6944
  volcanoes   7025
Senenmut   2320, 3078, **6148–6149**
Sennacherib   **6149–6150**
  akitu   266
  Assyria   852
  Assyrian kings   856
  death   1941
  Elamite kings, Neo-Elamite period   2351
  Esarhaddon   2496
  Hezekiah   3201
  human sacrifice   3331
  Isaiah   3508
  Israel and Judah   3525
  Lachish   3860
  Library of Ashurbanipal   4069
  Marduk-apla-iddin II   4295
  Nineveh   4796
  Sargon II of Assyria   6048
  ships and shipping   6214
  Tarsos   6537
  Zakutu   7162
Sentences of Sextus   **6150–6151**
sententia   1763, 3544, 3670, **6151–6152**, 6508, 6514
Sententiae of Paulus   6152, **6152**, 6670
Senwosret (Sesostris) I–IV   **6152–6154**

Senwosret (Sesostris) I
  Abgig   5
  Amenemhat I–VII   356
  Beni Hasan   1088
  El-Lisht   2379
  Elephantine   2364
  Esna   2501
  Fayyum   2650
  Hekanakhte   3095
  Heliopolis   3107
  Libya and Libyans   4072
  Middle Kingdom   4490, 4492
  Senwosret I–IV   6153
  ships and shipping   6218
  Sinai   6262
  Thebes   6652
  Wadi Hammamat   7034
Senwosret (Sesostris) II   1088, 2378, 2650, 2666, 5680, 6153
Senwosret (Sesostris) III   19–20, 987, 1088, 1781, 2514–2515, 4374, 4492, 4493, 6153–6154, 6827, 7035
Sepphoris   5092, **6154–6155**
septemviri epulones   3491, 5537, **6155–6156**
Septimius Severus Pertinax Augustus, Lucius   **6156–6160**
  Adiabene, ruling dynasty of   70
  Aelia Capitolina   120
  Africa Proconsularis   152
  Aquincum   593
  Arabia   597
  Arabs   603
  army   752
  Caracalla   1323–1325
  Cassius Dio   1355, 1356
  civil war   1529
  Clodius Albinus, Decimus   1586
  Commodus   1696
  confiscation   1704
  Didius Severus Iulianus Augustus, Marcus   2084
  Eboracum   2259
  Elagabalus   2347
  equites   2476
  equites singulares Augusti   2478
  forum   2734
  Forum, Forum Romanum   2745
  frontiers   2776, 2777
  Fulvius Plautianus, Gaius   2784
  Gaul   2860
  Geta   2910–2911
  Hannibal   3058
  Hatra   3075

Hermopolis Magna   3169
ius Italicum   3555–3556
Julia Domna   3650
languages   3896
legions, history and location of   3996–3998, 4000, 4001
legislation   4008
Lepcis Magna   4017–4019
logistics   4137
Lugdunum   4165
Macrinus   4208
persecution of Christians   5173
Pertinax   5197
Pescennius Niger, Gaius   5200
Praetorian cohorts   5497
Rome, city of: 5. Flavian and Trajanic   5919
Rome, city of: 7. Severan and third century   5934, 5936, 5938, 5939
saeculum   6006
Samaria   6027
Sardis   6044
Severus Alexander   6181
Side   6240
Syria   6489, 6490
Septimontium   5957, **6160**
Septuagint   **6161–6163**
  angels   425, 426
  apocrypha and pseudepigrapha   541
  apostle   564
  Aquila and Theodotion, Greek translations of the Bible of   590–591
  Aristeas, Letter of   689
  Baruch, Books of   1052
  Ben Sira, Wisdom of   1080
  Bible   1108, 1109, 1111
  birth control   1128
  calendar   1259
  canon of Scripture   1303
  devil   2059
  Ecclesiastes   2261
  Epistle of Jeremiah   2468
  Esther, Scroll of   2504
  Eupolemos   2572
  Ezra/Esdras, books of   2609
  festivals   2664
  Hellenistic period, concept of   3121
  Hexapla   3200
  idolatry, Jewish and Christian views of   3391
  Jews   3598
  Judeo-Greek literature   3644
  Justin Martyr   3665
  Koine dialect   3797
  Lucian of Antioch   4156
  Maccabees, Books of   4198
  Origen   4934
  Paradise, Jewish and Christian beliefs in   5058
  patriarchs   5087
  proselytes and proselytism   5584
  Ruth, Book of   5983
  Simokattes, Theophylaktos   6256
  Yahweh   7158
Seqenenre Taa   233, 235, 237, 3361, 6107, **6163**, 6627
Serabit el-Khadim   **6163–6164**, 6262
Serapeum, destruction of   1162, **6165**, 6691
Serapion of Thmuis   **6165**
Serdica (Sofia, Bulgaria)   **6166–6167**
Serenus Sammonicus, Quintus   **6167**
Sergios I (patriarch of Constantinople)   4060, **6167–6168**, 6256, 6323, 7158
Seriphos   **6168–6169**
Serket (Selket)   **6169**
sermons (Late Antiquity)   1371, **6170–6171**
Sertorius, Quintus   1505, 6141, **6171–6172**, 6764
Servius   443, 2207, 2208, 2415, 3968, 4210, **6172–6173**, 6534
Servius Tullius. *see* Tullius, Servius
Seshat   2749, 5802, **6173**, 6726, 7087
Sesklo   **6174**, 6612
Seth   **6174–6176**
  Antinoos   469
  Anubis   508
  Avaris/Tell el-Dab'a   985
  deserts   2054
  dream books   2222
  Egypt, Upper   2331
  execration texts   2592
  funerary cult   2789, 2790
  Harpokrates   3067
  Hathor   3074
  Horus   3319
  Hyksos   3360
  Isis   3516, 3518
  literacy   4101
  Naqada   4695
  Nephthys   4748
  Osiris   4950
  Oxyrhynchos   4971
  Peribsen   5160–5161
  Piramesse   5335
  sacrifice   6002
  sex and sexuality   6191
  Sobek   6294
  weights and measures   7090

Sethianism   2939, 3638–3640, 4682–4684,
    6107, **6176–6179**
Settefinestre   **6179**
Sety (Seti) I–II   **6179–6180**
Sety I
    Abydos, Egypt   20
    Amurru   393
    cosmology   1812–1813
    ethnicity   2513
    fish and fishing   2690
    furniture   2802
    Heliopolis   3108
    king lists   3755
    Libya and Libyans   4072–4073
    literacy   4103
    Seth   6175
    Sety (Seti) I–II   6179–6180
Sety II   4764, 6175, 6180, 6268, 6544
Seven Liberal Arts   4328, 4329,
    6180–6181
Severan dynasty
    athletes   920
    Constantinople   1735, 1736
    law schools   3969
    Lepcis Magna   4019
    lex Rubria de Gallia Cisalpina   4046
    Londinium   4146
    patriarchs   5092
    Praetorian cohorts   5497
    Rome, city of: 7. Severan and third
        century   5934–5939
    wall-painting   7041–7042
Severus Alexander (Marcus Aurelius Severus
    Alexander Augustus)   **6181–6184**
    Aemilian   123
    archisynagogos   638
    Didius Severus Iulianus Augustus,
        Marcus   2084–2085
    Elagabalus   2348
    Feriale Duranum   2656
    Flavius Valerius Severus Augustus
        2696–2697
    frontiers   2779
    Herodian   3181
    legions, history and location of   3998
    Maximinus Thrax   4364, 4365
    Rome, city of: 7. Severan and third
        century   5938
    Sardis   6045
    tetrarchy   6628
    troop movements   6876–6877
    Ulpia Traiana Sarmizegetusa   6908

Severus of Antioch   1496, 1497, 2263, 2807, 3514,
    4208, 5090–5091, **6184–6185**
Seville, Spain. *see* Hispalis
sex and sexuality (ancient Near East)   844, 2493,
    3389, **6185–6187**
sex and sexuality (Greece)   **6187–6190**
    adultery   109
    beauty   1070
    Eros   2490–2491
    eroticism   2493–2494
    eunuchs   2562–2563
    Haloa   3050
    Helen   3103, 3104
    heterosexuality   3198, 3199
    homosexuality   3290–3292
    love   4151
    pornography   5430–5431
    promiscuity   5569
    women   7119–7122
sex and sexuality (Pharaonic Egypt)   2493, 3038,
    3074, **6190–6192**
sex and sexuality (Rome)   **6192–6195**
    adultery   109–110
    Eros   2490–2491
    eroticism   2494
    eunuchs   2562–2563
    fasting   2644
    Hadrian   3021
    heterosexuality   3198, 3199
    homosexuality   3290–3292
    perfumes and unguents   5152–5153
    pornography   5430–5434
    prostitution   5590–5591
    slavery   6286
    spinster   6357
    stuprum   6428–6429
    Venus   6961–6962
Shabaka   1023, 4950, **6195**, 6527
Shadrapa   **6195–6196**
shaduf   3503, 3504, 3506, **6196–6197**
shakkanakkum   4301, **6197**
Shalmaneser I   852, 854, 3677
Shalmaneser III   **6197–6199**
    Adad-nirari III   62
    Ahab of Israel   231
    Aram, Aramaeans   605
    army   733
    Assyrian kings   855
    Halab   3042
    Hazael of Damascus   3086
    Jehu   3571
    Orontes   4940

Qarqar 5693–5694
Syria 6487
Shamash (Utu) **6199**
   Eanna and other major Babylonian temples 2248
   Enmerkar 2413–2414
   Etana 2505
   Hatra 3076
   Inanna 3436
   sanga 6033
   Shubat-Enlil 6229
   Sin 6261
   Sippar 6266
Shammai, Rabbi 3217–3218, 4540, 5989, **6199–6200**
Shamshi-Adad and sons 372, 851, 2345, 4301, 4796, 6133, 6198, **6200–6201**, 6229
Shapur II 519, 604, 725
sharecropping 1956, 2277, **6201–6202**, 6314, 6382, 6602–6603
Shasu **6202–6203**
Shem, Treatise of (Jewish astrological text) **6203–6204**
Shemoneh Esreh (Jewish daily prayer) 2081, 2839, **6204–6205**
Shenoute 3280, 4939, **6205–6206**, 7100–7101
Sheshonq I–VI **6206–6208**
Sheshonq I 1933, 2373, 4074, 4952, 6207, 6716
shields 3993, 5134, 5224, 7071, 7075
Shi'ism 5718, **6208–6209**
Shimeon ben Shetah, Rabbi **6209–6210**, 7124–7125
Shimon ben Laqish, Rabbi **6210–6211**
ships and shipping (ancient Near East) 1306, 3987, 4734, **6211–6214**, 6635, 6919
ships and shipping (Byzantine) **6215**, 6822, 6823
ships and shipping (Greece) **6216–6217**
   emporos 2399–2400
   exploration 2601–2602
   Kaunos 3716
   Kephallenia 3731
   Knidos 3794
   Mediterranean harbors 4398–4399
   Naupaktos 4701
   navies 4704–4708
   Navigium Isidis 4717
   Saronic Gulf 6049
   technology 6567
   transport 6824–6825
   transportation technology 6833–6834
   trireme 6865–6867

Uluburun shipwreck 6910
ships and shipping (Pharaonic Egypt) 3361, 3721, 4663, 6213, **6217–6220**, 6816, 6826–6828
ships and shipping (Rome) **6220–6226**
   Arelate 669
   forests 2714
   Hispalis 3240
   Hispania 3243
   horeia 3302
   horrea 3310
   Kephallenia 3731–3732
   Mediterranean harbors 4398–4399
   Naupaktos 4701
   Navigium Isidis 4717
   Nemi, Lake 4742
   trade 6803–6805
   transport 6830–6832
   transportation technology 6833–6834
shipwrecks, exploration of **6226–6227**
Shi'ur Qomah (Jewish mystical texts) **6227–6228**
Shubat-Enlil 372, 851, 3016, 3054, 6200, **6228–6229**
Shuruppak 4352, 6033, **6229**
siblings **6230–6231**
Sibylline Oracles 532, 2170, 4915, 4916, 5538, **6231–6232**, 6233, 6749
Sibyls and Sibylline books (Greece and Rome) **6232–6233**
   Attalos I 931
   divination 2170–2171
   Justin Martyr 3666
   lectisternium 3989
   locusts 4134
   Rome, city of: 2. Republican 5892, 5895
   seers and *sortilegi* 6110
   Sibylline Oracles 6231, 6232
Sicelica 3256, **6233–6234**
Sicilian expedition 2325, 3005–3006, 3167, 3172, 3233, 3865, **6234–6235**, 6236, 6322
Sicily **6236–6239**
   Akragas 269
   Cicero, Marcus Tullius 1499
   Duris of Samos 2236
   Egesta 2324–2325
   Etna, Mount 2536
   Euesperides 2553
   Firmicus Maternus, Iulius 2682
   Flaminius, Gaius 2696
   Gela 2867–2868
   Gelon 2869–2870
   Gorgias 2957–2958
   Hamilcar Barca 3051

Sicily (cont'd)
  Hermokrates of Syracuse   3167
  Hieron I of Syracuse   3211
  Himera   3218
  Hippokrates   3236
  imperialism   3428
  land and landholding   3881
  Leontinoi   4015
  Malta   4244
  Mamertines   4245
  Marcellus, Marcus Claudius   4283
  Megara Hyblaea   4412–4413
  Messana   4460–4461
  Morgantina   4594
  mosaics   4597
  Motya   4606–4607
  navies   4711, 4712
  Panaitios of Leontinoi   5017
  Phalaris   5224
  Phoenicia, Phoenicians   5298
  prices   5527
  provincial administration   5601
  Punic wars   5663, 5664
  Pyrrhos   5684
  Sicelica   6233
  Sicilian expedition   6234–6235
  Syracuse   6485
  Tauromenium   6542–6543
  Thapsos   6640–6641
  Theophilos   6690–6691
  Timaeus of Tauromenium   6755, 6756
  Timoleon   6761–6762
  Verres, Gaius   6968
  wheat   7099
Side   4336, 5013, 5014, **6239–6241**
Sidon   1672, 1918, 2214–2215, 2496, 2930, 3027, 5299, 5844, 5845, **6241–6242**, 6278
sieges and siegecraft (Byzantine)   2722, **6242–6243**, 6418
sieges and siegecraft (Classical and Hellenistic)   130–131, 904–905, 1995–1997, 2723–2724, 4707, 6235, **6243–6244**, 6245, 6246, 7050
sieges and siegecraft (Roman)   549, 905, **6244–6246**, 7053, 7057–7058
Sigeon   317, 3228, **6246–6247**
signifer   3414, 4914, 5542, **6247**
signs and sign inference   **6247–6249**
Sikinos   **6249**
Sikyon   242, 463, 2212, 2571, 3783, 4947, **6249–6250**
Silchester, England. *see* Calleva

silence in Roman literature   **6250–6251**
Silius Italicus (Tiberius Catius Asconius)   1019, **6251–6252**
silk   **6252–6254**
  clothing   1588, 1591
  factories   2619
  frontiers   2772
  India   3448
  monopoly   4580
  standards of living, wealth   6371
  textiles   6632, 6633
  Thebes in Boiotia   6650
Silk Road   4302, 5070, 6125, 6253, 6311, 6491
Silvanus   2648, **6254**
silver   **6254–6255**
  art   784
  Athens   912–914
  Boscoreale   1169–1170
  bullion   1209
  Cástulo   1361
  coinage   1607, 1608, 1611–1613, 1617, 1624, 1628, 1636, 1638, 1643
  economy   2280
  economy, Near East   2287, 2288
  electrum, electrum coinage   2359–2360
  Hispania   3241, 3243
  inflation   3458–3459
  Laurion   3927–3928
  lead   3980
  metallurgy   4466–4470
  metalwork   4471, 4472
  mines and mining   4517, 4518, 4520, 4521
  mints and minting   4531–4535
  money   4574, 4575
  money devaluation   4576
  plate   5346–5347
  Puabi   5655
  Siphnos   6265
  standards of living, wealth   6372
  temple treasuries   6586, 6587
  Torone   6785
  trade   6800
  weights and measures   7081, 7085
Simokattes, Theophylaktos   3265, **6255–6256**
Simon bar Giora   3610, 3627, **6256–6257**
Simon Maccabaeus   3072, 3621, **6258–6259**
Simon Magus   1560, 1562, 2941, 5202
Simon the Just   3569, **6257–6258**
Simonides   **6259–6260**
  Anaxilaos of Rhegion   409
  Antiochos I Soter   475
  epigram   2445–2446

Eros   2490
Hipparchos   3224
historiography   3254
hymns   3364
Panhellenism   5024
sophists   6318
Simplicius   104, 407, 981, 1917, 3224, 3231, 3681–3682, 4373, 5313, **6260–6261**
Sin (Nanna)   **6261**
   Adad-guppi   62
   Carrhae   1343, 1344
   Eanna and other major Babylonian temples   2248
   Gipar   2918
   Inanna   3436
   Nabonidus   4675
   Nabopolassar and the Chaldaean dynasty   4676
   Osrhoene   4954
   Shamash   6199
   Ur   6920
Sin-kashid of Uruk and his dynasty   **6265**
Sinai   440, 2052, 2725, 3074, 3078, 3384, 6117, 6153, 6163, **6261–6262**
Sinai, Monastery of St. Catherine   642, 785, 3384, 3385, **6262–6264**
Singidunum (Belgrade)   3999, **6264–6265**, 6269
Siphnos   4534, **6265–6266**
Sippar   3052, 3698, 4678, 6033, 6199, **6266–6268**, 7176
Siptah   2712, **6268**, 6544
Siris   **6268–6269**
Sirmium   972, 994, 3179, 4079, 5026–5028, **6269–6270**
Siscia (Sisak, Croatia)   **6270–6271**
Sisenna, Lucius Cornelius   **6271–6272**
sistrum   4639, **6272**
sitesis   **6272–6273**
sitologos   5526, **6273**
sitophylakes   201, 4309, 5523, **6273–6274**
Siwa Oasis   236, 292, 435, **6274–6275**
Skabiosa. *see* Laodikeia ad Libanum
Skerdilaidas   228, 2002, **6275–6276**, 6629
Skiathos   **6276**, 6362
Skillous   **6276–6277**
Skione   **6277**
Skira   **6277–6278**
Skopas, Aitolian   2122, **6278**
Skylax of Karyanda   **6278–6279**
Skyros   **6279**, 6362
Skythopolis. *see* Beth Shean
slavery (ancient Near East)   998–999, 1143, 1307, 3702, 3929, **6279–6280**, 6297, 6380, 7098

slavery (Greece)   **6280–6282**
   abduction   3
   agriculture   213
   anthropology   455
   captive   1320–1321
   cult attendants   1853–1854
   deformity   1962
   economy   2277, 2282
   economy, Near East   2286
   ergasterion, ergastulum   2489
   foreigners   2709
   freedmen and freedwomen   2760
   freedom   2762–2763
   Gortyn, law code of   2962
   hektemoroi   3101
   Helots   3128
   hetaira   3195, 3196
   hierodouloi   3208
   houses, housing, household formation   3328
   labor   3855, 3856
   law   3945
   logistics   4136
   manumission   4267–4269
   Oikonomika   4869
   Oikonomikos   4871
   property   5575, 5576
   seisachtheia   6115
   Side   6240
   sieges and siegecraft   6244
   social structure and mobility   6301
   Solon   6315
   Sparta   6342
   threptoi   6732
   torture   6786–6787
   wage labor   7037
slavery (Late Antiquity and Byzantium)   2564, **6282–6283**
slavery (Pharaonic Egypt)   2294, 2712, 3208, 3854, 3962, **6283–6284**
slavery (Rome)   **6284–6288**
   abduction   3
   administration   92
   Apulia   585
   arcarius   626
   artisans   804
   Compitalia   1699
   dispensator   2167
   dominus   2196
   edict   2308–2309
   emancipation   2381
   ergasterion, ergastulum   2489
   exactor   2590

slavery (Rome) (cont'd)
   exposure of children   2605
   Familia Caesaris   2624
   Feronia   2656–2657
   Fragmentum de iure fisci   2758
   gladiators   2925
   houses, housing, household formation   3328
   Humiliores   3336
   infanticide   3456–3457
   labor   3854, 3857
   mancipium   4249
   manumission   4267–4269
   manus iniectio   4272
   Mons Claudianus   4583
   nuncupatio   4836–4837
   obsequium   4855–4856
   peculium   5121–5122
   prison, prisoners   5545
   property   5575, 5576
   prostitution   5590, 5591
   purchase   5667
   sacramentum   5995
   sex and sexuality   6192
   ships and shipping   6221
   Sicily   6238
   silence in Roman literature   6251
   social structure and mobility   6301, 6302
   Spartacus   6345
   standards of living, wealth   6373
   Tabulae Herculanenses   6508
   Tiro, Marcus Tullius   6764–6767
   torture   6786–6787
   vernae   6967–6968
   vilicus   6996–6997
Slavs   735, 1207, 2003, 3668–3669, 6256
sleep   3441, **6288–6290**
slings and slingers   3299, **6290**, 6519, 7071, 7073, 7075, 7077
Smyrna   **6290–6293**
   Aelius Aristides   122
   Aiolis   246–247
   Alexander Balas   299
   Hermos   3171
   Marmor Parium   4314
   Polycarp of Smyrna   5396, 5397
   roads   5851
   ruler cult   5973
   Sardis   6044
   sophists   6321
Sneferu   **6293–6294**
   A-Group   230
   Dahshur   1913

   furniture   2802
   Heliopolis   3107
   Hetepheres I   3197
   Huni   3342
   Khufu   3748–3749
   literacy   4103
   Old Kingdom   4885
   pyramid   5679
Sobek   433, 2650, 3085, 3804, 4591, 5741, 5802, **6294–6295**, 6295
Sobekhotep   **6295–6296**
Sobeknefru   5708, **6296**, 7126
social structure and mobility (ancient Near East)   800, 998–999, 1400, 1403, 2291, 3014, 3389, **6297–6298**
social structure and mobility (Byzantine)   3389, 6139, **6298–6299**
social structure and mobility (Greece and Rome)   **6299–6303**
   artisans   802
   benefactors   1083–1085
   Caelius Rufus, Marcus   1245, 1246
   Canusium Album   1305–1306
   cavalry   1389
   cemeteries   1402
   citizenship   1524
   clientela   1578
   concubinage   1700
   domus   2202
   Familia Caesaris   2625
   fasti of magistrates   2643
   freedmen and freedwomen   2760, 2761
   hetaira   3195–3196
   hippeis   3226
   identity   3389
   Kinadon, conspiracy of   3751
   matrona   4353–4354
   metoikos   4482
   mothers and motherhood   4606
   negotium   4728
   nobiles, nobilitas   4802–4803
   sex and sexuality   6192
   Sparta   6343
Social War (Classical Greece)   **6303**
   Aitolian League   253
   ala   273
   Apulia   585
   Aratos of Sikyon   610
   Athenian Confederacy, Second   909
   Athens   913
   Euboulos, Athenian politician   2544
   Hekatomnids   3098

Iphikrates   3492
Isocrates   3520
Kersobleptes   3739
Kos   3813
Philip V of Macedon   5252
Skerdilaidas   6275
Timotheos   6763
Social War (Roman Republic)
   6303–6304
   Cicero, Marcus Tullius   1498
   citizenship   1526
   civil war   1529
   Diodorus of Sicily   2114
   Herculaneum   3151
   Latin language   3921
   Latins, Latium   3925, 3926
   Lucullus, Lucius Licinius   4162
   municipia   4623, 4624
   Oscan   4949
   Pompey   5408
   Sabines and Samnites   5992
   Senate   6140
   Sisenna, Lucius Cornelius   6271
   socii   6307
   Sulla   6444, 6445
   Umbrians   6912–6913
societas   1944, 2675, 5659, **6304–6306**
socii   1526, **6306–6308**
Socrates   **6308–6310**
   Alkibiades   317
   Anaxagoras   407
   Anytos   510
   Apuleius   584
   Aristophanes   699
   asebeia   816
   biography   1118
   Christology   1479
   Cynicism   1888
   Delion   1980
   ethics   2507
   Euripides   2573
   form   2715
   Justin Martyr   3666
   Kritias   3822
   labor   3856
   Lyceum   4178
   Lysippos   4194, 4195
   madness and mental health   4213
   myth   4667–4669
   Oikonomikos   4870–4871
   oikonomos   4872
   Origenist Controversy   4939

   philosophy   5278–5281
   physics   5314
   physiognomy   5318
   Plato   3823, 5348
   Protagoras   5593
   Prytaneion   5612
   religious deviance and persecution   5800
   Salaminia   6014
   sophists   6319, 6320
   soul   6336
   suicide   6442
   Thirty Tyrants   6717
   Xenophon   7148, 7150, 7152
   Zeno of Kition   7167
   zoology   7179
   Zosimus   7186
Socrates of Constantinople   2263, **6310**, 6339
sodales   **6311**
Sofia, Bulgaria. *see* Serdica
Sogdia   293, 312, 313, 478, 3494, 3570, 4279,
   4970, **6311–6312**
Sokar   2667, 2791, 5624, 5790,
   6312–6313
Solin, Croatia. *see* Salona
Soloi   6126, **6313–6314**
Solomon   **6314**
   David   1933
   demons   2022
   Ecclesiastes   2261
   Eupolemos   2572
   Israel and Judah   3524
   Lebanon mountain   3987
   Psalms of Solomon   5613
   sacrifice   5999
   Temple in Jerusalem   6582
   Testament of Solomon   6619
   Wisdom of Solomon   7113
   Yahweh   7157
Solon   **6314–6316**
   agrarian laws   204
   anchisteia   412
   archon   666
   Areopagos   671
   Athens   911
   axones   999
   boulomenos, ho   1177
   burial   1215
   chrematistike   1475
   citizenship   1525
   demagogues   1989
   dikasterion   2095
   Draco   2219

Solon (cont'd)
  Eleven, the   2373
  eunomia   2560
  family   2626
  funerary cult   2787
  ges anadasmos   2907
  hektemoroi   3101
  heliaia   3105
  hetaira   3195
  hippeis   3225
  horoi   3305
  Ionian tribes   3488, 3489
  kyrbeis   3845
  land and landholding   3878
  law courts   3935
  Naukratis   4700
  neutrality, political   4760
  nomos and nomothesia   4809
  orgeones   4930
  Sais, Sa el-Hagar   6012
  Salamis, island and battle of   6016
  seisachtheia   6115
  slavery   6281
  social structure and mobility   6300
  sophists   6318
  stasis   6374
  sumptuary legislation   6453
  theft   6663
  theoria   6694–6697
  thesmos   6707
  thetes   6713
  water supply   7065
  zeugitai   7171
Songs of the Sabbath Sacrifice (Dead Sea Scrolls)   5990, **6316–6317**
Sopdet (Sothis)   880, 6163, **6317**
Sophia (empress)   1232, 3421–3422, 3663, **6317–6318**, 6744
sophists (Greece)   **6318–6320**
  Aelius Aristides   122–123
  Aristotle   711
  atheism   901
  education   2316
  ethics   2506
  Eudoxos of Knidos   2551
  Greek language and dialects   2987
  Old Oligarch   4888
  philosophy   5281
  Polemon, Marcus Antonius   5373
  Protagoras   5593
  technological change   6561
  Xenophon   7150

sophists (Roman Empire)   584, 901, 2579, 3021, 4050–4051, 4155–4156, 5290–5291, **6320–6322**
Sophocles   **6322–6323**
  actors and actresses   59
  Aeschylus   137
  anchisteia   411
  Aristophanes of Byzantium   700
  cannibalism   1298
  Dacians and other Transdanuviani   1909
  Duris of Samos   2236
  fate   2646
  Herakles   3150
  Ion of Chios   3485–3486
  Kephisos   3732
  Kolonai   3800
  Marmor Parium   4314
  myth   4668
  Oedipus   4866
  Oinomaos of Elis   4879
  Orestes   4929
  orgeones   4930
  Oxyrhynchos   4973
  peripeteia   5166
  probouloi   5549
  Suda   6434
  theater   6644–6645
  tragedy   6806
  tragic history   6809
  Zeno of Kition   7167
Sophronios (patriarch of Jerusalem)   1430, 2048, 3579, 3616, 4116, 6168, **6323–6324**
Soranus (physician)   **6324–6325**
  Caelius Aurelianus   1243, 1244
  childbirth   1453
  embryology   2385
  fumigations   2785
  gynecology   3012
  Herakleides of Tarentum   3144
  Hippocrates of Kos   3233
  hysteria   3373
  medical writers   4376, 4377
  menstruation   4444
  midwife   4496
  nurse, nursing   4839
  obstetrics   4858
  sex and sexuality   6194
  widows   7104
sortition (Greek)   3792–3793, **6325–6326**, 6331
sortition (Roman)   **6326–6332**
Sosibios   169, 766–767, 5636–5638, **6332**
Sosigenes (astronomer)   **6332–6333**

Sosius Senecio, Quintus **6333**
Soterichos of Oasis **6333–6334**
soul (Christian)   158, 160, 1340, 1341, 1354, 4338, **6334–6335**, 6614
soul (Greece and Rome)   **6335–6337**
   Academy   24
   Aristotle   714
   Chaldaean Oracles   1435
   Democritus   2012
   demons   2020–2021
   ethics   2507
   Iamblichus   3377
   Klearchos   3782
   nekydaimon   4737
   Neoplatonists   4743, 4744
   Orpheus and Orphism   4945–4947
   philosophy   5281, 5283
   physics   5315, 5317
   Plato, cosmology   5351
   Plotinus   5360
   Pythagoreanism   5685
   Straton of Lampsakos   6423
   Trophonios   6880
soul (Jewish)   **6337–6338**
sound   **6338–6339**
Sozomen of Gaza   4360, **6339–6340**, 7186
Spain
   Augustus   964, 966
   Carthago Nova   1349
   colonies   1663
   Corduba   1779
   Ebro   2259–2260
   Emporiae   2395
   factories   2619
   frontiers   2776
   Fulvius Nobilior, Marcus   2783
   Gades/Gadir   2805
   gold   2950
   Goths   2965, 2966
   Hamilcar Barca   3052
   Hannibal   3056, 3058
   Harun al-Rashid   3069
   Hasdrubal   3070
   Hispania   3241–3244
   Iberia   3381
   imperialism   3432
   Isidore of Seville   3513
   Italica   3532
   languages   3902
   mines and mining   4518
   monasticism   4573
   mutiny   4646

Orosius   4942
Ossius of Cordoba   4956
patriarchs   5088
Punic wars   5664
Scipio Africanus   6078
Sertorius, Quintus   6172
Tarraco   6536
Tingis   6764
Umayyads   6912
Vandals   6946–6947
Vipsanius Agrippa, Marcus   7011
Visigoths   7017
Spalatum (Split, Spalato): Diocletian's Palace   2110, **6340–6342**
Sparta   **6342–6344**
   Achaia   37
   Achaian League   39
   Achaian War   40
   adulthood   110
   age   174, 176
   age-class   178
   agoge   191–192
   agonistic festivals   195
   Aigina   243, 244
   Aitolian League   252
   Alkibiades   317–318
   Ambrakia   353
   Amphissa   379
   Amyklai and Amyklaion   393
   Andocides   413
   Antalkidas   450
   Antigonos II Gonatas   461
   Antigonos III Doson   463
   Antipater   484
   Aratos of Sikyon   609
   arbitration   616
   Arcadia   621
   Archidamos   634
   Areus of Sparta   673
   Argolis   678–679
   Argos   680
   Aristophanes   699
   Aristotle   712
   army   737–739, 742
   Athenian Confederacy, Second   908
   Athens   911–913
   autochthony   980
   Boiotian League   1153
   Brasidas   1180–1181
   camps   1286
   Chabrias   1423
   Chilon   1466

Sparta (cont'd)
  Chios   1467
  Chremonidean War   1476
  citizenship   1524
  coinage   1611
  Corinth   1786, 1787
  Croesus   1845
  Cyclades islands   1885
  deformity   1962
  democracy   2008
  Derkylidas   2040
  Diodorus of Sicily   2114
  disciplina   2158
  Dorian tribes   2211–2212
  Dorians   2213
  Dorieus   2213–2214
  education   2316
  Elis   2376
  Epaminondas   2424
  ephors   2434–2435
  epikleros   2463
  Epitadeus, *rhetra* of   2470
  ethics   2506
  eunomia   2560–2561
  Euphron of Sikyon   2571
  Eurotas   2575
  family   2626
  festivals   2660
  foreigners   2708
  forts   2723
  Fulvius Nobilior, Marcus   2783
  gender   2874
  gerousia   2906–2907
  ges anadasmos   2908
  Gylippos   3005–3006
  Halieis   3043
  harmosts   3064–3065
  Helen   3103, 3104
  Hellanicus of Mytilene   3111
  Hellenic Alliance   3113
  Hellenica   3114
  Hellespont   3127
  Helots   3127, 3128
  Hera   3135
  Herakles   3148
  Hermione   3164
  Herodotus   3184–3187
  hippeis   3226
  Hippias   3228
  houses, housing, household formation   3328
  hypomeion/hypomeiones   3369, 3370
  Hysiai   3372
  imperialism   3425
  infanticide   3456
  Ion of Chios   3486
  Jason   3570
  Kallias, Peace of   3678
  Kallistratos   3683
  kalokagathia   3684
  Kimon   3750
  Kinadon, conspiracy of   3751
  King's Peace   3757, 3758
  kinship   3769
  Kleomenes I of Sparta   3786, 3787
  Kleomenes II of Sparta   3787
  Kleomenes III of Sparta   3788
  Kleon   3790
  Knidos   3793
  Konon   3808, 3809
  Koroneia   3811–3812
  Kos   3813
  Kritolaos   3823
  krypteia   3825, 3826
  Lamachos   3865
  land and landholding   3878
  Larissa   3911–3912
  Laurion   3928
  law courts   3935
  Leonidas I of Sparta   4013
  Leuktra, battle of   4035
  Long Walls   4147
  Lycurgus   4184–4185
  Lysander   4190–4191
  Malea Cape   4241
  Menelaion in Lakonia   4437
  Messenian wars   4463
  Methone, Messenia   4480
  Nabis of Sparta   4673, 4674
  Naupaktos   4701
  Nektanebo   4736
  neutrality, political   4760
  Nikias   4786
  Nikias, Peace of   4787–4788
  nudity   4825
  oligarchy   4889
  orality, oral culture, and historiography   4920
  Orthia   4948
  Pausanias   5115–5116
  Pausanias II   5114–5115
  Peloponnesian League   5129–5130
  Peloponnesian War   5131–5133
  pentekontaetia   5141–5142
  Perdikkas II   5147
  perfumes and unguents   5150

Phalanthos of Sparta   5221–5222
Philopoimen   5276
Phleious   5295
polis   5379
politeiai   5383, 5384
Pythioi   5689
rhetra   5834
Sacred Band   5996
Samos   6029
Samothrace   6030
seers   6109
Sellasia, battle of   6132
Sicilian expedition   6235
Sicily   6236
Sikyon   6249
Simonides   6260
Siphnos   6266
social structure and mobility   6300, 6301
Sphakteria island   6353
Sphodrias   6355
syssitia   6496
Tegea   6573
Telechos of Sparta   6573–6574
thalassocracy   6640
Thasos   6641
Theopompos of Sparta   6695–6696
Theramenes   6701
Thermopylai   6704
Thirty Tyrants   6717
Thirty Years' Peace   6718
Thucydides   6733
Thuria   6738
tribute   6857
Triphylia   6865
wars, sacred   7061
women   7118
Xenophon   7148, 7151
Spartacus   1321, 1505, **6344–6345**, 6989
Spartan kings   **6345–6346**
  Agesilaos   182–183
  Agis II and III of Sparta   186
  Agis IV of Sparta   187
  Archidamos   634
  Dorieus   2213–2214
  Kleomenes I of Sparta   3786–3787
  Kleomenes II of Sparta   3787
  Kleomenes III of Sparta   3788–3789
  Leonidas I of Sparta   4012–4013
  Lycurgus   4184
  Sparta   6342
  Telechos of Sparta   6573–6574
  Theopompos of Sparta   6695–6696

Spartokids   **6346–6347**
Spasinou Charax   69, 4458, **6348**
spear. *see hasta; pilum*
speech to troops. *see adlocutio*
speeches in historical works   **6348–6351**
Speos Artemidos   **6351–6352**
Speusippos   23, 2123, 2404, **6352–6353**
Sphakteria island   2028, **6353**
sphinx   2919–2922, 3063, 3741, 6092, **6353–6354**, 6740
Sphodrias   **6355**
spices   262, 754, 1328, 1757, 3450, 5232, **6355–6356**
Spina   **6356–6357**
spinster   **6357–6358**
spits   3499, **6358–6359**
Split, Croatia. *see* Spalatum (Split, Spalato): Diocletian's Palace
spolia opima   1167–1168, 3659, 5904, **6359–6360**
spondai   4052, 5117, **6360**, 6838
sponsalia   **6360–6361**
sponsio (judicial wager)   **6361–6362**
Sporades islands   1885, 3397, 3685, 3813, 4023, 4801, 5083–5084, 6276, 6279, **6362**
sport   **6362–6365**
  Actia   56
  agonistic festivals   195
  athletes   918–920
  Egypt and the Near East   6362
  ephebe, *ephebeia*   2425–2426
  exercise, physical   2594–2595
  Greek athletics   6363
  Nemea   4739, 4740
  sport in Rome   6364
  sports and games   6365, 6366
sports and games (Pharaonic Egypt)   6362, 6363, **6365–6367**
springs (sacred)   1392, 4739, **6367–6368**
Sri Lanka. *see* Taprobane
Stageira   418, 701, 713, **6368–6369**
standard bearer. *see signifer*
standards (Roman military). *see* military standards (Roman)
standards of living, wealth   **6369–6374**
stasis   **6374–6375**
Statius, Publius Papinius   2196, 2200, 2791, 5854, **6375–6376**
statues   **6376–6380**
status   **6380–6383**
Stein, Ernst (1891–1945)   1952, **6383–6384**
stelae (Greek)   **6385–6387**

stelae (steles, Egypt)   **6384–6385**
stepfamily   2626, 2627, 3326, **6387–6388**
Stephanus of Athens   **6388–6390**
Stephanus of Byzantium   274, 282, 316, 1930, 3140, 4133, **6390–6391**
sterility   2657, **6391–6393**
Stesimbrotos of Thasos   1118, **6393–6394**
Stilicho   277, 972, 1535, 1536, 5960
stipendium (military pay)   **6394–6395**, 6980
stipulatio   **6395–6396**
stirrup jar   3840, **6396–6397**, 6650, 6910
stock rearing (Roman Empire)   216, **6397–6400**
Stoicism   **6400–6402**
  Academy   24–25
  aequitas   131
  aesthetics   143
  afterlife   156–157
  Aratos of Soloi   611
  Athenaeus of Attaleia   904
  beggars   1075
  Chaeremon   1424
  Chrysippos of Soloi   1487, 1488
  conflagration   1705, 1706
  Cynicism   1887–1888
  Cyprian   1889–1892
  Dio Chrysostom   2102–2103
  dogmatism, medical   2187
  dreams   2224
  Epictetus   2436–2437
  Epicurus and Epicureanism   2440
  ethics   2508
  Eusebius of Caesarea   2579
  fate   2645–2646
  friendship   2768
  Gelimer   2869
  Herakles   3149–3150
  ingenuus   3463
  John Chrysostom   3608
  Justin Martyr   3665–3666
  Kleanthes of Assos   3781
  Kleomedes   3786
  Kleomenes III of Sparta   3788
  Kritolaos of Phaselis   3824
  law   3959
  law schools   3968
  logos   4141
  Lucan   4153
  Macedonia   4204
  Manilius, Marcus   4260
  Marcus Aurelius   4293
  Musonius Rufus, Gaius   4643
  Neoplatonists   4743

  Nero   4753
  Orpheus and Orphism   4946
  Panaitios of Rhodes   5017–5018
  philosophy   5282–5283, 5286–5287
  physics   5317
  Pliny the Elder   5357
  Poseidonios   5458
  psychology   5623
  Pythagoreanism   5686
  science   6073
  Seneca the Younger   6145, 6146
  Sentences of Sextus   6151
  sex and sexuality   6194
  signs and sign inference   6248
  slavery   6287
  sleep   6289
  soul   6336
  Strabo of Amaseia   6415
  suicide   6442
  teleology   6575
  Tertullian   6614
  Theophrastus   6693
  Vettius Valens   6985
  Zeno of Kition   7167, 7168
stola   1591, **6402–6403**, 6955
stones (sacred)   **6403–6404**
stoneworking (Byzantine)   1201–1202, **6404–6405**
stoneworking (Greece and Rome)   1202, 1203, 2190, 5075, 6090, **6405–6407**
stoneworking (Pharaonic Egypt)   11, 1204–1205, 1219, 3078, 6092, 6093, **6407–6412**
storage   **6412–6414**
Stoudios monastery; Studite *typikon*   1494, 4060, 6084, 6088, **6414–6415**
Strabo of Amaseia   **6415–6418**
  Acrocorinth   48
  Adriatic Sea   106
  Alexander III, the Great   295
  Alexandria, Egypt   308
  Aquileia   592
  Araxes   614
  Aristoboulos of Kassandreia   693
  Aristonikos   698
  Armenia   723
  Artemidoros of Ephesos   794
  bematists   1080
  Crimea   1842
  Dendrophoroi   2035
  diolkos   2121
  Dokimeion   2190
  Egyptology   2332

Entremont 2420
Ephoros 2434
ethnography and ancient history 2532, 2533
Exodus, Jewish and Egyptian stories about 2597
Fayyum 2650
forests 2713
fossils 2747
Gaul 2857
geography 2892
Heliopolis 3110
Herculaneum 3151
Hermos 3171
hierodouloi 3208
languages 3899
Ma 4196
Magna Graecia 4234
maps 4276
mineralogy 4515
Museum 4633
Pantikapaion 5034, 5035
Parthia 5069
Phaselis 5241
Pontos 5419
Rhodes 5841
Rhône 5844
rivers 5850
Rome, city of: 3. Augustan 5908
Samaria 6026
Scythia 6096
Theophanes of Mytilene 6689
Thule 6737
Troad 6872
Zagros mountains 7160
Strategikon (Maurice) 743, 1387, 2231, 6242, **6418**, 6422, 7048
strategoi **6418–6419**
strategos (Egypt) 89, 5050–5051, 5638, **6419–6421**
strategy (Byzantine) 1233, 2722, **6421–6422**
Stratokles (Athenian politician) 2005, **6422–6423**, 6692
Straton of Lampsakos 5165, 6116, **6423–6424**, 6692
Stratonike 513, 675, 932–934
Stratonikeia (Hadrianopolis) 462, 2752, 3863, 5018, **6424–6425**
Stratos 258, **6425–6426**
Strymon 379, 1137, 4719, **6426–6428**
stuprum 3292, **6428–6429**
stylite (pillar saint) **6429–6430**, 6471–6472
Stymphalos 130, **6430–6431**
Subartu 2500, 3345, **6431–6432**, 6486, 6926
Successors, wars of **6432–6434**

Alexander IV 297
Antigonos I Monophthalmos 459
Armenia 722
coinage 1618
court 1818–1819
Demetrios I Poliorketes 1995
Demetrios of Phaleron 2001
diadem 2063
diplomacy 2147
Duris of Samos 2236
Eumenes of Kardia 2559
Hieronymos of Kardia 3214
kingship 3761
Kouropedion, battle of 3819
Lysimachos 4193–4194
Ptolemy I Soter 5630, 5631
Ptolemy II Philadelphos 5632
Pyrrhos 5683
Samos 6029
Sardis 6044
Seleukos I Nikator 6127
Triparadeisos, treaty of 6864
Suda **6434–6435**
Achilles Tatius 44
Aelianus, Claudius 121
Aeschylus 137
Antisthenes of Rhodes 493
Athenaeus of Naukratis 905
biography 1118
Callimachus 1276
Damastes 1919
Dinarchus 2101
encyclopedias 2405
Epictetus 2436
Harpocration 3067
Hecataeus of Miletos 3093
Hellenica 3114, 3116
John Lydus 3614
Panaitios of Rhodes 5017
Sicelica 6233
Soranus 6324
Zosimus 7185
Suetonius **6435–6437**
Augustus 961, 963
biography 1119
Censorinus 1409
Claudii, family of 1537, 1538
Domitian 2196–2198, 2201
Ennius 2414
fossils 2747
friendship 2769
Gallic War 2831

Suetonius (cont'd)
  Hirtius, Aulus   3240
  Historia Augusta   3248
  historiography   3260, 3262
  libraries   4065
  Nero   4750
  portents   5438
  promiscuity   5569
  Res gestae of Augustus   5805
  Rome, city of: 3. Augustan   5909
  Rome, city of: 4. Julio-Claudian   5912
  Rome, city of: 5. Flavian and Trajanic   5920
  Rubicon   5969
  Seneca the Younger   6145
  tax (Jewish)   6546
Sufetula (Sbeitla)   **6437–6439**
Suhu   **6439**
sui heredes   3476–3477, **6439–6440**
sui iuris   **6440–6441**
suicide   503, 5546, 5734, **6441–6442**
sukkalmah   449, 2350, 2352–2353, **6442–6443**
Sulis   4516, **6443–6444**
Sulla (Lucius Cornelius Sulla Felix)   **6444–6445**
  Academy   25
  Aemilius Lepidus, Marcus   125
  Amphiareion sanctuary   373
  Areopagos   672
  Ariobarzanid Dynasty   686
  Aristotle   701
  Arretium   754
  Asia, Roman province of   826
  Athens   915
  Caecilii Metelli   1239, 1240
  Catulus, *Liber de Consulatu*   1383
  censor   1408–1409
  Cilicia   1505
  civil war   1529
  Claudian   1543
  coinage   1645
  colonies   1668, 1669
  confiscation   1704
  Crassus, Marcus Licinius   1825
  curia   1874
  Cyclades islands   1886
  damnatio memoriae   1921
  Deiotaros of Galatia   1963
  dictator   2080
  Diodoros Pasparos   2111
  Euphrates frontier   2566
  Felicitas   2653
  festivals   2662
  Forum, Forum Romanum   2743
  Forum Augustum   2737
  funus publicum   2796
  Herculaneum   3151
  history   3275
  homicide   3287
  Hortensius Hortalus, Quintus   3315
  imperator   3419
  indemnities   3444
  Jugurtha   3649
  Julius Caesar   3652
  Lucullus, Lucius Licinius   4162–4163
  Lusus Troiae   4172
  Marius, Gaius   4305
  Mithradatic wars   4549
  Pompeii   5403–5404
  Pompey   5409
  pontifex, pontifices   5415
  Rome, city of: 3. Augustan   5900
  ruler cult   5977
  Sallust   6019
  Senate   6140, 6141
  Sertorius, Quintus   6172
  Sisenna, Lucius Cornelius   6271
  Social War   6304
  sortition   6329, 6330
  Tabula Bantina   6502
  Timagenes of Alexandria   6757
  tribuni plebis   6851
Sulpicia (Augustan poet)   **6445–6446**
Sulpicia (Flavian poet)   **6446–6447**
Sulpicius Galba. *see* Galba (Servius Sulpicius Galba Imp. Caesar Augustus)
Sulpicius Severus   3269, **6447–6448**
Sumer (Sumeria)
  Amorites   372
  Aratta   612
  flood stories   2699
  Gudea   3001
  Guti   3004
  Hammurabi of Babylon and his dynasty   3052
  Inanna   3436–3437
  Lagash   3862–3863
  Lugalzagesi   4163–4164
  M E   4370
  music   4634, 4635
  Nidaba   4782
  Rim-Sin I of Larsa   5845
  Sargon of Akkad and his dynasty   6045, 6046
  Shamash   6199
  Umma   6913
  Ur   6919
  Ur III Dynasty   6920–6922

Uruinimgina   6927
weights and measures   7082
Sumerian King List   **6448–6449**
  bala   1023
  Enmerkar   2413
  Eridu   2490
  Etana   2505
  flood stories   2699
  historiography   3251
  Ishbi-Erra and the Isin Dynasty   3512
  king lists   3754
  Kish   3773
  Lagash   3863
  Lugalzagesi   4163
  Sargon of Akkad and his dynasty   6046
  Ur III Dynasty   6920–6921
  Ur-Nanshe and the First Dynasty of Lagash   6926
Sumerian language   **6449–6451**
  abzu   22
  Akkadian language   268
  Aramaic and Syriac   605–606
  assinnum   844
  education   2313–2314
  Emar   2382
  Emesal   2387–2388
  ethnicity   2512
  Hurrian, Hurrians   3345
  Inanna   3436–3437
  Isin   3515
  king lists   3752
  lexical texts   4049–4050
  Sargon of Akkad and his dynasty   6046
  Syria   6487
  Ugarit   6904
  Ur-Nanshe and the First Dynasty of Lagash   6926
  wisdom literature   7109–7110
šumma alu   **6451**
Šumma izbu   **6451–6452**
Summanus   **6452–6453**
sumptuary legislation (Greece)   1214, **6453–6454**, 7163
sun gods (Egypt)   897–898, 3744, 3745, 4726, 4835, 4839, 5741, 5742
sun gods (Greece and Rome)   7, 2346, 4593, **6454–6455**
sundials   396, 879–880, 1100, 1583, **6455–6456**, 6757, 6758, 6790
Sunnism   1272, 1273, 3018, 5718, 6208
suovetaurilia   **6456–6457**
superstition   1556, 1971–1972, 2439, **6457–6458**

Suppiluliuma I   **6458–6459**
  Alalah   276
  Aššur-uballiṭ I   850
  Carchemish   1331
  Elam   2349
  Halab   3042
  Hatti   3079, 3080
  Hattusili I and his dynasty   3083
  Hittite kings   3278
  Mittanian kings   4555
  Syria   6487
  Tushratta   6888
  Washukanni   7062
supplication   2909, **6459–6462**
surgery (Greek and Roman)   3353, 6324, **6462–6465**
surgery (Mesopotamian)   **6465**
Susa   **6467–6468**
  Achaemenid Dynasty   36
  Anshan   449
  apadana   511, 512
  Aristagoras of Miletos   687
  Assyrian kings   857
  Elam   2349
  Elamite kings, Middle Elamite period   2350
  Elamite kings, Sukkalmah period   2352
  Epaminondas   2424
  Hephaistion   3132
  Kassite dynasty   3702
  Kindadu   3752
  Nearchos   4721
  Ur III Dynasty   6920
swimming   2320, **6467**
Switzerland   966, 1657, 6991–6992, 7009–7010, 7023–7024
Sword of Moses. see Harba de-Moshe
swords   749, 7070–7071, 7073, 7074, 7076
Syangela. *see* Theangela/Syangela
Sybaris   2753, 3212, 3442, 3825, 6268, 6269, **6467–6469**
Syene   890, 2361, **6469–6470**
Symeon of Emesa (Symeon the Fool)   2706, **6470**
Symeon the Stylite the Elder   1232, 1927, 3280, 5692–5693, 6429–6430, **6471–6472**, 6472, 6490
Symeon the Stylite the Younger   6430, **6472**, 6490
symmachia   908, 2145, 5117, **6472–6473**, 6476, 6838–6839
Symmachus, Quintus Aurelius (*signo* Eusebius)   590–591, 977–978, 3249, 3268, 3344, **6473–6475**, 6670
symmoria   2344–2345, **6475**
sympathy and antipathy   481, 6068, **6475–6476**

sympoliteia   253, 679, 1525, 2147, 2574, **6476–6477**
symposium   416, 781, 2767, 3197, 3364,
    6477–6478, 6497
synagogues (Jewish)   **6478–6480**
synchronisms (ancient Near East)   1485, 1487,
    3251, 3277, **6480–6481**
Synesius   282, 2315, 3366, **6481–6482**
syngeneia. see kinship (between cities and peoples)
synoecism   910, **6482–6484**
Syracuse   **6484–6486**
    Agathokles of Syracuse   170–171
    Alkibiades   317–318
    Antiochos of Syracuse   483
    Archias of Corinth   633
    Archimedes of Syracuse   635
    army   739
    democracy   2011, 2012
    Demosthenes   2028
    Dion of Syracuse   2123
    Dionysios I   2124–2125
    Dionysios II   2126–2127
    Dorian tribes   2212
    Douketios   2215–2216
    forts   2724
    Gelon   2870
    Gylippos   3005–3006
    Hannibal   3057
    Hermokrates of Syracuse   3167
    Hieron I of Syracuse   3211
    Hieron II of Syracuse   3212, 3213
    Himera   3218
    Hippokrates   3237
    invention   3480–3481
    Kamarina   3686
    Kroton   3825
    land and landholding   3879
    Leontinoi   4014, 4015
    Lysias   4192
    Megara Hyblaea   4412–4413
    Messana   4461
    Morgantina   4594
    Nikias   4786–4787
    nymphs   4844–4845
    ostracism   4966
    petalismos   5201
    Philistos of Syracuse   5266
    Punic wars   5663, 5664
    Rhegion   5822
    rhetoric   5826
    Sicilian expedition   6234, 6235
    Sicily   6236, 6238
    Theocritus   6668
    Theron   6705
    Timoleon   6761
Syria (pre-Roman)   **6486–6488**
    Amorites   371
    Amurru   392–393
    andurārum   423
    Antioch in Syria   470
    Antiochos III Megas   477
    Apamea, Syria   514
    Aristobulus II   694
    army   747
    bit hilani   1136–1137
    Canaan   1293
    caravan trade   1329
    Carchemish   1330–1331
    colonization   1670
    economy, Near East   2285–2286
    Emar   2382–2383
    Emesa   2386–2387
    Euphrates and Tigris   2570
    foundations   2751
    Halab   3041–3042
    Hatti   3079–3080
    Hattusili I and his dynasty   3082, 3083
    Heliodorus   3106
    ilkum   3400
    Mari   4301
    New Kingdom   4761–4764
    Oniads   4902–4903
    Orontes   4940
    palace economy   4986
    Philoxenos of Mabbug   5292
    Ptolemaic possessions outside Egypt   5625, 5626
    Ptolemy VI Philometor   5641
    Ptolemy VIII Euergetes II   5644
    Sargon of Akkad and his dynasty   6045
    Seleucids   6119–6122
    Seleukos I Nikator   6128
    shakkanakkum   6197
    Themison of Laodikeia   6665–6666
    Thutmose I–IV   6740
    Ugarit   6904
    Umman-manda   6914
    Urkesh   6923
    Zakkur of Hamath   7160
Syria (Roman and Byzantine)   **6488–6491**
    Alexandrian War   314
    Anatolia   401
    Antonius, Marcus   503
    Arabia   596, 597
    Armenia   723
    Armenians   727

Asia Minor 823
Berytus 1100–1101
Calpurnius Piso, Gnaeus 1279
Chosroes I 1473
colonies 1659, 1660
desert castles 2042–2044
Desert Fathers and desert literature 2046–2047
Emesa 2386–2387
factories 2619
frontiers 2772
glass 2930, 2931
Hadrian 3020
Halab 3042
Herakleios 3145
Herod the Great 3175
Iulius Quadratus Bassus, Gaius 3549
Justin I 3662
Justinian I 3668
Kosmas Indikopleustes 3815
Lakhmids 3864
Latin language 3919
Lucius Verus 4159
Marcion and Marcionites 4288
Marcus Aurelius 4290, 4292
metropoleis 4486
monasticism 4572
navies 4708
Nestorian Church 4757
Oriens, diocese of 4932
Osrhoene 4954–4955
Palestine 5004–5005
patriarchs 5089–5090
Pompey 5409
Probus 5551
Qasr ibn Wardan 5694
Romanos the Melode 5881
Rome, resistance to 5955–5956
Samosata 6029
Thomas, Acts of 6719
Trebonianus Gallus 6847
Varus, Publius Quinctilius 6950
Yarmuk, battle of 7158
Syriac Christianity 519–520, 2132, 2305–2306, 2435–2436, 3563–3564, 4758
Syriac language 607–608, 3393, 4759, 4862–4863
Syriac literature 2306, 2435–2436, 3630, 4759, 4955, **6491–6494**
Syrian Orthodox Church 2132, 2306, 2436, 3563–3564. *see also* Syriac Christianity
Syrian wars **6494–6495**
  Asia Minor 824
  Berenike II 1096
 boundary disputes 1178
 Cato, Marcus Porcius 1376
 Cleopatra I 1563
 Cleopatra IV 1566
 Cleopatra Selene 1573
 Fayyum 2650–2651
 indemnities 3443–3444
 Laodike 3904
 League of Islanders 3983
 Pelusium 5135
 Popillius Laenas, Gaius 5428–5429
 Ptolemy II Philadelphos 5632
 Ptolemy III Euergetes 5634
 Ptolemy IV Philopator 5636
 Ptolemy V Epiphanes 5638
 Ptolemy VIII Euergetes II 5643
 Seleucids 6121
 Seleukos I Nikator 6128
 Seleukos II Kallinikos 6129
 Simon the Just 6258
 Skopas, Aitolian 6278
 Temple in Jerusalem 6583
Syro-Roman law book **6495–6496**
Syros 1426, **6496**
syssitia 187, 192, 1524, 3196, 3369, 6342, 6344, **6496–6497**

tabellarii **6498**
tabelliones 3470, **6498–6499**
Tablettes Albertini **6499–6500**
Tabula Banasitana 4949, **6500–6501**
Tabula Bantina **6501–6503**
Tabula Contrebiensis **6503–6504**
Tabula Hebana and *Tabula Siarensis* **6504–6505**
Tabula Heracleensis 280, **6505–6507**
Tabulae Herculanenses 3633, **6507–6509**
tabulae nuptiales **6509–6510**
tabularium 134, 663, 2183, 5899, 5900, **6510**
Tacfarinas 1090, 5743, **6511**
Tacitus (historian) **6511–6515**
  agri decumates 206
  akoe 268–269
  Ammianus Marcellinus 365, 366
  antiquarianism 489
  Armenia 724
  Aufidius Bassus 938
  Augustodunum 959
  Aurelian 976
  Aventicum 995
  biography 1119
  Caecina Severus, Aulus 1242
  Calpurnius Piso, Gnaeus 1278

Tacitus (historian) (*cont'd*)
  Camulodunum   1292
  causation, historical   1385
  causidicus   1386
  Claudii, family of   1537
  Dacians and other Transdanuviani   1911
  delator   1975
  digressions   2094
  Domitian   2196
  domus   2202
  emigrants   2389
  empeiria   2392
  exempla   2594
  exploration   2602
  Fabii, family of   2615
  Fabius Valens   2618
  Felix   2653
  Florian   2701
  frontiers   2779
  Frontinus, Sextus Iulius   2780
  Gallic War   2831
  Germanicus' visit to Egypt   2905, 2906
  historiography   3259, 3260, 3262, 3268
  impartiality   3418
  interest rates   3471–3472
  Iulius Civilis, Gaius   3548
  Ktesiphon   3828
  Latin language   3922
  legions, history and location of   3999
  Livia   4124
  Nero   4751
  Nerva Augustus   4755
  Novaesium   4817
  orality, oral culture, and historiography   4922
  Ostorius Scapula, Publius   4963
  portents   5438–5439
  Res gestae of Augustus   5805
  rhetoric   5829
  Roman Republic, constitution   5871
  Romanization   5876, 5877
  Rome, resistance to   5953
  Sabbath   5988
  science   6069
  Sejanus   6116
  Seneca the Younger   6145
  sex and sexuality   6193
  speeches in historical works   6350
  Suetonius   6436, 6437
  superstition   6458
  Tabula Hebana and *Tabula Siarensis*   6505
  Thule   6737
  Tiro, Marcus Tullius   6766

  warfare technology   7060
  women   7132
Tacitus (Marcus Claudius Tacitus Augustus)   2701,
    5550, **6515–6516**
Tages   5774, **6516–6517**
tagos   3570, **6517**
Taharqo (Taharqa,Taharka)   856, 1485, 3838,
    6517–6518, 6527, 6653, 6716–6717
Talayotic culture   **6518–6520**
Talmud (Palestinian and Babylonian)
    6520–6522
  afterlife   158
  demons   2021, 2022
  Diaspora   2076
  exorcism   2600
  Galilee   2817
  Galilee, Sea of   2818
  Hanina ben Dosa   3056
  Hillel, Rabbi   3218
  Honi the Circle-Maker   3294
  law   3947
  marriage   4322
  menorah   4442
  Mishnah and Tosefta   4539
  Onias, Temple of   4903–4904
  orphanages   4943
  rabbinic literature   5723
  rabbis   5725
  Sefer Yetzira   6113
  Shemoneh Esreh   6205
  Shimeon ben Shetah, Rabbi   6209, 6210
  Shimon ben Laqish, Rabbi   6210
  tefillin   6571
tamieion (tamiai). see temple treasuries
Tammuz. *see* Dumuzi
Tanagra   912, 969, 4879, **6522–6524**
Tanais   **6524–6525**
Tanis (San el-Hagar)   1514, 3360, 4063,
    4953, 5620, 5975, 6093, 6207,
    6525–6526, 6716
Tanit   1243, **6526**
tanning, tanners   3984, 3986, **6526–6527**
Tanutamun (Tanwetamani)   6195, 6518,
    6527–6528, 6717
Taormina. *see* Tauromenium
Taprobane   **6528**
Taras (Tarentum)   **6528–6529**
  alphabets   329
  Archytas of Tarentum   667–668
  Augustus   963
  Cato, Marcus Porcius   1375
  Hannibal   3057

incuse coinage   3442
Italy, southern   3539–3541
Kroton   3825
Leonidas of Tarentum   4013
Metapontum   4473
Octavia   4860
Phalanthos of Sparta   5221–5222
Pyrrhos   5684
roads   5857
saeculum   6006
Siris   6269
Thourioi   6728
Victoria   6993
Tarchon   6516–6517, **6529–6530**
Tarentum. *see* Taras
Targum (Aramaic translations of the Hebrew Bible)   1109–1111, 1253, 3628, 6521, **6530–6532**
Tarquinii (Tarquinia)   1196, 1290, 1990, 2539, 2623, 5774, 6516, **6532–6533**
Tarquinius Priscus   **6533–6534**
  Arretium   754
  Demaratus of Corinth   1990
  Etruria, Etruscans   2540
  Etrusca disciplina   2541
  festivals   2662
  Rome, city of: 2. Republican   5891
  Sibyls and Sibylline books   6233
  Tarquinius Superbus   6534
  Tullius, Servius   6884
Tarquinius Superbus   131, 2167, 3671, 4729, 5891, 5892, **6534–6535**, 6884, 6887
Tarracina   2734, **6535–6536**
Tarraco (Tarragona)   964, 1046–1047, 2734, 3242, **6536–6537**
Tarsos   1504, 1505, 5104, 5828, 5851, 6126, **6537–6538**
Tartessus   **6538–6539**
Tatian   1111, 1112, 1303, 2078, 2403, 2436, **6539–6540**
taula   6519, **6540–6542**
taurobolium   **6542**
Tauromenium (Taormina)   2113, 3257, **6542–6543**, 6755–6756
Taurus Mountains   513, 820, 821, 823, 930
Tausret   4764, 5708, 6268, **6543–6545**
Taweret   5790, 6190, **6545**
tax (Jewish) *(fiscus Judaicus)*   5045–5046, **6545–6546**
tax exemption. *see* ateleia
tax farming   2672, 2675, 5602, 6553, **6553–6555**, 7171–7172

taxation (Byzantine)   73–74, 6023, **6546–6547**, 7001
taxation (Pharaonic Egypt)   2292, 2293, 2690, 3067–3068, 4575, 5387–5388, **6547–6551**, 7104–7105
taxation (Roman)   **6551–6553**
  adaeratio   63
  administration   93, 98
  Aegyptus   118
  arcarius   626
  Asia, Roman province of   826
  assidui   843–844
  ateleia   895–896
  auctions   938
  caput   1323
  caravan trade   1327–1328
  censor   1409
  collegia   1650–1651
  colonate   1653
  colonies   1664
  De rebus bellicis   1934
  defensor civitatis   1960–1961
  deserti agri   2050
  Diocletian   2108–2109
  economy   2297, 2300, 2303
  epidosis   2444
  exactor   2589, 2590
  finance   2674–2678
  Galerius   2815
  globalization   2937
  Herod the Great   3175
  ius Italicum   3555
  land and landholding   3875, 3887–3888
  manceps   4247
  municipia   4623
  papyrology   5052
  poll tax   5388–5389
  postal services   5460
  prices   5527
  prostitution   5591
  publicani   5659
  salt tax   6023
  sex and sexuality   6193
  socii   6306
  tax farming   6553–6555
  toll   6779–6780
  tribus   6856
  Ulpianic life table   6908–6909
Taxila   293, 3447, 4902, **6555–6556**
Taygetos mountain   2575, **6556–6557**
Tayma   4675, 4676, **6557–6558**
Tazzoult. *see* Lambaesis

technitai   59, 376, 895, 3365, **6559**, 6561
technological change   **6559–6563**
technology (domestic)   2266, 6196, **6564–6565**
technology (Egyptian)   6408–6410, **6565–6566**
technology (Greek)   1584, 1601, 1912, 2407–2408, 4085–4086, 6243, 6462, 6463, **6566–6568**
technology (Roman)   1601, 2408–2409, 4086–4087, 6245, 6462, 6463, **6568–6571**
teeth   1809–1811, 2035–2037, 3353, **6570**
tefillin   **6570–6571**
Tefnut   937, 3339, 5791, **6571–6572**
Tegea   621, 624, 2424, 2425, 6343, **6572–6573**
Telechos of Sparta   **6573–6574**
teleology   2004–2005, 2812, 5350–5351, **6574–6575**
Telepinu   3083, 3278, 5674, **6575–6576**
Tell al-Hiba. *see* Lagash
Tell Asharah. *see* Terqa
Tell el-Balamun   2328, **6576–6577**
Tell el-Borg   2727, **6577–6578**
Tell el-Dab'a. *see* Avaris/Tell el-Dab'a
Tell el-Mashkuta   3027, **6578–6579**, 7035–7036
Tell Ibrahim Awad   1513, **6579–6580**
Tellus   594, 2252–2253, **6580**
Temple (Jewish, in Jerusalem)   **6582–6584**
  Bar Kokhba, Shime'on   1042
  Caiaphas   1252
  canon of Scripture   1301
  Dead Sea   1938
  dietary restrictions   2090
  Dura-Europos, synagogue in   2234
  eschatology   2498
  festivals   2663–2665
  Florus   2703
  Hanina ben Dosa   3056
  Hekhalot/Merkabah literature   3101
  Heliodorus   3106
  Honi the Circle-Maker   3294
  Ioppa/Jaffo   3490
  John of Gischala   3610
  Lebanon mountain   3987
  Oniads   4902–4903
  sacrifice   5999, 6000
  Simon the Just   6258
  Solomon   6314
  synagogues   6479
  warfare   7058
Temple (Samaritan, on Mount Gerizim)   **6584–6585**
temple economy (Greek and Roman)   79, 2286, 2717, 3208, 3887–3888, 4129, **6580–6582**
Temple of Apollo   551, 3471, 4498, 5080–5081, 5902
Temple of Divus Augustus   5911, 5912
Temple of Jupiter Optimus Maximus   5891, 5903, 5912, 5915
Temple of Venus and Rome   5865, 5928, 5941, 5944
Temple Scroll, the (Dead Sea Scrolls)   1939, **6585–6586**
temple treasuries (*tamieion, tamiai*)   2283, 2672, 6580–6582, **6586–6588**, 6590
temples (ancient Near East)   **6588–6591**
  architecture   640
  Avaris/Tell el-Dab'a   988
  Dura-Europos   2233
  Eanna and other major Babylonian temples   2246–2248
  economy, Near East   2289–2290
  fossils   2747
  Halab   3042
  prophecy and oracles   5578–5579
  Ugarit   6905
  Urkesh   6924
  ziqqurrat   7176
temples (Greek)   **6591–6593**
  Aphaia in Aigina   518, 519
  architecture   652–654
  Argive Heraion   677
  Asklepieion sanctuary   832
  Bassai sanctuary   1059–1061
  cult image   1857–1858
  debt   1943
  Delphi   1986
  Didyma   2084–2085
  Dreros   2227
  Egesta   2325
  Emborio on Chios   2384
  Ephesos   2429
  fossils   2747
  Halieis   3044
  Heraion sanctuary   3138
  Hermogenes   3167
  hierosylia   3215
  Hymettos mountain   3362
  Isthmia   3529
  Kourion   3818
  Patrai   5084–5085
  statues   6377
  Zagora   7159
temples (Hellenistic)   1022, 1452, 3076–3077, 3166, 4024–4025, 6126, **6593–6595**
temples (Late Antiquity)   **6595–6597**

temples (Pharaonic Egypt)   **6597–6600**
  Abu Gurob   8
  Abu Simbel   13–14
  Abu Sir   15–17
  administration   85, 87–88
  architecture   648
  art   772
  astronomical ceilings   876
  Avaris/Tell el-Dab'a   988, 990
  calendar of lucky and unlucky days   1265
  cults: divine   1861–1865
  Deir el-Bahari   1965–1966
  Deir el-Medina   1971
  Dendera   2033
  Early Dynastic period   2249
  economy   2292–2293
  Edfu   2307
  El-Hiba   2373
  Elephantine   2364–2366
  festivals   2666, 2667
  fossils   2747
  foundation deposits   2749, 2750
  Heliopolis   3107, 3109
  Herakleopolis Magna   3146
  Hierakonpolis   3203, 3204
  Karnak   3694
  Kharga oasis   3742
  Memphis   4430
  mines and mining   4522
  Mut   4644
  paint and painting   4984
  Philai   5246
  priests and priestesses   5533–5534
  religion   5791, 5792
  Saqqara   6037, 6038
  Sarapis   6040
  sculpture   6093, 6094
  Serabit el-Khadim   6163–6164
  Siwa Oasis   6274
  Speos Artemidos   6351
  sphinx   6354
  stelae   6384
  Tausret   6544
temples (Roman)   **6600–6602**
  aedituus   114–115
  Aizanoi   256
  architecture   646, 657–659
  Asia, Roman province of   826
  Augusta Treverorum   948
  Caecilii Metelli   1238
  Caelius Mons   1244–1245
  Camulodunum   1292–1293

  Capitol   1309–1311
  cult image   1858–1860
  Damascus   1918
  debt   1943
  forum   2732–2733
  Forum, Forum Romanum   2742, 2743
  Forum Augustum   2735–2736
  Forum Boarium   2738–2739
  ports   5449
  Rome, city of: 2. Republican   5891
  Satricum   6060, 6061
  Velitrae   6958
  Venus   6961, 6962
Templum Pacis   5919, 5937, 6973–6974
Ten Thousand, the   35–36, 3141, **6605–6606**, 6834–6835, 7148
tenancy (Greek and Roman)   1652–1654, 1956, 2393, 3472, 4044–4045, 5459, 6201, 6202, **6602–6604**
Tenos   6097, **6604**, 7153–7155
Teos   2, 2735, 3166, 3939, 4737, **6606**
Terence (Publius Terentius Afer)   129, 896, 2207, **6606–6607**, 6646
Terentia   **6607–6608**
Termessos   **6608–6609**
Terminus   2683, 3671, 6404, **6609–6610**
Terqa   423, 1912, 1913, 3054, 6486, **6610–6612**
terracing   2230, 3362, 3502, 3504, 3717, **6612**
Tertullian   **6613–6616**
  apologists   558–560
  apostolic succession   572
  ascesis   812
  baptism   1038
  Carthage   1348
  catechumenate   1370
  Celsus   1397
  chiliasm   1465
  Christology   1479
  creeds   1830
  Donatists   2205
  Ebionites   2257
  Eucharist   2546–2547
  Hermas   3158
  Herophilos   3191
  idolatry, Jewish and Christian views of   3392
  infanticide   3457
  Irenaeus   3497
  logos   4142
  Marcion and Marcionites   4285–4288
  monarchianism   4567–4568
  montanism   4586–4589
  Nero   4752

Tertullian (cont'd)
  New Testament 4768
  Novatian 4819
  penance 5137
  pseudepigrapha in early Christianity 5619
  Regula Fidei 5764, 5765
  rhetoric 5829
  Sabellius, Sabellianism 5990, 5991
  Seneca the Younger 6147
  Septimontium 6160
  soul 6335
  Thecla 6661–6662
  Trinity, doctrine of the 6861
tessera numularia **6616**
tesserae 2928, 4596–4598, 4600, 4601
tesserarius 2592, 4914, 5542, **6616–6617**
Testament of Abraham **6617–6618**
Testament of Job **6618–6619**
Testament of Levi. see Aramaic Levi Document
Testament of Moses. see Assumption of Moses
Testament of Solomon **6619–6620**
Testaments of the Twelve Patriarchs 608, 2081, **6620–6621**
testamentum 1598, **6621–6622**
testamentum porcelli **6622–6623**
testatio 2209–2210, 5574, 6508, 6509, **6623–6624**
testimonium 111, **6624–6625**
testudo **6625–6626**
Teti 3361, 4886, 4887, 6038, **6626–6627**, 6914
Tetisheri 6163, **6627**
tetrarchy **6628**
Teuta (Illyrian queen) 229, 2002, 3409, **6629**
Teutoburgiensis Saltus (Kalkriese) 729, **6630**, 6747, 7039, 7040
textiles (Byzantine) 1588, 6253, **6630–6633**
textiles (Greece and Rome) **6633–6636**
  basketry, matting, and cordage 1058
  byssos 1228
  clothing 1591
  cotton 1814
  economy 2273
  fulling and fullers 2782
  fur 2796
  linen 4094–4095
  Marea 4296
  Panopolis 5029
  standards of living, wealth 6371
  wool 7136
textiles (Pharaonic Egypt) 1058, 2697–2699, 4095, **6636–6638**
Thagaste **6638–6639**
thalassocracy 117, 243, 4528, 5398, **6639–6640**

Thales of Miletos 2253, 5313, 5622, 6116, 6318, 6320
Thamugadi. *see* Timgad
Thapsos **6640–6641**
Thasos 2, 634, 1976, 2950, 4719, 5064–5065, 5701–5702, **6641–6642**
Theagenes of Megara **6642–6643**
Theangela/Syangela 2212, **6643**
theater (Greek and Roman) **6643–6647**
  Aeschylus 137–138
  agonistic festivals 196
  Arausio 613
  Atellane farce 896–897
  Athens 917
  choregia 1470, 1472
  Choricius 1472
  dance, dancing 1924
  Dionysia 2124
  Dionysos 2134
  Marcellus, Marcus Claudius 4284
  pantomime 5036–5037
  Patara 5081
  Phokaia 5300
  Saguntum 6010
  Sikyon 6250
  Sophocles 6322, 6323
  standards of living, wealth 6373
  Terence 6606–6607
  tragedy 6806
  Verulamium 6969, 6970
Thebaid 119, 4446, 6375, 6376
Thebes (East) **6651–6654**
  army 747
  building materials and techniques 1204
  cities 1514
  Demotic legal texts 2031
  deserts 2052
  First Intermediate Period 2684–2685
  foreigners 2712
  Hekanakhte 3096
  Hyksos 3360
  Inyotef I–VII 3483, 3484
  Kamutef 3688–3690
  Khons 3748
  Kush 3834
  Kushite Period 3837, 3838
  Lykopolis/Asyut 4189
  Middle Kingdom 4492, 4493
  Montu 4591, 4592
  New Kingdom 4762, 4765
  Nubia 4822
  oracles 4918

Osorkon   4953
ostraca   4965
Ozymandias   4974
Pedubast I–III   5122
Ptolemy V Epiphanes   5638
ruler cult   5975
sculpture   6093, 6094
Second Intermediate Period   6105, 6106
Senwosret I–IV   6154
Sobekhotep   6295
Tanutamun   6527
Third Intermediate Period   6716
Thebes (West)   **6654–6661**
  Ahhotep   233
  Ahmose Nefertiry   237
  Ay   1002
  cemeteries   1406
  Deir el-Bahari   1965
  First Intermediate Period   2684–2685
  Herihor   3157
  Inyotef I–VII   3483, 3484
  Kamutef   3688–3690
  Kenamun/Qenamun   3728
  Malkata   4241
  Merenptah   4451
  metallurgy   4471
  New Kingdom   4762
  oracles   4917–4918
  police   5377
  Second Intermediate Period   6105
  Seqenenre Taa   6163
Thebes (Diospolis Magna) (Ptolemaic and Roman periods)   **6647–6648**
Thebes in Boiotia   **6648–6651**
  Ares   672
  Athenian Confederacy, Second   908
  Aulis   969
  Boiotia   1150–1152
  Boiotian League   1153
  democracy   2012
  Epaminondas   2424–2425
  Euboea   2543
  Haliartos   3043
  Hellenica   3115
  Herakles   3148
  indemnities   3443
  Kadmos   3673
  Kallistratos   3683
  Kopais Lake   3809
  lapis lazuli   3907
  Leuktra, battle of   4034–4035
  Linear B   4093

neighborhood, neighbors   4731
Nonnos of Panopolis   4811
Orchomenos in Boiotia   4928
Pelopidas   5128
Perdikkas III   5148
Plataia   5346
Sacred Band   5996
Social War   6303
Sparta   6344
Sphodrias   6355
Tanagra   6523
Thespiai   6708
Thecla   812, 5101, **6661–6663**
theft   **6663–6664**
themata   74, 735, 4502, **6664–6665**
Themison of Laodikeia   4477, **6665–6666**
Themistius   5824, 6139, **6666–6667**
Themistokles   **6667–6668**
  Adeimantos   66
  Aristides   691
  demagogues   1989
  Kerameikos, Athens   3732, 3733
  Magnesia on the Maeander   4235
  Salamis, island and battle of   6016
  Seriphos   6168
  Stesimbrotos of Thasos   6394
  walls, city   7042
Theocritus   3177, 4152, **6668–6669**, 6965
Theoderic   **6669–6670**
  Anastasios I   398
  Boethius   1148
  Caesarius of Arles   1251
  Cassiodorus   1353
  Justin I   3662
  navies   4709
  Romulus Augustulus   5960
  Theoderic, Edict of   6670
  Zeno   7166
Theoderic, Edict of   6669, **6670–6671**
Theodora (empress)   146, 1430, 1497, 3421, 3422, 6032, 6299, 6317, **6671–6672**, 7117
Theodore (saints)   **6673**
Theodore of Mopsuestia   1039, 3815, 4141, 5726, **6672–6673**
Theodore of Sykeon   **6673–6674**
Theodoret of Cyrrhus   604, 2263, 3029–3030, 3495, 5580, 6176, 6596, **6674–6676**, 7186
Theodorus Priscianus   **6676–6677**
Theodosian Code   **6677–6679**
  army   744, 745
  canon law   1301
  citations, law governing   1511

Theodosian Code (*cont'd*)
  citizenship 1527
  Codex Justinianus 1597
  defensor civitatis 1961
  law 3966
  legal literature 3990
  legislation 4006
  Macrobius, Ambrosius Theodosius 4210
  patriarchs 5092
  patron, patronage 5099
  Rome, city of: 9. Fourth century 5948
  slavery 6282
  superstition 6458
  Theoderic, Edict of 6670
  Theodosius II 6680
Theodosius I **6679–6680**
  acclamations 27
  Adrianople, battle of 106
  agonistic festivals 195
  Alaric 277
  Ambrose 355
  Ammianus Marcellinus 366
  Arcadius 625
  Armenia 725
  Armenians 726
  Asyut 894
  Claudian 1536
  Constantinople 1738, 1740
  Constantinople, Councils of 1733
  economy 2272
  Egyptomania 2341
  Eleusis, Attica 2370
  Epiphanius of Salamis 2464
  Euphrates frontier 2569
  Hispania 3243
  Historia Augusta 3249
  Honorius 3295
  John Chrysostom 3607
  Kalabsha 3676
  Libanius 4050
  Notitiae Dignitatum 4816
  paganism 4978
  Rome, city of: 9. Fourth century 5945–5947
  Senate 6143
  Serapeum, destruction of 6165
  Themistius 6666
  Valentinian II 6937–6938
  Zosimus 7186
Theodosius II **6680–6681**
  Byzantium 1231
  Constantinople 1738
  Digesta 2091

  ecclesiastical history 2263
  Eudoxia 2550
  Hagia Sophia 3029
  hunting 3344
  Isaurian emperors 3509
  jurisprudence 3659
  legal literature 3990
  maps 4278
  precedent 5511
  Sozomen of Gaza 6339, 6340
  Theodoret of Cyrrhus 6675
  Theodosian Code 6677–6678
Theodotians **6681–6682**
Theodotus (poet) 3178, 3644, **6682**
Theognis 3364, 6642, **6682–6683**
theogony 3347, 4946, **6683–6684**
Theogony (Hesiod) 902, 4541, 4669, 5568, 6683
Theokles of Chalcis **6684–6685**
theologia tripertita **6685**
Theon of Alexandria 3366, 4273, 4350, 4351, **6685–6686**
Theon of Smyrna 104, 884, 4716, **6686–6687**
Theophanes of Mytilene **6688–6689**
Theophanes the Confessor **6687–6688**
Theophilos (emperor) 3386, **6690–6691**
Theophilos (patriarch) 309, 2048, 2463, 6165, **6691**
Theophilos of Antioch 558, 560, 4141, **6689–6690**, 6861
Theophilos of Edessa 482, 6493, **6690**
Theophrastus **6691–6693**
  Academy 23
  Aetna 148
  agrarian writers and agronomists 205
  agriculture 212
  Alkmaion of Kroton 319
  Aratos of Soloi 612
  Aristotle 701
  black people 1143
  botany 1171–1173
  charcoal 1440
  comets 1683
  deisidaimonia 1971
  demes 1992
  Dinarchus 2101
  Diocles of Karystos 2103
  Duris of Samos 2236
  ecology 2264–2265
  eisangelia 2343
  Erasistratus 2480
  Eresos 2484
  fig 2671

forests   2713
irrigation   3504
Kleostratos of Tenedos   3791
law, books of   3932
meteorology   4475
mineralogy   4514, 4515
perfumes and unguents   5150
Peripatetics   5165
pharmacology   5233
rhetoric   5827
seismology   6116
superstition   6457
tanning, tanners   6526
weather prediction   7078
zoology   7182
Theopompos of Chios   **6693–6695**
   amplificatio   383
   Delian League   1977
   demagogues   1989
   digressions   2093
   Dionysius of Halicarnassus   2129
   Ephoros   2434
   Euboulos, Athenian politician   2544
   Hellenica   3115, 3116
   Hellenica Oxyrhynchia   3117
   Hermias   3163
   historia   3245
   history   3274
   horography   3304
   Isocrates   3519
   orality, oral culture, and historiography   4921
   rhetoric   5826
   universal history   6918
Theopompos of Sparta   2434, **6695–6696**
theoria   2751–2752, 3364, 5326, 5329, **6696–6697**
theorika, Theoric Fund   550–551, **6697**
Theos Hypsistos   2944, **6698**
Theotokos (Virgin Mary)   **6698–6699**
   art   783
   Chalcedonian controversy   1428
   Cyril of Alexandria   1903
   hymnography   3363
   Protevangelium Jacobi   5595
   Romanos the Melode   5881
   seals   6101, 6102
   women   7118
theoxenia   2140, 3104, 3174, 5998, **6699**
Thera   117, 370, 1066–1067, 2212, 2213, 2862, 4243, 4994, **6699–6701**
Theramenes   509, 638, 2189, 5305, **6701–6702**
Therapeutae   2502, 2665, **6702–6703**
Thermon   250, 252, **6703–6704**

Thermopylai   46, 375, 478, 3186, 4012–4013, 6016, 6260, **6704–6705**
Theron (tyrant of Akragas)   3212, 3218–3219, 6131, **6705**
Theseus and Theseia   1277, 1980, 2133, 2763, 3705, 3750, 4949, 6279, **6705–6706**
Thesmophoria   1992–1993, 2660, **6706–6707**, 7155
thesmos   3973, **6707–6708**
Thespiai   834, 2373, 6355, **6708–6709**
Thessalian League   37–38, 287, 291, 4010, 4202, 6517, 6712
Thessalonike (city)   1607, 2003, 2722, 2751, 2814, 4081, **6709**
Thessalonike (Macedonian)   2751, **6709–6710**
Thessalos of Tralles   4477, **6710–6711**
Thessaly   **6711–6713**
   Achaia Phthiotis   37–38
   Aleuadai   287
   Andriskos   415
   Antigonos II Gonatas   461
   Antigonos III Doson   463
   Argeads   675
   Cassander   1353
   cavalry   1387, 1388
   Demetrias   1994–1995
   Demetrios I Poliorketes   1996
   Dhimini in Thessaly   2062
   Dolopes, Dolopia   2192–2193
   Epaminondas   2424
   frontiers   2772
   Hellanicus of Mytilene   3111
   Hellenes   3112
   Herodes Atticus   3179
   Jason of Pherai   3570
   Korseia   3813
   Larissa   3911–3912
   Pagasai   4980–4981
   Philip II of Macedon   5250
   Sesklo   6174
   tagos   6517
   xenodokoi   7145
   Zeus   7172
thetes   2691, 6315, **6713**
Thetis   44, 2133, 3134, 6097, **6713–6714**
theurgy   1434, 1435, 3377, 4745, 5561, **6714–6715**
Thinis   **6715**
Third Intermediate Period (Egypt)   **6715–6717**
   Abydos, Egypt   21
   co-regency   1781
   Coptos   1774
   Deir el-Bahari   1966

Third Intermediate Period (Egypt) (*cont'd*)
   Egypt, Lower 2329
   El-Hiba 2373–2374
   Elephantine 2365
   festivals 2666
   foreigners 2712
   God's Wife of Amun 2946
   Harsiese 3068
   Herihor 3157
   Hermopolis Magna, Tuna el-Gebel 3170
   kingship 3764
   Leontopolis 4016
   Memphis 4430
   money 4575
   mummies and mummification 4618
   Osorkon 4952–4953
   Pedubast I–III 5122–5123
   prayer 5508
   Seth 6175
   Sheshonq I–VI 6206–6208
   Thebes 6653
Thirty Tyrants (at Athens) **6717–6718**
   Agis II and III of Sparta 186
   Archinos 638
   Aristotle, *Constitution of the Athenians* 705
   Athens 913
   democracy 2008
   Eleusis, Attica 2370
   hetaireia 3197
   Kritias 3822, 3823
   Lysander 4191
   Lysias 4192
   oligarchy 4889
   patrios politeia 5095
   Salamis, island and battle of 6016
   Socrates 6309
   Theramenes 6701–6702
   Thrasyboulos 6730
   Xenophon 7148
Thirty Years' Peace 244, 616, 634, 1977, 5131, 5132, 6360, **6718**, 6838
Thomas, Acts of 539, 540, 2083, **6719–6720**
Thomas, Gospel of 202, 540, 2071, 3567, 3580, 3590, **6720–6723**
Thomas, Infancy Gospel of **6723–6724**
Thorikos **6724–6725**
Thoth **6725–6727**
   afterlife 165
   Amenhotep 361
   animal mummies 430
   animals 435, 439
   El-Kab 2377

Enoch, Books of 2418
funerary cult 2789, 2790
Hermetic writings 3162
Hermopolis Magna 3168
Hermopolis Magna, Tuna el-Gebel 3170
humor and satire 3339
Ibis 3382
Khons 3747
literacy 4101
religion 5777
Seshat 6173
Seth 6175
weights and measures 7087
Thourioi 3235, 6109, 6269, 6319, **6727–6729**
Thracia **6729–6730**
   Argeads 675
   Asia Minor 820
   Bendis 1081
   Bithynia 1137
   Black Sea 1144
   Chersonese, Thrace 1451–1453
   equites singulares Augusti 2477
   factories 2619
   foreigners 2708
   forests 2714
   Getae 2911–2912
   gold 2950
   Illyricum and the Balkans, Roman conquest of 3410
   Imbros 3415
   Iphikrates 3492
   Isaurian emperors 3510
   Kersobleptes 3738
   Long Wall 4146–4147
   Lysimachos 4193
   Miltiades 4510
   mints and minting 4532
   palaces 4990
   Philip II of Macedon 5251
   Philippopolis 5263–5265
   Ptolemaic possessions outside Egypt 5626
   Samothrace 6030
   Serdica 6166
   tribute 6857
   xenophobia 7147
Thrasyboulos (Athenian democrat) 369, 638, 1525, 4192, 6701, 6717, **6730**
Thrasyboulos (Milesian tyrant) **6730–6731**
Thrasyllus (astrologer) **6731–6732**
threptoi 2748, **6732**
threshing **6732–6733**, 7107

Thucydides **6733–6735**
  Aeneas Tacticus 131
  aitia 249
  Aitolia 250–251
  Aitolian League 252
  akribeia 270
  Ambrakia 352
  Antiochos of Syracuse 483
  Argeads 674
  Aristotle, Constitution of the Athenians 705
  army 738
  assault 839
  Athens 910, 915
  autarky 978
  autochthony 980
  autonomy 981
  autopsy 983
  biography 1118
  Brasidas 1180
  burial 1214–1215
  captive 1320
  Cassius Dio 1355
  causation, historical 1385
  Chalcidice, Chalcidian League 1432
  Chariton 1443
  cheese 1446
  Cyclades islands 1885
  Delian League 1976, 1978
  Delion 1980
  Dexippos of Athens 2060
  Diasia 2075
  digressions 2093
  Diodorus of Sicily 2114
  Dionysius of Halicarnassus 2129, 2130
  empeiria 2392
  Ephoros 2434
  erga 2486, 2487
  ethics 2506
  ethnicity 2523
  Eurymedon, battle of 2576
  exempla 2593
  Five Thousand 2691
  foundations 2753
  Four Hundred 2756
  Greek language and dialects 2987
  Gylippos 3006
  harmosts 3064
  Hellenica 3114, 3115
  Hellenica Oxyrhynchia 3117, 3118
  Hellenism 3119
  Helots 3128
  Heraion sanctuary 3138
  Hermokrates of Syracuse 3167
  Hippias 3228
  historia 3245–3247
  historiography 3254–3257, 3260, 3265
  history 3270, 3271, 3273, 3274
  hoplites 3298
  horography 3304, 3305
  Hyperbolos 3367
  Ilion 3398
  imitation 3416–3417
  impartiality 3418
  imperialism 3425
  Ionian migration 3487
  Kallias, Peace of 3678
  Kekrops 3722
  Kephallenia 3731
  Kerameikos, Athens 3732
  kinship 3769
  Kleon 3790
  Knidos 3793
  Koine dialect 3796
  Kylon 3840
  logographers 4139
  logos epitaphios 4142
  Macedonia 4202
  Melos 4424
  mimesis 4511
  Momigliano, Arnaldo 4565
  navies 4705
  neighborhood, neighbors 4731
  Nekromanteion sanctuary 4735
  Nemea 4740
  Nikias 4786, 4787
  Nikias, Peace of 4787–4788
  nudity 4825
  Oinophyta, battle of 4879
  Old Oligarch 4888
  orality, oral culture, and historiography 4921
  Oxyrhynchos 4973
  Peloponnesian War 5130–5132
  pentekontaetia 5141, 5142
  Perikles 5161
  Procopius 5563
  recitations, historical works 5749
  rhetorical history 5831, 5833
  Sallust 6019
  Samos 6028
  Sicelica 6234
  Sicily 6236
  signs and sign inference 6248
  Sisenna, Lucius Cornelius 6271
  sophists 6318, 6319

Thucydides (cont'd)
  speeches in historical works   6349
  Strymon   6426, 6427
  Suda   6434
  thalassocracy   6639
  Thapsos   6640
  Theokles of Chalcis   6684
  Torone   6785
  tragic history   6810
  villages   7002
  warfare   7050
  wars, sacred   7061
  Xenophon   7148, 7149
Thugga (Dougga)   **6735–6737**
Thule   5687, **6737–6738**
Thuria (Peloponnese)   **6738**
Thutmose I–IV   **6738–6740**
Thutmose I
  Ahmose I   235
  Ahmose Nefertiry   237
  Deir el-Bahari   1965, 1966
  Deir el-Medina   1970
  Hatshepsut   3077–3078
  Kush   3833
  Memphis   4429
  Napata   4691
  New Kingdom   4762
  Thebes   6659
  Thutmose I–IV   6738–6739
Thutmose II   1966, 3077–3078, 4762, 6739–6740
Thutmose III   4692
  Abydos, Egypt   20, 21
  Ahmose I   235
  Akhmim   264
  Amenhotep I–III   359
  Amurru   392
  army   747
  art   773
  athletes   918
  Avaris/Tell el-Dab'a   992
  Beth Shean   1104
  co-regency   1780, 1781
  Coptos   1774
  Deir el-Bahari   1966
  Elephantine   2365
  harim   3062
  Hatshepsut   3077–3078
  Heliopolis   3108
  Hierakonpolis   3205
  Ioppa/Jaffo   3489–3490
  Kalabsha   3675
  king lists   3755
  Lydda/Lod/Diospolis   4185
  Maiherpri   4238
  Megiddo   4415
  Memphis   4429
  New Kingdom   4762, 4763
  pharaonic glass   5225
  Senenmut   6148
  ships and shipping   6219
  Thebes   6652
  Thutmose I–IV   6740
  titulary   6769
  Tod   6776
  treaties   6841
Thutmose IV
  Aten   897
  Giza   2922
  hair, hairstyling   3037
  Harmachis   3063
  jewelry   3585
  Mittanian kings   4555
  Napata   4692
  sphinx   6354
  textiles   6637
  Thutmose I–IV   6740
  treaties   6841
Thysdrus (El Jem)   **6740–6741**
Tiamat   22, **6741–6742**
Tiber   **6742–6743**
  Ancus Marcius   413
  Argei   676
  bricks and brick making   1186
  Campus Martius, republican   1289
  Forum Boarium   2738
  Ianiculum   3378
  Isola Sacra   3520
  Ostia   4957–4963
  ports   5447
  rivers   5851
  Rome, city of: 1. Prehistoric   5884, 5885, 5887
  Rome, city of: 3. Augustan   5900, 5904, 5905, 5908
  Rome, city of: 5. Flavian and Trajanic   5915
  Rome, city of: 6. Hadrianic and Antonine   5926, 5930
  Rome, city of: 7. Severan and third century   5939
  Rome, city of: 9. Fourth century   5948
  Romulus and Remus   5961
Tiberias   1217, 3174, 5092, **6743–6744**
Tiberios II (emperor)   2586–2587, 3663, 4006, 6318, **6745**

Tiberius (Tiberius Caesar Augustus)   **6745–6749**
  adrogatio   108
  Agrippa I   224
  Agrippina the Elder   227
  Antonia Minor   494
  Ara Pietatis   595
  Archelaos of Cappadocia   629, 630
  Augusta Emerita   942
  Augustus   964, 966–968
  auxilia   984
  Aventicum   995
  Caligula   1269
  Calpurnius Piso, Gnaeus   1278–1279
  carrara marble   1342
  Claudian   1544
  Claudii, family of   1541
  Claudius   1549
  credit   1828
  Cremutius Cordus, Aulus   1833
  Dalmatia   1916
  deportation   2038
  Dokimeion   2190
  donativum   2207
  druids   2229
  evocati   2588
  Forum Augustum   2738
  Forum Boarium   2740
  Germanicus   2904, 2905
  Germanicus' visit to Egypt   2905–2906
  horticulture   3317
  imperator   3419
  Latins, Latium   3926
  legions, history and location of   3996
  Livia   4122–4124
  Lydia   4186
  maiestas   4237–4238
  Marcellus, Marcus Claudius   4284
  Olympia   4896
  Paros   5066
  Praetorian Prefect   5498
  prison, prisoners   5546
  Raetia   5728
  Rome, city of: 3. Augustan   5903, 5906, 5908
  Rome, city of: 4. Julio-Claudian   5910–5912
  Rome, city of: 5. Flavian and Trajanic   5915
  Rome, city of: 8. Tetrarchic   5940
  Sagalassos   6007
  Sardis   6044
  Sejanus   6116, 6117
  Senate   6142
  Seneca the Elder   6144
  Tabula Hebana and *Tabula Siarensis*   6504

Tacitus   6513
taxation   6552
Tenos   6604
Thrasyllus   6731
Velleius Paterculus   6958–6959
Tibur (Tivoli)   2856, 3022, 4999, 5899, **6749–6750**
Tigellinus (Gaius Ofonius Tigellinus)   **6750–6751**
Tiglath-pileser I   852, 855, 2770, 2771, 6487, **6751**
Tiglath-pileser III   606, 852, 856, 1505, 4295, 6047, **6751–6752**
Tigranes II–IV of Armenia   **6752–6754**
Tigranes II the Great
  Adiabene, ruling dynasty of   69
  Arabs   603
  Armenia   723
  indemnities   3444
  Lucullus, Lucius Licinius   4163
  Salome Alexandra   6019
  Seleucids   6122
  Tigranes II–IV of Armenia   6752–6753
  Tigranocerta   6754
Tigranocerta   723, 2566, 6753, **6754–6755**
Tigris   364, 721, 3677, 3829. *see also* Euphrates and Tigris
Timaeus of Tauromenium   **6755–6757**
  chronography   1483
  Demochares of Athens   2006
  Diodorus of Sicily   2113
  Douketios   2216
  empeiria   2392
  Hellenica   3116
  historiography   3257
  history   3274
  pragmatic history   5500
  Sicelica   6234
Timagenes of Alexandria   2434, **6757**, 6918
time, measurement of   **6757–6759**
Timgad (Thamugadi)   1305, 4834, **6759–6760**, 6791–6792
Timocharis   **6760–6761**
Timoleon   269, 2126–2127, 3686, 4015, 4033, 6236, 6485, **6761–6762**
Timotheos   1441, 3046, 3519, 3570, **6762–6763**
tin   **6763**
Tingis   4357, **6763–6764**, 7028
Tiridates   724, 725, 2992, 4080, 5305
Tiro, Marcus Tullius   **6764–6767**
Tiryns   185, 678, 680, 3138, **6767–6768**
Tissaphernes   103, 317, 318, 6605
titulary (Pharaonic Egypt)   440, 1002, 1847–1849, 3157, 4446, 5341, 6296, **6768–6770**

titulary (Roman Egypt). *see* imperial titulatures in papyri
Titus (Titus Caesar Vespasianus Augustus) **6770–6771**
  Aelia Capitolina 120
  art 789
  Berenike 1092
  Domitian 2197, 2198
  eunuchs 2562
  exploratores 2603
  Forum, Forum Romanum 2745
  Jerusalem 3578
  John of Gischala 3610
  legions, history and location of 4003
  revolts 5817
  Rome, city of: 5. Flavian and Trajanic 5916–5919
  Tacitus 6511
  Temple 6583
  Vespasian 6971, 6973, 6974
  warfare 7057
Tivoli, Italy. *see* Tibur
Tiy 360, 1002, 4884, 6038, **6771–6772**
Tlos **6772–6773**
Tmolos mountain **6773**
Tobiads 4902–4903, **6773–6774**
Tobit, Book of **6774–6775**
Tod 3027, 3483, 6105, 6154, **6775–6777**
toga 1587, 1589, 1590, 1856, 3434, 5674, **6777–6779**, 6955–6956
toll **6779–6781**
Tolosa (Toulouse) 2825, 2965, 2966, 3243, **6781–6782**, 7017
Tomis 3276, **6782–6783**
topography 1080, 1405, 1666–1667, 4715, 5113, **6783–6785**
Torah
  allegory 321
  canon of Scripture 1301–1303
  divination 2172
  Elephantine Papyri 2361
  excommunication 2591
  Exodus, Jewish and Egyptian stories about 2596
  Jewish-Christian Gospels 3591
  law 3947
  logos 4140
  Moses, Jewish and pagan image of 4603
  religion 5783
  sacrifice 5999
  wisdom literature 7107, 7112
Torone **6785–6786**
torture **6786–6787**

Tosefta. *see* Mishnah and Tosefta
Toulouse. *see* Tolosa
tourism 6373, **6787–6789**, 6946
Tower of the Winds, Athens 6758, **6789–6790**
town planning **6791–6792**
towns. *see municipia* (Roman Republic); *oppida*
trade (ancient Near East) **6792–6795**
  Alashiya 278
  Assyria 852
  Bactria 1012–1013
  Berytus 1100–1101
  Byblos 1228
  Cape Gelidonya shipwreck 1306
  coinage 1622
  Hyksos 3360–3361
  money 4575
  ships and shipping 6211–6213
  Sidon 6241
  silver 6255
  Uluburun shipwreck 6910
  Ur 6919
  Ur-Nanshe and the First Dynasty of Lagash 6926
  weights and measures 7083
trade (Byzantine) 2708, 4308–4309, 5444–5445, 6405, **6795–6797**, 6822–6823
trade (Greek) **6797–6800**
  acculturation 30–31
  Aigina 243
  Al Mina 272
  Albania 279
  Aromata Emporion 754
  Athens 917
  autarky 979
  barter 1051–1052
  diolkos 2122
  economy 2278, 2279
  economy, Near East 2287, 2288
  emporion 2397
  emporos 2399–2400
  Euboea 2543
  forts 2723
  foundations 2752
  Gaza 2863
  heating 3091
  Leukas 4033
  Naukratis 4698, 4700
  ships and shipping 6216, 6217
  Side 6239
  slavery 6281
  Spartokids 6347
  spices 6356

stirrup jar   6396
toll   6779–6780
transport   6823–6825
Zakros in Crete   7161
trade (Pharaonic Egypt)   **6800–6803**
  Byblos   1228
  Cape Gelidonya shipwreck   1306
  diplomacy   2149
  economy   2292–2294
  foreigners   2711
  furniture   2802
  money   4575
  Naukratis   4700
  pottery   5481
  Red Sea   5752
  ships and shipping   6213, 6218
  Syene   6469
  textiles   6636–6637
  transport   6826–6829
  Ugarit   6904
  Uluburun shipwreck   6910
trade (Roman)   **6803–6805**
  acculturation   30–31
  Arretium   755
  Axum   1000–1001
  Babylon-Fustat   1007
  barter   1051–1052
  Berenike, Egypt   1092–1093
  cities   1519
  economy   2273–2274, 2298–2299, 2303–2304
  flax   2698–2699
  forests   2713
  Forum Boarium   2740
  heating   3091
  India, trade with   3450–3452
  inn   3465
  institor   3466–3467
  Jucundus, tablets of   3633
  La Graufesenque   3850–3851
  La Tène   3852
  leather, leatherwork   3986
  markets   4311–4314
  Mediterranean   4401–4403
  Murecine Tablets   4628–4629
  negotiatores   4727, 4728
  Red Sea   5752
  ships and shipping   6221–6223
  shipwrecks, exploration of   6226
  Side   6240
  Smyrna   6292
  standards of living, wealth   6370, 6371

toll   6779–6780
transport   6829–6833
tragedy (Greek)   **6806–6807**
  actors and actresses   59
  Aeschylus   137–138
  Artemis   795
  choregia   1470, 1472
  Dionysos   2134
  dreams   2225
  Euripides   2572–2574
  Ezekiel the tragedian   2608
  hymns   3365
  Ion of Chios   3485–3486
  law   3953
  Lycophron   4181–4182
  music   4639
  peripeteia   5166
  Sophocles   6322, 6323
  theater   6644
tragedy (Latin)   6146, 6147, **6807–6808**
tragic history   2236, **6808–6810**
Trajan (Nerva Traianus Augustus)   **6812–6815**
  Adiabene   68
  Adiabene, ruling dynasty of   70
  alimenta schemes   315
  Antioch in Syria   471
  Apollodoros of Damascus   549
  Appian of Alexandria   578
  Aquincum   593
  Arabia   596
  Armenia   724
  army   752
  Arretium   755
  Augusta Emerita   941
  Beneventum   1087
  commilito   1692
  Cornelius Palma Frontonianus, Aulus   1799
  Crito, Statilius   1843
  Dacia   1906, 1907
  Dacians and other Transdanuviani   1910
  Decebalus   1947
  Dio Chrysostom   2102
  diplomacy   2151
  diplomata   2153
  Dura-Europos   2233
  economy   2273, 2274, 2303
  ethics   2509
  Euphrates frontier   2569
  exploratores   2603
  Fragmentum de iure fisci   2758
  frontiers   2776, 2777
  Frontinus, Sextus Iulius   2780

Trajan (Nerva Traianus Augustus) (*cont'd*)
   Hadrian 3019, 3020
   Hadrian's Wall 3024
   Hatra 3075
   Herakleia Salbake 3142
   Hispania 3243
   interest rates 3472
   Ktesiphon 3828
   Lambaesis 3866
   Latin language 3919
   law 3958
   legions, history and location of 3997–3998, 4000, 4002, 4005
   Leptiminus/Leptis Minor 4019
   letters, letter writing 4030
   Licinius Sura, Lucius 4078
   Lusius Quietus 4171
   military decorations 4501
   Mons Claudianus 4582–4583
   Nerva Augustus 4755
   Nikopolis ad Istrum 4792
   orphans 4945
   Panegyric 5022
   Pannonia 5027
   Pliny the Younger 5359, 5360
   Plutarch 5363
   roads 5854
   Rome, city of: 5. Flavian and Trajanic 5916, 5921–5923
   Rome, city of: 6. Hadrianic and Antonine 5925, 5931
   Rome, city of: 8. Tetrarchic 5940, 5941
   Rufus of Ephesos 5969
   sacramentum 5996
   Sagalassos 6008
   Sosius Senecio, Quintus 6333
   Suetonius 6435
   Syria 6489
   Timgad 6759–6760
   Trajan's Canal 6815–6816
   Trajan's column 6817–6820
   Tropaeum Traiani 6879
   Ulpia Traiana Sarmizegetusa 6908
   weights and measures 7093
Trajan Decius (Gaius Messius Quintus Traianus Decius Augustus) **6810–6812**
   Acta Martyrum 53
   Aemilian 123–124
   Cyprian 1889–1892
   Esna 2501
   Hostilian 3322
   libelli 4053

   Origen 4934
   persecution of Christians 5172, 5173
   Rome, city of: 7. Severan and third century 5938
   Trebonianus Gallus 6846
Trajan's Canal 1007–1008, **6815–6816**
Trajan's column 736, 789, 790, 1285, 3189, 6626, 6812, 6815, **6817–6820**
Tralles **6820**
transhumance 219, 2703, 5079, 5992, 6397, 6398, **6821**
translation 590–591, 6492, 6493, **6821–6822**
transport (Byzantine) 6215, **6822–6823**
transport (Greece) 1295, 2399–2400, 6216–6217, **6823–6826**, 6833–6834
transport (Pharaonic Egypt) 6217–6219, **6826–6829**
transport (Roman) **6829–6833**
   canalization 1295–1296
   Dokimeion 2190
   dolium 2192
   economy 2304
   horrea 3309–3310
   mansiones, mutationes 4264–4265
   ships and shipping 6220–6223, 6225
   stoneworking 6406
   transportation technology 6833–6834
transportation technology **6833–6834**
Trapezos 2566, **6834–6835**
Trasimene, battle of 2696, 3057, 3213, 5664, **6835–6836**
treaties (generally). *see under specific treaty, e.g.: Dardanos, treaty of*
treaties (ancient Near East) **6836–6837**
treaties (Archaic and Classical Greece) **6837–6838**
treaties (Hellenistic) 3212, **6838–6839**
treaties (Late Antiquity) **6839–6840**
treaties (Pharaonic Egypt) 2149, 3080, 3963, **6841**
treaties (Roman) **6842–6846**
Trebonianus Gallus (Gaius Vibius Trebonianus Gallus Augustus) 123–124, 3322, **6846–6847**, 6941, 7030
tres militiae 984, **6847–6848**
tresviri monetales 1639, 1645, **6848**
Tribonian 3469, 3474, 3660, 3966, 4784, **6848–6849**
tribuni plebis 113, 181, 1538, 2636–2637, 2968–2972, 4036, **6849–6851**
tribunus militum 6848, **6851–6852**
tribus **6852–6857**
tribute **6857–6858**

tribute lists (Athenian)   **6858–6859**
Trier, Germany. *see* Augusta Treverorum
Trimalchio   5218, **6859**
Trinity, doctrine of the   **6860–6863**
Triopion Cape   3793, 3794, **6864**
Triparadeisos, treaty of   297, 3140, 6120, 6432, **6864–6865**
Triphylia   620, 624, 2375, 2376, 2425, 6276, **6865**, 7148
Tripoli. *see* Oea
Tripolitania   149–152, 4017–4019, 4865, 4892–4893
trireme   **6865–6867**
trittys, trittyes   1991, 2006, 3489, **6867–6868**
triumph   **6868–6872**
Troad   246, 317, 401, 476, 1919, 2897, 3228, 3487, 6246, **6872–6873**
Troizen   2212, 3045, 3089, 3164, 6016, 6049, **6873–6874**
Trojan War
  abduction   2–3
  Achaians   41
  Achilles   43–44
  Agamemnon   166
  Chersonese, Thrace   1452
  Hecataeus of Miletos   3093
  Helen   3103
  historiography   3253
  Karystos   3699
  Kasos   3701
  kingship   3760
  Lindos   4090
  Lycophron   4182
  Quintus Smyrnaeus   5715
Troodos mountains   **6874**
troop movements (Roman Empire)   **6874–6878**
Tropaeum Traiani (Adamklissi)   1947, **6878–6879**
Trophonios   3705, **6880**
Troy   **6880–6882**
  Aeneas   129–130
  Akarnanian League   259
  Aphaia in Aigina   518
  Asia Minor   823
  captive   1320
  Diktys of Knossos   2099–2100
  Hellespont   3126
  Herakles   3149
  Homer   3284–3285
  Ilion   3397–3399
  Iphigeneia   3491
  Lusus Troiae   4172
  Naevius, *Bellum Punicum*   4679

Quintus Smyrnaeus   5716
Sea Peoples   6098
tragic history   6810
Troad   6872–6873
truce. *see spondai*
Tsoungiza   **6882**
tubicen   **6883**
Tubilustrium. *see* Armilustrium, Tubilustrium
Tukulti-Ninurta I   852, 854, 3080, 3252, **6883–6884**
Tullia   6534, 6607, 6608, 6766, 6884
Tullius, Servius   **6884–6885**
  assidui   843
  census   1411
  equites   2474
  legion   3992, 3993
  Libitina   4058
  Roman Republic, constitution   5872
  Rome, city of: 2. Republican   5892
  Rome, Seven Hills   5957
  Tarquinius Priscus   6534
  tribus   6852–6853
Turicum (Zürich)   **6885**
Turkey   820, 822, 838, 1892–1893, 4661, 4940, 5080–5081, 5609–5610
Turks   1205, 3663, 6055, 6056, **6885–6886**
turma   273, 984, 1390, 1957–1958, 4833, **6886–6887**
Tusculum   **6887–6888**
Tushratta   3055, 4555, 6481, **6888**
Tutankhamun   **6888–6890**
  Akhenaten   260, 261
  Ay   1002
  co-regency   1780
  curses   1875
  Egyptology   2334
  Egyptomania   2338, 2342
  epidemic disease   2444
  ethnicity   2514
  foreigners   2712
  furniture   2802
  games   2845
  hair, hairstyling   3037
  jewelry   3585
  Kawa   3718
  Nefertiti   4724, 4725
  New Kingdom   4762, 4763
  pharaonic glass   5228
  pottery   5480
  Saqqara   6038
  textiles   6637
  Thebes   6653

Tutankhamun (*cont'd*)
  transport 6829
  Valley of the Kings 6946
tutela 1599, 1600, 6159, **6890–6892**
Tutu **6892–6893**
Twelve Tables **6893–6894**
  2381 2381
  adrogatio 107–108
  agrarian laws 205
  antestatio 451
  arbitration 618–620
  assault 840
  associations 847
  citizenship 1526
  clientela 1578, 1579
  collegia 1649
  Decemvirate 1947–1948
  deformity 1962
  dolus malus 2193
  exposure of children 2604
  fasti of magistrates 2642
  gens 2885
  heredium 3155
  homicide 3285, 3286
  iniuria 3463–3464
  interest rates 3471–3472
  intestatus 3476, 3477
  in ius vocatio 3436
  law 3940, 3955, 3964, 3974
  law, books of 3932
  legislation 4008
  loan 4130
  luxury 4177
  obligation 4852
  plebeians 5354
  police 5375
  prison, prisoners 5545
  procedure, legal 5555
  roads 5855
  Roman Republic, constitution 5872
  theft 6663, 6664
  tutela 6890
  usucapio 6929
  vindex 7005
  vis 7015
twins **6894–6896**
tyche 242, 470, 866, 2060, 6808, **6896–6897**
Tylissos in Crete **6897–6898**
typology **6898–6900**
tyrannicides 270, 3224, 3521, 6273, **6900–6901**, 6902
tyranny **6901–6903**

Tyre **6903**
  Alexander III, the Great 292
  Anat 400
  colonization 1672, 1673
  metropoleis 4486
  Nebuchadnezzar II 4722
  Phoenicia, Phoenicians 5299
  Rib-Hadda of Byblos 5844
  ships and shipping 6212, 6214
  Sidon 6241

Ugarit **6904–6905**
  Amarna letters 348
  Carchemish 1331
  Dagan 1912
  death 1940
  El 2346
  fortifications 2720
  human sacrifice 3331
  Hurrian, Hurrians 3345
  Keftiu 3721
  Kubaba 3830
  libraries 4059
  literature and poetry 4109
  Semitic languages 6134
  Shalmaneser III 6198
  ships and shipping 6212
  Syria 6487
  trade 6793
  Ugaritic language 6905
  Zimri-Lim of Mari 7176
Ugaritic language 6134, 6136, 6904, **6905–6907**
Ulpia Traiana Sarmizegetusa, Romania 1907, 2199, **6908**
Ulpian (Gnaeus Domitius Ulpianus) 1461, 3959, 3968, 4009, 6183, 7015
Ulpianic life table **6908–6910**
Uluburun shipwreck 1808, 2670, 3561, 4652, 6212, 6227, 6793, 6798, **6910–6911**
Umayyads 785, 1271–1274, 2042–2044, 4610, 6208, 6209, **6911–6912**, 7158
Umbrians 3395, 4948, **6912–6913**
Umm el-Qaʿâb 18–21, 2249, 3744, 4095
Umma 615, 3216, 4163–4164, **6913**, 6921, 6926, 6927
Umman-manda 886, **6914**
Unas 1219, 2635, 3360, 4886, 6038, **6914–6915**
underworld 154–155, 5176–5177, 5367–5368, 5586
unemployment **6915–6916**
UNESCO 13, 613, 1980, 2334, 4017, 5862

universal history 6916–6919
Ur 6919–6920
  akitu 265
  Amorites 372
  death 1941
  Enheduanna 2410
  fortifications 2721
  Gipar 2918
  Guti 3004
  Hammurabi of Babylon and his dynasty 3053–3054
  Isin 3515
  music 4634
  Nabonidus 4675
  prices 5525
  Puabi 5655
  ships and shipping 6212
  Sin 6261
  Sumerian language 6449
  Ur, Royal Tombs of 6921–6922
  Ur III Dynasty 6920
  Ur-Nanshe and the First Dynasty of Lagash 6926
  ziqqurrat 7176, 7177
Ur, Royal Tombs of 1400, 3331, 6211, 6792, 6919, **6921–6922**
Ur III Dynasty **6920–6921**
  accounting 30
  administration 72
  Alalah 275
  Anshan 449
  archives 661
  army 730
  Assyria 851
  Assyrian kings 857
  Babylon 1005
  Eanna and other major Babylonian temples 2247
  Ebla 2258
  Elamite kings, Sukkalmah period 2352
  Enmerkar 2414
  Eridu 2490
  Eshnunna 2500
  horses 3312
  Ishbi-Erra and the Isin Dynasty 3511–3512
  Isin 3515
  Kindadu 3752
  king lists 3752, 3753
  Larsa, and Larsa Dynasty 3913
  Lullubi 4167
  mathematics 4352
  Shuruppak 6229

sukkalmah 6442, 6443
Sumerian King List 6448
Sumerian language 6449, 6450
Susa 6466
Umma 6913
Ur 6919
Urkesh 6924
ziqqurrat 7176
Ur-Nanshe and the First Dynasty of Lagash 3862, **6926–6927**, 6927
Urartu **6922–6923**
  Armenia 721, 722
  Assyria 852
  fortifications 2721
  frontiers 2770
  Hurrian, Hurrians 3345
  religion 5769
  Sargon II of Assyria 6047
  Shalmaneser III 6198
  Syria 6487
urban planning. *see* town planning
urbanization 585, 2016, 2271, 2285, 2287, 2302, 6568
Urkesh 3016, 3346, 6486, 6487, **6923–6925**
Uruinimgina 4164, 6926, **6927–6928**
Uruk **6928–6929**
  Anu 507
  architecture 640, 641
  Eanna and other major Babylonian temples 2247
  en, entu 2400
  Enmerkar 2413–2414
  fortifications 2721
  Gilgamesh, Epic of 2916–2918
  Hammurabi of Babylon and his dynasty 3053
  Inanna 3437
  libraries 4059
  mathematics 4351
  Naram-Sin 4696
  pigs 5325
  plow 5361
  prices 5525
  Proto-Euphratic, Proto-Tigridic languages 5596
  redistribution 5753
  Rim-Sin I of Larsa 5845
  Sin-kashid of Uruk and his dynasty 6265
  Sippar 6266
  Sumerian language 6449
  Syria 6486
  Ur III Dynasty 6920

Uruk (cont'd)
　Ur-Nanshe and the First Dynasty of
　　　Lagash 6926
　Uruinimgina 6927
　wheel 7100
　ziqqurrat 7176
usucapio 1155, 5469, **6929**
ususfructus 2194, 5459, **6929–6930**
Uthina (Oudna) **6930–6931**
Uthman 1271–1274, 5718, 6208
Utica (Utique) 1019, 1379, 1380, 2746, 6079, **6931–6933**
Utu. *see* Shamash

vadimonium 58, 3436, **6934–6935**
Valens **6935**
　Adrianople, battle of 105
　Antigonos of Nicaea 464
　Antioch in Syria 471
　Armenians 727
　Athanasius 900
　Basil of Caesarea 1054
　Cappadocia 1317
　De rebus bellicis 1934
　Goths 2964–2965
　historiography 3267
　legati legionis 3991
　Libanius 4050
　Licinius 4081
　Mavia 4360
　Notitiae Dignitatum 4816
　Oriens, diocese of 4932
　Themistius 6666
　treaties 6840
　Valentinian I 6937
　Visigoths 7017
Valentia (Valencia) 5844, **6936**
Valentinian I **6937**
　Alamanni 276
　Amida 364
　Ammianus Marcellinus 365–366
　Aquincum 593
　Ausonius 977
　finance 2678
　infanticide 3457
　Pannonia 5027
　Turicum 6885
　Valens 6935
Valentinian II 355, 956, 6679, **6937–6938**
Valentinian III 1511, 3217, 4815, 4816, 5738, 5739, 5960, **6938**

Valentinus/Valentinians **6938–6941**
　Christology 1479
　Clement of Alexandria 1556, 1557
　Constans II 1719
　docetism 2179
　gnosis, gnostics, gnosticism 2941–2942
　Gospel of Truth 2963
　Hegesippus 3095
　Irenaeus 3495–3496
　Nag Hammadi Library 4683–4684
　Philip, Gospel of 5257–5258
Valerian (Publius Licinius Valerianus Augustus) **6941–6942**
　Aemilian 124
　Cyprian 1889–1890
　Dionysius of Rome 2131
　Gallienus 2832, 2833
　Historia Augusta 3248
　Lambaesis 3866
　legions, history and location of 3998
　persecution of Christians 5174
　Syria 6490
　Trebonianus Gallus 6847
　Volusian 7030
Valerius Antias 444, 3258, 3993, **6942–6943**
Valerius Flaccus Setinus Balbus, Gaius 1376, 6503, **6943–6944**
Valerius Maximus 367, 2737, **6944–6945**, 7132
Valley of the Kings **6945–6946**
Vandals **6946–6947**
　Alans 277
　Aquincum 593
　Aurelian 972
　booty 1166
　Carthage 1348
　cities 1523
　Gelimer 2868–2869
　Germania 2899
　Hippo Regius 3230
　Hispania 3243
　Honorius 3295
　Maghreb 4220
　Mediterranean 4401
　navies 4709
　nomads 4806
　Numidia 4834–4835
　Pannonia 5028
　Probus 5550, 5551
　Procopius 5562
　Sahara 6012
　Sardinia 6043

INDEX   7483

Sicily   6239
Tablettes Albertini   6499–6500
Vapheio in Lakonia   **6947–6948**
Varro, Marcus Terentius   **6948–6949**
   agrarian writers and agronomists   205–206
   Censorinus   1409
   chronography   1484
   classical scholarship, history of   1533
   Columella   1679
   crop schedule   1846
   Dius Fidius   2167
   Faunus and Fauna   2648
   Feronia   2656
   fertilizer   2658
   festivals   2662–2663
   Floralia   2700
   Florus, Lucius Annaeus   2702
   Fordicidia   2707
   Forum Boarium   2738
   Herakleides of Tarentum   3144
   heredium   3155
   Hippocrates of Kos   3233–3234
   historiography   3257, 3264
   Hortensius Hortalus, Quintus   3315
   hunting   3344
   law   3954
   Lucullus, Lucius Licinius   4162
   Meditrinalia   4406
   numen   4831
   pigs   5324
   Plautus   5352
   Rome, Seven Hills   5957
   Salus   6025
   satire   6058
   science   6074
   Seven Liberal Arts   6180
   Sibyls and Sibylline books   6233
   theologia tripertita   6685
   villa   6998
Varus, Publius Quinctilius   968, 2602, 6630, 6746, **6949–6950**
Vasio (Vaison-la-Romaine)   **6950–6951**
Vediovis   5896, **6951–6952**
Vegetius Renatus, Flavius   631, 743, 2157, 2231, 2781, **6952–6953**, 6982–6984
Vegoia   5774, **6953**
Veii   **6953–6954**
veiling   6403, **6954–6956**
Velia   6160, **6956–6957**
velites   3073, 3994, 4261, **6957**
Velitrae   960, **6958**
Velleius Paterculus   961, 2392, 6944, **6958–6959**

Venta Silurum (Caerwent)   3510, **6960–6961**
Venus   2735, 3436, 4151, 4161, 4605, 5865, **6961–6962**
Ver sacrum   5992, **6962–6963**
Vercingetorix   **6963–6964**
   Aedui   115
   Alesia   285
   Bibracte   1113
   Commius   1692
   Gallic War   2829
   Julius Caesar   3654
   La Tène   3852
   Rome, resistance to   5953
Vergil (Publius Vergilius Maro)   **6964–6966**
   Aeneas   130
   Aetna   147
   agrarian writers and agronomists   206
   Asinius Pollio, Gaius   829
   Aulus Gellius, *Attic Nights*   971
   cento   1412, 1413
   Columella   1680
   crop schedule   1846
   Donatus, Aelius   2207
   Donatus, Tiberius Claudius   2207
   Ennius   2415
   Epicurus and Epicureanism   2440
   fate   2646
   Florus, Lucius Annaeus   2702
   Golden Age   2951
   Horace   3300
   horticulture   3317
   illustration   3406
   Latin language   3922, 3923
   Lucretius   4160, 4162
   Lusus Troiae   4172
   Maecenas, Gaius   4215
   Manilius, Marcus   4260
   philosophy   5288
   Servius   6173
   Silius Italicus   6252
   Tarchon   6529–6530
   Valerius Flaccus Setinus Balbus, Gaius   6943, 6944
   Venus   6961–6962
   warfare   7054
Vergina   241, 4201, **6966**, 7040
Verginius Rufus, Lucius   1222, **6966–6967**
vernae   2624, 6285, **6967–6968**
Verres, Gaius   **6968–6969**
   accusatio   31
   Cicero, Marcus Tullius   1499
   Cicero, Marcus Tullius, speeches of   1502

Verres, Gaius (*cont'd*)
  divinatio 2168
  Hortensius Hortalus, Quintus 3315
  lex Voconia 4048–4049
  provincial administration 5602
Verulamium (St. Albans) 207, 2778, 3383, **6969–6970**
Vespasian (Vespasianus Augustus) **6971–6975**
  Aeternitas 145
  Agricola, Gnaeus Iulius 207
  Agrippa II 226
  annona 446
  Antonius Saturninus, Lucius 504
  Aquae Mattiacae 588
  Armant 720
  Armenia 724
  art 789
  Aventicum 995
  Baetica 1018
  civil war 1529
  coinage 1625
  Dio Chrysostom 2102
  diplomata 2153
  Domitian 2197, 2198, 2200
  Euphrates frontier 2566, 2568
  Fabius Valens 2618
  finance 2676
  Forum, Forum Romanum 2745
  Fossa Regia 2746
  Frontinus, Sextus Iulius 2780
  Herculaneum 3153
  Iulius Civilis, Gaius 3548
  Josephus 3626
  Justus of Tiberius 3670
  land and landholding 3887
  legions, history and location of 3997–3998, 4000, 4002–4004
  Lycia 4180
  Lydda/Lod/Diospolis 4185
  revolts 5817
  Rome, city of: 5. Flavian and Trajanic 5915–5919
  Rome, resistance to 5954
  Side 6240
  Silius Italicus 6252
  Simon bar Giora 6257
  Syria 6489
  Tacitus 6511
  Tarracina 6535
  Tarraco 6536
  tax (Jewish) 6545
  taxation 6552
  Titus 6770–6771
  Vitellius 7019
  warfare 7057
Vesta and Vestals **6975–6976**
  altar 343
  Augustus 965
  Camenae 1282
  celibacy 1393
  cult clothing 1856
  Domitian 2200
  Earth deities 2253
  Elagabalus 2348
  fire 2681
  Fordicidia 2707
  Fornacalia 2719
  Forum, Forum Romanum 2742
  pontifex, pontifices 5416
  Rome, city of: 1. Prehistoric 5888, 5889
  sortition 6331
  women 7131
vestibule **6976**
Vestricius Spurinna, Titus 5810, **6976–6977**
Vesuvius **6977–6978**
  Boscoreale 1168–1169
  Boscotrecase 1170–1171
  Campania 1283, 1284
  Etna, Mount 2536
  Herculaneum 3150, 3152, 3153
  Pompeii 5400, 5404–5405
  Pompeii, destruction of 5405–5406
  Rome, city of: 5. Flavian and Trajanic 5916
  Titus 6771
  volcanoes 7025
Vetera (Birten, Germany) 1294, 2730, **6978–6979**
veterans **6979–6981**
veterinary medicine 3229, **6981–6985**
Vettius Valens 4723, **6985–6986**
Vetulonia 2639, **6986**
vexillatio 752, 6876, **6987–6988**
vexillum 1391, 4504, 6987, **6988**
Via Appia **6988–6989**
  Capua 1321
  catacombs 1362, 1363, 1365–1366
  cemeteries 1402
  Claudii, family of 1540
  Claudius Caecus, Appius 1547
  Herodes Atticus 3179
  infrastructure 3461
  Nemi, Lake 4741
  roads 5859
  Rome, city of: 2. Republican 5898
  Rome, city of: 5. Flavian and Trajanic 5921

Rome, city of: 7. Severan and third
  century 5938
Rome, city of: 8. Tetrarchic 5941, 5944
Tarracina 6535
Via Domitia 2260, 2927, 4697, 5859
Via Egnatia 279, 2442, 3127, 3429, 3461, 5261,
  5851–5853, 5859, 6426, **6989–6990**
Via Flaminia 684, 4208, 5858, 5903, 5905, 5906,
  5908, 5909, 5926
via publica **6990**
Viceroy of Kush 3833, 4822, **6991**
Vicques, villa (Switzerland) **6991–6993**
Victoria **6993**
vicus **6993–6994**
Vienna (Vienne, France) 5844, **6994–6995**
v*igiles* 2588, 2592, 2784, 5934, 6159
vigiles 2682, **6995–6996**
vilicus 626, 6285, 6992, **6996–6997**
villa **6997–7000**
villages (Byzantine) **7000–7001**
villages (Greek) 835, 6017, **7001–7002**
villages (Pharaonic Egypt) **7002–7003**
Villanovan culture 2537, 2538, 5884,
  7003–7004
Viminacium **7004–7005**
vindex 3436, **7005–7006**
Vindicianus 6676, **7006**
Vindobona (Vienna, Austria) 5869, **7006–7007**
Vindolanda tablets 2302, 3026, 4106–4107,
  7007–7009
Vindonissa (Brugg, Switzerland) 3985, 5837,
  7009–7010
Vinius, Titus 2809–2810, **7010**
violentia **7010–7011**
Vipsanius Agrippa, Marcus **7011–7012**
  Actium 57
  Agrippina the Elder 226
  Amphiareion sanctuary 373
  Augusta Emerita 941
  Augustus 961, 963, 965, 967
  Forum Augustum 2737
  Hadrian 3023
  Marcellus, Marcus Claudius 4284
  ports 5446
  roads 5853
  Rome, city of: 3. Augustan 5905
  triumph 6871
Virgil. *see* Vergil (Publius Vergilius Maro)
Virgin Mary 1392, 1428, 5594–5595, 6632,
  6698–6699, 7012
virginity 2403, 3566, 6357, **7012–7013**, 7117
Viriatus 3242, **7013–7014**

Virunum (Zollfeld, Austria) 4812, 5869,
  7014–7015
vis 839, **7015–7016**
Visigoths **7016–7018**
  Aquae Sextiae 589
  Arelate 669
  Barcino 1046–1047
  Eleusis, Attica 2370
  Franks 2758
  Goths 2965, 2966
  Hispania 3243
  Honorius 3295
  immigrants 3417
  Isidore of Seville 3513
  Italica 3532
  Lusitania 4171
  Pannonia 5028
  Pyrenees 5683
  Theoderic 6670
  Tolosa 6781
Vitellius (Aulus Vitellius Augustus
  Germanicus) **7018–7020**
  Caesar 1247
  Domitian 2198
  Fabius Valens 2618
  legions, history and location of 4004
  Otho 4967
  Praetorian cohorts 5496
  Rome, city of: 5. Flavian and Trajanic
    5915, 5919
  Tacitus 6513
  Tarracina 6535
  Vespasian 6972
viticulture **7020–7021**
Vitruvius (Pol(l)io) **7021–7022**
  analemma 396
  Arausio 613
  architects 639
  architecture 644, 655
  Athenaeus Mechanicus 905
  atrium 928–929
  cities 1522
  engineering 2408
  Etruria, Etruscans 2540
  forests 2713
  forum 2733
  gymnasium 3009
  Hermogenes 3166, 3167
  invention 3481
  Kallippos, astronomer 3682
  Ktesibios of Alexandria 3827
  lifting devices 4086

Vitruvius (Pol(l)io) (*cont'd*)
  Magnesia on the Maeander 4236
  proportion 5584
  Saguntum 6010
  science 6074
  Seven Liberal Arts 6180
  Tower of the Winds, Athens 6789–6790
  warfare technology 7060
  women's quarter 7133
Vitsa Zagoriou **7022–7023**
Viviscus (Vevey, Switzerland) **7023–7024**
Volaterrae 2538, 2541, **7024–7025**
volcanoes 148, 1283, 2536, 4801, 5294–5295, 6977–6978, **7025–7026**. *see also* Pompeii, destruction of
Volcanus 729, 2536, 7025, **7026**
Volscians 1538, 6060, 6061, **7026–7028**
Volubilis 4357, **7028–7029**
voluntarii **7029–7030**
Volusian (Gaius Vibius Afinius Gallus Veldumnianus Volusianus Augustus) 3322, 6846, 6847, **7030–7031**
Vortumnus 5895, **7031**
voting 1447, 1686, 1687, 2358–2359, 4623
vow (Greece and Rome) 4836–4837, **7031–7033**
Vulci 5883, **7033**

Wadi Hammamat **7034**
  Coptos 1773, 1774
  deserts 2052
  Eastern Desert 2255
  Egypt, Upper 2331
  maps 4275
  Mentuhotep I–VII 4447
  Rameses I–XI 5731
  rock art 5863
  Senwosret I–IV 6153
Wadi Tumilat 3360, 3673, 6578, **7035–7036**
Wadjyt, Wadjet 1226, 1848, 2326, 2376–2377, 5335, 5741, **7036–7037**
wage labor 3190–3191, 3855, 6369, **7037–7038**
wages 1616, 1637, 2287, 4449, 6394
Wahibre (Apries) 236, 3915, 6013, **7038–7039**
Waldgirmes, Germany 2354, **7039–7040**
wall-painting (Greek and Roman) 271, 2765, **7040–7042**
walls, city (Greece) **7042–7043**
  Beroia 1099
  Halieis 3043–3044
  Halos in Thessaly 3050
  Herakleia by Latmos 3140
  Histria, Romania 3276
  Samosata 6030
  Sicilian expedition 6235
  Side 6240
  sieges and siegecraft 6243
  Stratos 6426
  Stymphalos 6430
  Xobourgo on Tenos 7153–7155
walls, city (Roman) **7043–7044**
wanax 910, 3978–3979, 4093, 5678, **7044–7045**
War Scroll, the (Dead Sea Scrolls) 1939, **7045–7046**
wardum. *see* awīlum, muškēnum, and wardum
warfare (ancient Near East) **7046–7048**
  army 730–733
  chariotry 1441, 1442
  coinage 1627
  economy, Near East 2287
  fortifications 2719
  habiru 3015
  hunting 3343
  Ninurta 4798
  Sabbath 5989
  Sargon II of Assyria 6047
  Sargon of Akkad and his dynasty 6046
  Seleucids 6121
  Sennacherib 6149
  Shalmaneser III 6197, 6198
  Shamshi-Adad and sons 6201
  Ur-Nanshe and the First Dynasty of Lagash 6926
warfare (Byzantine) 734–736, 1386–1387, 2722, 6242, 6418, 6421, 6422, **7048–7049**
warfare (Greece) **7049–7051**
  Aeneas Tacticus 130–131
  army 737–739
  battle narratives 1068
  boundary disputes 1178–1179
  burial 1215
  cavalry 1387–1389
  Celtic wars 1398
  economy, Near East 2288
  elephants 2368
  famine and food shortages 2634
  finance 2673
  forts 2723
  foundations 2752
  Herodotus 3184
  Hieron I of Syracuse 3212
  logistics 4135–4136
  Pisidia 5338
  seers 6109, 6110

Sicilian expedition   6234, 6235
Sicily   6236
sieges and siegecraft   6243, 6244
slings and slingers   6290
synoecism   6483
trireme   6865–6867
wars, sacred   7061
weaponry   7073–7074
warfare (Pharaonic Egypt)   746–749, 2725, 2729, 6118, 6284, **7051–7052**, 7074–7075
warfare (Roman)   **7052–7060**
  agriculture   223
  army   750–753
  assidui   843–844
  battle narratives   1068
  Bellona   1078
  cohort   1604
  coinage   1644, 1645
  elephants   2368
  exploratores   2603
  fetiales   2668–2669
  frontiers   2776
  hasta   3073–3074
  Honos   3297–3298
  legion   3992–3995
  Onasander   4901
  Severus Alexander   6184
  ships and shipping   6223
  sieges and siegecraft   6244
  slings and slingers   6290
warfare technology   **7060–7061**. *see also* weaponry *entries*
wars (sacred)   136, 2176, 2241, 4143, 4904–4905, 4928, **7061–7062**
Washukanni   **7062**
water meter   **7062–7063**
water supply (Byzantine)   **7063–7064**
water supply (Greek and Roman)   **7064–7069**
  Apulum/Alba Iulia   587
  Aquae Sextiae   589
  Barbegal   1045–1046
  drought   2227–2228
  Frontinus, Sextus Iulius   2780
  Halikarnassos   3045
  hygiene   3352–3353
  Ianiculum   3378
  infrastructure   3460–3462
  irrigation   3504
  public health   5658
  Samos   6028
  shaduf   6196
  technology   6564

wax   3243, **7070**, 7140
weaponry (ancient Near East)   1366–1368, 5695, **7070–7072**
weaponry (Byzantine)   6242, **7073**
weaponry (Greece)   **7073–7074**. *see also specific weapons, e.g.:* catapults
weaponry (Pharaonic Egypt)   749, 6290, **7074–7076**
weaponry (Rome)   **7076–7077**. *see also specific weapons, e.g.:* catapults
weather prediction   875, 2871, 5061, **7077–7079**
wedding   **7079–7081**
weights and measures (ancient Near East)   **7081–7084**
weights and measures (Greek)   **7084–7087**
weights and measures (Pharaonic Egypt)   6410, **7087–7092**
weights and measures (Roman)   1643, 1957, 6062, **7092–7094**
welfare institutions (Late Antiquity)   1492, 1493, 2479, **7094–7097**
Wepwawet   508, 893, 4188, 4189, 4950, **7097–7098**
Western Desert   18, 2041–2042, 2051, 3742, 6274
wet-nurse (wet-nursing)   1458, 2014, 2748, 3728, 4838–4839, **7098–7099**
wheat   **7099–7100**
  Aegyptus   118
  agriculture   210–212, 214, 219, 222
  Andocides   413
  bread   1182
  consumption   1757
  double cropping   2215
  emmer   2389–2390
  Fayyum   2650
  Fazzan   2652
  flax   2698, 2699
  food, drink, and feasting   2704
  Fornacalia   2719
  grain supply and trade   2975, 2976
  Heroninos Archive   3190
  Manlius Capitolinus, Marcus   4262
wheel   **7100**
White Monastery Federation   6206, **7100–7102**
widows   177, 2015, 2218, 4317, 6613, **7102–7104**
Wilbour Papyrus   216, 2711, 3883–3884, 5731, **7104–7106**
wills (of Hellenistic kings)   **7106–7107**
wine
  agriculture   211, 215
  Aquileia   592

wine (*cont'd*)
  Aspendos 838
  beer 1072
  Boscoreale 1169, 1170
  consumption 1757
  Coptos 1775
  diet 2087–2089
  Dionysos 2132
  dolium 2191–2192
  economy 2276, 2277, 2298, 2304
  Eucharist 2545–2547
  Fayyum 2650
  fruit 2781
  Gaul 2859
  Gaza 2863
  Herakleia Pontica 3140
  Heroninos Archive 3190
  Hispalis 3240
  Hispania 3243
  Issa 3527
  Katakekaumene 3705
  Kawa 3719
  Knidos 3794
  Marea 4296
  markets 4309–4310, 4312–4314
  Meditrinalia 4406
  Mende 4435
  Oschophoria 4949
  presses 5521–5522
  purchase 5667
  Pylos 5678
  Saguntum 6011
  screw 6081
  Settefinestre 6179
  Sicily 6238
  Sikinos 6249
  standards of living, wealth 6370
  stirrup jar 6396
  Thasos 6642
  trade 6796, 6799
  villa 6999
  viticulture 7020–7021
  Zagros mountains 7160
  Zakros in Crete 7161
winnowing 6732–6733, **7107**
wisdom literature (ancient Near East) 234, 2262, 2505, 3193–3194, 3599–3600, 6229, **7108–7111**
wisdom literature (Jewish) 1052, 1053, 1080–1081, 2261, 6177, 6178, **7111–7113**, 7113
Wisdom of Solomon **7113–7114**

witch 6210, **7114**, 7125
witnesses (Greek and Roman) 3436, 3470, 3545, 5572–5574, 6624–6625, **7114–7116**
women (Byzantium) 1232, 1807, 2244, 3421–3422, 4316–4317, 6671, **7116–7118**
women (Greece) **7118–7121**
  adulthood 110
  Apollonis 555–556
  Aspasia 837
  concubinage 1700–1701
  daughter 1932–1933
  diatheke 2079
  education 2316
  family 2625–2626
  fathers-in-law 2647
  femininity 2654
  games 2842
  gender 2873–2876
  Gortyn 2960
  gynaikonomos 3010–3011
  gynecology 3011–3013
  Haloa 3050
  Hera 3135
  Herodas 3177
  Herodotus 3184–3185
  Hestia 3194, 3195
  hetaira 3195–3196
  homosexuality 3290, 3291
  houses, housing, household formation 3325–3326
  hysteria 3373
  Isthmian Games 3530
  kingship 3763
  Kleomenes I of Sparta 3787
  kyrios 3846
  land and landholding 3878
  marriage 4317–4319
  matchmaker 4344
  menopause 4441
  menstruation 4443–4444
  midwife 4495–4496
  misogyny 4541–4542
  mothers and motherhood 4605–4606
  Oikonomikos 4871
  oikos 4873–4875
  old age and aging 4881–4883
  pallake 5009–5010
  Plynteria 5368
  portraiture 5441
  prayer 5504
  pregnancy 5519

priests and priestesses   5536
privacy   5547
procedure, legal   5553
promiscuity   5569
property   5575–5576
Pythia   5688
Sappho   6035, 6036
sex and sexuality   6188–6189
siblings   6230
Skira   6277
stepfamily   6388
sumptuary legislation   6453
Therapeutae   6702–6703
Thesmophoria   6706–6707
wage labor   7038
wet-nurse, wet-nursing   7098
widows   7102–7104
women's quarter   7133–7134
women (Hellenistic)   1084, 3291, 3846, 4873–4875, **7121–7124**
women (Jewish)   1004–1005, 1091–1092, 3291, 4321–4322, 5506–5507, **7124–7126**
women (Pharaonic Egypt)   **7126–7128**
   beer   1072
   cosmetics   1808
   cults: private   1868
   education   2318–2321
   family   2631–2632
   gender   2876–2878
   God's Wife of Amun   2945–2946
   literacy   4102–4103
   medicine   4389–4390
   midwife   4495
   priests and priestesses   5534
   spinster   6357
women (Roman)   **7128–7133**
   adoption   101
   adulthood   110
   agonistic festivals   197
   bishop   1133
   Bona Dea   1154
   Ceres   1419
   coemptio   1599, 1600
   coinage   1642
   concubinage   1700–1701
   Cornelia   1790–1791
   daughter   1932–1933
   divorce   2174
   education   2316
   family   2626–2628
   femininity   2654
   freedmen and freedwomen   2762

   funerary cult   2794
   games   2842
   gender   2873–2876
   gynecology   3011–3013
   homosexuality   3290, 3291
   houses, housing, household formation   3325–3326
   Hypatia   3366
   Julia Domna   3650
   lex Iulia and *lex Papia*   4042
   lex Voconia   4047–4049
   libelli   4053
   Liberalia   4057
   marriage   4319–4320
   marriage legislation of Augustus   4322–4323
   matrona   4353–4354
   Matronalia   4354
   misogyny   4541–4542
   mothers and motherhood   4605–4606
   names, personal   4690
   old age and aging   4881–4883
   paterfamilias   5082
   priests and priestesses   5538
   promiscuity   5569
   property   5575–5576
   prostitution   5590–5591
   siblings   6230
   silence in Roman literature   6251
   slavery   6286, 6287
   spinster   6357
   stepfamily   6388
   stola   6402
   stuprum   6428–6429
   Sulpicia   6445, 6446
   tutela   6890–6892
   wage labor   7038
   wet-nurse, wet-nursing   7098
   widows   7102–7104
women's quarter (*gynaikonitis*)   7117, 7120, **7133–7134**
wonders of the world   1215, **7134**
wood and woodworking   **7134–7135**
wool   **7136**
Works and Days (Hesiod)   875, 1680, 4541, 6965, 7002
world chronicle   **7136–7137**
wounds, nature and treatment of   **7137–7139**
writing materials   **7139–7141**

Xanten, Germany   1523, 1663, 4820, **7142–7143**

Xanthos (city)   4179, 4180, 4907, **7143**
Xanthos *(Lydiaca)*   3305, **7144**
xenodocheion   5856, **7144–7145**
xenodokoi   **7145**
xenoi   187, 3507, 6699, **7145–7146**
xenophobia   2708, 2709, 3124, 3333, **7146–7148**
Xenophon   **7148–7152**
  Achaemenid Dynasty   36
  Aeneas Tacticus   130
  age   176
  Agesilaos   183
  agraphoi nomoi   203–204
  agrarian writers and agronomists   205
  agriculture   212
  amnesty   369
  Anytos   510
  army   739
  Arrian   757–759
  artisans   802
  Athenian Confederacy, Second   908
  Athens   913–914
  autourgia   983
  biography   1118
  Chariton   1443
  chrematistike   1475
  critical reception   7152
  crop schedule   1846
  Cunaxa   1871
  deisidaimonia   1971
  Delion   1979
  Derkylidas   2040
  diadem   2062
  Dio Chrysostom   2103
  Diodorus of Sicily   2114
  Dionysius of Halicarnassus   2129
  dowry   2216
  erga   2487–2488
  Euphrates frontier   2569
  Euphron of Sikyon   2571
  exempla   2594
  fig   2671
  foreigners   2708
  generalship, art of   2880
  Hellenica   3115
  Hellenica Oxyrhynchia   3117
  Herakleia Pontica   3141
  historia   3245
  historical/biographical works   7148–7150
  historiography   3253, 3256
  history   3273, 3274
  hypomeion/hypomeiones   3369
  indemnities   3443
  inn   3465
  Isis   3517
  Kalhu   3677
  Kallisthenes of Olynthos   3683
  kalokagathia   3684
  Kinadon, conspiracy of   3751
  Koroneia   3811–3812
  krypteia   3826
  labor   3856
  life   7148
  Lyceum   4178
  Oikonomika   4869
  Oikonomikos   4870–4871
  oikonomos   4872
  oikos   4873–4874
  Olympia   4896
  Onesikritos of Astypalaia   4902
  phalanx   5222, 5223
  Plato   3823
  postal services   5460
  Skillous   6276
  Social War   6303
  Socrates   6308
  Socratic works   7150–7151
  tagos   6517
  Ten Thousand, the   6606
  treatises   7151–7152
Xenphon   832, 1432, 4888, 4921
Xerxes
  Achaemenid Dynasty   35–36
  Aiolis   248
  Aleuadai   287
  Alexander III, the Great   291
  Arabs   602
  Artemisia   798
  Athens   912
  Athos mountain   921
  causation, historical   1385
  Crimea   1842
  Esther, Scroll of   2504
  Larissa   3911
  Leonidas I of Sparta   4013
  Macedonia   4201
  Persia and Greece   5185
  Salamis, island and battle of   6016–6017
  Skione   6277
  Tenos   6604
xoanon   **7152–7153**
Xobourgo on Tenos   **7153–7155**
Yadnana   **7156**
Yahweh   **7156–7158**

Yarmuk, battle of   3145, 3562, 5191, 7048, **7158**
Yhwh   424, 425, 818, 5783
York. *see* Eboracum

Zagora   199, 4414, **7159–7160**
Zagros mountains   68, 886, 2175, 3345, **7160**
Zakkur of Hamath   62, 605, **7160–7161**
Zakros in Crete   **7161–7162**
Zakutu (Naqi'a)   5705, 6133, **7162**
Zakynthos   6010, 6027, **7162–7163**
Zaleukos of Lokroi   **7163–7164**
Zama, battle of   3058, 6079, **7164–7165**
Zaragoza, Spain. *see* Caesar Augusta
zealots (Jewish)   1937, 3183, 3610, **7165–7166**
Zeno (emperor)   **7166–7167**
    Akakios, patriarch and schism   257
    Anastasios I   398
    Ariadne   681
    Basiliscus   1057
    Byzantium   1231
    churches   1495
    Henotikon   3131
    Isaurian emperors   3510
    Leontios   4016
    Romulus Augustulus   5960
    Theoderic   6669
Zeno of Kition   **7167–7168**
    Antigonos II Gonatas   462
    Aratos of Soloi   611
    Chrysippos of Soloi   1488
    Cynicism   1888
    Demetrios II   1998
    ethics   2508
    Kleanthes of Assos   3780
    philosophy   5282
    Rufus of Ephesos   5970
    Stoicism   6400, 6402
Zeno of Rhodes   **7168**
Zenobia   471, 973, 1545, 1549, 2835, 5010–5011, 5745, 5816, 6490, **7168–7169**
Zenodotos of Ephesos   700, 1917, 4067–4068, 4178, **7169–7170**
Zenon Archive   555, 2215, 2650, 5633, **7170–7171**
Zerubbabel, Apocalypse of. *see* Book of Zerubbabel
zeugitai   666, 6315, **7171–7172**
Zeus   **7172–7174**
    Adrasteia   103
    Aletheia   286

Arcadia   621
Ares   672
Aristophanes   699
Athena   902, 903
Baitokaike   1022
Callimachus   1277
cannibalism   1298
Caria   1333
Diasia   2075
Diktaean Cave in Crete   2098
Diktynna   2098
Dion   2122
Dionysos   2132
Dioscuri   2138
Dodona   2184–2186
Earth deities   2252
festivals   2661
Forum Augustum   2736
Halab   3042
Hera   3135
Herakles   3148
Hermes   3160
Hierapytna   3207
Hippias   3228
homonoia   3290
Hymettos mountain   3362
hymns   3364
Ida, Mount   3387
Idaean Cave   3387
Ithome mountain   3542
Jupiter   3658
Kadmos   3673
Keos   3730
Keramos   3734
Kouretes   3817
Kronos and Kronia   3824
law   3959
Lemnos   4011
logos   4140
Meilichios, theoi meilichioi   4418
Messon sanctuary   4465
mountains   4607
Nemea   4739, 4740
Odysseus   4865
Olympia   4894–4895
Orpheus and Orphism   4946
Prometheus and Prometheia   5568
Sabazios   5987
Sarapis   6040
theogony   6683
Thetis   6713–6714
tyche   6896

Zeus (cont'd)
  wonders of the world   7134
  xenoi   7146
Zeuxis   478, 628, 4202, 5127, **7174–7175**
Zimri-Lim of Mari   275, 3042, 3053, 3312, 4301, 5705, 6201, **7175–7176**
ziqqurrat   **7176–7177**
Zollfeld, Austria. *see* Virunum
Zonaras, John   3119, 3181, **7178**
zoology   2264, 2367–2369, 5318, **7178–7183**
Zoroastrianism   **7183–7185**
  Ahriman   238
  Ahura Mazda   238–239
  Anakes   394
  Armenians   726
  Astrapsychus   861
  Avesta   996–997
  demons   2021

devil   2059
Iranian languages   3494
katholikoi of Persia   3708, 3709
Kavad, of Persia   3716
Magi   4220
Mani, Manichaeism   4255
Persian, Persians   5192
Sasanian Lawbook   6050
Sasanians   6051–6055
Xanthos   7144
Zurvan   7187
Zosimus (alchemist)   282, 1072, **7185–7186**
Zosimus (historian)   124, 2550–2551, 2560, 2701, 2832, 3265, 3296, 5550, 5551, **7186–7187**
Zürich, Switzerland. *see* Turicum
Zurvan   5788, **7187–7188**
Zygouries   **7188**